同济经管
TONGJI SEM

高校一流人才培养教育教学改革研究

主编 阮青松 副主编 唐 伟 佟爱琴

同濟大學出版社
TONGJI UNIVERSITY PRESS

图书在版编目(CIP)数据

高校一流人才培养教育教学改革研究 / 阮青松主编
. —上海:同济大学出版社,2020.4
ISBN 978-7-5608-8943-6

Ⅰ. ①高… Ⅱ. ①阮… Ⅲ. ①高等学校—人才培养—教学改革—研究—中国 Ⅳ. ①G649.2

中国版本图书馆 CIP 数据核字(2019)第 298055 号

高校一流人才培养教育教学改革研究

主编 阮青松 **副主编** 唐 伟 佟爱琴

责任编辑 翁 晗 **责任校对** 徐春莲 **封面设计** 陈益平

出版发行 同济大学出版社 www.tongjipress.com.cn
(地址:上海市四平路 1239 号 邮编:200092 电话:021-65985622)
经 销 全国各地新华书店
排 版 南京文脉图文设计制作有限公司
印 刷 江苏凤凰数码印务有限公司
开 本 787 mm×1092 mm 1/16
印 张 19.5
字 数 487 000
版 次 2020 年 4 月第 1 版 2020 年 4 月第 1 次印刷
书 号 ISBN 978-7-5608-8943-6

定 价 98.00 元

序

习近平总书记指出:“全国高等学校要走在教育改革前列,紧紧围绕立德树人的根本任务,加快构建充满活力、富于效率、更加开放、有利于学校科学发展的体制机制,当好教育改革排头兵。”高校通过人才培养赋能国家发展和建设,不仅要充分意识到人才培养的重要性、紧迫性和使命感,而且要深入研究和思考人才培养的理论与实践,走出我国高等教育改革和发展的新路。

同济大学在百余年的办学历程中,始终注重“人才培养、科学研究、社会服务、国际交往、文化传承与创新”功能的均衡发展。作为国家“双一流”建设高校,秉承“与祖国同行、以科教济世”的优良传统,主动适应国家战略发展新需求和世界高等教育发展新趋势,站在新的历史起点上,紧紧围绕培养什么样的人、怎么培养人、为谁培养人这一根本问题,坚持立德树人,扎根中国大地,瞄准世界一流,致力于培养德智体美劳全面发展的社会主义建设者和接班人,努力使每一位学生经过大学阶段的学习、熏陶后,具有“通识基础、专业素质、创新思维、实践能力、全球视野、社会责任”的综合特质,成为引领未来的社会栋梁与专业精英。同济大学通过一系列改革措施,奋力开创高等教育教学改革新局面,加快形成高水平人才培养体系,全面提高人才培养质量,与学校一流学科建设形成合力,推动“双一流”建设,助力中国特色的高等教育事业发展。

同济大学经济与管理学院始终坚持本科教育是立院之本、研究生教育是强院之路的方针,坚持“以本为本”的培养理念,2019 年有四个本科专业入选国家级一流本科专业建设点,专业建设成就斐然。学院倡导“包容、创新、集成、致用”的核心价值观,以“扎根中国大地,用创新性的理念和方法培养高质量优秀人才,造就业界精英;面向世界,建设高水平国际合作平台,应对全球挑战;聚集高层次人才,打造国际一流的学术创新团队和科研中心,创造管理新知;着眼现代化经济体系,服务政府、企业和社会,践行持续发展”为使命,努力建设成为全球知名的商学院。学院与时俱进,注重产学研融合,借力高新技术,努力驶上改革和发展的快车道。在不断的发展和改革过程中,学院的教师积累了丰富的教学经验与教学改革的创新思想,为培养高质量人才奠定了坚实的基础。

本书所收录的论文是经济与管理学院近年来在高校一流人才培养过程中教育研究和教学改革方面的部分优秀成果,涵盖了本科与研究生教育的重点及热点问题。从研究的内容来看,在立德树人方面,既有习近平新时代中国特色社会主义经济思想融入专业课程的教学设计研究,又有对课程思政建设方式的探讨;在科教融合方面,既有大数据背景下基于区块链技术的信息管理教学改革探索,又有基于 MOOC 平台的本科教学改革的前沿研究;在教学组织管理方面,既有人才培养质量保证体系建设研究,又有对新时代背景下人才培养队伍建设的具体分析;在人才培养方式方面,既有对创业教育、专业设置及学生入学遴选等问题的理性思考，又有对运用教改专项经费、学习管理、隐性知识转移等专题的经验总结。有的论文更是结合我国经济社会发展，全面深化改革的现状，提出一系列高校创新型人才培养与教学创新改革的真知灼见，为进一步提升教学质量建言献策。

“十年磨一剑，砺得梅花香”，人才培养需要长期不懈地努力、探索和创新。这本《高校一流人才培养教育教学改革研究》沉淀了经济与管理学院教师多年来对教育教学工作的研究和思考，希望能够借此总结教育教学改革的有益经验，为培养德才兼备、全面发展的社会主义建设者和接班人做出贡献。

同济大学副校长

2019 年 12 月 20 日

目　录

教改前沿

教学改革

课程建设

教学研究

研究生教育

专题研究

教务管理

研究生管理

教改前沿

JIAOGAIQIANYAN

基于课程属性特征的MOOC平台推荐算法优化

吴　冰　王毓芳　李沁芳

（同济大学经济与管理学院）

摘　要：本文以Coursera平台为研究对象，优化推荐算法，为MOOC平台的课程推荐提供新的研究思路。首先，在协同过滤算法的用户评分矩阵基础上引入课程属性矩阵来反映用户的兴趣偏好，解决数据稀疏性问题；其次，根据课程是否具有相同属性构建关联度矩阵，将其作为课程评分的权重；再次，基于用户-课程属性偏好矩阵，找出和目标用户具有相似偏好的用户；最后，根据相似用户和课程关联度的高低计算目标用户对未学习过课程的评分，选择高评分课程进行推荐。

关键词：MOOC；推荐算法；课程关联度；用户-课程属性评分矩阵

Abstract: This paper takes Coursera as the research object to optimize the recommendation algorithm and provide new research ideas for curriculum recommendation of MOOC. Firstly, on the basis of user rating matrix of collaborative filtering algorithm, curriculum attribute matrix is introduced to reflect users' preferences and solve the problem of data sparsity; Secondly, according to whether the curriculum has the same attributes, the relevance matrix is constructed as the weight of curriculum rating; thirdly, based on user-curriculum attribute preference matrix, users who have similar preferences to the target users are found. Finally, according to the similarity of users and the degree of curriculum relevance, calculate the target users' scores on the courses that have not been studied, and select the courses with high scores for recommendation.

Keywords: MOOC; recommendation algorithms; course relevance degree; user-course attribute scoring matrix

一、引言

（一）MOOC平台

大型开放式网络课程，英文全称Massive Open Online Courses，简称MOOC，中文音译成慕课。2007 年，David Wiley 在犹他州立大学面向全世界开设了名为“开放教育导论”的研究生课程，这被认为是 MOOC 的原型。2008 年，Dave Cormier 与 Bryan Alexander 提出了 MOOC 这个概念[1]。随后，开放式网络课程在美国高校不断发展。

2013 年开始，清华大学、北京大学、复旦大学，上海交通大学等中国高校陆续提供网络课程，2014 年中国大学 MOOC 上线，面向学生、社会人士提供知名高校的精品课程。

Udacity，edX 和 Coursera 并称为三大 MOOC 平台。中国大学 MOOC 是国内的最大的开放网络课程提供平台。本文从合作院校数量、注册学生人数、课程数量和是否认可学位四个方面对以上平台进行比较，如表 1 所列。

表 1　　MOOC 平台比较

	合作院校数量	注册学生人数	课程数量	是否认可学位
Udacity	/	160 万	300	是
edX	29	90 万	100	是
Coursera	160	3 100 万	2 600	是
中国大学 MOOC	/	7 000 万	5 000	认证证书

其中，Coursera 是发展规模最大的平台，目前已有 3 100 万人注册。该平台和 160 所世界顶尖大学合作，为学习者提供 236 个专业的 2 600 门课程，并且具有完善的课程搜索目录和详细的课程类别。此外，Cousera 平台还推出了专项课程，将针对同一个知识点的连续性课程作为一个专题。因此，本文选择 Coursera 平台作为研究对象，为 MOOC 平台的课程推荐提供新的研究思路。

（二）研究目的及意义

推荐算法是一种用于预测用户喜好的数学算法，在电子商务领域应用较多，比如，淘宝、天猫、京东等电商平台会根据用户的个人特征、购买行为、浏览记录等信息预测并向顾客推荐其可能购买的商品。但是，课程推荐和商品推荐存在差异，商品是根据用途和功能进行分类的，相似功能的商品之间存在替代性，而相似内容的课程之间并不是替代关系，针对相似的知识点会有来自不同学校、不同教授提供的课程内容，相似课程之间具有关联性。本文的研究目的在于根据课程属性特征对 MOOC 平台的推荐进行优化。

MOOC 平台不断发展扩大，注册用户和课程数量越来越多。推荐算法可以根据用户特性和历史数据，在众多课程中为用户匹配适合、需要的课程，有利于帮助用户更好地学习知识、提升技能，增强在平台上继续学习的意愿。

二、文献综述

本部分主要对推荐系统和推荐算法相关的研究文献进行介绍和分析，为后续研究提供理论基础。

（一）推荐系统

推荐系统最早应用于电子商务平台。推荐系统的功能为向用户推荐商品并帮助用户进行决策。近年来，推荐系统也越来越多地被用于社交、在线学习、电影、书籍等领域。本文从研究文献、推荐项目、数据来源和相关知识几个方面，对过去 5 年与推荐系统相关的研究文献进行分析，如表 2 所列。

表 2　　推荐系统相关文献的分析

研究文献	推荐项目	数据来源	相关知识
文献[2]	电影	Yelp 和豆瓣平台	联合概率分布
文献[3]	电商产品	eBay 商品数据	上下文感知推荐模型
文献[4]	邮件	Netflix 和 Pandora	评论/评级研究
文献[5]	学术文献	500 篇文献	基于引文分析的技术、网络分析
文献[6]	用户	/	可扩展的协同过滤算法、大规模的社交网络
文献[7]	电影、书籍、音乐	Movielens 20M，Netflix	跨域推荐系统、领域适应技术
文献[8]	产品	/	均衡价格、个性化
文献[9]	/	Epinions 和 FilmTrust	逻辑回归模型
文献[10]	账号	新浪	相似性计算

（二）推荐算法

推荐算法主要分为基于内容推荐、协同过滤、基于关联规则推荐、基于效用推荐、基于知识推荐和组合推荐六种。组合推荐主要是根据算法的优缺点，组合不同算法，使用最多的组合是协同过滤和基于内容推荐。

基于用户的协同过滤算法的核心在于对用户的历史评分数据进行分析，计算不同用户之间兴趣偏好的相似度，根据相似用户预测目标用户对项目的评分，选择评分最高的前 n 个项目进行推荐。但是，该算法存在稀疏问题和扩展问题。基于内容推荐的算法不需要用户历史数据，因此没有“冷启动”问题，但是内容推荐要求被推荐的对象能够被抽象成有意义的特征，并且这些特征具有良好的结构性，能够表达用户的喜好。

文献[11]基于用户的喜好和电影的特性提出了一个新的混合推荐算法，该算法解决了稀疏问题和扩展问题。文献[12]收集了 2009 年 5 月 1 日至 10 日期间约 4 000 万个实例，基于用户的点击行为和用户对学习项目的偏好，提出了新算法。文献[13]研究如何通过算法向学生推荐学习材料来填补知识空白。

以上推荐算法主要从用户的偏好、兴趣、个人信息、推荐项目的特征和属性等来进行用户和项目的匹配，但是很少考虑推荐项目之间的联系。对于 MOOC 平台来说，课程推荐不仅要考虑个人的兴趣和偏好，还需要考虑知识的连续性和课程的关联性。

三、研究模型

针对不同课程之间知识的关联性和用户学习的连续性问题，本文从用户和课程内容角度出发，研究影响课程推荐的因素，并在此基础上提出新的课程推荐算法模型，以期更好地为用户匹配符合个人偏好和当前学习状态的课程。

（一）用户评分矩阵模型

根据用户对课程的评分矩阵，计算用户之间的相似性，找出目标用户的相似用户。根据相似用户来预测目标用户对未学习课程的评分，从中选择高评分课程进行推荐。

设$U=\{u_1, u_2, u_3, \cdots, u_i\}$为用户集合，$u_i$为第$i$个用户，$C=\{c_1, c_2, c_3, \cdots, c_j\}$为课程集合，$c_j$为第$j$门课程，$r_{u_ic_j}$为第$i$个用户对第$j$门课程的评分，根据用户对课程的评分矩阵为$\boldsymbol{R}$。

用户评分是带有时间属性的变量，距离当前时间间隔越短的评分越能反映出用户当前对课程的兴趣偏好，因此对于用户的课程评分应当考虑时间因素的影响，对不同时间段用户给出的评分赋予不同的权重，从而使基于评分矩阵得出的用户偏好更加准确。

设$t_{u_ic_j}$为第i个用户对第j门课程评分的时间权重，则

$$t_{u_ic_j}=\alpha+(1-\alpha)\times \mathrm{e}^{-(d_n-d_{u_ic_j})} \tag{1}$$

式中，d_n为当前时间；$d_{u_ic_j}$为第i个用户对第j门课程评分的时间；α为0到1的参数。

根据时间权重对用户评分进行调整，设$r^t_{u_ic_j}$为带时间属性的第i个用户对第j门课程的评分，则

$$r^t_{u_ic_j}=r_{u_ic_j}\times t_{u_ic_j} \tag{2}$$

（二）课程属性矩阵

Coursera平台目前有3 100万的注册学生人数，2 600门课程。单个用户由于时间和精力的限制，学习的课程数量占课程总数量的比例很低，这使得用户评分矩阵存在数据稀疏性，从而影响推荐结果的准确率。

Coursera平台将课程分成11个科目，每个科目下还有细分的课程类别以及课程是否属于专项课程。此外，还有课程的任教老师、开课学校等属性。以上属性决定了课程属性。将用户评分矩阵和课程属性相结合，可以更好地反映用户的学习偏好，解决用户评分矩阵的数据稀疏性问题。

设p_k为课程的第k个属性，k为课程属性编号，课程j的属性矩阵为$p_{c_j}=\{c_{i_1}, c_{i_2}, c_{i_3}, \cdots, c_{i_k}\}$。$p_k=0$代表课程不具有第$k$个属性，$p_k=1$代表课程具有第$k$个属性。将课程属性矩阵和用户评分相结合，得到用户$i$对课程属性$k$的偏好值$f_{u_ip_k}$，如式(3)所示。

$$f_{u_ip_k}=p_k\times r^t_{u_ic_j} \tag{3}$$

F_{u_i}为用户u_i对课程属性的偏好向量，如式(4)所示。

$$F_{u_i}=\sum_{u_i\in U,k=1}^{l_1}p_k\times r_{u_ic_j}^t \tag{4}$$

式中，l_1 为课程属性集合的长度。

（三）课程关联性

不同课程之间存在知识内容的相关性，基于课程属性预测课程之间的关联性，对用户进行内容推荐。在考虑用户兴趣偏好之外，加入了课程内容的关联属性，根据用户学习的连贯性以及对同类别课程内容的需求进行推荐，提升推荐结果的准确性。

g_{mnk} 代表课程 m 和课程 n 是否同时具有属性 k，$g_{mnk}=1$ 代表课程 m 和课程 n 同时具有属性 k，$g_{mnk}=0$ 代表课程 m 和课程 n 不同时具有属性 k，$\boldsymbol{G}$ 为课程关联性矩阵。设 $\boldsymbol{G}_{mn}$ 为课程 m 和课程 n 之间的关联度，则

$$\boldsymbol{G}_{mn}=\sum_{k=1}^{l_1}g_{mnk} \tag{5}$$

式中，l_1 为课程属性集合的长度。

（四）用户相似性和课程

根据用户对课程属性的偏好矩阵，计算用户之间的相似性，为目标用户寻找相似度高的相邻用户。将课程关联度作为用户对课程评分的权重，计算用户对目前课程评分的平均值。在用户相似性的基础上，结合课程关联度预测目标用户对还未学习过课程的评分，从中选出高评分的课程推荐给目标用户。

假设 $S(u_i, u_{i'})$ 为用户 i 和 i' 之间的相似性，则

$$S(u_i, u_{i'})=\frac{\sum_{k=1}^{l_2}f_{u_ip_k}\times f_{u_{i'}p_k}}{\sqrt{\sum_{k=1}^{l_2}f_{u_ip_k}{}^2}\sqrt{\sum_{j=1}^{l_3}f_{u_{i'}p_k}{}^2}} \tag{6}$$

式中，l_2 为课程属性集合的长度。

设 $U^n=\{u_1, u_2, u_3, \cdots, u_e\}$ 为和目标用户相似度最高的相邻用户，根据用户相似性计算出目标用户 i 对未学习课程 t 的评分，则

$$r_{u_ic_t}=\frac{\sum_{j\in C}r_{u_ic_j\times G_{jt}}}{\sum_{j\in C}\boldsymbol{G}_{jt}}+\frac{\sum_{ue\in U^n}S(u_i, u_e)\times(r_{uect}-\overline{r_{u_e}})}{\sum_{ue\in U^n}S(u_i, u_e)} \tag{7}$$

式中，$\boldsymbol{G}_{jt}$ 为课程 j 和课程 t 之间的关联度。

（五）推荐模型

本文提出的优化推荐算法模型结合了协同过滤算法的用户评分和课程属性，并且考虑了时间性因素对用户当前偏好的影响。首先，根据用户对课程的评分构建用户评分矩

阵，通过加入时间权重，使得评分能够更加贴近用户当前的真实偏好；其次，由于不同课程之间存在关联性，按照课程是否属于同一学科，是否属于同一类别，是否属于同一专项课程，是否是同一个任课老师和同一所开课学校，计算课程关联度；第三，将用户评分和课程属性结合得出用户—课程属性偏好矩阵，根据用户—课程属性偏好矩阵，计算用户相似性；最后，根据相似用户的偏好和课程关联度来预测目标用户对尚未学习课程的评分，由此进行课程推荐。

四、总结

近年来，MOOC 平台迅速发展，用户数量和课程数量不断增加，课程推荐可以帮助用户在数量大、科目多的课程中快速找到适合自己的课程，同时也可以让 MOOC 平台更好地为用户服务。传统的协同过滤算法通过构建用户对项目的评分矩阵来计算用户的相似性，但是 MOOC 的用户数量达到了千万级，课程数量有几千门，单个用户评分的课程数量占比很低，评分矩阵存在数据稀疏性问题。因此，本文采用了混合算法，结合了协同过滤算法和内容推荐算法，并在此基础上引入课程属性，通过用户评分课程的属性特征来反映用户的偏好。此外，在课程评分中还加入了时间权重。进一步通过平台的用户和课程数据对算法推荐的准确率进行检验，是本文未来的研究方向。

参考文献

[1] 王鹏，柯文丽.慕课在国内外的发展与运行现状[J].教育教学论坛，2019，13：51-52.

[2] YU W, LI S J. Recommender systems based on multiple social networks correlation[J]. Future generation computer systems—The International Journal of Escience, 2018, 87: 312-327.

[3] GREENSTEIN-MESSICA A, ROKACH L. Personal price aware multi-seller recommender system: evidence from ebay[J]. Knowledge-Based Systems, 2018, 150:14-26.

[4] YEON-KOO C, JOHANNES H. Recommender systems as mechanisms for social learning[J]. Quarterly Journal of Economics, 2018, 133(2): 871-925.

[5] SON J, KIM S B. Academic paper recommender system using multilevel simultaneous citation networks[J]. Decision Support Systems, 2018, 105: 24-33.

[6] EIRINAKI M, GAO J, VARLAMIS I, et al. Recommender systems for large-scale social networks: a review of challenges and solutions[J]. Future Generation Computer Systems—The International Journal of Escience, 2018, 78: 413-418.

[7] ZHANG Q, WU DS, LU J, et al. A cross-domain recommender system with consistent information transfer[J]. Decision Support Systems, December 2017, 104: 49-63.

[8] GHOSHAL A, KUMAR S, MOOKERJEE V. Impact of recommender system on competition between personalizing and non-personalizing firms[J]. Journal of Management Information Systems, 2015, 31(4):243-277.

[9] FANG H, GUO GB, ZHANG J. Multi-Faceted trust and distrust prediction for recommender systems[J]. Decision Support Systems, 2015, 71: 37-47.

[10] YANG DH, HUANG C, WANG MY. A social recommender system by combining social network

and sentiment similarity: A case study of healthcare[J]. Journal of Information Science, 2017, 43(5): 635-64.

[11] LI J, XU W T, WAN W B. Movie recommendation based on bridging movie feature and user interest[J]. Journal of Computational Science, 2018, 26: 128-134.

[12] SONG L, TEKIN C, SCHAAR M V D. Online learning in large-scale contextual recommender systems[J]. IEEE Transactions on Services Computing, 2017, 9(3):433-445.

[13] BAUMAN K, TUZHILIN A. Recommending remedial learning materials to students by filling their knowledge gaps1[J]. MIS Quarterly, 2018, 42(1): 313-332.

会计专业开展MOOC教学的探讨

佟爱琴　张源鑫　何德宏

（同济大学经济与管理学院）

摘　要：MOOC给传统的教学模式带来了机遇和挑战。本文分析了会计专业的发展历史、培养目标、发展现状与人工智能时代对会计专业可能造成的影响，在阐明MOOC的概念、特点的基础上，探讨目前的传统会计专业教学模式存在的主要问题，并在基于MOOC的新型教学模式下提出改进传统会计专业教学模式的几点建议，即从教授、学习、考核、实践等几方面进行系统完善，为新形势下会计专业课程教学改革提供支持。
关键词：会计专业；MOOC；教学模式

Abstract: MOOC has brought both opportunities and challenges to traditional teaching models. This paper gives a brief analysis to the history, educational objectives, development status of the discipline of accounting and the possible influence of Artificial Intelligence on it. Then this paper analyzes the extant problems in traditional teaching of accounting based on illuminating the definition and characteristics of MOOC, and puts forward some suggestions to improve the traditional mode based on MOOC, so as to improve the teaching mode, learning process, way of examination and the practical teaching system of accounting to improve systematically, and provides supports for educational reform of the discipline.
Keywords: accounting major; MOOC; teaching mode

一、引言

（一）会计专业概述

1. 会计专业的发展历史

会计是一门既古老又新潮的学科，它起源于人类在生产生活中的原始计量记录行为，是社会发展到一定阶段的产物，也因此，世界各地的文明都存在早期的会计思想与会计方法。从使用的主要技术方法来看，会计主要涉及的有原始计量记录法、单式账簿法和初创时期的复式记账法等。一般认为，单式记账法过渡到复式记账法是近代会计产生的标志，在此期间成本会计也得以产生和迅速发展;而现代会计是资本主义商品货币经济的产物,其标志是利用货币计量进行价值核算以及广泛采用复式记账法。

第二次世界大战之后,现代科学技术和经济管理科学的突飞猛进促进了传统财务会计的标准化和规范化,经济全球化的浪潮又将一套受到广泛认同的会计准则播撒到世界各地,促进了财务会计的通用化,就此形成了我们现在对于会计的定义:会计是以货币为主要计量单位,运用专门的方法,对企业、机关单位或其他经济组织的经济活动进行连续、系统、全面地反映和监督的一项经济管理活动。随着企业规模愈发扩大,经济活动愈加频繁,企业内部进行科学管理与决策的需求也愈发强烈,从而产生并发展了管理会计,使会计工作从传统的事后记账、算账、报账,转为事前的预测与决策、事中的监督与控制、事后的核算与分析;现代电子技术与会计融合产生的会计电算化,使会计从业人员摆脱了低附加值的手工作业,工作效率大大提升。现在以及不远的未来,大数据、人工智能等技术的成熟与应用将成为会计行业新的挑战与机遇。

在改革开放进程开始后,以杨纪琬、余绪缨、葛家澍、娄尔行等前辈为首的会计学界泰斗开始全面地研究当代西方资本主义财务会计理论,借鉴、吸收其中有用成分,为我国经济体制改革与会计改革服务。此后,他们又将目光投向财务会计的各个领域,包括通货膨胀会计、国际会计、公认会计原则等,为我国会计界开展这些问题的研究做出了开拓性的贡献,也为高校的会计专业教育打下了学科框架与思想上的基础。目前,我国开设会计学专业的大学已超过 630 所,遍及绝大部分综合性大学、财经类大学以及部分理工类大学[1],旨在培养既具有基本技能,又具有国际视野,能紧跟大数据与人工智能的时代浪潮的财务与会计人才,为我国深化改革、经济转型发展添砖加瓦。

2. 会计专业的培养目标

会计专业培养学生掌握扎实的会计、审计、财务管理等理论知识,注重锻炼学生的实践能力,使学生具有较强的会计实务操作能力、职业判断能力、财务管理能力,能胜任营利和非营利组织的会计、审计、财务管理等相关工作。要达到这样的目标,会计专业的学生应理解经济管理的基本理论知识、掌握计算机理论知识及数据计算和分析能力,能熟练运用会计、审计、财务管理的基本理论和方法,有实务操作能力,并了解国际会计的最新动向和相关法律。

综上所述,会计专业的培养目标是培养能适应时代发展,紧跟时代潮流,掌握扎实的经济管理类学科基础知识,理论知识完备而实践经验也充足的专业会计人才。

3. 我国高校会计专业的现状分析

我国高校的会计专业经过了几代人的贡献与发展,整个学科体系不断完善,无论是"做会计",即进行会计实务操作、核算与监督主体的经济活动,还是"用会计",即运用财务会计、管理会计知识介入主体的管理与决策活动,都可以在课堂中学到相关的知识;无论是国内的会计准则的变动,还是国际会计准则的渊源,也都在学校课程中有所涉猎。然而,因地域差异、师资水平、学生水平等因素影响,我国很多高校的会计专业课程体系和人才培养模式还存在一定的不足。主要体现在以下几个方面。

(1) 会计专业核心课程较多,其中不乏晦涩难懂的内容,对于学生来说,需要大量的时间理解练习。然而,学校的课程设置可能存在不合理和不科学之处,比如教学体系上没有很好地逐层递进安排、各门课程之间的衔接不够合理以及没有考虑学生的接受理解能力等，使学生容易产生困惑。

(2) 会计专业的很多课程之间相互关联，而现状大都是不同课程由不同老师教授，在注重与其他课程的内在联系方面存在欠缺。若能在教学中注意这一点，相互援引，建立起课程间的紧密联系，会大大提高学生实际运用知识的能力。

(3) 会计作为一门需要实际操作经验的学科，实践教学是很重要的环节。但在繁重的课业压力下，无论学生是在校内完成会计实践还是在校外进行相关实习，质与量常常无法得到保障，使得学生对本专业的特点认识理解不充分，也没有锻炼出综合能力。

(4) 目前信息与数字技术迅速发展，以大数据和人工智能为代表的新技术对传统行业产生了很大冲击。具体在会计方面，这些新技术直接影响了会计信息的深度与维度，拓展了会计学的边界。但是在大学本科的会计教学中，仍侧重基础理论知识的讲授，缺乏针对这一方面的系列课程。

(二) 人工智能时代对会计专业的影响

人工智能是依托信息技术，模仿人脑的思维模式，对语音、图像、数字等信息进行识别转化的一种技术。实践中应用于会计行业的主要是基于自动化和智能化的“财务机器人”，是目前已经得到广泛应用的会计电算化软件的“升级版”。这一技术目前已在四大会计师事务所与金蝶公司投入使用。但总体来看，仍然是小范围的试验与摸索[2]。人工智能浪潮的来袭，不得不让我们思考其对会计专业带来的机遇与挑战，并探索未来发展的道路。

人工智能时代背景下，会计无论是作为大学中的一门专业还是学生毕业后的一份职业，都会被极大地影响。整个传统的会计工作流程被大大优化，计算机处理的准确率大大高出人力，大批会计专业人员被解放出来，他们可以不必被繁重且附加值低的核算工作困扰，从而改变职业发展方向，转向预算、决策、控制、分析等管理工作。这一过程当然伴随着潜在的挑战，首先，应该确保人工智能化的财务系统的安全问题，防止这方面的漏洞；其次，是急需提高从业人员的能力与素质，确保其能跟上时代的进步。面对这种情况，需要从高校的会计专业入手，改变教学模式，培养更多能适应新时代要求的高素质会计人才。目前，人工智能的研究仍处于起步阶段，会计专业的研究者、从业者应该抓住机遇，尽力使会计专业得到更好的发展。

(三) MOOC 为会计专业教学改革提供的条件

MOOC(Massive Open Online Course)是大规模开放在线课程的简称，最早在 2007 年被提出，而其真正被人们熟知是在 2011 年，斯坦福大学通过网络开放讲授的课程“人工智能导论”，吸引了来自 195 个国家和地区的 16 万名学习者。借此机会，授课教师也开发了 Udacity 平台。麻省理工学院更是在 2012 年启动了 MITx 平台，吸引了众多国际知名高校参与进来[3]，MOOC 的风潮就此刮向全球。

MOOC 成为当今教育领域的热门话题，以一个传统高等教育颠覆者的身份出现在人们的视野中，这与其体现的四大特点是分不开的。

(1) MOOC 是大规模(Massive)的,这种规模是指学习者数量众多,借助网络平台,突破校园的限制,可以轻松达到几千人,使得受众面增广;

(2) MOOC 是开放(Open)的,课程的学习者可以来自全球各地,有学习意愿的学习者只要注册就可免费参与课程的学习、资源和环境的使用;

(3) MOOC 是在线(Online)的,经过注册的学习人员不需要亲临课堂,可以在任何地点根据自己的时间学习课程;

(4) MOOC 的课程(Course)往往是优质的,因为 MOOC 中的课程一般都是由声誉很高的名校教授提供的[4]。

MOOC 拥有的这些特点,十分适合在会计专业开展以 MOOC 为基础的教学改革。会计专业教学中存在的疑难知识点对于每个学生来说可能都不尽相同,他们可以在 MOOC 中收看学习自己困惑的知识点;同时,更可以借助这样的平台学习到不在学校教学大纲中的内容,不论是出于兴趣还是个人发展规划,都能使学生更加主动学习,进一步拓展知识面,使学生更加符合时代发展的需要,从而提高竞争力,形成良性循环。

二、会计专业传统教学模式存在的问题

不论从哪个专业来看,教学系统一般由教师、学生、教材以及各种教学媒介这四种教学实体构成。这四种要素相互联系、相互作用,形成一种比较稳定并为大多数人所接受的教学模式。但是具体到会计专业上,这种看上去稳定且为人们认可的教学模式依然存在一些问题,大体分为下列四种。

(一) 从“教”的方面:教学方式单一,资源建设滞后

现代科技迅速发展,互联网技术也日新月异,层出不穷的创意被应用在教学实践中,受到了很多教师和学生的喜爱。但这些较为新颖的教学方法由于设备、资金的限制,没有或者很少出现在会计专业的课程教学中,教师们一般采用的还是传统的根据教材辅以计算机上的多媒体手段,给学生进行“填鸭式教育”。这种单一的教学方式,非常容易使学生对课堂上教学内容兴趣不足,走神、开小差甚至逃课,严重影响了教学效果。

信息化教学也在逐步成为各类校园在课堂上主推的新型教学手段,在这样的教学过程中,需要充足的教学资源作为基础,譬如精品课程资源、智慧课堂等的建设。从这一方面看,国内大部分高校会计专业还没有运营成熟,导致教学过程中教学资源匮乏、教学效果较差[5]。

(二) 从“学”的方面:学生被动接受,自主热情不高

在上述的教学模式作用下,通常由教师提前准备好授课内容,通过板书、多媒体以及课堂练习等方式授课,与学生互动较少;学生也往往只通过课堂听课来学习,很大一部分学生在这样被动的、没有压力的学习氛围下,不会提前预习、课下复习,这样循环往复直到课程结束。

如此一来,学生缺乏学习的自主与热情,可能只是在僵硬、被动地接受老师在课堂上

讲授的知识，很少思考知识的前后连贯和不同课程之间的呼应，无法满足会计专业的培养要求，也不利于培养学生的创新思维，自然培养不出能适应社会快速发展的精英会计人才。

（三）从“考”的方面：考核机制不全，考试内容陈旧

由于在教学手段、教学资源等方面的限制，在这些基础上形成的传统教学模式难以全面考核学生的多方面能力。我国大多数高校的考核是面向结果的考核，一般由考试成绩和平时成绩组成。平时成绩更加注重出勤率、课堂纪律等方面，而对课堂活跃度、参与度不做严格的要求；学生们为了通过期末考试，往往选择在考前突击复习，这样功利化的学习也不利于学生的人格发展，削弱了学生平时的学习主观能动性，学习成了敷衍。

在考核机制不健全的同时，考试内容也呈现出趋于陈旧的不足，体现在每年试题变化不大，学生通过练习前几年本课程的考试题就可以得到较为理想的分数，更别说个别教师会有提前为考试“划重点”的习惯，这并不利于学生将学习的内容内化为自己的知识，对认真学习的学生也是一种不公平。

在教学改革的大背景下，这样的考核机制显然不符合形势的需求。会计专业要培养的是具有专业技能与广阔视野的财务与管理人才，就应该有着与之相对应的全面、有效的考核机制。

（四）从“践”的方面：实践教学不全，缺乏复盘总结

会计专业核心课程众多，教师与学生的教学任务都很重，留给会计实务训练、会计电算化软件操作等实践课程的时间往往比较少，对学生专业知识的应用能力训练不到位；即使学生在校外的企业谋得实习岗位，但因经验缺乏等原因只能接触某一方面的粗浅知识，使得实践教学与理论教学之间的链条得不到“填充”，学生的能力没有达成全方位的进一步提高。

在实践教学中，不论是小组合作还是个人操作，在完成的过程中可以获得许多宝贵的经验。但完成的作业上交后，往往一个分数就作为课程的结束，缺乏来自任课专业老师的评价与指导，想要进行复盘总结就会变得困难，这也是影响会计专业实践课程完成质量的一个因素。踏入实践工作仍然是大部分会计专业学生未来的选择，而实践教学是提高其专业实际操作能力的有效途径，我们应使实践教学更加完善，帮助学生适应实践操作。

三、基于 MOOC 的会计专业教学模式改进建议

（一）从“教”的方面：教学面向能力，注重资源建设

MOOC 的出现成为对传统教学模式的一种颠覆，MOOC 平台资源提供方、教师、学生之间构成了新型的教学体系，为学习者提供了全新的学习形式。在这样的情况下，教师应该将 MOOC 与传统的教学模式的优势相结合，构建出面向学生能力的教学方案，使学生更好地掌握会计专业的各种课程。

通过使用这种教学方案，高校的会计专业课程教师可以利用多媒体课件、微视频和 MOOC 教案等信息化教学手段，引导学生根据学习需求在课前开展自主学习，在课堂上开展自由交流讨论，在课后开展复习巩固，真正面向学生的能力，根据学生的需求开展课堂教学活动，能够保证学生学以致用和学有所思，最终实现会计专业基本技能和创新思维的有效培养。[6]

对于 MOOC 平台来说，作为内容提供方，应该注重自身的资源建设，大体包括课程门户建设、教学基本资源建设、教学拓展资源建设以及资料库建设等几个方面。[7]课程门户建设就是要做好会计专业课程的教学团队信息和课程相关信息整理；教学基本资源建设是基于 MOOC 教学模式的主要内容，建立教学资源系统，合理利用资源，同时考虑学生的接受程度来制作教学内容；教学拓展资源建设指的是 MOOC 平台方应将典型的案例分析、专家讲座、专业知识链接等会计专业相关资源整合拓展到平台上供学生学习交流；最后的资料库建设则是指整合会计专业的教材、最新会计规范准则、各种试题、参考文献、经典书目等资源，帮助学生多方面获得知识，增强能力，使会计专业的教学更有成效。

（二）从“学”的方面：坚持学生主体，重建学习流程

在 MOOC 平台上进行学习，学生不必受限于传统的课堂形式，可以根据自己的时间、兴趣和其他需要选择适合自己的课程；在老师的选择上也突破了只能在传统课堂上可以接触到的老师的局限，可以师从全国甚至全球范围内的优秀教师。在这种情况下，不论是传统模式中的老师还是制作 MOOC 资源的老师，都应该明白此时的学习方式应该坚持以学生为主体，在允许的情况下，学习场所、学习时间、授课教师和授课方式等都可以根据学生的实际状况进行调整，将学习的主动权让渡到学生手中。

对于学生自身来说，应当有跳出之前教学模式惯性的意识，在 MOOC 平台和老师的帮助下完成学习流程的重建[8]。在新的教学流程中，课前学生应当观看 MOOC 视频替代老师课堂讲解，这样可以节省一大部分课堂上的时间，对要掌握的知识有初步的了解，接受知识较慢的学生可以观看视频直到掌握；课上通过老师有针对性的答疑解惑、学生讨论、师生交流等方式，使学生们可以结合实际深化、拓展知识；课后若学生有意愿或觉得有需要，可以在 MOOC 平台自学其他相关课程作为知识体系的补充。

在这样的学习方式下，会计专业的学生可以对本专业的基础课程做到融会贯通，同时掌握其他相关联的知识，在未来大数据和人工智能化的社会中也能有广阔的天地施展才能。

（三）从“考”的方面：面向过程进行，多个方面综合

传统教学模式中的考核主要是针对结果的评价，在教学实践的实际操作中，因为各种因素的制约，这样的评价标准对学生考核的效果大打折扣，无法反映出学生掌握某门课程的学习效果。而在基于 MOOC 的新的教学模式下，教学的考核可以面向过程进行，且结合多个方面的因素进行考核，很大程度上弥补了这样的缺陷。

当学生使用 MOOC 平台完成一节课的学习时，可以直接给出课后题并要求学生做出解答。因为 MOOC 中的一节课程较短，往往只讲解一两个知识点，且学生刚刚听完课，这

样的课后题可以设置得较为简单，帮助学生加深印象，深刻理解知识点；学完一大章节的知识后，可以在平台或者课堂上设置测试，考察学生的综合掌握能力；会计专业也有很多需要实践和团队合作的课程，教师在大大增加的课堂中与学生交流、互动以及学生间相互合作的时间内，考核学生对知识的掌握、应用能力，并做出相应的评分。

这些评分与最终的期中期末考试一起，按照权重配比得到学生的最终成绩，可以对学生学习的整个过程都做到有效的评价，也充分发挥出考核的激励效应，使学生在学习中保持高昂的热情，从而更加主动地学习。

（四）从“践”的方面：善用信息技术，多元递进实践

同样在传统教学模式的时间与空间的限制下，高校的会计专业实践教学体系可能无法得到有序的开展，不利于学生积累宝贵的实践经验，学到处理实务的各项细节以及与各方交流的能力。而 MOOC 平台可以借助越来越先进的信息技术缓解这一问题。

学生可以在 MOOC 打造的资源平台上使用其提供的软件，进行形式各异、逐层递进的实践教学活动，提高参加实践活动的积极性，既对书面的知识有了更深的理解，也能培养学生的创新思维，提高综合素养。

这个逐层递进的实践教学模式可以分为以下三部分：首先是会计课程案例和会计实践软件，通过在 MOOC 平台与课堂上讨论已有的实践案例强化学生对知识点的掌握，实现对思维的训练，而使用实训软件可以基于实际情况训练学生处理实务的能力；其次是专业综合实践模块，通过一些 ERP 沙盘对抗项目、VBSE 跨专业综合实训平台以及创新创业活动平台开展，基于 MOOC 平台在线上进行，满足学生的实践需求；最后则是通过专业实践模块开展活动，即尽力参与到公司企业的财务运行与管理中，在实践中锤炼实务经验时，也可以通过 MOOC 组织开展各种实践活动，学习在专业实践模块中需要补充的知识与技能。[9]

四、总结

本文通过分析会计专业传统教学模式存在的问题，结合 MOOC 教学的特点分析如何针对会计专业开展 MOOC 教学，希望能够促进我国会计专业的可持续发展。面对当下以及未来经济社会和会计专业自身的发展趋势，我们应该改进现有的传统教学模式的不足，利用 MOOC 这个平台不受时空限制、规模巨大且内容广博等富含互联网特色的优势，从教授、学习、考核以及实践等四个方面找到会计教学改进的方向，促进在新时代背景下的会计专业的教学改革，为国家培养更多高质量的会计专业人才。

参考文献

[1] 刘晓光，丁华，吕洁华.会计学专业人才培养的总体考量与改进措施[J].经济师，2016(9)：252+261.
[2] 王天艺，谢婉莹.浅析人工智能对会计的影响及会计的出路[J].纳税，2019，13(20)：101-102.
[3] 石冬凌.MOOC 对教学带来的思考和启示[J].计算机教育，2014(9)：13-16.
[4] 汪琼.MOOCs 改变传统教学[J].中国教育信息化，2013(10)：26-28.

[5] 杨琴，牛永芹.非会计专业会计学课程 MOOC 教学改革探讨[J].商业会计，2018(15)：127-129.

[6] 唐圣英.基于 MOOC 模式下的高校会计专业教学探讨[J].科技资讯，2018，16(14)：158-159.

[7] 程建波."慕课"背景下的财务会计课程资源建设探析[J].财会学习，2017(24)：217+219.

[8] 李艳."MOOC+翻转课堂"会计学教学模式的设计与实现[J].实验室研究与探索，2018，37(5)：222-225.

[9] 李娟.基于供给侧改革视角下的会计专业发展转型分析[J].管理观察，2018(25)：144-145.

大数据背景下基于区块链技术的信息管理教学改革探讨

曹若凡　朱茂然

（同济大学经济与管理学院）

摘　要：随着网络的高度普及和发展，大数据带来的各项新技术如区块链技术已经逐渐开始应用于各个领域。信息管理作为经济与管理学院中与区块链技术息息相关的重要方向，也面临着新的挑战和机遇。一方面，区块链技术作为未来的发展趋势，为信息管理提供了更多新的应用场景和内容；另一方面，需要对信息管理课程中的教学内容、实际应用、教学模式和考核模式等方面进行改革，以适应新技术下的要求和标准。本文分析了区块链技术下信息管理现有课程的弊端，探讨了改善教学效果的方式，以期能够培养出真正被现今社会所需要的信息管理人才。

关键词：大数据；区块链技术；信息管理；教学改革

Abstract: With the high popularity and development of the network, new technologies such as blockchain technology brought by big data have gradually begun to be applied in various fields. Information management as an important direction in the School of Economics and Management which highly related to blockchain technology, is also facing new challenges and opportunities. On the one hand, as a future development trend, blockchain technology provides new application scenarios and content for information management. On the other hand, it requires teaching reforms in teaching content, practical application, teaching mode and assessment mode of the information management course to adapt the requirements and standards under the new technology. This paper analyzes the shortcomings in the courses of information management under the blockchain technology, and discusses the ways to improve the teaching effect, in order to cultivate the information management talents that are really needed by society.

Keywords: big data; blockchain technology; information management; teaching reform

一、引言

信息管理是经管学院的重要方向之一，学生需要运用数据挖掘的知识对信息进行搜集、管理和分析，为企业进行科学决策提供依据，是一个既有理论基础也有实用价值的研究方向。这就需要学生具有良好的创新能力和数理基础、管理学和信息技术知识及应用能力等，但目前高校中更多强调的是对管理原理和方法的教学，而忽视了学生的实践能力。随着近年来网络的高度普及和发展，信息技术也在突飞猛进，现有教学方法的弊端逐渐浮现：如，注重理论而忽视实践，教材内容落后，教学方法陈旧，考核手段单一和案例脱离实际等问题[1]。大数据带来的技术上的革新如人工智能和区块链等，对企业中的传统业务模式带来了巨大的改变和影响，而这些改变和信息管理是息息相关的。为了让学生在学习基本专业知识的同时，也能锻炼实践能力，加深对信息管理和大数据下新技术的理解和认知，本文从大数据背景下的新技术入手，分析信息管理课程的现有弊端，从而提出和实际相结合的新需求，最终探讨改善高校中信息管理课程教学效果的途径。

二、大数据背景下的区块链技术

（一）大数据背景

近年来，随着科技与经济的飞速发展，人们生产数据、保存数据和处理数据的能力都呈指数级增长。大数据正是这个时代的产物，它引导着各行各业的变革，越来越多的企业秉持“一切皆可量化”的大数据观点，以数据为导向，通过数据来驱动决策。而大数据如今也上升到了国家战略的高度，国务院印发的《促进大数据发展行动纲要》中提到，“信息技术与经济社会的交汇融合引发了数据迅猛增长，数据已成为国家基础性战略资源，大数据正日益对全球生产、流通、分配、消费活动以及经济运行机制、社会生活方式和国家治理能力产生重要影响。”[2]

大数据还为许多新的技术进行了赋能，如数据挖掘、机器学习、人工智能和区块链技术等。基于此，学者们也成功解决了一个又一个难题，从解构人类基因组到了解数百万病人中的老年痴呆症的病理[3]等。Pournarakis 等人[4]通过数据挖掘的方法，构建了用户对于品牌意识的认知模型。Contractor 等人[5]甚至利用机器学习的方法对 2013 年菲律宾大选进行了预测。这些学者都应用了大数据相关的新的处理分析技术，从而使得数据产生了价值。这无一不显示着大数据在现今的科技中的举足轻重。

（二）区块链技术的意义

2008 年，中本聪提出了区块链的概念，此后越来越多的学者开始投身于区块链技术的研究。区块链技术实际上指的是一个自带信任、防篡改及能进行多签名复杂权限管理的分布式记录系统[6]。尤其是在大数据的背景下，区块链技术去中心化、信任透明化、开放性、信息不可篡改性和匿名性的特点，保障了信息流的真实程度[7]，也为社会各行各业带来新的生机与机遇，为很多想法提供了可能性。

如今，越来越多的企业和机构基于区块链技术，生成去中心化的分布式数据库，并以此来开发出各个行业相应的应用，包括金融、医疗、教育、网络、安全、隐私、云存储、大数据和人工智能等领域[8]。区块链技术也因此被称为继蒸汽机、电力、信息和互联网科技之后，目前最有潜力触发第五轮颠覆性革命浪潮的核心技术[9]，将会给各行各业带来深刻变革。

区块链技术作为一个和信息管理息息相关的技术，它的飞速发展也对信息管理的教学提出了新的要求。未来需要对信息管理的课程进行改革，使得教学内容更加贴合前沿科技的发展趋势，从而培养出真正被社会所需要的信息管理人才。

三、信息管理课程在教学中存在的问题

在现有的信息管理课程中，教学模式偏向于传统的"老师教授，学生听讲"，且课堂上的知识偏重于书本。区块链技术作为较为前沿的科技，所影响的信息管理课程包括："电子商务""创新管理""商务智能"和"计算机网络"等。但这些课程都没有加入区块链相关的内容，这也表明课堂所学知识与实际相差较远，从而使得课程效果较差。目前信息管理课程在教学中存在的问题有以下几点。

（一）教学内容过时

一方面，信息管理课程的相关教材和课件更新换代较为缓慢，可能数年都不会进行大的更新和修改，教学内容存在滞后性，缺乏对于大数据背景下的新技术如区块链技术等的介绍，导致学生无法跟上未来的发展趋势。另一方面，教材中的案例往往都是几年甚至十几年前的案例，无论是商业模式还是实际应用，可能早已经发生了翻天覆地的变化，尤其是区块链技术带来的革新，以前的案例不再适用于现在的情况，学生所学知识脱离了实际。哪怕课程设置了小组作业进行案例分析，学生也会倾向于找一些较为陈旧的案例入手，实际学习效果较差。

（二）教学重视理论知识，而轻视实际应用

教师在教授信息管理相关课程时，更注重对于理论知识的传授，而忽视了与实际应用的联系。同样，学生也更看重理论部分的学习，选择记忆基础概念而非进行实践的探讨。这导致学生欠缺运用理论知识解决实际问题的能力，使学生与社会上对人才的需求无法完全对接。而区块链技术，正是当下实际应用中的热门，在电商、金融、医疗等领域均被尝试应用。各大电商平台也都已经开始了将电商溯源与区块链的结合。如果在教授理论知识的同时，引入一些实际中有时效的问题，带领学生分析探究，尝试得到解决方案，既可以将所教授知识与实际应用结合起来，加深学生对于整体框架的把握；又可以培养学生学以致用、解决问题的习惯，提高学生将理论应用于实际的能力；还可以通过解决问题来增加学生的成就感，培养学生的兴趣，从而使学生更乐于继续进行研究。

（三）教学模式陈旧

现有教学模式更多的还是传统的讲授式教学，教师通过灌输知识点的方式单方向进行知识传授，容易忽视发挥学生的学习主动性，导致对学生的吸引力下降[10]，这样既不能挖掘出学生的潜能，也不便于实时了解到学生的接受情况。学生更多的也是死记硬背来应付考试，可能并没有真正理解那些知识的含义，导致进入企业后表现较差，无法将学到的知识与企业的实际需要联系起来。

（四）考核手段单一且不透明

虽然现在不少老师已经将考勤和个人作业等加入了课程考核中，但是还是摆脱不了主要依靠期末考试一张考卷来确定成绩的问题。这种考核方式会使得学生更偏向于应试，针对考试进行背诵和应对，没有办法体现出学生的学习积极性和在创新实践等方面的能力，可能会出现有学生“高分低能”的现象。

除此之外，对于学生某门课的成绩可能只会记录一个总分，当学生转专业或读研转学校时，无法具体得知该学生对这门课具体的掌握情况。而且，有部分学校可以通过刷分或清考来覆盖原始得分，导致新院校的教师没有办法掌握完全的信息。

四、社会对于信息管理学生的需求

现在是大数据时代，信息管理需要培养的人才不再是传统意义上的信息人才，而是既了解大数据背景下的前沿信息技术、又具备对应信息分析和管理能力的人才。随着科技的发展越来越迅速，企业也更需要能快速上手、灵活应对各类问题的人才。这就意味着学生除了要具备基础的知识以外，还要学以致用，善于将学到的知识运用于实际，以解决公司面临的各类问题。

这些也都说明，学生在学习信息管理相关课程时，不能仅局限于以前书本上的内容，更要学会将内容与实际应用相联系，并且实时更新相关知识储备。也只有达到了这样的要求，才能真正成为社会所需要的信息管理相关的科技人才。这与之前相比，无疑对教师、学生以及课程都有着更高的要求和标准。

五、基于区块链技术对信息管理课程改革的几点建议

（一）教学内容与时俱进

区块链技术正颠覆着企业的传统业务模式和商业模式，未来人们交易的市场很有可能会是一个建立在去中心化的信用体系上的区块链市场，甚至人类的社会活动形态都有可能被彻底重构，无论是科技、文化还是金融，都很有可能产生深远的变革。

所以，“创新管理”这门课需要添加更多的相关案例来分析现在已经落地的区块链场景，并且展望未来可能可以应用的创新的场景。“商务智能”这门课则需要添加企业现在

或未来如何通过区块链技术来辅助企业进行决策支持的内容。而“计算机网络”这门课，则是从技术角度去解析区块链，因为区块链本质是分布式网络的共识机制，底层的技术和逻辑和网络密不可分。无论是哪一门课，都需要加入区块链的相关内容和有时效性的适用于未来的案例，使学生了解到前沿的技术和未来的发展趋势。

（二）教学需联系实际应用

在电子商务领域，产品信息追溯和假冒伪劣问题是消费者和平台最关心的领域，各大电商平台饱受盗版山寨产品的困扰，不论是生产商、采购商、运输商还是销售商，都有以次充好的可能，假冒伪劣产品早已入侵了人们的日常生活并潜伏下来，依靠常规网络零售市场治理手段和理论难以解决这类问题。但是区块链技术凭借它的去中心化、透明化和不可篡改等特点，可以极大地增加商品的可信度，保障信息流的真实程度。阿里、京东等大型电商平台都已经开始进行电商溯源结合区块链的尝试。通过区块链技术来保证各流程中商品的真实性，一旦出现问题就可以直接溯源。

区块链技术是未来最好的解决电商平台中产品信息追溯和假冒伪劣问题的方式，也非常适合在“电子商务”这门课中增加相关的案例和内容，进一步分析未来解决这个问题的途径和方式，让学生提出自己的解决方案，把学到的内容直接应用到实际问题中。学生本身也是电商平台的用户，这些问题和他们息息相关，相信这些内容的加入也会使学生更有兴趣进一步研究学习这门课程。

（三）教学模式改革

课堂内，教学模式应当从灌输改为引导，使用启发式教学、互动式教学等方法，积极调动学生的参与热情，并且可以设置一些有清晰逻辑的情景类问题，引导学生去思考和讨论，发挥学习的主观能动性，从而更好地理解和掌握知识。

除此之外，教学模式应突破课堂的限制，使用开放式教学的方法，使社会和企业参与到教学中。推动高校与企业的合作，无论是邀请企业到课堂上为学生分享，还是推动学生进入企业去体验项目的运作，都可以使学生在更加开放和真实的环境中开展学习。学生在亲身体验后可以更加容易地将理论与实践结合，也会提前了解到所学内容是如何在企业中应用的，进一步激发潜力。

（四）课程考核技术改革

在指定考核方式时，应当更注重学生在学习课程时的整体的综合评价，包括出勤、课前准备、课上发言讨论积极性、课后作业（个人作业、小组作业、综合性大作业）、专题讨论和调研报告等，全方位地考核学生对某门课的实际掌握情况。

引入区块链技术，构建新的课程考核平台，尤其是构建一个全国高校通用的考核平台尤为重要。首先，当学生转专业或转学校读研时，其他院校的老师可以直接查看该学生的课程信息，消除信息的不对等；其次，在该平台记录学生在这门课各维度的表现，而不是只有一个总分，其他老师查看时，可以更加准确地了解到学生对该课程的掌握情况；最后，由于区块链的不可篡改性，学生成绩一旦产生则无法覆盖和修改，刷分也会出现之前的考核记录，这样可以避免某些学校通过刷分覆盖原始记录的情况，使其他老师更全面了解这个学生。

五、结语

如今，大数据的重要性已经广泛为人所知，对社会的方方面面都产生了巨大的影响，随之而来的各项新技术也逐渐进入了应用阶段。尤其是其中的区块链技术，引起了学术界和商业界非常浓厚的兴趣，越来越多的学者和企业开展了对区块链的研究。区块链技术为未来社会提供了无数新的挑战和机遇，而信息管理作为一个和区块链息息相关的专业，则需要抓住这个机遇，加入这个前沿科技与未来发展的浪潮中。

与此同时，区块链技术也为信息管理专业带来了新的要求和挑战，这就需要对原有的课程进行改革，无论是教学内容、教学实践、教学模式还是考核方式，都要相应地进行调整。信息管理作为一个实践性的专业，既要让学生更加了解区块链技术，也要重视实际应用，提升学生分析问题、解决问题的能力，最终培养出在大数据背景中真正被社会所需要的信息管理人才，为国家的经济和科技发展做出贡献。

参考文献

[1] 王媛.基于应用型高校视域下管理学教学范式改革的思考[J].大学教育，2016(10)：181-182.
[2] 田浩.大数据研究方法在教育领域的运用研究[D].西宁：青海师范大学，2017.
[3] RITU A，VASANT D. Big Data，Data Science，and Analytics：The Opportunity and Challenge for IS Research[J]. Information Systems Research，2014，25(3)：443-448.
[4] POURNARAKIS D E，SOTIROPOULOS D N，GIAGLIS G M. A computational model for mining consumer perceptions in social media[J]. Decision Support Systems，2017，93：98-110.
[5] CONTRACTOR D，CHAWDA B，MEHTA S，et al. Tracking political elections on social media：applications and experience[C]// International Conference on Artificial Intelligence. AAAI Press，2015：2320-2326.
[6] 韩涵.区块链渗入数据交易解决溯源与授权"痛点"[J].通信世界，2017(19)：53.
[7] 席悦.区块链技术开启跨境溯源元年[J].中国物流与采购，2017(16)：48-49.
[8] 姚忠将，葛敬国.关于区块链原理及应用的综述[J].科研信息化技术与应用，2017(2)：5-19.
[9] 何蒲，于戈，张岩峰，鲍玉斌.区块链技术与应用前瞻综述[J].计算机科学，2017，44(4)：1-7+15.
[10] 林琳，潘琰.经济转型升级背景下应用型本科教育改革探讨——来自闽台高校比较的启示[J].教育观察，2018，7(21)：80-83.

教学改革

JIAOXUEGAIGE

“课程思政”背景下“金融法”课程教学改革实践探索*

郭　英　李奕滨

（同济大学经济与管理学院）

摘　要：专业课程的课程思政是高等教育的基本功能，有助于加强高等教育的“课程育人”功能。本文结合“金融法”课程的基本特征和教学组织特点，分析了专业课课程思政实现的方式和路径，包括教学目标的重新定位、教学内容思政内涵的挖掘、教学方法的变革和创新、教学考核方案的优化等，从而实现专业课程与思政教育的有机融合。
关键词：课程思政；专业课；金融法

Abstract: The curriculum ideology and politics of professional courses is the basic function of higher education, which helps to strengthen the function of curriculum education of higher education. Combining with the basic characteristics of the course of “Financial Law” and the characteristics of teaching organization, this paper analyses the ways and paths of realizing ideological and political education in professional courses, including the reorientation of teaching objectives, the excavation of ideological and political connotations in teaching contents, the reform and innovation of teaching methods, and the optimization of teaching assessment schemes, so as to realize the organic integration of ideological and political education and the professional courses.
Keywords: curriculum ideology and politics; professional courses; Financial Law

全国高校思想政治工作会议对新时代高校思想政治工作提出了新的要求，要做好高校思想政治工作必须用好课堂教学这个主渠道、主阵地，其他各门课都要守好一段渠、种好责任田，使各类课程与思想政治课同向同行，形成协同效应。“课程思政”是新时代高等教育面临的新课题，也是高等教育必须肩负的历史使命。从“思政课程”到“课程思政”也预示了今后高校思政教育模式创新的基本趋向。作为金融学本科专业课程，“金融法”课程专业性强、涉及面广，其目的是培养熟悉金融、通晓法律、善于经营的具有职业操守的复

* 上海高校课程思政教育教学改革项目“‘新常态下金融风险防控与法制建设’专业课程链建设”、同济大学课程思政教育教学改革项目“‘深化金融业对外开放’课程思政示范专业课程链建设”阶段成果。

合型金融人才，帮助学生树立正确的职业道德和法律素养。本课程是上海高校课程思政教育改革项目"'新常态下金融风险防控与法制建设'专业课程链建设"的建设课程之一，在引入"课程思政"教育教学改革过程中，不断探讨专业课程与思政教育融合的途径与经验，充分挖掘专业课的思政育人因素，增强专业课的思政功能，力求实现专业课与"思政课程"的协同效应。

一、专业课程与课程思政融合的必要性

（一）课程思政的提出

"课程思政"这一概念由上海市委、市政府于2014年提出，意指"将立德树人作为教育的根本任务，深入发掘各类课程的思想政治理论教育资源，使各类课程与思想政治理论课同向同行，形成协同效应，构建全员、全程、全课程育人格局的一种综合教育理念"。这一理念强调除了知识传授外，专业课程还具有思想政治功能和意识形态功能。随着2016年全国高校思政政治工作会议的召开和《高校思想政治工作质量提升工程实施纲要》的印发，"课程思政"的概念进一步深入人心，成为理论界研究的热点和高校各类课程的努力方向。

（二）课程思政的价值理念

"课程思政"是指在教学过程中将思想政治教育与其他各类课程教学内容有机融合。在其他课程教学中，充分挖掘授课内容的思政内涵因素，有计划有目的地设计教学内容，通过与教学内容的融合，在课堂教学中注重知识、技能的培养与价值引领的统一，提升学生的爱国主义情操，提高职业操守及道德水准。

从"思政课程"到"课程思政"，不是字词语序的简单变化，而是人才培养理念的转型。不再将思想政治教育仅仅视为思政教师的职责，而是提倡专业教师回归"育人"的初心。课程思政改革的重点是"使各类课程与思政理论课同向同行，形成协同效用"。所谓同向，就是同一目标、同一方向，即培养德才兼备、全面发展的时代新人；所谓同行，就是相互促进，共同发展。

（三）"课程思政"视角下专业课和思政课程的融合关系

课程思政化改革提倡将思政元素融入专业教育，挖掘专业课程的德育功能，德业融合。一方面，纯粹的思政课程如果脱离社会需求，不考虑专业发展的现状和趋势，会给学生不实用的感觉，那么思政课传授的基本理论、倡导的价值取向就不易被学生接受。"思政课程"到"课程思政"的转变无疑给思政课程注入了鲜活的生命力。另一方面，专业人才的培养如果忽略价值引领，那么人才培养将陷入"技能培养"的误区，忽略了人才培养中有关人格、道德情操、正确的科学观的培养。所以，专业课思政化也丰富了专业课的自身内涵。

二、"金融法"课程融入思政教育的基础

习近平总书记在党的十九大报告中强调："深化金融体制改革，增强金融服务实体经

济能力，提高直接融资比重，促进多层次资本市场健康发展。健全货币政策和宏观审慎政策双支柱调控框架，深化利率和汇率市场化改革。健全金融监管体系，守住不发生系统性金融风险的底线。”这是习近平新时代中国特色社会主义思想在金融领域的根本要求，也对高等学校金融学学科人才培养目标提供了重要思路。

同济大学“新常态下金融风险防控与法制建设”专业课程链是基于我国当前金融市场发展及监管最核心的主题——“防范系统性金融风险”的现实需求，培养具有“金融风险防控和法律准则意识”的专业化金融人才。要求学生具备对经济和金融运行的基础理论知识，充分了解金融体系支持经济发展的机制与途径，掌握金融风险防控的分析方法和管理手段，了解金融体系中各参与主体的权利和责任、金融产品创新的法律边界，树立正确的职业道德和法律素养。本课程链共包含三门课程："中级经济学”“金融法”和“期货与期权交易”。作为建设课程之一，“金融法”课程的开设旨在使学生通过学习，掌握金融法学的基本原理、金融法的基本制度和相关的业务基础知识；熟悉我国主要金融法律的内容，了解相关领域国内外立法现状；培养熟悉金融、通晓法律、善于经营的具有职业操守的复合型金融人才。通过本课程学习，要求学生系统了解金融法体系的构成，掌握中央银行法、商业银行法、票据法、担保法、信托法、保险法、证券法等法律制度的基础原理和基本制度。结合课题教学和案例讨论，使学生了解现实经济生活中的金融法务问题，培养学生利用相关知识辨析和解决实际金融法务问题的能力。

我国改革开放40年的经验表明，金融体系具有金融资源配置、风险管理等功能，为实体经济的发展提供强有力的保障基础。当前，我国经济进入新常态，持续推进改革、经济可持续发展的要求需要金融体系的健康发展。互联网金融等金融创新业态的产生，既催生了传统金融体制的改革必要性，又增加了金融创新产品的风险监督需求。“金融法”课程侧重培养学生的金融风险防范意识以及职业道德素养。通过对金融监管、金融法制建设的一般理论、基本理论和方法论的认识，了解金融各领域各个主体的权利和责任、金融产品的创新边界、加强宏观审慎管理制度建设，加强功能监管，更加重视行为监管，树立正确的职业道德素养。

“金融法”课程安排在本科三年级上学期，学生在二年级“中级经济学”课程储备经济与金融运行的基本理论知识的基础上，强化对各金融主体权利和责任的认知，明确金融监管的边界，进而在本科三年级下学期“期货与期权交易”课程中，强化风险防范分析工具和管理办法的实际操作和应用，三门课形成“金融风险防范和法律治理”课程链的分层次、综合性的有机契合。

三、“金融法”“课程思政”的实现方式与路径

（一）课程思政的改革目标和思路

“金融法”课程思政的改革目标就是将专业知识技能传授与价值引领相结合，坚持知识传授、能力培养和思想引领相结合，围绕知识目标、能力目标、素质目标三位一体构建“课程思政”教育体系。其基本思路是：在整个教学过程中，从课程内容设计到教学组织、教学评价，都

处处体现社会主义核心价值观、基本社会道德规范的价值取向，涵盖公民责任与担当、个人品格、正确的科学观等多维度的价值标准。结合“金融法”课程的授课特点，通过案例分析引导学生对金融法律、金融监管的正确认识，引领正确的价值观和职业道德观。

（二）教学内容思政内涵的挖掘

根据十九大报告中对金融风险防控的具体内容和金融法制建设的具体要求，对“金融法”教学大纲、教学重点重新梳理、规划，对课程内容涉及的思政教育深入挖掘。从“金融法”法理知识挖掘其蕴含的价值观、哲学、思想、思维、逻辑和情感等思政元素，构建知识目标、能力目标、素质目标三位一体的学习效果：①知识目标——深入理解我国主要金融监管、金融法规的基本原理，熟悉和掌握我国中央银行法、商业银行法、票据法、担保法、信托法、保险法、证券法等金融法律及监管标准；②能力目标——掌握规范金融学分析方法，训练金融法学思维方式，对金融法制问题能够理解、分析，提出个人观点与建议。通过团队合作，开展金融实际法律问题的研究工作；③素质目标——培养独立分析金融法律问题的精神，增强金融风险防范意识和职业道德操守。

在教学过程中，引入“我国金融市场改革与金融法制建设现状”等方面的案例，如表1所列。帮助学生了解我国金融法的体系结构，对比国内外金融立法的差异，剖析中国金融立法的具体国情，了解我国金融立法的基本原则和适应我国现行金融市场发展的法律框架及改革趋势，形成对包括银行、保险、证券、信托、基金等金融具体领域金融监管的全方面认知；与学生进行金融从业人员职业道德、社会责任、法制意识等核心价值观的探讨和思考。如讨论银行内外勾结金融诈骗、证券内幕交易和利用未公开信息交易、金融机构变相吸收公众存款、吸收客户自己不入账等违反职业道德和社会责任的案例，有助于学生形成“警示性”认识，学法、知法、懂法，形成依法办事的自觉和自律意识。

表1　　课程教学内容思政元素挖掘

序号	教学模块	主要案例内容	课程思政目标
1	总论	法的本质，我国金融立法简史和体系，上海市检察院有关金融犯罪案件趋势与特点的通报	增强学生对法的本质、我国金融立法背景的理解；警示学生养成良好的职业道德和职业素养
2	中央银行法	《中国人民银行法》和《刑法》中关于货币管理、外汇管理、金融监管法律制度及案例（如金融机构人员以假币换取真币等）	通过案例教学培养学生的学习兴趣；建立对我国金融监管宏观法律体系的理解，引发学生法制意识；警示在货币管理、外汇管理中涉及的金融从业人员的职业道德和职业素养
3	商业银行法	《商业银行法》和《刑法》中关于商业银行组织、存贷款业务的案例（如非法吸收公众存款、集资诈骗、金融机构变相吸收公众存款等）	培养学生的法制意识、社会责任感；增强学生讲法、不盲从，追求真理的态度；警示学生要注重职业操守
4	票据法	《票据法》和《刑法》中关于票据特点、伪造、变造、票据诈骗等的处理案例	培养学生的法制意识以及利用法律保护正当权益的必要性；警示金融票据处理中不当行为造成的法律后果

(续表)

序号	教学模块	主要案例内容	课程思政目标
5	担保法	《担保法》和《刑法》中关于保证、抵押、质押、留置和定金的违规案例	培养学生对金融担保行为义务和责任的认识；警示在金融支付过程中票据权利实现的必备要求以及不当处理的后果
6	信托法	《信托法》和《刑法》中关于信托委托人、受托人、受益人的权利及义务的案例(如某某地产实际控制人离婚案中利用信托进行股权分割)	增强学生对信托功能的理解,培养学生的法制意识;警示信托受托人(主要是金融机构)应承担的权利及义务
7	保险法	《保险法》和《刑法》中关于保险合同成立及实施过程中各个当事人责任与义务的案例	培养学生的法制意识和社会责任感,尤其是保险领域从业人员的职业责任感
8	证券法	《证券法》和《刑法》中关于证券发行、流通、交易等一系列的规定的案例(如内幕交易、洗售等违规交易的处理)	培养学生的法制意识和社会责任感;警示证券交易非法行为带来的法律后果

(三)教学方法的变革与创新

教学方法上力求将"金融法"的专业知识和党的十九大会议精神、社会主义核心价值观相结合,以金融法理专业知识为载体,把思政教育贯穿到教学过程中,提升思政教育的时效性和针对性。多种教学手段的综合运用,突出案例教学法、研讨式教学法、互动式教学法等教学方法的应用,使得金融法理基础知识更为具体和形象。不是单向灌输,而是采取融入式教学方式。如讲到中国古代金融法律发展时,引用古典文献,可以使同学们提高文化自信和兴趣。讲到信托法起源时,引用西方名著的经典人物,拓宽同学们对知识的切入角度;在讲授金融法理知识时,设置情境引发学生联想,启发学生身临其境时如何处理案例;结合金融法课程的实践性特点,重点采用案例教学法,将金融法知识点具体到现实案例讨论当中,加深学生对基础理论知识的理解;要求学生结合教学章节自主完成案例收集和展示,通过研讨式教学法培养学生自主学习能力、自主解决问题的能力等。

课程思政背景下,对于专业课教学方法的变革与创新的重点是调动学生学习的积极性和参与性,让学生现身说法,通过自主学习、讨论、辩论提高思辨能力,尤其是通过金融法案例中的"反面教材"进行思考和比较,总结金融案例中的警示性经验,提高辨识能力和社会责任意识。

(四)教学考核方案的优化

受到授课课时量、人数等客观因素的影响,教师很难对每个学生的学习情况都了如指掌,也不能通过某节课的发言对学生形成精确的评价,更不能通过期末考试成绩对学生进行德育评价。对于专业课"课程思政"考核评价不应采取单一的模式,应丰富其评价机制,使其更加精细化和具体化。在原有的考核方式中增加思政考核模块,针对学生在整个学习过程中的"德、能、勤、绩"等方面进行考察。除了日常出勤率、作业完成率,在案例分析、小组讨论等课题活动中将专业知识考核和价值取向、思辨能力、团队合作、尊重他人等道德素养有机融合。同时，通过个人作业的方式围绕学生时间观念、职业观、价值取向进行个体考核。“思政课程”背景下，专业课的考核不再是单单考核学生的“术”，而是融入“道、德”等因素，实现“课程育人”的最终目标。

四、结语

课程思政是新时代发展背景下对高等教育的新要求，专业课和“思政教育”的融合毫无疑问是双向注入了活力。高等教育的专业课程门类丰富，为课程思政的实践提供了广阔的沃土。专业课程特点不一，其课程思政的实现方式也各有特色。本文以“金融法”课程思政的实践为例，认为在专业课传授过程中全方位规划思政教育的融入方式，需要教师在思想上高度重视，在教学目标、教学大纲等方面重新定位，不断创新教学方法，以学生更能接受的切入点导入思政元素，让学生成为主动学习、提高思辨能力的主体，并在考核方式上加入“德育”目标，才能实现专业课课程思政的目标。

参考文献

[1] 郭楠，李国乐，左宏亮.基于思政建设的专业课改革探讨[J].教育教学论坛，2019(6):42-43.
[2] 刘杰等.思政教育在《果树学》教学中的探索[J].高教学刊，2018(19):68-70.
[3] 马艳艳，任曙明.“经济学原理”课程思政教育实现路径探索[J].黑龙江教育，2019(8):1-3.
[4] 果秋婷，张小飞.“课程思政”背景下高职护理专业《药理学》课程教学改革实践探索[J].科技风，2019(7):53-54.
[5] 杜刚跃，孙瑞娟.高校英语教学“课程思政”有效策略研究[J].延安大学学报(社会科学版)，2019(7):122-126.
[6] 刘晓，张黎声.高校专业课程思政环节与评估的原则导向[J].中医药管理杂志，2018(9):4-7.

教改专项经费投入机制的现状、问题及对策*

宋晓满[1] 陈雁雁[2] 唐 伟[2] 邹小岗[3]

(1. 同济大学浙江学院 2. 同济大学经济与管理学院 3. 同济大学财务处)

摘 要：教学改革研究需要经费投入，学校在办学经费中划出专项用于教改研究，如何能使有限的专项经费合理地投入到各项教改研究中去，发挥最大的效用，成为人们普遍关注的问题，也是本文的研究重点。本文对教改研究专项经费的投入现状和投入效果进行了分析，总结发现其中存在的投入与产出的关系，分析目前教改项目管理中存在的不足，结合前人的观点，针对每一个现象提出合理有据的对策。

关键词：教改专项经费；投入结构；对策

Abstract: Teaching reform research needs funding support, therefore colleges allocate specific funds in teaching reform research. Meanwhile, how to make the limited specific funds reasonably invested in various teaching reform research and give full play of the funds, has become a common concern, which is also the focus of this paper. This paper analyzes the current situation and effects of specific funds for teaching reform research, summarizes the relationship between input and output, analyzes the existing deficiencies in teaching reform project management, and puts forward reasonable countermeasures for each phenomenon on the basis of previous views.

Keywords: specific funds for teaching reform; investment structure; countermeasure

一、引言

《国家中长期教育改革和发展规划纲要(2010—2020)》中指出："深化教学改革，全面实施高等学校本科教学质量与教学改革工程，严格教学管理，提高质量是高等教育发展的核心任务，是建设高等教育强国的基本要求。"习近平总书记提出的"四个全面"战略布局为引领高等教育改革与发展奠定了理论基础，教育部针对大学以及学科建设明确提出了"双一流"建设的任务要求，这是加快推进高校高等教育改革发展的重要保障[2]。高等教育改革是全面深化改革的重要内容，而教学改革是高等教育改革中最为重要的环节。教

* 本文为同济大学教改项目(批准号：2018ZD010)阶段性研究成果。

学改革的模式是以教改项目为载体，对教学中的问题进行探索、研究和分析，在解决问题中不断提高、深化和创新，使高水平、高质量、高级别的教学成果在教学实践中不断推动、促进和强化教学改革的可持续发展。

推进高等教育创新是时代的呼唤，深化教学改革是高校发展的必然要求。目前，我国高等学校以立项研究为动力，推进教学改革已呈现出日趋繁荣的景象。以同济大学教改项目为例，2014—2017 年项目数大致呈上升趋势，其中 2018 年项目数量最多，达到 293 项。教改项目数量呈现几何倍数的增长，已逐渐形成积极参与教改项目的良好氛围，各学院申报教改项目的热情日益上升，有助于我校教育改革的质量向高精尖发展，为师生创造一个良好的教育教学环境。

伴随着改革的不断深入，当前大部分高校都十分重视教改项目立项工作，一些投入分配和管理方面的问题逐渐引起人们的关注。由于教改项目管理流程中的不规范、缺乏健全的过程监控体系、项目评价指标不合理等，一些问题逐渐显现。如何采取有效措施使教学改革项目管理流程更为规范化、教学改革项目评价方案更为科学化，成为当前亟须思考和解决的问题。

因此，总结和分析现行投入机制存在的问题，并提出合理对策，使有限的专项经费发挥最大的效益，对促进教育事业健康发展具有重大意义。

二、我校教改专项经费投入现状及问题

（一）总体概况

总结 2016—2018 年研究生教改经费的投入情况（表 1），可以看出，学校对于教改项目研究专项经费的投入力度是逐渐增长的，增长率几乎都呈几何级数增长，特别是 2018—2017 年专项经费投入的增长率甚至达到了近 12 倍，表明学校对于教改专项经费的重视。归集近些年发布的规章政策，可以发现，对于教改专项经费的投入范围逐渐增大，教材建设、教学管理、人才培养、教师培训等方面的经费投入从无到有，从少到多。从结果看，教改专项经费的投入取得了显著的成效，但是在投入和管理使用过程中仍旧或多或少存在问题。在如此大量的经费投入背景下，如何正确规划投入的方向、结构等，让有限的教改经费发挥最大的作用，是人们普遍关注的问题，也是本文研究的重点。

表 1　　2016—2018 年研究生教改项目研究经费统计表

2016 年		2017 年		2018 年	
投入量（万元）	增长率	投入量（万元）	增长率	投入量（万元）	增长率
135	−46%	331	145.19%	4 155	1 155.29%

数据来源：2016—2018 年同济大学教改经费执行情况统计。

（二）专项经费分类投入分配问题

根据任务重点，我们将同济大学研究生教改项目分为实践类、学术类和综合类。其

中,学术类项目以论文发表、教材编撰为重心;实践类项目以修改培养计划、建设课程网站和建设实践基地等实践活动为中心。各年项目中,以综合类和实践类为主,仅进行学术研究的教改项目较少(图 1)。

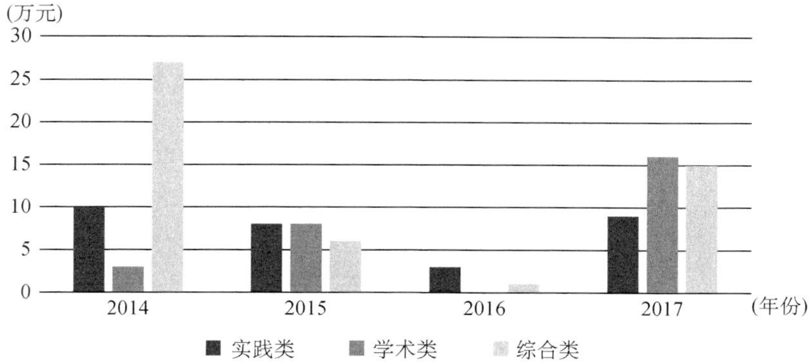

图 1　2014—2017 年教改项目分类统计

就平均资助金额来看,各年波动幅度不大,基本在 10 万元左右;其中 2016 年项目总数为 5 个,平均资助金额达 22.5 万元/项目(图 2)。

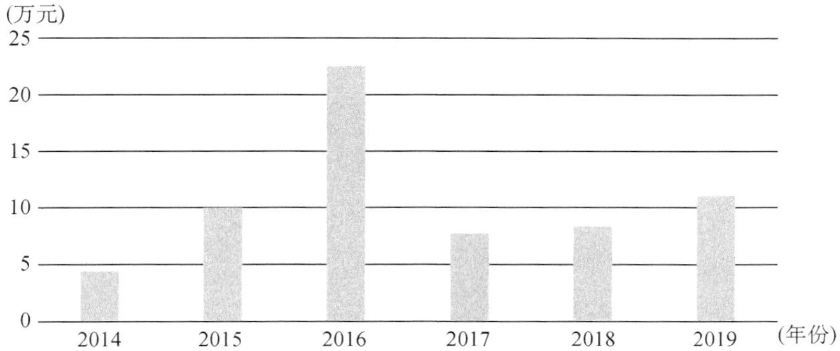

图 2　各年各项目平均资助金额

根据以上划分标准,从图 1 和图 2 我们可以总结得出各类教改研究的专项经费投入占比的变化情况,2017 年以后综合类与学术类项目数量和经费投入均较为相近。因此,除 2016 年资助总金额低于其余年份以外,总投入总体呈上升趋势,可以看出国家及学校对于教改项目的重视程度逐年增加。

从项目的院级分布看,通过对各学院申报项目数量的统计发现,经济与管理学院申报项目最多,高达 32 项,除职教学院、学业就业指导中心、国际知识产权学院、电子与信息工程学院、创新创业学院外,其余学院申报的教改项目数量分布情况差异不大(图 3)。

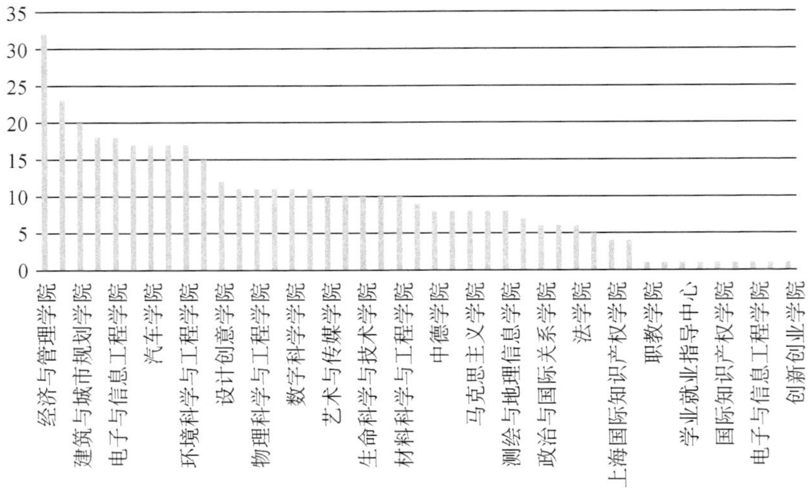

图 3　各学院申报教改项目数统计分析

（三）　产出结构问题

我校目前的教改研究项目成果主要以论文（包括教改论文和学术论文）和培养计划为主，占比各超过 20%。其次是规章制度的设立，占比达到 8%。其他形式还有学术会议、问卷调查报告等（图 4）。

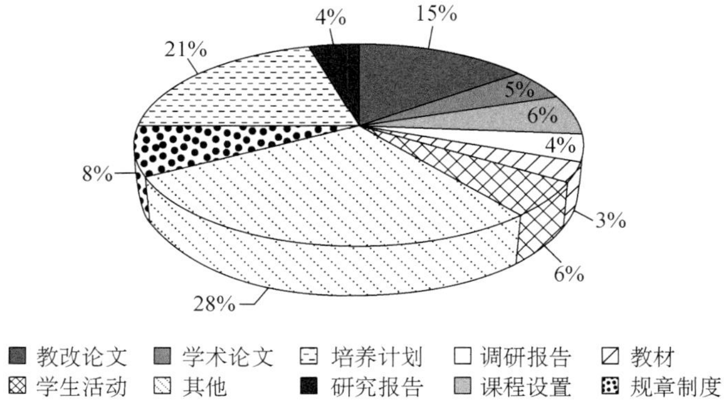

图 4　教改项目产出成果形式统计

从项目成果的形式来看，教改项目的成果形式较为多样化。既有学术类的教改论文、学术报告等，又有实践类的培养计划、规章制度设立、举办学术会议等。可见，我校教改项目的成果内涵较为丰富，具备较为良好的教育改革发展条件。

具体分析各年的产出效果，问题还是比较明显。在 2014—2017 年结项的项目中，存在的问题有：任务书和结题报告成果不一致、部分任务未完成、缺少成果相关的附件材料和项目内容高度重复。其中任务未完成的问题较多，2014—2017 年占比接近 1/3（图 5）。

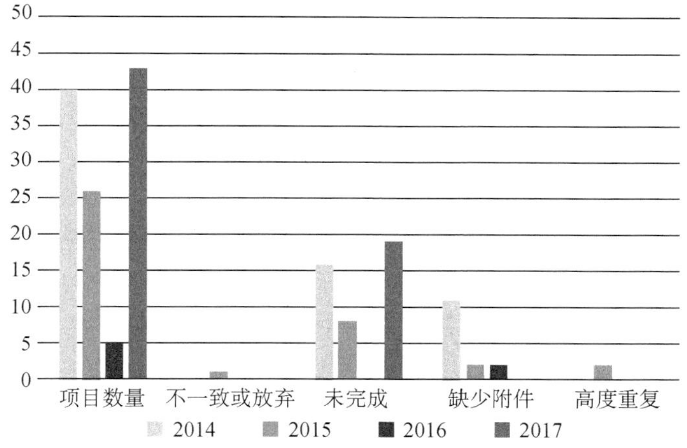

图 5　2014—2017 年项目产出情况统计

2018 年的项目尚未结项，分析项目中期报告的有关数据可知，存在和开题报告目标不一致或放弃、未完成、缺少附件等问题的教改项目，占 2018 年立项数量的比例约为 38.77%，虽然所占比重较大，但目前还不能确定最终结果。因此，在后期教改项目的跟踪检查中，需要重点关注这一类未达标的项目，及时检查相应成果，查漏补缺，最终使得教改项目实现其教改目标(图 6)。

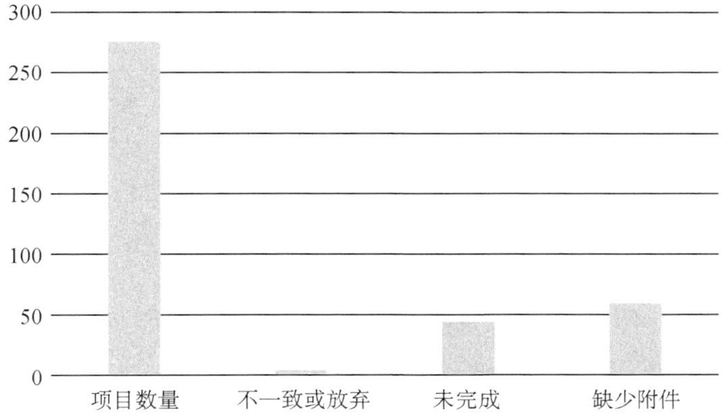

图 6　2018 年可能出现的问题的初步统计结果

三、 改善教改专项经费投入产出效应的对策

(一) 完善制度建设，优化经费分配机制

近几年来高校对教改专项经费投入的重视程度越来越高，在 2018 年我校已步入了千万元级，但是与其他项目管理相比较，尤其是与欧盟的高校在教改经费管理制度相比，还存在一定的差距，所以应该在加大对教育专项经费的投入力度的同时建立与完善项目管

理制度。为了使一定的教改经费有更高效的成果产出,学校可以采取适当的策略从立项、过程管理与应用管理多方面形成科学的评价指标与评价方法,优化教改项目经费的分配机制。

仅仅扩大专项经费的投入总量,而不注重内部优化,也只能算是"治标不治本"。在扩大经费投入总量的同时,应提高思想认识,转变思想观念,摒弃对专项经费投入分配和管理上的老旧观念,深刻领会各学科与各类别研究共同繁荣对学校教育事业发展的重要性,不否认突出重点强项学科来凸显教育实力的观点,但应在保证各类教改研究项目和各学科平等发展的前提条件下,着重对优势学科进行建设。在经费分配过程中,在实际调查的基础上采用相应的科学方法,杜绝主观随意性。同时,主管部门要加强对项目立项的评审,适当聘请外部专家等专业人员合理规划各专项经费的分配量。

(二)健全预算编制体系,改革申报评审机制

专项经费种类较多,覆盖面广,为了使经费的申请与日后的监督有据可依,申请阶段的预算编制尤为重要。专项经费的预算编制具有专业性、伸缩性、灵活性的特点,所以必须建立一套科学的专项经费预算编制体系,以保证预算申报的合理性和可执行性。在标准上应制定相关规章制度,规范预算的编制;教改专项经费的预算申请是一项系统工程,不仅涉及一个部门,在编制预算的过程中内部各个部门应加强沟通,相互协调,促进项目的有效实施与发挥。在具体项目上,预算的编制须本着有所侧重的原则,兼顾需求和实际情况,合理在各院级子项目上的分配,制定量化的分配标准,充分体现专项经费对于本校教育事业发展的重要性和实用性;在项目立项申报审核中,强调主管部门对编制预算的指导审核作用,可以提高预算编制的准确性和信服力。

目前,对学院子项目的专项经费的经费指标常常采用下达预算数额的方式,学院再按照该数额组织申报,这种戴帽下达预算数额的拨放方式带有很大的盲目性,易造成资金紧张与划拨的经费浪费并存的现象。所以,应完善使用这种下达预算数额的方式,或取消预订数额的经费指标,让各学院抱着实事求是的态度,对需要的专项经费进行申报,提交校级主管部门审批。相关的上级部门在对各级申报的专项经费进行实际调查研究,决定专项经费的下拨数额。明确专项经费的申请范围、申请用途、项目的起始时间等,并编制项目预算,保证在以后执行的过程中做到有据可依。

(三)完善激励约束机制,明确绩效评价体系

教改项目研究经费投入在很大程度上反映出学校在一定时期内的教学改革方向与重点,影响着学校教改工作的整体面貌和发展方向,同时教改研究的发展又对教育模式的转变有一定的影响。所以,为了保证人才培养模式的健康长远发展,学校在进行专项经费投入时,应根据教学形式与培养模式的要求在各级各类教改研究项目之间合理分配这些费用。事实表明,缺乏合理投入的教改经费,即便数额再巨大,也不能有效地促进教育事业的进步,甚至可能产生不利影响。从中国高校教改项目研究经费的不完全统计数据分析,同济大学的教改研究项目的投入产出比应处在优秀之列,并已经取得了明显的进步,但在绩效评价指标体系设计方面还有需要完善的地方。

目前，大部分高校在教改专项经费投入这一方面，尚未形成完善的激励约束机制，缺乏对于校、院、系等各级教改经费投入过程中的责任划定，在绩效评价与成果应用的后评价方面无法形成有效的配比机制。所以，在绩效评价与激励机制的融合方面，首先，应明确各层级对专项经费的管理责任，目前专项经费由学校统一评审，院系对于专项经费的分配、使用和监督方面的管理力度较单薄，管理责任不明晰。其次，专项经费的产出机制要求明晰项目成果的配套责任，明确规定计划完成程度与质量评价的关系，杜绝结项随意性的现象。同时，建立行之有效的奖励机制，对结项成果以后期应用评估相结合的产出效果予以奖励，充分调动对教改项目研究的成果推广的积极性。

参考文献

[1] 陆欣.高校内涵式发展中本科教学管理的改革思路[J].教育教学论坛，2019(26)：24-25.
[2] 代晶晶."本科教学工程"背景下高校教学改革研究项目建设[J].曲靖师范学院学报，2014，33(2)：46-50.
[3] 徐婧，巨兴达.高校教改项目与教学成果培育研究[J].长春大学学报，2017，27(6)：93-96+106.
[4] 莫百颂.应用型地方本科院校教学改革项目管理模式的实践探索[J].怀化学院学报，2017，36(1)：121-124.
[5] 徐斌.以就业质量为导向的教育教学改革探究——以甘肃交通职业技术学院为例[J].卫生职业教育，2019，37(13)：13-15.

以学习者为中心的财务管理课程 MOOC 教学探索

佟爱琴　姜雅婧　郝雨桐

（同济大学经济与管理学院）

摘　要：社会主义市场经济的不断发展、市场体制的日益完善对财务管理人员的素质提出了更高的要求，快速变革的互联网信息时代也要求财务管理课程教学进行相应的变革。面对 MOOC 给传统教学模式带来的机遇与挑战，本文在阐述财务管理课程的开设现状、MOOC 的概念与特征的基础上，分析将 MOOC 应用于财务管理课程教学改革的可行性，指出财务管理课程传统教学模式中存在的不足，提出基于 MOOC 的财务管理课程混合教学模式，并就教学参与者角色、教学模式、教学内容、考核方式等方面进行探索，为时代发展下的财务管理课程变革提供策略。
关键词：财务管理课程；MOOC；教学改革

Abstract: The continuous development of socialist market economy and the improvement of market system put forward higher requirements for the quality of financial managers, and the rapidly changing internet information age also requires reform in financial management course. Facing the opportunities and challenges brought by MOOC, based on the present situation of traditional financial management teaching mode, the concept and characteristics of MOOC, this paper analyses the feasibility of applying MOOC to financial management teaching reform, points out the shortcomings of traditional teaching mode of financial management. In order to provide strategies for the reform of financial management mode, this paper explores the role of teaching participants, teaching mode, teaching content, assessment methods, and puts forward a mixed teaching mode of financial management based on MOOC.
Keywords: financial management; MOOC; teaching mode reform

一、引言

（一）财务管理课程概述

1. 财务管理课程基本内容

财务管理是企业组织财务活动，处理财务关系的一项经济管理活动，财务管理课程就是以该活动为研究对象，研究如何通过计划、决策、控制、考核、监督等管理活动对资金运动进行管理，以提高资金收益的一门经营管理学科。

作为高等院校经管专业的主干课程之一，财务管理一般在学生掌握基本财会知识的基础上开设，课程目标是培养具有经济学和管理学的理论基础、掌握财务管理基本知识和技能、熟悉财务管理工作流程，能够在企事业单位从事财务管理工作的创新型、应用型人才。因此，课程教学内容与企业经营实践相结合，以企业筹资、投资、营运资金和利润分配活动为主线，从财务管理基础、筹资活动管理、投资活动管理、资本结构决策、股利决策和财务分析等方面展开。

2. 财务管理课程特点

财务管理课程具有复杂性、综合性、实践性的特点，这是由财务管理社会实践的复杂性和多变性决定的。

从学习者学习需要出发，开设财务管理课程就是要让学习者在掌握财务管理理论知识的基础上，学会分析解决实务中的财务管理问题，因此企业实际运营中财务管理活动的复杂性以及企业所处内外部环境的多样性决定了该课程教学内容具有繁多复杂、综合程度较高的特点，同时企业所处财务管理环境的不断革新变化也要求教学内容与方式能够与时俱进、不断更新，真正做到与实践紧密结合，培养出社会需要的高素质财务管理人才。

3. 财务管理课程开设现状

随着财务管理教学实践与研究的开展，我国财务管理课程的教学体系日益系统完善、教学方式也从最初的理论教学模式发展出案例教学、情境教学等诸多新模式，课程重要性及教学效果都日益凸显。然而，受到诸多因素的影响，我国很多高校的财务管理课程在实际开展中仍存在许多不足，学习效果与课程培养目标、学习者个人期望以及社会期望仍存在一定差距。不足之处主要体现在以下三个方面：

(1) 教学内容不能很好地均衡理论知识学习与实践能力锻炼。财务管理所涉及的基础理论知识繁杂，讲解耗时，在课时有限的情况下，学生实践运用理论知识的能力未得到很好的锻炼。

(2) 案例教学模式仍有待改革。为培养学生分析解决实际财务管理问题的能力，实现理论知识与社会实践的结合，越来越多高校开始采用案例教学模式，但实际操作过程中，案例教学却存在着“为引入案例而引入”，案例过于细碎片段，案例内容与现实脱轨，案例分析囿于时间难以深入等问题，教学效果未能有效发挥。

(3) 学生多为“应试型”学习，过多关注理论知识记忆与公式计算，对财务管理分析方向与逻辑缺乏自己的分析与思考，注重知识学习却不重应用。

(二) 财务管理课程在新时代面临的机遇与挑战

首先是机遇。随着市场经济的不断发展与完善，企业作为市场经济的重要参与者，公司治理质量也越来越高，财务管理的重要性愈加得到重视；且伴随着国内金融市场建设进程的不断推进、经济全球化步伐的加快，企业所处的经济运行环境也越来越复杂，企业需要更多高素质的财务管理人才去解决实际问题。这是高校财务管理课程面临的机遇，抓住机遇，课程改革的进行将有力带动财务管理学科的发展。

其次是挑战与要求，财务管理社会实践的不断变化革新以及信息技术的快速发展也要求高校财务管理课程相应进行改革，变革教学模式以培养出实践需要的财务管理人才。一方面要求财务管理课程教学内容要与时俱进，紧跟财务管理社会实践，不断更新教学内容，在传授理论基础的同时让学生保持对财务管理实务操作的敏感度；另一方面要求教学模式要加强对学生自主分析问题、解决问题及在实践中运用理论知识的能力，实现综合素质的全方位提升，毕竟在信息化时代，基础数据的计算已不成问题，财务管理人员更需要的是自主分析、深入分析问题的能力。

如何改革以面对新时代发展带来的机遇与挑战，是财务管理课程建设需要思考的问题。

（三）MOOC 为财务管理课程教学改革提供的条件

1. MOOC 的概念与发展历程

大规模在线开放课程(Massive Open Online Course, MOOC)是基于课程与教学、网络和移动智能技术发展起来的新兴在线课程形式。

MOOC 教学形式最早起源于 2007 年美国犹他州立大学教授创建的一门基于 Wiki 的网络开放课程；“MOOC”这一术语则是在 2008 年由加拿大学者 Dave Cormier 和 Bryan Alexander 首次提出；随后，由加拿大学者 George Siemens 和 Stephen Down 应用 MOOC 概念构建了第一门真正意义上的 MOOC 课程。自 2012 年，MOOC 平台数量飞速增长，MOOC 课程开始在世界范围内流行，对全球高等教育的发展产生了重大影响，这一年也被称为是“MOOC 元年”，首先是美国高校推出了 Coursera、edX 和 Udacity 等 MOOC 平台，随后欧洲、亚洲、澳洲 MOOC 平台的大规模建设也相继开始，在我国，国家精品开放课程共享系统(中国大学 MOOC 平台)于 2014 年正式上线，并得到了各大高校的重视与支持。

2. MOOC 的特征

MOOC 作为快速发展的信息技术在教育行业的应用，具备开放性、规模性、参与性、网络化、个性化的特征。其中，开放性是指学习者可以来自全球各地，可以在任何时空条件下获取学习资源，且学习环境开放于网络环境、能够基于社会实践实现快速整合更新；规模性是指学习者能获取的学习资源数量以及单个课程所能容纳的学习者数量都极大地增加；参与性是指学习者在 MOOC 全过程监督考核体系下，参与学习、测验、讨论、考核等全部环节；网络化则是指课程基于互联网空间生成与传播，同时学习者、教师、学习资源等节点也构成了一个知识网络；个性化则是指学习者可以自选学习内容与学习节奏，而且 MOOC 平台的内嵌算法也可以实现基于学习者个人的课程与学习方式推荐。

3. 将 MOOC 应用于财务管理课程教学改革的可行性分析

具备了以上种种优良特性，MOOC 被各国政府以及高校教师们看作是课程改革的全新方向，认为其提供了一种在更广阔的范围内、以更低廉的成本推广优质课程的方式，提供了一种实现高质量教育公平的可能性。

结合本文研究对象，财务管理课程本身具有的特征决定了 MOOC 应用于课程改革具有很强的可行性。首先，财务管理课程教学内容具有繁多复杂、理论讲解耗时的特点，若结合 MOOC 课堂，安排学生课前自主学习理论知识，不仅可以照顾学习者学习能力与学习兴趣的不同，而且可以缓解课堂教学压力，允许学生在实体课堂上就所思所想与教师展开更多、更深入的讨论，允许教师更好地扮演"引导者""指点者"的角色，更好地发挥学生学习的主观能动性。其次，财务管理课程具有实践性较强的特点，而 MOOC 开放性、规模性的特征十分突出，学习资源多、学习环境与社会实践联系紧密，可以极大地丰富传统课堂，直观地让学生认识理解企业财务管理活动，克服传统课堂教学内容与现实脱轨的缺陷。

综上，财务管理课程作为高校经管类专业的主干课程之一，亟须变革以面对财务管理社会实践不断变化带来的机遇与挑战；而 MOOC 作为信息技术在教育行业的全新应用，以技术变革教学模式，在冲击高校传统课堂的同时，也带来了高校传统教育变革的全新道路；财务管理课程具备的诸多特点决定了将 MOOC 应用到财务管理课程教学改革是可行的。因此，下文将详细深入分析财务管理传统教学模式存在的问题，以探索将 MOOC 应用与财务管理教学的改革路径。

二、财务管理课程传统教学模式存在的问题

财务管理传统教学体系是由教师、学生、教材以及现代化教学媒体四个部分构成的，具体可以从教学参与者（教师与学生）、教学内容、教学方式、评价考核方式等方面进行分析。我国财务管理课程体系最早是在借鉴国外课程的基础上建立的，伴随教学实践的进行，各高校都在不断探索如何更好地践行"以学习者为中心"教学理念，师生角色、教学方法、教学内容方面的研究层出不穷。但在实际教学实践中，由于课程内容繁杂与课时有限的冲突、教学资源更新不及时、教学习惯等方面的原因，财务管理课程教学效果仍有一些欠缺，其传统教学模式的不足之处主要体现为以下四点。

（一）教师作为课堂"主导者"，学生学习主观能动性有待提高

虽然教学改革一直倡导以学习者为中心，鼓励学生自主思考分析问题，但在实际财务管理教学中，由于课时有限，学生在了解掌握基础理论知识之前，过于发散的思考与头脑风暴是课时与最终考核目标不允许的。因此，为保证学生在有限课时内掌握知识，现有财务管理课堂往往采取以教师为主体、以讲解为主导的教学方法。再加上财务管理课程内容涉及面广、数量多、难度高，导致了学生"课上往往忙于记笔记、课下勤于做练习、考试拼命背要点"的学习习惯，学习节奏跟着教师走。

在这种教师主导的教学模式下，学生的确可以有效掌握课本知识，但所学的知识都是"灌输式"获得，教学中没有发挥主观能动性，其对知识的获取没有经过自己的思考分析，对于知识在财务管理实践中的运用也没有拓展思考。

（二）教学内容偏重基础理论，学生实践能力有待提升

虽然财务管理来源于实践、应用于实践，是一门实践性和应用性很强的学科，但是其实际运用要以大量的基础理论为支撑，且多为抽象公式、注重定量分析与计算，这些计算公式与方法是进一步分析的基础，因此不管在课堂教学还是社会实践中都十分重要。考

虑到财务管理基础理论知识的重要性，在传统财务管理教学中，教学者往往花费大量时间讲解数学公式、数理方法，进而放低了对学生实践能力的培养。而且很多高校安排的财务管理实践往往只重表面形式，存在“走马观花”的情况，或者干脆直接变成会计实践。

在这种教学安排下，学生虽然学到了理论知识，但是缺乏实践运用的经验，导致学生进入社会之后很容易出现“高分低能”“无所适从”，极不适应市场经济不断发展下对高素质财务管理人才的需求。

（三）案例教学方式“费力不讨好”，实际效果不佳

随着财务管理教学改革的推进，很多学者都意识到单纯采用“讲授法”的缺陷，为提高学生运用财务管理知识的实践能力，将“案例法”引入了教学实践中。但由于我国财务管理案例教学方法起步较晚，案例教学经验不足，在实际操作中，案例教学往往“费力不讨好”，实际效果有限的原因有以下三点：

（1）案例选择不恰当。教学案例的选择应该具有典型性和代表性，不仅能够与财务管理教学内容相契合，还需要符合时代发展特征，但实际教学中，案例选择往往具有一定随意性，内容与教学内容关联度不高或者案例过时，都会使案例教学效果大打折扣。

（2）案例应用不当。不少教师对案例教学法理解不当，将案例应用在理论知识讲解过程中，用于辅助知识理解。其实在理论知识学习之后，对大篇幅的整体案例理解与分析，才是学生真正提升理论知识应用能力的途径。

（3）案例分析不深入。虽然越来越多的财务管理课堂开始采取案例教学方法，但囿于课时限制，要么是教师介绍、教师分析，学生参与不够深入；要么是学生参与分析之后，很难就问题与教师、同学进行深入探讨，导致案例分析虎头蛇尾，在提高学生实践能力上力道不够。

（四）课程考核重结果轻过程，养成学生“应试型”学习习惯

现有课程考核体系大多以最终考试为主，对学习者学习过程难以实现真实有效的监督与考核，在此背景下，学生大多养成了应试型学习习惯，平时学习不求真正理解，只关心考试内容，对教学内容与价值缺乏全面认识，考前突击学习，背公式、背理论，考试会做题，但却不会解决实际问题，达不到预期的教学目标。

三、基于 MOOC 的财务管理课程改革路径探索

（一）“推翻传统课堂”或“混合教学模式”

MOOC 作为教育行业信息化程度提高的产物，理想状态下其教学模式可以实现“以学习者为中心”的教学理念，借助互联网传媒技术，通过合理课程体系的建设，MOOC 可以引导学习者自主学习、主动思考、积极交流与反馈，调动其学习兴趣与积极性，提高知识内化效率；MOOC 提供的不限时空的便捷学习条件可以照顾到学习者不同的学习需求与学习能力；MOOC 更为开放的学习环境也便于课程资源的更新以及学生对社会实践的理解。

这都是传统课堂需要改进的地方，那么财务管理课程教学改革是否要完全推翻传统教学模式，否认传统课堂存在的意义呢？

MOOC 课堂多年的实践经验表明，传统课堂是不可取代的。伴随着 MOOC 平台的发展，上线的课程数量与学生注册数都在不断增加，但也引发了教学质量危机，香港大学的 Peter Sidorko 研究指出，MOOC 课程没有先修条件、没有规模限制是其优势，却也导致了课程注册率高、完成率低的现状，MOOC 课堂开放程度高，学生自制力不够的情况下学习效果也不理想。

因此，“传统课堂＋MOOC 平台”的混合教学模式才是财务管理教学改革的发展方向。

（二）财务管理混合教学模式探索

结合上文财务管理传统课堂存在的主要问题以及 MOOC 的特征，财务管理混合教学模式可以采用如下教学流程：①教师规划准备视频学习资料，安排学生通过 MOOC 进行课前自主学习；②实体课堂中教师就财务管理理论要点进行回顾、了解学生知识掌握情况，随后就学生疑问、教学案例进行分析探讨，引导学生将社会实践与财务管理理论相结合；③借助 MOOC 平台建立全过程监督考核机制，重点对学生学习过程进行评价。在采取该混合模式进行教学改革时应注意以下四个要点。

1. 转变师生观念与角色，发挥学生学习主观能动性

观念变革是改革的先导，在财务管理传统课堂中，由于课时限制、教学习惯、学习习惯等多方面因素，“以学习者为中心”的教学理念没有得到真正的落实，借助 MOOC 平台提供的技术条件，进行改革的第一步就是要转变课堂参与者在“学习”这个过程中的观念与角色。

其中，教师角色应由“灌输者”向“引导者”转变，学生则由知识的“被动接受者”向“主动学习者”转变，打破传统课堂以“教师、教材、教室”为主导的学习方式，发挥学生学习的积极性与主动性。在课前的 MOOC 学习中，教师通过合理设计、整合教学资源，将知识获取、加工、内化的步骤交由学生自主完成；在随后的实体课堂中，则主要关心学生学习过程中产生的疑问，并就案例引导学生将所学理论知识运用在社会实践中。整个学习过程中，教师的工作重点由知识讲解转为学习资源设计与整合，由问题分析转为问题引导与点拨；学习者也转变传统财务管理课堂模式下的学习习惯，提高学习积极性，充分利用 MOOC 与实体课堂，自主发现问题、分析问题、解决问题，做知识的主动学习者。

值得注意的是，在这种教学模式下，教师直接传授知识的压力虽然降低，但课前＋课中的教学设计却对教学者提出了更高的要求：教师需要投入更多的精力在课堂设计、教学资源整合准备上，还需要保证自身理论与实践整合的能力，这样才能更好地在课堂知识内化环节中给予学生更精准恰当的指点与引导。

2. 转变教学模式，采取“MOOC 传授知识＋实体内化知识”的模式

学习者获取知识主要包括知识的传授与内化两个环节，在财务管理传统教学模式中，由于财务管理理论知识繁杂、偏向量化分析的特点，教学重点主要放在了知识传授环节，内化则是通过学生课后练习、考前突击实现，学习效果有待提高，这是教学改革需要解决的问题之一。

在混合教学模式下，知识传授环节主要通过学生课前自主学习 MOOC 课程实现，教师合理设计课程内容，整合准备学习资源，为学生提供自主学习的“沃土”，知识的获取则主要通过学生自主学习实现，既可以提升学生学习主观能动性，还可以照顾不同学生学习能力的差异。另外，课前学习资源不拘，可以是自行录制，也可以是平台优质课程，内容可以包括兴趣引导、知识讲解与实践拓展三个部分，如此学生在自主学习、测验之后，课前就能够实现基本理论知识的掌握。随后，是知识内化的关键环节：实体课堂上，教师在检查学生学习情况之后，就学生疑问进行点拨解答，在特定安排课时中，学生还可以就精选案例进行系统的思考分析与分享交流，实现知识的内化与反馈。

采取传统课堂＋MOOC 的混合模式，比起单纯的 MOOC 学习，可以赋予学生更加完整深入的学习体验，教师经验丰富的点拨、面对面交流研讨的乐趣都会增加学生学习动机；相比于传统课堂，这种混合模式则充分利用了 MOOC 平台上开放便捷的学习环境，并使得师生在实体课堂上更加游刃有余。

3．革新教学内容，利用 MOOC 平台及时更新教学资源

财务管理课程虽然注重实践，但理论知识的学习是实践的基础，而教学内容则是教师安排学习计划、学生进行学习的根基。在传统教学模式下，教材的改编、出版往往都有一定周期，教师由于与社会实践之间的脱离也往往不能做到与财务管理实践完全接轨，这就导致了教学内容一定程度上落后于社会现实，特别在市场经济快速发展、经济全球化的今天，传统教学模式下，教学内容实时更新的难度更是有所提高。

在混合教学模式下，高校与课程组织者可以利用 MOOC 平台规模性、开放性的特点，集全球优秀教学研究者的智慧，实现教学内容的快速更新。

4．改革考核方式，实现全方位的“过程型”考核

随着财务管理教学改革的进行，学生学习积极性、主观能动性的重要性愈发得到课程组织者的重视，但在课程教学的实践过程中，教学效果的保证还是要依赖良好监督考核机制的建立。在学习者自身存在惰性、自制力不强的情况下，良好考核机制的建立将有力引导学生进行有效的学习。

在财务管理传统教学中，评价过于注重学生学习的结果和对理论知识的掌握，评价形式也比较单一，大多基于期末考试成绩，对学习过程中的评价由于缺少途径，很难深入，也很难真实表现学习过程。而在混合教学模式下，MOOC 可以在学生学习过程中内嵌考核指标，对学生视频学习时间、测评完成情况、测评成绩、讨论区发言情况进行统计，补足传统考核机制中欠缺的对学习过程的考核，实现评价的全面性与客观性。

在这种全面、客观的考核标准下，逐渐引导学生养成“过程型”的学习习惯，不至于过于强调考试结果，只知道划重点、搞突击，由此避免教师一头热、学生参与积极性不高的情况，督促鼓励学生积极参与到混合教学模式中，这样才能真正达到教学改革的目的，实现学生素质的全方位提升。

四、总结

随着市场经济的发展，企业需要越来越多的高素质财务管理人才，由此产生了更高的

对财务管理教学质量的要求。现阶段我国财务管理课程仍存在一定不足，但随着信息化时代的到来，信息技术在教育行业的运用为财务管理课程改革带来了契机。本文在分析财务管理课程现有不足与 MOOC 课程的特征之后，认为将传统课堂与 MOOC 结合的混合教学模式是财务管理课程改革的未来发展方向。

借由 MOOC 平台开放性、规模性、参与性、网络化、个性化等诸多特征，财务管理课程的组织者与参与者应该树立并践行"以学习者为中心"的教学理念，转变传统课堂中师生扮演的角色，通过教学模式的合理建立、教学内容的不懈革新、考核体系的全面建立，督促鼓励学生的学习主观能动性，培养其主动发现问题、分析问题、解决问题、掌握知识、获取经验的能力，通过更合理教学体系的建立，培养理论知识扎实、社会实践能力强的高素质财务管理人才。

当然，财务管理混合教学模式也对教师自身知识水平、信息技术能力和教学设计能力提出了挑战，对学生学习的自觉性和主动性也要求更高，这也是高校在财务管理 MOOC 教学模式改革的道路上需要进一步探索的地方。

参考文献

[1] 王永固，张庆.MOOC：特征与学习机制[J].教育研究，2014，35(9)：112-120+133.
[2] 康叶钦.在线教育的"后 MOOC 时代"——SPOC 解析[J].清华大学教育研究，2014，35(01)：85-93.
[3] 王艳林.本科财务管理案例教学模式及其创新[J].财会通讯，2013(16)：36-38.
[4] 韩晓舟，陈艳萍.财务管理课程教学改革探讨[C]//中国会计学会高等工科院校分会.中国会计学会高等工科院校分会第十九届学术年会(2012)论文集.中国会计学会高等工科院校分会：中国会计学会，2012：439-441.
[5] 李敬.论以学生为本的教育观在财务管理教学中的体现[J].财会通讯，2009(8)：157-158.
[6] 曹中.对创建财务管理教学方法新模式的探讨[J].会计之友(中旬刊)，2008(5)：64-65.
[7] 邢颖.本科财务管理平台课程研究型教学改革探析[C]//中国科学技术协会.提高全民科学素质、建设创新型国家——2006 中国科协年会论文集.中国科学技术协会：中国科学技术协会学会学术部，2006：1030-1034.

教学改革项目管理制度的评价与优化

宋晓满[1]　何　倩[1]　贾青青[2]　伍诗宇[1]

（1. 同济大学经济与管理学院　2. 同济大学研究生院）

摘　要：随着教学改革研究经费投入的不断增长，如何从制度建设与项目管理的角度保障使有限的专项经费合理的投入发挥出最大的效用，是一个值得普遍关注的问题。通过对教改研究专项经费的管理现状的分析，总结发现其中存在的不足，结合前人的观点，针对每一个现象提出合理有据的建议。

关键词：管理制度；评价；优化

Abstract: With the continuous increase of research funds input for teaching reform, how to ensure the maximum effectiveness of the limited specific funds from the perspective of system construction and project management is a common concern. Based on the analysis of the current situation of the management of specific funds for teaching reform research, this paper summarizes and finds out the existing deficiencies, and puts forward reasonable suggestions for each phenomenon based on previous views.

Keywords: the management system; evaluation; optimize

改革开放40余年来，我国高等教育改革发展取得了重大成果，教学研究不断深化。从我国大学教学改革的进程看，教学改革研究大致经历了教材建设（1985—1990）、课程建设（1985—2000）、教学方法（1995—2015）和培养模式（2000—2018）四个阶段。教学改革研究与学生专业能力发展紧密相连。

目前，我国高等学校以立项研究为动力，推进教学改革已呈现出日趋繁荣的景象。各高校在对教学改革研究上投入的经费也呈2位数的增长，但是，在对立项重视的同时，对项目管理却重视不足，在教改项目管理流程中的不规范、缺乏健全的过程监控体系、项目评价指标不合理等方面逐渐显现出一些问题。如何采取有效措施使教学改革项目管理流程更为规范化、使教学改革项目评价方案更为科学化，成为当前亟须思考和解决的问题。

一、高校教学改革研究项目管理的现状分析

近年来，随着高校对教学改革研究的重视及支持力度的增加，对教学改革研究管理的力度也有所加强，出台了一系列的管理制度和规范，这为教学改革研究项目的实施效果取

得了一定的保障效应。但不可否认的是，不少高校甚至是教育行政管理部门在教学改革研究项目管理上侧重教改项目的立项审批，忽视对教改项目的验收管理，教改项目管理制度不健全的问题依然不同程度的存在。主要表现在以下几个方面。

(1) 教改项目管理及评价过程中数量与质量、立项与验收之间的关系倒置的情况比较突出。在教学改革研究项目管理与评价上，以立项为导向，对项目的过程管理则不够重视，在一些子项目的管理方面，对项目中期研究阶段的实施指导、检查监督缺乏力度，对项目具体实施过程中各环节的控制不够重视，对项目研究进度、阶段性成果质量等缺乏明确和规范有效的检查手段和制度，评价验收比较简单，存在相关管理制度不完善，有制度但执行不严格等现象。导致过程管理不到位，结题验收不规范等问题，难以保证项目研究预期目标的实现。

(2) 项目日常管理比较松散，过程评价不足，项目延期及撤销制度不严格。从各高校的现实情况分析，目前的教学改革项目一般以结题时的一次性评价为主，部分高校虽然设置了明确的中期检查要求，但执行的严格程度不一，校级课题相对认真，子项目相对较松，导致部分课题未能及时发现项目进行过程中的问题，并且形成部分项目研究者的惰性心理。部分项目存在长期处于停滞状态，结题前才临时抱佛脚的现象。教改项目申请下来之后，缺少检查保障机制，缺乏对教改项目的整体监督把控。

(3) 教改项目评价的标准较为宽泛，执行起来较难。部分单位没有规定教改项目评价验收过程的具体标准，评价指标不具体，评价流程常被过分简化，大部分的子项目有时甚至交份报告就可以结题。对项目的评价以定性评价为主，目前仍停留在凭借专家的专业意见评审的阶段，评价标准和评价流程不够科学、明确。

(4) 评价重点存在本末倒置的现象，评价材料往往重视文字的堆砌，而忽视真实的教学改革工作成效。教改项目最重要的是对实际教学过程的指导，而非仅仅是纸上谈兵。

(5) 对结题与推广应用的关系不明，对教改为课题的应用效果评价缺乏明确的制度规定和后续评价，使得相当一部分课题研究者形成了一种认知——只要在研究过程中进行了调研或课题结题之后，便意味着课题宣告结束，继而开始新的课题研究，忽略了教改课题中最重要的推广与实践环节。教改项目都是为了解决并改进教学与教学管理实践中存在的问题，如果只将项目停留在纸上报告的阶段，则无法发挥教改的真正作用，无法起到指导实践的作用。

二、教学改革研究项目管理制度优化

完善的教改项目管理制度是教改项目考核评价顺利进行的前提、依据和规范，也是构建教改项目评价规范的基础。因此，为了保证教改项目的质量，必须建立严谨有效的教改项目管理制度。

从教改项目管理制度的现状出发，针对教改项目的现状以及研究过程中存在的一些问题，有必要根据项目生命周期，从立项管理、过程管理、结项管理和成果应用管理四个角度对教改管理制度进行优化，结合不同阶段的工作重点，形成教改项目管理流程。

（一）立项管理

选题立项是激励教师参与申报教学改革与研究项目，对申报立项项目进行分析选择的过程，由项目申报、项目评审以及项目立项三个主要环节所组成。

在组织教改研究立项时应遵循长期目标与近期目标相结合的原则。注重将学科建设与人才培养相结合、重点研究与普遍研究相结合、理论研究与实践应用相结合、专业教育与人文素质教育相结合。鼓励教学第一线的骨干教师从事教育教学研究，以提高教师的教学研究水平和教学水平，提高教学质量。

在立项管理中，应对本次教改项目研究的立项范围与重点，以及立项要求及相关情况的解释进行明确说明。由于项目管理部门对项目申报人是否有能力完成目标并不十分清楚，因此必须通过项目申请人所在部门对申报人的胜任能力做出评价。同时对反映其能力的信息进行侧面了解，如已有的研究成果、工作经历、学习经历、职称、学历、项目方案的可行性等。因此，在设计项目立项申请书时应充分体现上述相关信息，从而为项目的评审提供依据。

在对项目进行评审时，为保证选题的针对性和实效性，保证研究的成果有益于教学改革和实践，应该组织具有教学与管理经验的专家学者对选题的必要性、项目方案的可行性和研究目标的实践指导性进行权威性论证，以此作为能否立项的依据，并将评审意见返回给项目申请人，不断完善其项目方案，确保申报项目达到质量和技术要求。获得立项的教改项目的选题，要与教学密切相关，具备实用价值。课题的提出要树立精品意识，要满足需要性、实用性和创新性这三个基本前提要求。

（二）过程管理

选题立项的实质是解决研究目标的选择问题，那么研究项目的过程管理的实质就是解决如何保证研究目标的实现问题，这是教改项目制度化管理的核心环节。项目最终能否圆满完成，其制约因素很多，包括项目负责人的主观努力程度、客观条件、项目的难易度、方案设计等各个方面。要实现对项目的有效管理，重点在于加强项目研究的过程管理，实现研究项目的质量和目标。过去，我们非常重视对教学研究立项和教学成果评奖两个环节的管理，但对研究过程的管理重视不足。实践证明，只有重视过程的监控，才能出较好的教学成果。加强对教学研究项目研究过程的监管是实现预期目标的最重要一环。具体可以从以下三个方面入手。

1. 进一步完善项目开题报告会制度

目前大部分高校对校级教改课题一般都实行通过立项选题评审会，对各个申请人的选题进行评价，决定是否列入选题计划。但是对项目通过后的项目开题报告会却重视不足。因此，在过程管理中应要求项目负责人在已填写好的教学研究项目的选题申请书的基础上，根据最新的研究方案，重新制定教学研究项目实施计划，进行开题汇报演示，聘请有关专家对项目的研究方案进行评议，这样才能使项目研究人员进一步明确研究内容、重点难点和目标，也便于校领导、专家和管理人员对项目进行论证和分析、成果预测。

2. 实行数据化档案进行过程跟踪与导向管理

教改项目与其他项目的一个不同点在于成果应用评价，这样就必须对项目结题后的研究成果的应用过程进行跟踪管理。数字化过程监管就是要建立教改项目数据库，将项目名称、成员、进度、经费使用、提交成果形式、关键文档、项目变动等有关情况录入数字化档案，以便于及时了解和解决项目进展中存在的问题和困难，同时也能为学校在未来的教学评估、学院和教师考核等事项快速提供相关数据和材料服务。

3. 加强过程管理监控的动态化管理

静态评估管理模式是目前教改项目管理的常用模式，这一模式实现的是事后管理，而过程管理则是动态管控的手段，利用项目的动态管理形式，对项目的完成情况与目标计划进行对比分析，对教改项目实现目标效益提供阶段性整合评估，确保教改项目目标的落实。

在项目的中期评价考核时，可以实行教改项目研讨会的组织形式，在项目进行过程中，统一对项目完成情况进行检查，组织校级项目负责人、子项目学院项目负责人等相关人员，邀请相关领域的老师一同参与，通过项目研讨会的形式，进行面对面的交流，一方面可以对在研项目进行检查，了解研究状态，另一方面，也可以通过这一平台，各项目研究者与管理者实现深度互动，为项目的下一步研究提供参考意见，通过项目相互间的联系，整合教改成果，互相借鉴，推动教学改革的深化和教学质量的提高。

（三）结项管理

项目结项阶段的评价是整个教改项目评价体系中最重要的环节之一。结项管理是项目结题阶段评价的核心内容。很多项目在结项阶段已宣告完成，这意味着结项评价对这些项目产生了“盖棺论定”的作用。因此在这一阶段，评价要更加全面更加重视。

在教改项目结项过程中，目前各个高校一般的做法是要求各个项目结题时提交结题报告和成果总结，成果的形式主要是已发表的论文以及相关研究成果的附件等。评审专家组成员根据不同级别项目结题时评审和鉴定的具体要求，进行评审验收、成果鉴定。

在项目结题过程中，这一项目评审和鉴定方式在以往的结题过程中取得了一定的效果，也是被实践证明了的简单实用的评价方法。但是，这一方式也存在一些值得完善的地方。首先，从目前对于教改项目的结题要求看，多以论文的形式来呈现。虽然发表论文是研究成果的有效表现形式，尽管教改项目也是学术研究，但与其他一般科研项目有所不同，其效果的指向性较为明确，是直接指向教学管理实践的，其研究成果具有一定的独特性。其次，教改研究的成果的表现形式更为灵活，可以是课程内容的优化，教学形式与安排的创新；可以是教学模式的变化，课堂组织形式的创新；可以是对教学改革的设计与心得体会等。多形式的教改项目验收机制的建立，可以让教师选择自己擅长的内容开展教学研究，展示自身取得的成果。

对于教改项目的结题评审验收和成果鉴定，既要重视项目的按时完成率，同时也要重视完成质量，注重项目成果的原创性和创新性，使之真正成为高水平的标志性成果。因此，在结项管理中，可以从结项成果质量和计划进度完成情况两方面进行进一步的完善改进。

1. 结项成果质量评价

对结项成果的质量评价，应建立相应的评价指标体系，以丰富以往的评价手段。综合专家咨询及以往文献的研究结果，应从以下六个方面建立分层次的三级指标体系。

（1）科学性

这一部分的评价内容与实施阶段对已有研究成果的评价是一致的。主要是对全部已完成的成果产生的逻辑性、成果的科学性进行打分。

（2）实用性

这一部分内容与实施阶段的评价一致。主要评价研究成果应用于实际的可能性，研究结果对现实相关领域产生影响的程度。

（3）创新性

这一部分评价内容与以往的评价内容一致。创新性主要衡量研究成果在内容和研究方法等方面表现出来的创新程度。

（4）应用价值

所有教改项目的最终目的都是实现落地实施，否则研究成果只是纸上谈兵。但是值得注意的是，在实施前应对其应用价值进行评价。因为现实中确实存在很多没有应用价值的方案，将这些方案付诸实践不仅不会带来任何效益，反而增加了实施成本，这是对社会资源极大的浪费。因此，评价教改项目的应用价值，是项目结题评价时的一项重要内容。

（5）影响广度

对于教改项目来说，其影响不应仅限制于一门课或一个实验，应该让参与的学生和教师触类旁通、举一反三，将一种新的思维、新的学习手段方法应用到其他相关学科和门类中去。越优秀的教改项目，其影响的深度、广度也越大。

（6）未来项目可扩展性

一个优秀的教改项目，不仅应该能指导已有的课程和实验，还应该具有扩展性，且应对于未来开设的新的实验、新的课程也同样具有指导意义。一个优秀的教改项目，其内涵和外延应能随着课程的进步和发展不断地扩展、充实、更新，真正做到和时代同步。

2. 其他计划完成度

在结题阶段，除了对已有成果的质量进行评价，还需要对其他计划完成的情况进行评价，从评价考核的目标出发，我们选择确定了以下三个方面。

（1）资金完成情况

资金完成情况的评价方法使用了工程项目管理中的挣得值的思想，通过资金偏差率的计算进行量化评价。

$$资金偏差 = 结项时已使用资金金额 / 项目总金额$$

（2）进度完成情况

进度完成情况的评价方法可借鉴挣得值的思想，通过计算进度偏差进行量化分析。

$$进度偏差 = 结项时已使用时间 / 项目预计结项时间$$

(3) 项目成果数量

项目成果数量的评价方法也使用了挣得值的思想，利用成果数量偏差率来评价。

成果数量偏差＝结项时取得的成果数量 / 项目预计成果数量

具体指标体系设计如表 1 所列。

表 1　　项目结项阶段的指标框架

一级指标	二级指标	三级指标
项目实施评价	结项成果质量	科学性
		实用性
		创新性
		应用价值
		影响广度
		未来项目可扩展性
	其他计划完成度	资金完成情况
		进度完成情况
		项目成果数量

(四) 成果应用管理

事实上，很多教改项目结项之后并不代表项目的结束。教改项目最终要投入实施或运行，可能是一个长期的工程。为了全面客观地评价教改项目，理应将实施或运营阶段的效果作为指标加入项目评价体系中。以往的实践证明，在完成教改项目后，研究成果一般要经过两年以上的教学实践检验，如果确实证明了该成果能反映教学规律，并具有独创性、新颖性、实用性，能够对提高教学水平和教学质量、实现培养目标产生明显的效果，就完成了教改项目和教学成果的应用过程。因此，对教改项目的后续效果跟踪是完善教改项目管理制度的重要一环。高水平的标志性成果是教学改革发展水平的标签，是高校办学水平、办学特色和社会知名度的重要体现。高质量的教改项目和教学成果要用心培育、精心铸就，使其在培育中成长，在成长中创新，在创新中铸就。

根据既有文献的研究结果，结合专家的意见，我们可以从利益相关者满意度、项目成果转化成效、终极目的的实现程度、示范效应显著程度四方面对教改成果进行评价，具体指标框架如表 2 所列。

为使教改研究成果得以广泛应用和推广，被广大教育工作者了解和接受，并应用于教育实践，学校应努力搭建成果的推广平台，使更多的学生和老师受益。在严格按照上级主管部门的有关要求进行教学成果申报的同时，努力完善校内的教学成果评奖制度。学校可根据教学研究项目的研究周期，确定评选校级教学成果奖的年限，规定所有接受评审的成果必须达到实践年限的要求。同时，在成果推广上，既可采取举办成果报告会、学术交流会等形式进行，也可以通过论文、成果汇编的形式予以展示、推广，使之发挥更加明显的实际效应。

表 2　　项目运行阶段的指标框架

一级指标	二级指标	三级指标
项目运行评价	利益相关者满意度	教师满意度
		学生满意度
		……
		用人单位满意度
	项目成果转化成效	具体指标根据项目内容设定
	最终目的实现程度	具体指标根据项目内容设定
	示范效应程度	学校内示范效应
		省内高校间示范效应
		全国高校间示范效应

三、结论

目前我国高等学校教学改革项目的申报、评选和奖励活动还依旧处于主要依靠专家的经验和智慧进行定性揭示的水平上。只有建立科学合理的评审标准，在评审过程中做到公正、科学、合理，才能使教学成果奖的等级和研究水平相对应，才能得到广大教师、教育工作者的公认，才能真正起到教学成果奖的激励作用，从而推动教学改革，提高教学质量[4]。因此，进一步开展教育评价理论的研究，探讨教学改革的基本规律和发展趋势，并在此基础上构建高等学校教学改革项目综合评价指标体系，对高等学校教学改革项目的立项申请、中期检查、结项审查、研究效果、人才培养效果进行科学的评价已显得尤为迫切和重要。

参考文献

[1] 莫百颂.应用型地方本科院校教学改革项目管理模式的实践探索[J].怀化学院学报，2017，36(1)：121-124.

[2] 文静，邓媛.中国大学教学改革 40 年回顾与前瞻[J].中国大学教学，2018(11)：72-74+84.

[3] 徐婧，巨兴达.高校教改项目与教学成果培育研究[J].长春大学学报，2017，27(6)：93-96+106.

[4] 王进.大型工程项目成功标准研究——基于利益相关者理论[D].长沙：中南大学，2008.

[5] 董韬.电网规划项目综合评价研究[D].保定：华北电力大学，2008.

[6] 贾俊菊.高等学校教学改革项目综合评价研究[D].保定：华北电力大学，2009.

[7] 于永华.坚持推进教学改革着力提高教育质量[J].安徽工业大学学报(社会科学版)，2008，25(5)：29-32.

课程建设

KECHENGJIANSHE

“房地产估价”重点课程建设的探索与思考

王旭育

（同济大学经济与管理学院）

摘　要：“房地产估价”是同济大学工程管理专业与房地产专业的核心课程，是一门理论与实践高度结合的课程。结合“新工科”专业人才培养目标要求，本文从课程定位与特色、教学内容选择与安排、以学生为中心的教学指导过程和评价考核方式四个方面对“房地产估价”重点课程的建设进行了探索与思考。通过“房地产估价”重点课程的建设与教学改革，注重学生学习能力、工程实践能力与创新能力的培养，使课程教学质量得到显著提高。
关键词：房地产估价；重点课程建设；教学改革

Abstract: Real Estate Appraisal is the core course of engineering management and real estate major in Tongji University. It is a course highly integrated with theory and practice. Combined with the requirements of training objectives for “new engineering” professionals, this paper explores and considers the construction of the key course of “real estate appraisal” from the aspects of course positioning and characteristics, course system and teaching content design, practical links and teaching methods and means reform. Through the construction and teaching reform of the key course of Real Estate Appraisal, we pay attention to the cultivation of students’ learning ability, engineering practice ability and innovation ability, so that the teaching quality of the course is significantly improved.
Keywords: Real Estate Appraisal; key course construction; teaching reform

一、引言

“房地产估价”是工程管理专业与房地产专业的核心课程，是一门理论与实践高度结合的课程。该课程以房地产估价活动为研究对象，揭示了房地产价格形成的客观规律，并将房地产商品的客观价格或价值通过科学的评估活动表现出来。随着时代的发展，“新工科”、卓越工程师教育、大数据、智能化等给房地产估价课程带来新挑战，课程建设要与时俱进，在培养目标、课程设置、教学实践环节秉承学生中心、成果导向和持续改进的理念，努力打造“金课”，不断探索多样化和个性化的人才培养模式[1]。

二、课程定位与特色

同济大学于 1993 年开设“房地产估价”课程，是全国最早开始本课程的高校之一。至今已经有 27 年。课程开设伊始，授课对象主要是全国第一批房地产经营与管理专业和土地管理专业的学生，后该课程成为学校房地产系房地产专业的主干课程。1998 年房地产专业和工程管理专业合并后，该课程又成为工程管理专业的专业课程、房地产方向的主干课程和土地管理专业的主干课程。同时，本课程也一直为全校性的公共选修课。此外，该课程的内容也渗透于经管学院市场营销专业和工商管理专业的房地产经营管理课程。

27 年的课程发展过程中，基于课程理论与实践高度结合的特点，为提高教师队伍的实践能力和加强教师队伍的交流机会，从 1993 年开始，本专业老师就赴香港进行深造和实践，同时在境内参与了大量的房地产估价实践和研究，承接了重大项目评估、基准地价评估、土地分等定级等大量研究课题，既加强了专业队伍建设，提升了专业研究能力和水平，又大大丰富了课堂教学的内容。

三、教学内容选择与安排

同济大学是一所以工科见长的研究型综合性大学，依据学科特点和专业人才培养目标，本课程将以立德树人为本，通过理论教学、案例分析、课程实践等教学环节，培养学生从事房地产估价的综合能力。

“房地产估价”课程的重点内容是对房地产的各种主要的估价方法，包括市场比较法、收益还原法、成本法、假设开发法和基准地价修正法。课程的难点表现在如何有效地使学生在尚缺乏实践经验的情况下能够将理论学习与实践认识有机结合。2017 年，工程管理类专业评估认证标准的“毕业要求”中提出培养学生应具有的能力，包括：①问题分析的能力，学生需要基于科学原理思考问题，需要掌握基本原理和方法，前者是思维能力培养，后者是方法论教学；②设计/开发解决方案的能力，学生能够针对复杂工程问题提出解决方案，同时满足特定需求，能够体现创新意识；③研究能力，学生能够基于科学原理对复杂问题进行研究，得到合理有效的结论。由此可见，课程在教学内容的选择和安排上需要增加设计思维和相关的科学训练，重点解决理论与实践的融合[2]。

以往教学中，由于“房地产估价”课程课时比较少而未安排实践教学环节，不利于学生实践应用能力的培养和创新能力的提高。针对这一不足，课程建设将从几个方面入手。首先，根据实际发展要求，编写内容更为系统、全面的房地产估价课程教材，并配以高质量习题和案例，让学生掌握有关房地产估价的理论、方法及其应用，将理论方法和实践中解决问题的实际方案融会贯通。其次，课程后期布置大作业，模拟实务操作过程，学生从基础性的房地产估价理论知识入手，到各种估价方法运用、估价报告的撰写等，让学生搭建起一套科学、完整的房地产估价课程内容体系。再次，帮助学生增强文献获取能力，及时获得和发现房地产估价学科领域的新知识、新问题，让学生及时而充分地了解这一学科领域的前沿问题和最新动态，进一步激发他们的求知欲和创造欲，进而提高其解决实际问题的主动性和积极性。最后，借助校企实习基地，或者由课程组老师遴选优质房地产估价机构，为学生提供专业实习机会，真正实现"学中做"和"做中学"。通过以上方法，有效增加实践性教学环节，使学生能更好地掌握基础理论和知识，有利于对其工程技术能力、创新能力及综合素质的教育培养。

四、以学生为中心的教学指导过程

以学生发展为中心的培养过程要兼具技术能力和非技术能力的培养，以学生发展、学生学习以及学习成果为核心原则，维度上覆盖知识、能力、心理和素质发展，机制上要求进行学习过程的跟踪、形成性评价以及及时的警示、帮扶，执行过程上要求从制度出发，并且做好记录。

"房地产估价"课程的重要环节是教学指导过程，教学指导过程包含理论教学、案例教学、知识能力培养、学习总结等，课程建设过程中处处融入学生中心的理念。一是加强理论教学建设，让学生更快更准更牢地掌握理论知识要点。二是在案例教学中，基于实践成果把更贴近实际的案例运用到课堂上，由学生再设计"估价情境"和"估价问题"，采用情境式仿真案例教学方法，升华教学效果。同时，注重职业道德培养，关心与房地产估价有关的社会热点问题，提高学生理论与实际相结合的意识和思考。三是完善知识能力培养，除了课堂模拟习题外，进一步加强实践环节，要求学生以小组为单位完成一份高质量房地产估价技术报告，促使学生走出校园、接触社会、与人交流、获取信息；促使学生独立思考、相互交流，培养学生分析问题、解决问题以及团队协作能力。四是结合课堂学习和撰写房地产估价技术报告的实践活动，让学生对学习内容及学习过程进行总结，并安排学生课堂发言，提供交流思考、互相借鉴的平台。同时，将学生学期成果整理汇编成册，形成作业集。

实践证明，参与性学习(Participative Learning)的教学指导过程，可以提高学生在课程中的参与性，增强学生的学习效果。演讲、小组研究、案例与讨论以及个人展示都是最基本的教学指导过程。可以将部分时间花在翻转课堂上，要求每个学生提出至少一个问题，通过反思练习来进行过程跟踪，也可以把学期中或学期末的课堂报告作为教学指导过程跟踪的一部分，报告应该是专业的、精心编排的、经过认真审核的，并整合应用了课程中的专业知识。同时，提倡和鼓励学生参加创新实践与课外学术研究活动，培养创新能力，如国家大学生创新创业训练计划，学校大学生科研训练计划，全国或世界级房地产大赛，学术性社团活动等。[3]

五、评价考核方式

"房地产估价"课程教学的最终目的不是简单地让学生死记相关概念、原理或方法及过程，而是要求他们能应用学到的专业知识和技能去解决估价实际问题，因此单纯采用传统的闭卷考试来评价检验学习效果并不合理。根据同济大学工程管理专业的"德智体美劳"的培养标准和培养目标，本课程改革了考试方法，从传统的以期末考试成绩为主的评价体系改为包括平时成绩、期中成绩、期末成绩的多元评价体系，更好地反映学生的学业水平和综合素质，引导学生的学习兴趣，启发学生的创新思维。

为此，课程组以教学大纲为基础积极探索了以素质教育为核心的“房地产估价”重点课程考核模式，积极探索不同的考核评价方法。采用的考核管理措施主要有：①加强课程试题库的建设，增大实践应用性强的题目比例，注重对学生知识运用能力的考核。引导学生重实践、重应用，提高解决实际问题能力的成绩评价体系。②建立 Blackboard 网上考试平台，将网络测试过程贯穿于平时学习过程。③结合课程特点和专业特色，设定若干估价案例供学生选择，以估价报告的形式进行考核，激发学生学习的自主性和能动性，锻炼和培养学生查阅、总结文献资料和解决问题的能力。④课程总成绩由平时成绩加期末考试成绩组成，平时成绩（包括平时考勤、过程考核）比例增加到 40%，期末笔试可以采用闭卷或开卷等多种形式。本课程新的考核方式能体现课程特点、专业定位与培养目标，考核结果能客观反映学生对相关知识的掌握程度。[4]

课程建设的教学对象是学生，课程质量应参考学生的意见，目前的双向评价是比较科学的方式。教师对学生的课堂学习、知识能力和表现出来的研究能力进行全面的考核和评价，同时，学生评教调查也是保障教学质量的重要措施，课程组会根据学生提出的建议不断改进教学过程，提高教学质量，通过重点课程建设，使“房地产估价”课程授课优秀率达 90%，优良率达 100%。

参考文献

[1] 单莎莎.面向“中国制造 2025”的高校工程类人才培养模式改革研究[D].武汉：武汉理工大学，2017.

[2] 住房和城乡建设部高等教育工程管理专业评估委员会．高等学校工程类专业评估认证标准[EB].2017.

[3] 曾德珩，杨宇，任宏.《工程管理本科指导性专业规范》的研究与制定[J].高等建筑教育，2015，24(2)：15-20.

[4] 张小珍，江瑜华，常启兵.《粉体工程》重点课程建设的探索与实践[J].教育教学论坛，2015(50)：121-122.

“建设与房地产法规”课程教学的一点体会

洪　琳

（同济大学经济与管理学院）

摘　要：本文阐述了法律关系模块在“建设与房地产法规”课程教学中的重要性，并探讨了法律规范、法律事实与法律关系等基本概念、理论及其相互关系的授课要点。
关键词：法律关系；法律规范；法律事实

Abstract: This paper expounds the significance of legal relations in the teaching of Construction and Real Estate Law and Regulations, and probes into the main teaching points of the basic concepts and theory of legal relations, legal norms, legal facts, and discusses the relationship between them.
Keywords: legal relations; legal norms; legal facts

“建设与房地产法规”课程是工程管理专业培养方案中确定的核心课程之一，是本科工程管理专业的一门专业基础课，授课对象为工程管理专业三年级学生。课程的定位和基本要求是通过本课程的学习，学生能系统地掌握工程建设领域建设与房地产基本法律法规，并具有运用相关理论分析解决工程建设过程中有关法律问题的能力。笔者认为，在“建设与房地产法规”课程教学中注重法律关系模块的作用，尤以讲清法律关系模块中法律规范、法律事实和法律关系等几个基本概念、基本理论及其相互关系为关键，以法律关系理论贯穿全部教学内容能起到事半功倍的效果，对学生法律思维能力的形成非常有益。以下探讨相关基本概念、理论及其相互关系的授课要点。

1. 社会关系与法律关系

社会关系是人们在相互交往的过程中所形成的人与人之间的联系，社会关系需要法律加以调整，法律对社会关系的调整是通过制定各种法律规范来进行的。

2. 法律关系与法律规范

只有被法律规范所调整的社会关系才是法律关系，法律关系是根据法律规范产生的、主要以主体之间的权利与义务关系的形式表现出来的特殊的社会关系。法律规范为人们设定各种权利与义务、权力与责任，并且由国家的强制力来保证这种权利的行使与义务的履行，权力的行使与责任的承担。

为使学生更好地理解法律关系与法律规范这两个概念，笔者认为，在教学中有必要分以下几种情况进行讲解和讨论：法律规范是法律关系产生的前提，如果没有相应的法律规范的存在,就不可能产生法律关系,比如友谊关系,爱情关系,政党、社会团体的内部关系,一般不由法律调整,不存在相应的法律规范,所以也就不存在法律关系;还有些社会关系领域,虽然应该得到法律调整,但由于种种原因还没有制订法律规范,对该类社会关系的调整缺乏法律根据,因此也不能产生法律关系。只有被法律规范所调整的社会关系才是法律关系,比如合同关系、税收关系等,法律关系是一定法律规范调整一定社会关系的结果。[1]

3. 法律规范的三要素

法律规范规定的是具体的行为,因而其表达方式必须有一个严谨的逻辑结构,任何一个法律规范都必须由假定、处理、制裁三部分组成,法学上称为法律规范的三要素。这里需要举例逐个说明。

(1) 假定。是指在法律规范中,确定适用该规范的条件和环境的部分。它指明了法律规范在什么时间、地点或者条件下可以适用。例如,《建筑法》第 22 条:"建筑工程实行直接发包的,发包单位应当将建筑工程发包给具有相应资质条件的承包单位。"这里的"建筑工程实行直接发包的",就是法律规范中的假定部分。

(2) 处理。是指行为规则的本身,是法律规范确定的允许做什么,禁止做什么,要求做什么的部分。如上述法律规范中的"发包单位应当将建筑工程发包给具有相应资质条件的承包单位"就是法律规范的处理部分。

(3) 制裁。是法律规范的后果部分。它说明的是违反法律规范时,将依法承担的后果,即法律规范的强制措施。如《建筑法》第 65 条:"发包单位将工程发包给不具有相应资质条件的承包单位的,责令改正,处以罚款",就是法律规范的制裁部分。

这里需强调的是,在很多情况下,法律规范的假定、处理与制裁三部分不在同一法条中,而一个完整的法律规范必须具备假定、处理与制裁三要素,缺一不可。[1]

4. 法律关系的权利义务是具体的

法律关系是使法律规范的规定具体化的工具。教学中需要强调分辨现实行为与假定事实的特点、区别与联系:在法律规范中,主体的权利与义务只是一种可能性,是主体能做和应该做的行为,并不是现实的行为,是在假定某种事实发生的情况下,设定主体有什么权利和义务,并不表明主体实际已经有了某种权利和义务。而在法律关系中,主体的权利与义务是现实的,法律规范所假定的事实已经发生,从而使主体之间产生实际的权利与义务关系。因此,法律规范中的权利与义务属于可能性的领域,而法律关系中的权利与义务属于现实性的领域。同时,在法律规范中,主体的权利与义务是针对同一类人、同一类行为的,凡是出现法律规范所假定的事实,具有法律规范所规定的资格的主体,都享有同一类权利并承担同一类义务。而在法律关系中,法律所规定的事实情况、主体、权利与义务及其所指向的对象都是具体的。因此,法律规范中的权利与义务是抽象的,而法律关系中的权利与义务是具体的,法律关系是使法律规范的规定具体化的工具。[3]

5. 法律关系的三要素

任何法律关系均由主体、客体、内容三要素构成(教学中有必要与法律规范的三要素进行再次对比)。依据《牛津法律大辞典》的分类,法律关系是由法律规范调整一定社会关系而形成的权利与义务关系、权力与责任关系、特权与无权利关系、豁免与无资格豁免关系。[2]

这里需明确公法与私法、法律体系的基本内容：权利的对应词是义务，体现平等主体间的关系；权利与义务关系是私法上的法律关系的内容，权利-权利关系是以民事法律关系为代表的私法法律关系内容的概括；权力的对应词是责任或服从，体现拥有权力的国家机关与公民、法人间不平等关系，即公民、法人的私利必须服从国家的公权力，公法上的法律关系内容体现的是权力与责任的关系。法律关系内容分别体现在权利-权利、权利-权力、权力-权力三种关系中，民法学从权利-权利关系入手，概括民事法律关系内容；行政法学从权利-权力和权力-权利关系入手，概括行政法律关系内容；诉讼法学从权力-权利和权力-权力关系入手，概括诉讼法律关系内容。[2]法律关系的法律内容是权利、权力，社会经济内容是法律承认和保护的利益，以及与其相对应的财产。

6. 法律事实与法律关系

法律事实是法律规范所规定的、能够引起法律后果即法律关系产生、变更和消灭的现象。笔者认为这一部分内容是法律关系教学模块的关键，为联系之后的各模块内容进行案例分析打下基础。

（1）法律关系的产生、变动和消灭必须有法律规范所规定的某种法律事实的出现。法律关系的产生、变更和消灭的条件包括：法律规范，即法律关系产生、变更和消灭的法律依据；权利义务主体，即权利的享有者与义务的承担者；法律事实，即出现法律规范所假定出现的那种情况。其中法律规范和权利义务主体是法律关系产生的抽象的、一般的条件，而法律事实则是法律关系产生的具体条件，法律关系只有在一般与具体的条件都具备的情况下才能产生。

（2）由于法律事实的出现产生的法律后果包括：法律关系的产生，如取得某项财产的所有权，订立合同；法律关系的变更，比如由于法人合并原有法律关系主体变更，其权利和义务由合并后的法人享有和承担；法律关系的消灭，如由于买方支付价款，卖方交付货物，原有的买卖关系消灭，等等。

（3）法律事实按是否以法律关系主体的意志为转移分为事件和行为两类。事件是指不以当事人的意志为转移的客观情况，行为是以权利义务主体的意志为转移、能够引起法律后果的法律事实。

事件分为绝对事件和相对事件。

① 由某种自然原因而引起的法律事件为绝对事件，例如人的自然死亡和出生，人的死亡引起婚姻法律关系消灭，劳动法律关系消灭；人的出生引起父母与子女的法律关系产生，等等。

② 由人的行为而引起的法律事件为相对事件，但它的出现在该法律关系中并不以权利义务主体意志为转移。例如，死亡是人的生命的终止，无论是自然死亡，或是由于各种原因导致的非自然死亡，都是一种客观情况，就中止死者与其生前所在单位的劳动法律关系而言，都是不以法律关系主体意志为转移的事件。

相对事件表明，行为与事件之间的界限不是绝对的。以人的意志为转移的法律事实，对于由行为人直接引起的法律后果来讲属于行为；而对不是行为人直接引起的法律后果来讲则属于事件。例如，交通事故，对于由肇事者所直接引起的保护性法律关系而言是行为，肇事者应该承担相应的法律责任；但对由于交通事故而致伤残者，产生其与保险公司的赔偿法律关系，则属于相对事件。

行为分为合法行为和不合法行为。

① 合法行为是与法律规范的要求相一致的行为，即实施了法律所要求或允许的行为，或者没有实施法律所禁止的行为，会产生积极的法律后果。

② 不合法行为是与法律规范的要求不一致的行为。不合法行为不能产生行为人所预期的法律后果，从行为开始就没有法律约束力，不能产生调整性法律关系。但不合法行为(违法行为)以行为人主观上有过错作为其构成要件，能产生保护性法律关系，是承担法律责任的依据。[1]

7. 建设法律关系

人们在建设活动中所发生的由建设法律规范来调整的各种社会关系。建设法律关系由三个要素组成，即建设法律关系主体、建设法律关系客体和建设法律关系内容。

(1) 建设法律关系主体：包括法人、非法人组织和自然人。我国主要的建设法律关系主体包括：建设单位、勘察设计单位、施工单位、监理单位。

(2) 建设法律关系客体——也称为标的。建设法律关系的客体既包括有形的产品如建筑物，也包括无形的产品如各种服务，具体可分为物、行为和智力成果三种。相比主体，学生对客体的理解很容易出错，需要多举例进行课堂讨论。

① 物：指法律关系主体支配的、在生产上和生活上所需要的客观实体。例如，施工单位向建材生产商订购的建筑材料，建设单位与银行签订的建设贷款合同的标的(货币)。

② 行为：法律意义上的行为是指人的有意识的活动。在建设活动中多表现为完成一定的工作。例如，工程监理单位接受委托进行监理的行为。

③ 智力成果：智力成果属于非物质财富，通常指建设主体脑力劳动的成果。如设计单位提供的设计成果，个人开发的工程预决算软件等。

(3) 建设法律关系的内容。法律关系内容分别体现在权利-权利、权利-权力、权力-权力三种关系中，民事法律关系的内容体现为权利-权利关系，行政法律关系的内容体现为权利-权力和权力-权利关系，权利与义务相对应，权力与责任相对应。由于建设法律关系具有行政法律关系和民事法律关系两种属性，因此，建设民事法律关系的内容即指平等主体相互享有的建设权利和承担的建设义务，建设行政法律关系的内容即指国家公权力与公民、法人间的权力行使与责任承担。[1]

总之，注重法律关系模块，课堂讨论中具体每个案例、场景都要求学生首先明确法律关系三要素，进行各主体的权利义务分析，不仅非常自然地把法律规范与法律责任联系起来，更有助于学生法律思维能力的形成，这是笔者多年的教学实践体会。此外，根据课程大纲的要求，笔者在“建设与房地产法规”课程教学中贯彻自主学习、团队学习理念，对教学内容进行特色模块化组织，调整教学组织方式，全部教学内容均安排了课堂案例讨论与教师点评，学生分组协商选题及组员分工、收集资料、讨论与分析，沟通协作完成小组报告，在规定的时间内汇报并回答提问，培养学生文献资料收集能力，及分析表达能力，培养参与、合作及创新精神；同时考核评价方面相应跟进，注重过程性考核，引入学生自评与互评，不仅使考评更准确合理，更培养学生综合判断能力以及独立思考能力；这些探索不仅丰富了教学实践经验，更有效增进了教学效果。

参考文献

[1] 洪琳.建设法规[M].北京:中国建筑工业出版社,2013.
[2] 童之伟,法律关系的内容重估和概念重整[J].中国法学.1999(6):24-32.
[3] 沈宗灵.法理学[M].2版.北京:高等教育出版社,2003.

“公共经济学”课程思政元素挖掘与课程开展

许 洁 邹珊珊

（同济大学经济与管理学院）

摘 要：“公共经济学”具有鲜明的政治属性和社会属性，这决定了在课程中要坚持马克思主义视野开展思政教育。本文从“公共经济学”课程思政中坚持马克思主义价值观方法论出发，探讨了中国特色社会主义公共经济学的理论内容所包含的思政要素，提出了在课程开展过程中全过程全方位开展课程思政的途径。

关键词：公共经济学；课程思政；思政要素

Abstract: “Public Economics” has distinct political and social attributes, which determines that we must insist on the Marxist vision to carry out ideological and political education in the curriculum. Starting from the Marxist values and methodology, this paper discussed the ideological and political elements of the theoretical content of socialist public economics with Chinese characteristics, proposes how to adopt the whole process and all dimentional approaches of the ideological and political education during course development.

Keywords: public economics; curriculum ideology and politics ideological and political elements

一、引言

习近平总书记在全国高校思想政治工作会议上强调，要坚持把立德树人作为中心环节，把思想政治工作贯穿教育教学全过程，实现全程育人、全方位育人，努力开创我国高等教育发展新局面。上海市在全国高校率先出台了《上海高校“课程思政”教育教学体系建设专项计划》，全面推广“课程思政”建设。各高校积极开展“三位一体”的思想政治教学体系的构建探索，专业课教学作为思政教学体系的重要组成部分，其课程思政的改革也正在积极展开。

“公共经济学”是行政管理专业的专业核心课，是从经济学角度研究公共部门的经济行为和政治问题的一门新兴学科，是专门研究政府经济行为规律的科学，回答政府需要做什么以及应该怎么做的学科。课程的主要内容包括对政府经济职能、外部效应理论、公共产品理论、公共选择理论、国家预算、公共支出和公共收入的理论、收入分配与社会保障、公共经济和国民经济调节以及地方公共经济等内容进行从理论到实践的探讨，具有鲜明的政治属性和社会属性。这决定了在课程教学中要坚持马克思主义视野开展思政教育，需要教师在课程中积极探索专业知识传授与思想政治教育有机融合，发挥课堂主渠道功能，利用学生对专业知识技能学科的认可度与专注度，激发学生对社会主义核心价值观的认同感，坚守爱国精神和人文情怀，实现知识传授、能力培养、价值塑造“三位一体”的学生培养目标。

二、“公共经济学”课程教学中思政教育的原则

首先，坚持马克思主义的价值观。强调人的自由与全面发展是马克思主义的价值归宿。传统的公共经济学关注公共部门在资源配置、收入分配和经济稳定增长方面的行为方式和作用效果，却回避回答为谁服务这个问题。马克思主义从来不回避经济社会发展的价值取向。在1875年的《哥达纲领批判》中，马克思通过对德国工人党实现合并的纲领的批判，提出了建立社会保障和福利基金，为社会弱势群体提供基本生活保障，并为全体社会成员提供公共福利服务的观点。[1]恩格斯在《共产主义原理》中提出了包括工人阶级就业、教育、儿童关怀、住房与公共卫生等多方面的社会福利项目，并进一步指出，废除资本主义的私有制的重要目的之一是促进工人阶级福利的发展。恩格斯指出：“由社会全体成员的共同联合体来共同而有计划地尽量利用生产力；把生产发展到能够满足全体成员需要的规模；消灭牺牲一些人的利益来满足另一些人的需要的情况；彻底消灭阶级和阶级对立；通过消除旧的分工，进行生产教育、变换工种，共同享受大家创造出来的福利，以及城乡的融合，使社会全体成员的才能得到全面的发展……这一切都将是废除私有制的最主要的结果。”[2]这些论述充分表明了马克思主义对人民群众的公共福祉的关怀。

当前我国进入建设中国特色社会主义的新时代，党的十九大明确了我国社会主要矛盾是人民日益增长的对美好生活需要和不平衡不充分的发展之间的矛盾，提出带领人民创造美好生活是我们党始终不渝的奋斗目标。必须始终把人民利益摆在至高无上的地位，让改革发展成果更多更公平惠及全体人民，朝着实现全体人民共同富裕不断迈进。这说明我国社会主义建设始终坚守了马克思主义的价值观。这种一贯坚持的马克思主义价值观要充分体现在课程教学的各个方面。

其次，坚持马克思主义的方法论。方法论对于人类认识世界和改造世界具有重大意义。习近平总书记指出，马克思主义理论的科学性和革命性源于辩证唯物主义和历史唯物主义的科学世界观和方法论，为我们认识世界、改造世界提供了强大思想武器。恩格斯也说过，马克思的整个世界观提供的不是现成的教条，而是进一步研究的出发点和提供这种研究使用的方法。现代公共经济学，西方经济学界称之为“经济学的令人激动和富于挑战性的分支”[3]，在该课程开展过程中要坚持用马克思主义的辩证唯物主义、历史唯物主义和实践认识的方法论完善公共经济学的教学体系和教学内容，要看到现有的公共经济学体系是西方经济学家对国家财政收支活动深层本质认识的结果，更要看到现有的公共经济学体系是根据西方经济实践发展对政府经济活动介入的理论概括存在的局限性。新

时代中国特色社会主义建设的公共经济学理论是在社会主义建设实践中不断丰富和发展的,“当代中国的伟大社会变革,不是简单延续我国历史文化的母板,不是简单套用马克思主义经典作家设想的模板,不是其他国家社会主义实践的再版,也不是国外现代化发展的翻版”。[4]在此现实背景下,厘清政府和市场的边界以及如何“使市场在资源配置中起决定性作用,更好发挥政府”,必须立足中国社会主义建设的实践,在马克思主义思想的指导下,总结和反思其他国家社会主义实践,有选择地吸收与借鉴西方公共经济学的先进成果。

三、“公共经济学”课程的思政元素

实现“公共经济学”课程思政目标首先要提炼课程中的思政元素,这是开展多种手段,融会贯通显性教育和隐性教育的基础。董瑞华、胡德平把马克思主义公共经济思想的框架和理论体系归纳为“一个逻辑起点、一个建构基础和四大理论内容”。[5]一个逻辑起点就是政治经济关系原理与国家(政府)的经济本质,一个建构基础是对资本主义形式公共经济的批判,四大理论内容包括公共收入理论、公共支出理论、宏观调控理论,公共信用理论。石建勋、李海英等人以习近平新时代中国特色社会主义思想为指导,学习借鉴部分西方经济学的基本概念,并赋予其中国特色社会主义新的时代意义,努力构建以人民为中心的新时代中国特色社会主义公共经济学的理论框架体系和话语体系。[6]基于上述研究基础,提炼“公共经济学”课程的思政元素,培养学生具有坚定正确的政治方向、爱国情怀、世界眼光和较高的政治素质和高度的社会责任感。

(一)时代背景与基本国情是首要的思政元素

当前我国的公共经济学从根本上来说是来自欧美的“舶来品”,欧美的公共经济学建立在西方经济理论和政治学基础上,难以解释当前我国社会主义事业的伟大实践,也很难适应社会主义伟大事业对公共经济学理论发展和实践应用的需求。因此,“公共经济学”的教学首先要解决的问题是我国政府实施经济行为的依据和出发点在哪里,政府经济行为的实施目标是什么。国情是我国政府实施经济行为的依据和出发点,在课程中应介绍我国社会主义建设进入新时代、社会主要矛盾的变化和社会主义初级阶段的历史新方位和新的发展目标等国情。在此基础上,学生能更好地理解在解决社会公平和共同富裕,满足人们日益增长的美好生活需要、实现公共服务均等诸多公共经济学理论问题时,政府为什么要这么做而不那么做。

(二)政府职能与边界专题中的思政元素

这是政府行使经济职能的基础。现阶段,我国正处于经济社会面向高质量发展转型发展期,政府与市场的关系也随着时代发展和经济环境的调整处于动态变化的状态中。党的十八届三中全会提出,经济体制改革的核心问题是处理好政府和市场的关系,使市场在资源配置中起决定性作用,更好发挥政府作用。党的十九大报告又进一步强调,必须坚持和完善我国社会主义基本经济制度和分配制度,使市场在资源配置中起决定性作用,更好发挥政府作用。更好地发挥政府作用的前提要理清政府与市场的治理边界，既要防止政府权力过大，干预过多，又要防止政府经济行为的缺位和错位。从理论上看，政府经济行为应限于私人部门所不能、不愿或不宜介入的领域，而私人部门经济则存在于个人或企业能做、愿做并且无损效率的经济领域。

在课程中既要让学生掌握我国成功实现从高度集中的计划经济体制向社会主义市场经济体制的根本性转变的实践过程，又要让学生了解当前我国正在全方位推进的经济体制改革和取得的显著成效，提高对经济体制改革的成功信心，从而提高四个自信。

（三）公共产品理论和外部效应理论专题中的思政元素

公共产品理论和外部效应理论是公共经济学的两大重要理论基础，是正确处理政府与市场关系、政府职能转变、构建现代财政收支体系以及公共服务市场化的重要理论依据。

传统的研究理论指出，政府应该是公共产品的唯一供给方，但是受到政府财政支出膨胀的影响，政府公共产品的实际提供能力相对较低。公共产品理论为政府改革提供了理论基础。当前正在开展的供给侧改革有利于打破行业垄断，高效率增加公共产品的供给，让老百姓获得更多的实惠和便利。

当外部效应出现时，一般无法通过市场机制的自发作用来调节以达到社会资源有效配置的目的。在课程中要讲解学习借鉴西方外部性理论和方法，分析中国改革开放进程中存在的外部性问题，以及政府如何规制外部性，从而减少或降低负的外部性，增加正的外部性的路径和手段。

（四）财税相关理论专题中的思政元素

从当代经济学理论的研究和分析看，税收原则基本有三点：公平原则、效率原则、经济稳定和增长原则。能够真正对税制设计起到帮助，并且能够在最佳税收理论中表现出来的是公平和效率原则，而最佳税收能够兼顾公平和效率原则的税收。讨论税收的经济效应的同时，应该更为关注税收的公平问题以及对税制结构进行优化等。在课程中应让学生体会到我国的财政改革始终站在改革的前沿，是社会经济改革的突破口和先行军，始终发挥着基础性、制度性和保障性作用。通过对中国财税体制改革 40 年基本轨迹、基本经验和基本规律的讨论，深入体会十八届三中全会对财政与财税体制的全新定位以及关于深化财税体制改革的系统部署的重要意义，并且认识到新时代中国财税体制改革任重而道远。

（五）公共预算管理专题中的思政元素

政府公共部门的收支决策一般是通过预算编制来实现的，而政府的预算工作会与国家治理体系现代化共同成长和进步。2015 年正式颁布的新《预算法》明确了公开透明的标准，但除一般公共预算之外的其他预算收支并未达到这一要求，或者遵守的标准并不一致，并且缺乏与新《预算法》相配套的可操作性的实施细则，导致现代预算制度的理念难以确立，而且诸如财税部门统揽政府收支、实现政府预算的完整和统一等基础性的改革目标也难以落到实处。在课程中既要承认当前公共预算管理亟待攻克的障碍，也要在讲授我国在建立现代公共预算制度过程中所取得的进步，特别是党的十九大在对“全面规范、公开透明”加以精炼概括的基础上提出的“全面规范透明、标准科学、约束有利，全面实施绩效管理”的改革目标，[7]从而使学生坚定预算管理制度改革一定会快速推进到实质层面的信心。

（六）公共服务（公共产品）提供专题中的思政元素

习近平总书记提出：“我们的人民热爱生活，期盼有更好的教育、更稳定的工作、更满意的收入、更可靠的社会保障、更高水平的医疗卫生服务、更舒适的居住条件、更优美的环境，期盼孩子们能成长得更好、工作得更好、生活得更好。”“人民对美好生活的向往，就是我们的奋斗目标。”进入新时代，社会保障、基础教育、公共医疗、养老、住房、环境保护等与人民生活息息相关的领域普遍存在供给与需求错配已经制约了人民美好生活需要的满足。满足人民对美好生活的需求必然要求政府的公共支出总量增加、支出结构向关于民生项目倾斜，同时公共产品提供的公私合作伙伴关系等手段也不断创新。在公共支出部分的教学中，既要让学生掌握公共支出的结构调整与发展阶段相关，也要让学生认识到只要尽力而为，又量力而行，一件事情接着一件事情办，一年接着一年干，人民的获得感、幸福感、安全感一定会更加充实、保障和更可持续。

（七）收入再分配主题中的思政元素

改革开放后，随着社会主义市场经济的深入发展我国城乡居民收入差距在短时间内被不断地拉大。社会主义的发展目标是共同富裕。在课程中要通过国际经验和我国改革开放后的发展现实，让学生明白实现全体人民收入提高这一目标，要做好做大蛋糕和分好蛋糕的工作，加大再分配力度，提高再分配效率，增强再分配和初次分配之间的协调性，让改革发展成果更多更公平地惠及全体人民。同时，要让学生明白我国仍处于并将长期处于社会主义初级阶段，改善民生，加大收入再分配力度不能脱离实际，提出过高要求，绝不能开空头支票。正如习近平总书记提醒的，我们要吸取过度福利化和过度承诺导致效率低下、增长停滞、通货膨胀，收入分配最终恶化的教训。

四、课程思政教育贯穿教学全过程的途径

专业课程是高校思政教育中的隐性课程，在专业课教学中通过对教学目标、教学内容、教学方法和载体等环节的有效设计和实施，把党和国家对社会主义接班人和建设者基本专业素养和政治观、价值观、世界观的要求“润物无声”地融入教书育人全过程，可以提高思政教育的效能。在课程开展过程中，全过程全方位的课程思政通过显性教育和隐性教育，课内与课外、线上线下，多种方法多管齐下。把教书育人看作是教学内容的重要组成部分，充分发挥教育的主渠道功能，培养学生具有扎实的专业功底，同时又有过硬的政治素质。

（一）专业标准和思政标准作为课程评价贯穿始终

建立和完善以社会主义核心价值观为统领的课程教学评价体系，思政标准和专业标准都要硬。思政标准将学生日常行为，包括是否迟到、是否关心班级事务、是否尊师等纳入考核范围内。专业标准围绕专业的人才培养课程教学活动，将正确的政治方向、自觉贯彻党和国家的教育方针、学生全面健康发展的质量水平等作为教学评价的根本准则，将是否完成课后作业、课堂测验、期中期末考试、学期论文和汇报等形式多样的分散考核贯穿始终，端正学生的学习态度，提高学习积极性，培养学生自主学习能力。

（二）课堂授课之外实现课堂思政教学的延伸

在课程中贯穿公共经济学的思政元素的认知与实践，仅靠每周 1～2 次课的时间使远远不够的，因此要实现课前和课后延伸；在内容上，将围绕课程思政元素，将国际国内与课程思政元素相关的重大时事纳入教学内容；载体方面，通过微信、邮件等网络媒介有效结合在一起。

引导课前学生自主学习，如每次课开展 5 分钟时事评论的活动，引导学生对当前国际国内与课程思政元素相关的时事的关注，养成关注政府公共经济行为的习惯，引导学生跟踪国内外主要经济指标，关心与课程思政元素相关的公共政策动态，并尝试运用所学的基本理论知识开展分析思考。

加强课后作业的布置、批改与反馈。[8]课后作业是教师与学生之间教与学的桥梁。学生通过作业的过程，巩固了知识，培养了解决问题的能力；而教师则是通过学生作业的完成情况，反思教学目标是否实现，进而调整教学的组织形式。课程开展的经验表明，作业的布置、批改和反馈三个环节缺一不可。作业的布置要适量和多形式，任课教师要高度重视作业的批改和反馈，如果对学生的作业没有成绩评定，没有点评，学生的作业积极性就会下降。相反，如果能够及时获得教师的作业批改和点评，就会大大调动学生通过作业巩固课堂上所学理论知识并结合现实情境开展思考的积极性。

（三）案例教学强化思政主题情境认知和学生的知识、能力人格培养

案例的学习和分析则有助于帮助学生了解现实世界，并且用所学的概念和理论认识分析案例所涉问题。公共经济学具有很强的实践性，因此在教学过程中加强案例教学，培养学生运用所学基本原理来分析解决现实问题的能力和思维惯性就十分必要。这就要求教师在教学中以核心专业知识点为纲，确定思政主题，导入经典案例情境，组织学生围绕案例问题开展讨论，使教学内容变得更为直观和生动，激发和强化学生的认知动力，正面引导学生的价值观。在公共经济学课程教学中组织和运用案例教学法，有两种途径。一种是为了使学生能更好地理解和掌握一些基本的原理，教师在教学过程中采用一些案例，这种案例的使用是为了使教师在课堂中能更清楚地阐述基本原理和理论，学生在教学的整个过程中还是处于被动地位，不能很好地为学生能力培养助力。另一种方式是我们在"公共经济学"教学过程中采用的方式，在引入案例教学法时，紧扣课程思政元素，让学生利用课余时间参与到案例的采集、编写中来，课程教师及时跟进和引导。这种案例教学的

方式优势在于:案例写作中的资料搜集,焦点问题提出,公共经济学中相关分析理论的选择,完整的报告撰写过程能够培养学生提出问题、分析问题和解决问题的能力;分小组的案例写作,能够培养学生的沟通、协作能力;案例完成后的展示和交流,能够培养学生在规定的时间内向公众传达有效信息的公共演讲能力;在案例写作要求提交的报告符合学术规范,培养学生诚实、专业的精神。

参考文献

[1] 陈英,刘有良.马克思主义的社会福利思想及时代价值探索[J].产业与科技论坛,2013(5):7-8.

[2] 中共中央马克思恩格斯列宁斯大林著作编译局.马克思恩格斯选集(第一卷)[M].北京:人民出版社,1995:230-247.

[3] BROWN C V, JACKSON P M. Public sector Economic[M]. Oxford: Martion Rober-taon, 1978.

[4] 习近平.在纪念马克思诞辰 200 周年大会上的讲话[EB/OL].新华网.http://www.xinhuanet.com/politics/leaders/2018-05/04/c_1122783997.htm.

[5] 董瑞华,胡德平.中国公共经济学研究的马克思主义视野[J].当代经济研究,2007(4):55-59+79.

[6] 石建勋,李海英,郝凤霞,等.新时代中国特色社会主义公共经济学[M].北京:清华大学出版社,2018.

[7] 高培勇.中国财税改革 40 年:基本轨迹、基本经验和基本规律[J].经济研究,2018(3):4-20.

[8] 许洁.浅谈课程教学中作业环节的把握[M]//周平海.教育研究及教学改革论文集.上海:同济大学出版社,2007:208-212.

专业课程链思政教育实现的主要环节探讨*

郭 英 叶 欣

（同济大学经济与管理学院）

摘　要：“立德树人”是高等教育工作的中心环节和根本任务。在“课程思政”的新时代背景下，专业课、专业课程链如何融入思政教育是当前高等教育教学改革的热点问题。本文结合“深化金融业对外开放”课程思政示范专业课程链建设的具体实践，讨论了包括课程设计、学生体验、教师引导、评价与考核和有机融合等课程思政实现的主要环节建设，以期对专业课程链思政教育提供有益的建设经验。
关键词：专业课程链；课程思政；金融行业

Abstract: Morality education is the central link and fundamental task of higher education. Under the background of the new era of "curriculum ideological and politics", how to integrate professional courses and professional course chain into ideological and political education is a hot issue in the current higher education teaching reform. Based on the practice of the construction of ideological and political course chain of "Deepening the Opening-up of Financial Industry" courses, this paper discusses the important links of ideological and political course construction, including curriculum design, student experience, teacher guidance, evaluation and assessment, and effective integration, with a view to providing useful views for the construction of ideological and political education in professional course chain.
Keywords: professional course chain; curriculum ideological and politics; financial industry

根据全国高校思想政治工作会议的部署，“各类课程要与思想政治理论课同向同行，形成协同效应”“要充分发掘和运用各学科蕴含的思想政治教育资源，健全高校课堂教学管理办法”。专业课与思政教育的有机融合是高校思政教育模式创新的基本趋向，如何从学校、学院、教师构建全人员、全方位、全课程的育人模式，是当前“课程思政”教育教学改革的重点研究工作。

同济大学为贯彻全国教育大会精神、全国思想政治工作会议精神，着力推广思政示范

* 上海高校课程思政教育教学改革项目《“新常态下金融风险防控与法制建设”专业课程链建设》、同济大学课程思政教育教学改革项目《“深化金融业对外开放”课程思政示范专业课程链建设》阶段成果。

专业课程链建设，并向课程思政示范专业延伸，形成各类课程与思想政治理论课程同向同行的育人协同效应。专业课程链是基于特定培养目标，由性质相关或相近的专业课程组成的连环式的课程群。与单一专业课程相比，专业课程链结构合理、层次清晰，尤其在课程链相互衔接、相互配合、相互影响等方面优势突出。在专业课程链课程思政建设过程中，更容易形成“1＋1＞2”的叠加效应。但由于专业课程链对课程之间配合、融合的要求更高，其课程思政建设也面临不一样的挑战。本文以同济大学“深化金融业对外”课程思政示范专业课程链建设项目为例，探讨专业课程链建设过程中面临的主要建设环节，并提出具体建议。

一、“深化金融业对外开放”专业课程链建设的背景

1. 课程链串联的逻辑——建设目标

课程链是基于某一特定目标所形成的课程组，其串联的逻辑直接决定了课程的选择、教学内容、教学方法创新等。

习近平总书记在中央政治局就完善金融服务、防范金融风险的第十三次集体学习时，发表“推动我国金融业高质量发展”的重要讲话。其中提到“坚定不移深化金融改革开放，在高水平双向开放中提高经济金融管理能力和防控风险能力”“坚持改革不停顿、开放不止步”。中国人民银行行长易纲近日指出，扩大金融业对外开放势在必行。具体可以在金融服务业开放、金融市场开放与人民币汇率形成机制改革、制度规则、金融监管等方面强化改革。这是我国金融业高质量发展的重要遵循，也为高等学校金融学学科人才培养目标提供了重要思路。

同济大学“深化金融业对外开放”专业课程链基于我国“继续扩大金融对外开放、促进金融业高质量发展”的现实需求，培养具有“高水平双向开放背景下金融治理能力”的专业化金融人才。要求学生具备对经济和金融运行的基础理论知识，充分了解开放经济条件下国内外金融市场配置金融资源、提供金融服务的机制与途径，并培养与开放相适应的金融风险防控思维，提高双向开放背景下金融治理能力。

2. 课程链建设的基本元素——课程构成

各门专业课构成专业课程链的基本元素。按照同济大学专业课程链建设，专业课程链的组成必须包括专业基础课、专业课和实践课程至少各一门，形成进阶式专业课程链。“深化金融业对外开放”专业课程链共包括以下三门课程。

(1) 货币金融学(课号：010896)，为同济大学经济学类本科专业基础课，课程选修对象为经济学类本科大二学生，学分为3学分，总学时为51学时。开课学期为秋季学期，年均选课100人。通过本课程学习，要求学生系统掌握货币的基本理论、信用和利率理论、货币的供给需求理论；了解和掌握中央银行、商业银行等金融机构体系的主要功能和业务，并在此基础上掌握金融宏观调控的基本方法；了解和掌握金融市场的构成及金融工具。结合课程教学和案例讨论，使学生了解现实经济生活中的金融问题，培养辨析金融理论和解决金融实际问题的能力。本课程为核心基础课，为经济学类专业学生下一阶段学习打下理论基础。

(2) 国际金融与管理(课程号：010794)，为同济大学经济学类本科专业必修课，课程选修对象为经济学类本科大三学生，学分为3学分，总学时为51学时。开课学期为秋季学期，年均选课100人左右。它是一门理论与实务相结合、宏微观分析并举，经济金融学科交融的综合性较强的学科。通过课程教学，使学生明确国际金融学科的研究对象；牢固掌握国际金融的基本概念；熟悉国际金融的基本业务并能进行实际业务操作；为学好其他国际经济方面的业务课程打下坚实的基础，提高学生从事宏观经济工作的综合素质。

(3) 证券投资实验(课号：01095101)为同济大学金融学本科专业实验课，课程选修对象为本科四年级学生，学分为2学分，总学时为34学时。开课学期为秋季学期，年均选课60人。本课程的主要任务是让学生有机会接触证券市场的真实运作，并在了解和掌握证券投资理论知识的基础上，将理论应用于实践，增强学生证券分析和资金管理的能力。通过对本课程的学习，力求使学生达到：掌握证券交易的基本原理与主要规则；掌握行情报表的阅读和投资机会的把握；能利用基本分析和技术分析对行情进行预测；熟练使用证件软件分析系统；通过对风险和收益的判断，提高风险防御能力和投资盈利能力。

3. 课程链的关联——课程衔接

课程链建设的核心问题就是课程之间的衔接问题。各课程之间前后联系、合理衔接，才能形成一个有机的、相互影响、相互配合的整体。

“货币金融学”课程在本科二年级第一学期开设，奠定了金融机构与金融市场运行的基础理论知识学习；“国际金融与管理”课程在本科三年级第一学期开设，强化学生对开放经济条件下国际金融市场运作、汇率制度与外汇交易的认知；“证券投资实验”课程在本科四年级学生第一学期开设，利用证券软件分析系统，熟练掌握基本分析和技术分析，增强学生证券分析和资金管理的能力。以此形成专业课程链，培养金融学人才的“学习能力”“发现问题、分析问题、解决问题能力”“逻辑思维能力”和“职业道德”等。

(1) 学习能力：要求学生掌握经济和金融运行的基础理论知识，熟悉开放经济条件下国内外金融市场配置金融资源、提供金融服务的机制与途径。

(2) 发现问题、分析问题、解决问题能力：以外汇模拟交易、证券投资模拟交易、案例讨论、作业等形式，提高学生发现问题、分析问题、解决问题的能力和交流沟通的能力。

(3) 逻辑思维能力：启发学生主动思考，通过学习和讨论，不断训练和培养学生的逻辑思考能力，并展开学科前沿的学习，培养国际化视野。

(4) 职业道德：培养学生对开放背景下国际金融市场识别的意识和把握风险防控的技能，树立正确的从业责任素养。

三门课形成“深化金融业对外开放”课程链的分层次、综合性的有机契合。

二、“深化金融业对外开放”课程链思政建设的主要环节

(一) 基本环节：课程链设计

课程思政的整体思路体现在：在整个教学过程中，从课程内容设计到教学组织、教学评价，都处处体现社会主义核心价值观、基本社会道德规范的价值取向，涵盖公民责任与

担当、个人品格、正确的科学观等多维度的价值标准。

专业课程链的思政教育，因其是链式课程组，其设计的过程相比专业课而言，更为复杂。整个专业课程链涵盖知识模块重组，向深度延伸，挖掘德育内涵的“面—点—线”的融合。

面，即思政面，课程链整体思政建设目标的设计，要有意识地将德育目标融入专业课程链建设目标中。这就需要课程组深入学习党的十九大报告和习近平总书记关于“推动金融业高质量发展”的讲话和布局，深刻理解报告中对深化金融改革、扩大金融业对外开放、防控金融风险提出的新的要求，并将其贯穿于课程链的全部教学内容。

点，即思政点，课程链中各个课程的知识点如何进行思政内容挖掘。包括教学大纲、教学内容、教学方法，如何能够完成课程链建设的总体目标，如何实现德育教育在每门专业课教学全过程的实现，课程之间如何相互衔接配合。这就需要全体课程组的教师形成常态的集体备课制度和教学工作会议制度，集思广益，将整体思政目标细化，具体到每门课程的思政知识点建设。

线，即思政线。各个课程之间，各个知识点之间，如何相互衔接实现课程链整体建设目标。这就要求课程组在三门课进行进阶式逻辑梳理，在每门课程的定位、知识点梳理、前期课程准备、知识点前后衔接与巩固等方面形成共识。

（二）重点环节：学生参与和体验

课程思政的过程是要将德育教育融入专业课的讲授全过程。让学生积极参与、实践，自我体验，发挥学生学习的主动性，使得德育教育入学生眼、入学生耳、入学生脑、入学生心。

课程设计的时候，尤其要关注教学方法的创新。包括多元化教学方法的创新，如案例教学法、互动教学法、研讨式教学法等，更容易使专业知识形象化。通过加大学生自我学习、团队合作、上机实践等课堂组织方式，加深学生对专业知识的理解与实践。本课程链重点实践环节包括外汇模拟交易操作和证券投资模拟交易操作。学生必须完成团队和个人作业。在团队合作中尊重他人，在个人作业中挖掘自我价值取向和思辨能力。同时，实践环节能够检验学生对理论知识的应用能力，提升学生实践水平，增加其在开放条件下金融风险防范的实际操作能力。

（三）关键环节：教师的引导

教师是专业课思政建设的主导人物。作为专业课教师，如何将课程上得既有“思政课”味道，又没有“思政课”痕迹，是一门艺术，是对教师育德能力的考验。专业课程链思政建设的关键环节在于教师的引导，“引”是方向，“导”是路径。教师引导如何，关键要看“引什么”“导什么”“怎么引”“怎么导”。本专业课程链的授课老师全部是优秀共产党员，思想上与党中央保持一致，保持坚定的信念，思想过硬，具有育德意识。能够挖掘课程中德育敏感点，从而引导学生对现实经济与金融问题的正确看法，引发学生正确的人生观和价值观。授课教师具备丰富的教学经验，专业知识扎实，能够综合运用多元化教学方法将现实问题进行广度、深度或多维度的引导，促发学生感性到理性的思考与反思。

（四）难点环节：评价考核

专业课程链的课程思政评价与考核是对专业课程链思政过程及其结果做出价值判断。受到授课课时量、学生人数等客观因素的影响，教师很难对每个学生的学习情况都了如指掌，也不能通过某节课的发言对学生形成精确的评价，更不能通过期末考试成绩对学生进行德育评价。专业课“课程思政”考核评价不应采取单一的模式，应丰富其评价机制，使其更加精细化和具体化。专业课程链的评价和考核应注重将德育考评融入过程性评价和结果性评价，不仅关注期末考试成绩，也要关注学生在整个学习过程中的“德、能、勤、绩”等表现。除了日常出勤率、作业完成率，在案例分析、小组讨论等课题活动中将专业知识考核和价值取向、思辨能力、团队合作、尊重他人等道德素养有机融合。同时通过个人作业的方式围绕学生时间观念、职业观、价值取向进行个体考核。

（五）核心环节：有机融合

专业课程链思政建设相比于单一专业课思政建设要复杂得多，核心环节在于各个元素的融合，包括以下几点。

1. 专业课与思政课的融合

专业课与思政课的有机融合，要将思政元素融入专业课授课全过程。这不仅避免了纯粹思政课脱离社会需求，不考虑专业发展的现状和趋势，给学生带来不实用感觉的可能性，又使得专业人才的培养强调价值引领，有助于学生人格、道德情操、正确的科学观的培养，对二者来说能产生双赢的效果。

2. 专业课与专业课的融合

由于是课程链建设，专业课和专业课之间是基于某种特定目标所形成的课程组，尤其强调课程之间的相互联系和相互衔接，成为一个整体。“深化金融业对外开放”专业课程链所包含课程分布在专业基础课、专业课、专业实践课三个维度，并在本科阶段二年级、三年级和四年级进行课程授课，从知识结构、知识体系和知识运用等方面符合课程链的进阶式安排。

3. 思政面、思政点与思政线的融合

专业课程链的思政建设最终要落脚于思政面、思政点与思政线的融合。在整体建设目标、具体课程具体知识点、逻辑主线串联之间实现有效融合，这需要课程组统筹课程建设计划，既能有效促进学生对价值观的认同、情感的共鸣，激发专业认同和社会责任感，又能有效激励学生产生学习的内动力，促进学生对学科知识点、知识模块的理解和掌握。教师始终是课程建设的主导角色。

三、专业课程链思政建设的思考

1. 专业课程链思政建设是一个不断完善的过程

目前，专业课思政建设的研究还处于起步阶段，而专业课程链思政建设相比专业课思政建设所包含的元素更多，尤其是思政面、思政点、思政线的融合需要进一步实践、总结和提炼经验。

2. 专业课程链需要不断向其他课程链融合扩展

在整个专业建设中，专业课程链建设只是其中一环，专业课程链需进一步扩展到其他课程、其他系列课程链，以形成专业课程链组，并可向思政专业扩展，形成人才培养的强有力支撑。

3. 专业课程链思政建设的主导始终是教师

教师始终是专业课程思政建设、专业课程链思政建设的主导角色。教学内容思政元素挖掘、教学方法创新、评估考核方法优化等，均需要教师投入较大精力。打铁还需自身硬，具有良好师风师德的教师团队，思想过硬、知识过硬，才能润物细无声，做好新时代大学生的引路人。

参考文献

[1] 刘晓，张黎声.高校专业课程思政环节与评估的原则导向[J].中医药管理杂志，2018(9):4-7.

[2] 马费成，宋恩梅.信息管理“专业课程链”的建设与实践[J].图书情报知识，2014(2):4-10.

[3] 杨春雨，魏白光.建立过程性评价与终结性评价相结合的课程考核改革的探索与实践[J].吉林化工学院学报，2013(10):72-74.

[4] 吴立荣，程卫民.安全工程专业课程链群教学模式改革研究[J].教育教学论坛，2019(4):96-97.

[5] 郭楠，李国乐，左宏亮.基于思政建设的专业课改革探讨[J].教育教学论坛，2019(6):42-43.

[6] 马艳艳，任曙明.“经济学原理”课程思政教育实现路径探索[J].黑龙江教育，2019(8):1-3.

习近平新时代中国特色社会主义经济思想融入专业课程的教学设计研究

——以“区域经济学”为例*

张文辉

（同济大学经济与管理学院）

摘　要：习近平新时代中国特色社会主义经济思想融入专业课程教学具有重要意义和特定要求。本文以“区域经济学”为例，主要探讨了习近平新时代中国特色社会主义经济思想融入专业课程教学的教学内容设计问题，为此，系统分析了习近平新时代中国特色社会主义经济思想的基本内容体系，参照专业课程章节内容全面分析了教学内容相互结合的主要模块、初步分析了教学重点和难点。在此基础上，本文进一步讨论和分析了教学目标设计、方法设计和考核评价设计问题，提出了相应的思路和办法。

关键词：习近平新时代中国特色社会主义经济思想；专业课程；教学设计

Abstract: It is of great significance and specific requirements for integrating Xi Jinping Thought on Socialist Economy with Chinese Characteristics for a New Era into the teaching of specialized courses. Taking Regional Economics as an example, this paper mainly discusses the teaching content design of the integration of Xi Jinping Thought on Socialist Economy with Chinese Characteristics for a New Era into the specialized course teaching. For this reason, it systematically analyses the basic content system of Xi Jinping Thought on Socialist Economy with Chinese Characteristics for a New Era. And referring to the full content of the specialized course chapters, this paper analyses the main modules of the combination of teaching contents, and preliminarily analyses the key points and difficulties of teaching. On this basis, this paper further discusses and analyses the design of teaching objectives, methods and assessment, and put forward the corresponding ideas and methods.

Keywords: Xi Jinping Thought on Socialist Economy with Chinese Characteristics for a New Era; professional course; teaching design

---

* 本文得到教育部人文社会科学研究专项任务项目资助，是“习近平总书记关于区域发展的重要论述研究”（项目号：19JD710075）的阶段性研究成果。

一、习近平新时代中国特色社会主义经济思想融入专业课程教学的意义和特点

（一）习近平新时代中国特色社会主义经济思想的主要内涵

2017 年 12 月 18—20 日，党的十九大之后的首次中央经济工作会议在北京举行，首次提出了习近平新时代中国特色社会主义经济思想；2018 年 12 月 19—21 日的中央经济工作会议给出了新的阐述。习近平新时代中国特色社会主义经济思想是习近平新时代中国特色社会主义思想的重要组成部分，是中国特色社会主义政治经济学的最新成果。[1]根据上述两次中央经济工作会议的会议精神，其主要内涵包括以下“七个坚持”和“五个必须”。其中，“七个坚持”主要是指：①坚持加强党对经济工作的集中统一领导；②坚持以人民为中心的发展思想；③坚持适应把握引领经济发展新常态；④坚持使市场在资源配置中起决定性作用，更好发挥政府作用；⑤坚持适应我国经济发展主要矛盾变化完善宏观调控；⑥坚持问题导向部署经济发展新战略；⑦坚持正确工作策略和方法。[2]“七个坚持”构成了一个紧密联系、科学系统的理论体系。“五个必须”主要是指：①必须坚持党中央集中统一领导；②必须从长期大势认识当前形势；③必须精准把握宏观调控的度；④必须及时回应社会关切；⑤必须充分调动各方面积极性。[3]“五个必须”是对“七个坚持”的深化，是习近平新时代中国特色社会主义经济思想的最新发展。

（二）习近平新时代中国特色社会主义经济思想融入专业课程教学的重要意义

党的十九大以来，教育部把推进习近平新时代中国特色社会主义思想进教材、进课堂、进头脑工作（以下简称“三进工作”）作为教育系统的头等大事。[4]作为习近平新时代中国特色社会主义思想的重要组成部分，习近平新时代中国特色社会主义经济思想三进工作则是重中之重；按照改革开放以来的高校课程设置类别，则涵盖了通识课程三进工作和专业课程三进工作。但是，目前我国通识教育课程被直接纳入专业课程的管理体系中，通识教育课程师资力量匮乏，高校师生缺乏对通识精神的理解。[5]基于上述国情，习近平新时代中国特色社会主义经济思想不仅要进入通识课程或者思想政治课程，而且迫切需要融入专业课程教学。习近平新时代中国特色社会主义经济思想融入专业课程教学则属于专业课程三进工作的范畴，也属于“课程思政”的范畴。

习近平新时代中国特色社会主义经济思想融入专业课程教学是高校坚持社会主义办学方向的根本保障和重要举措，是高校培养德智体美全面发展的社会主义建设者和接班人的根本要求和时代需要，是高校扎根中国大地办人民满意的教育、加快建设中国特色世界一流大学和一流学科、高校努力建成为中国特色社会主义标杆大学的内在要求和必然趋势，具有重要意义。[6]

（三）习近平新时代中国特色社会主义经济思想融入专业课程教学的主要特点

改革开放以来，党的理论创新每前进一步，进教材、进课堂、进头脑的任务就要跟进一

步。笔者的相关研究表明，习近平新时代中国特色社会主义经济思想融入专业课程教学具有以下几个方面的主要特点：①构成了党的理论创新成果三进工作的重中之重；②凸显了专业课程与通识课程之间在三进工作中的协同关系；③遵循新时代教育改革发展规律和三进工作的新型教学规律；④遵照思想政治教学工作和三进工作的“八个统一”原则。

二、习近平新时代中国特色社会主义经济思想融入专业课程的教学内容设计——以“区域经济学”为例

习近平新时代中国特色社会主义经济思想融入专业课程，不仅是专业课程加强课程思政工作的迫切需要，也是专业课程本身（尤其是经济类管理类专业的专业课程）以习近平新时代中国特色社会主义经济思想为指导更新和完善理论知识体系的迫切需要，譬如，“政治经济学”“区域经济学”等专业课程。因此，习近平新时代中国特色社会主义经济思想融入专业课程的关键在于教学设计。

所谓教学设计是根据教学对象和教学目标，确定合适的教学起点与终点，将教学诸要素（包括教师、学生、教学内容等教学构成要素和教学目的、方法、环境等教学影响因素）有序、优化地安排，形成教学方案的过程；一般包括教学目标、教学重难点、教学方法、教学步骤与时间分配等环节。[7]为实现习近平新时代中国特色社会主义经济思想融入专业课程这一总体目标，相关专业课程的教学工作必须着力于教学内容（包括教学重点和难点）、教学方法、教学评价等方面要素的一系列改革，优化教学设计。以“区域经济学”为例，习近平新时代中国特色社会主义经济思想融入专业课程的教学内容设计可以涵盖如下几个方面。

（一）基本内容体系

习近平新时代中国特色社会主义经济思想是中国特色社会主义政治经济学的最新成果，系统回答了新时代中国特色社会主义经济发展的政治保证（或制度优势）、根本立场（或根本目的）、时代背景、实践条件、体制机制条件、主要矛盾判断、工作主线、发展理念、战略路径、工作方法等方面的一系列重大问题，既突出强调了明辨改革方位、研判发展大势的认识论，又涵盖了把握问题导向和坚持底线思维的方法论，形成了一个科学完整、逻辑严密的新时代中国特色社会主义政治经济学理论体系，亟待融入高校专业课程体系。

就教学工作而言，其基本内容体系主要包括如下几个方面，并且可以覆盖作为政治经济学相关课程之重要延伸的整个“区域经济学”课程以及其他类似课程。

（1）习近平新时代中国特色社会主义经济思想的形成依据。包括马克思主义政治经济学理论、1949 年以来以毛泽东思想为先导继而又以邓小平理论为奠基的中国特色社会主义理论（包含了中共历代领导集体核心或领导人的政治经济学思想）、中国古代和近代经济思想文化以及对西方经济学有益成分的借鉴。

（2）习近平新时代中国特色社会主义经济思想的主要内涵。包括“坚持加强党对经济工作的集中统一领导”和“坚持以人民为中心的发展思想”等方面的“七个坚持”，“必须坚持党中央集中统一领导”等方面的“五个必须”，并需要从整体层面和内在层次结构等方面

加以研究阐释。

(3) 习近平新时代中国特色社会主义经济思想的建构逻辑。包括:①党领导一切、党中央集中统一领导的制度逻辑;②以人民为中心、共同富裕的价值逻辑;③人民日益增长的美好生活需要和不平衡不充分的发展之间矛盾的哲学逻辑;④现代化及高质量发展的目标逻辑;⑤创新、协调、绿色、开放、共享的行动逻辑。尤其要说明党中央集中统一领导、以人民为中心、新时代社会主要矛盾、新发展理念、高质量发展阶段、现代化经济体系等思想观点的内在逻辑和科学含义。

(4) 习近平新时代中国特色社会主义经济思想的理论品格。包括人民性、实践性、前瞻性、创新性、系统性、开放性、战略性等方面的理论品格。

(5) 习近平新时代中国特色社会主义经济思想的重大意义。包括:①深刻把握发展逻辑和规律,引领中国经济巨轮沿着正确航向前进,开辟了马克思主义中国化的新境界;②推动全方位转型和深层次变革,引领中国经济由高速增长阶段转向高质量发展阶段,引领中国经济发展真正造福人民,是全党全国人民为实现中华民族伟大复兴而奋斗的行动指南;③统筹国内国际两个大局,引领中国经济在全球化中深度融入、行稳致远,并为解决人类面临的共同难题贡献了中国智慧,提供了中国方案。

(6) 习近平新时代中国特色社会主义经济思想的实现途径。包括:①适应把握引领经济发展新常态,贯彻新发展理念,建设现代化经济体系;②适应主要矛盾变化,推进供给侧结构性改革;③加快建设创新型国家;④实施乡村振兴战略;⑤实施区域协调发展战略;⑥加快完善社会主义市场经济体制;⑦推动形成全面开放新格局;⑧统筹推进“五位一体”总体布局;⑨协调推进“四个全面”战略布局,等等。

(7) 习近平新时代中国特色社会主义经济思想的重要成就或实践成果。包括建设现代化经济体系的成就、创新发展成就、协调发展成就、绿色发展成就、开放发展成就、共享发展成就等。

(二) 内容结合的主要模块

在习近平新时代中国特色社会主义经济思想融入专业课程的教学目标要求下,两者显然不是替代关系或者取代关系,而是相互结合或者补充的关系。否则,各门专业课程将纷纷变成内容完全雷同的课程,整个专业课程体系的科学性、合理性将荡然无存。因此,把握好专业课程自身与习近平新时代中国特色社会主义经济思想之间的结合点,显得尤为关键。并且,各门专业课程与习近平新时代中国特色社会主义经济思想之间的结合点应该有所区分,表现出一定的多样化差异。

安虎森、孙久文、吴殿廷等学者编写的《区域经济学》是马克思主义理论研究和建设工程重点教材(以下简称“马工程”教材),凝聚了国内众多学者的心血,大致可以代表国内区域经济学教学研究的最高水平。[8-9]该教材反映了党的十九大报告以前的党的理论创新成果,但尚未反映党的十九大之后有关“习近平新时代中国特色社会主义经济思想”的新提法新思想新成果。以习近平新时代中国特色社会主义经济思想融入“区域经济学”为例,以“马工程”教材《区域经济学》为参照,两者内容相互结合的主要模块可以初步归纳为以下几个方面。

（1）与“绪论”的结合。“绪论”包括“区域经济学的形成与发展”“区域经济学的研究内容与研究方法”“区域经济的基本特征”等三个小节。①在“绪论”第一节“区域经济学的形成与发展”中，结合“中国区域经济学的产生与发展”介绍新时代区域经济学的最新发展，在引入党的十九大报告相关重要论述的基础上进一步引入习近平新时代中国特色社会主义经济思想；根据十九大报告提出的“十四个坚持”中总领性、根本性的第一个坚持——“坚持党对一切工作的领导”，中央经济工作会议提出的“七个坚持”中第一个坚持——“坚持加强党对经济工作的集中统一领导”和“五个必须”中的第一个必须——“必须坚持党中央集中统一领导”，明确总结和提出新时代新形势下区域经济工作的规律性认识：“坚持加强党中央对区域经济工作的集中统一领导，发挥掌舵领航作用，保证我国区域经济沿着正确方向发展”。②在“绪论”第二节“区域经济学的研究内容与研究方法”中，根据“七个坚持”中第二个坚持——“坚持以人民为中心的发展思想，贯穿到统筹推进‘五位一体’总体布局和协调推进‘四个全面’战略布局之中”，在既有的介绍研究对象、研究内容和研究方法的基础上，增补“区域经济学的研究目的”，说明“坚持以人民为中心的发展”是区域经济学研究的根本目的，进而以此为指导说明“以人民为中心”的区域经济学的研究对象、内容和方法。为此，在研究对象方面，可以在“区域决策”中考虑增补“中国共产党对区域决策工作的领导作用”，在“经济活动区位”中增补“网络信息空间和区位”方面的内容，反映习近平总书记对网络信息事业的系列重要讲话精神；在研究内容方面，除了经济活动区位、区域的自组织能力、区际分工与联系、地域结构演进、政府调控，可以考虑增补“中国共产党对区域经济工作的集中统一领导能力”“区域经济共同体的组织和创新能力”“人类命运共同体的组织和创新能力”；在研究方法方面，可以考虑增补“系统科学与系统工程方法”和“大数据分析”等能够体现习近平总书记系列重要讲话精神的研究方法或者新时代新方法。③在“绪论”第三节“区域经济的基本特征”，可以考虑增补“区域经济的各种人民共同体具有组织保障和主体创造作用”，反映“五个必须”中的最后一个必须——“必须充分调动各方面积极性，形成全局工作强大合力”。

（2）与第一章“中国特色的区域经济学理论框架”的结合。该章包括“马克思主义区域经济思想”“中国特色的区域经济学理论的形成”“新时期中国区域经济学理论研究的主要领域”等三个小节。目前，“马工程”教材已经编写了“新时代以人民为中心的平衡充分发展理论”“中国区域经济学理论研究的新进展”和“新时期中国区域经济学理论发展面临的主要问题”。但是，以习近平新时代中国特色社会主义经济思想为指导，仍然有必要以专栏为形式较为系统全面而又简明扼要地介绍习近平新时代区域经济思想，包括形成依据、主要内涵、建构逻辑、理论品格、重大意义、实现途径和重要成就。

（3）与第二章“生产要素配置与产业集聚”的结合。该章包括“生产要素及其流动性”“区位理论”“产业布局与产业集聚”“中国产业布局的变化趋势”等四个小节。这部分内容与供给侧结构改革、创新型国家、乡村振兴、区域协调发展、社会主义市场经济体制、全面开放新格局之间存在较为紧密的联系，但在“马工程”教材中缺少反映。①可以考虑给出一个小节的专题——产业布局与现代化经济体系，以习近平新时代中国特色社会主义经济思想为指导，紧密结合党的十九大报告第五部分“贯彻新发展理念，建设现代化经济体系”，紧密结合和引入“七个坚持”（尤其第五个坚持——“坚持适应我国经济发展主要矛盾变化完善宏观调控，相机抉择，开准药方，把推进供给侧结构性改革作为经济工作的主线”）和“五个必须”，在充分引述相关论述的基础上介绍区域要素配置、产业集聚与“深化供给侧结构性改革”“加快建设创新型国家”“实施乡村振兴战略”“实施区域协调发展战略”“加快完善社会主义市场经济体制”“推动形成全面开放新格局”之间的密切联系。②适当区分上述结合点的关联度，有的在其他章节中表现出更加紧密的联系，应当各有侧重、详略得当。③现有的“我国产业布局的趋势判断”可以引入并结合“七个坚持”中的第七个坚持——“坚持正确工作策略和方法，稳中求进，保持战略定力、坚持底线思维，一步一个脚印向前迈进”，以及“五个必须”中的第二个必须——“必须从长期大势认识当前形势，认清我国长期向好发展前景”。

（4）与第三章“区域经济发展理论与发展模式”的结合。该章包括“区域经济发展概念与发展阶段”“区域经济发展理论”“不同发展模式及中国发展模式变化过程”等三个小节。“马工程”教材已经在区域经济发展的概念内涵和形式以及发展模式等内容中初步反映了党的十八大、十九大报告精神。①可以考虑在第二节“区域经济发展理论”之“四、区域经济发展机制”，明确引入十八届三中全会以来关于经济体制改革的重要论述，即“经济体制改革是全面深化改革的重点，核心问题是处理好政府和市场的关系，使市场在资源配置中起决定性作用和更好发挥政府作用”；同时，明确引入党的十九大报告“十四个坚持”下“坚持新发展理念”的相关论述，明确引入习近平新时代中国特色社会主义经济思想“七个坚持”中的第四个坚持——“坚持使市场在资源配置中起决定性作用，更好发挥政府作用，坚决扫除经济发展的体制机制障碍”；并且，明确引入“五个必须”中的第三个必须“必须精准把握宏观调控的度，主动预调微调、强化政策协同”和第四个必须“必须及时回应社会关切，有针对性主动引导市场预期”。②在第三节“不同发展模式及中国发展模式变化过程”中，以习近平新时代中国特色社会主义经济思想为指导，简要介绍习近平新时代区域经济思想的重要成就或实践成果。

（5）与第四章“区域产业结构演进”的结合。该章包括“区域产业结构演进及其度量方法”“区域产业结构配置”“中国区域产业结构配置”等三个小节。“马工程”教材在这一章的最后略微涉及党的十八大以后的中国区域产业结构变化趋势。①可以考虑结合 2013 年中央经济工作会议首次提出的“新常态”思想以及之后的相关论述，引入习近平新时代中国特色社会主义经济思想“七个坚持”中的第三个坚持——“坚持适应把握引领经济发展新常态，立足大局，把握规律”和第五个坚持——“坚持适应我国经济发展主要矛盾变化完善宏观调控，相机抉择，开准药方，把推进供给侧结构性改革作为经济工作的主线”。②结合前述党的十九大报告关于“深化供给侧结构性改革”和“加快建设创新型国家”的相关重要论述。

（6）与第五章“区域竞争与合作”的结合。该章包括“区域贸易与竞争”“区域经济合作”“区域经济一体化与中国的一体化探索”等三个小节。“马工程”教材在这一章的最后略微涉及了党的十八大以后的中国区域经济一体化的实践和趋势。①以习近平新时代中国特色社会主义经济思想为指导，可以考虑在第一节“区际贸易与竞争”中简要介绍习近平新时代区域经济思想中的区域竞争思想。②在第二节“区域经济合作”中简要介绍习近平新时代区域经济思想中的区域合作思想。③在第三节“区域经济一体化与中国的一体化探索”中简要介绍习近平新时代区域经济思想中的区域经济一体化思想，适当补充党的十八大以来的中国区域经济一体化的实践成果。

(7) 与第六章“国民收入区际分配与政府调控”的结合。该章包括“产业分布影响国民收入区际分配”“政府有效调控与福利改进”“影响我国国民收入区际差距的要素分析”等三个小节。“马工程”教材在这一章主要借鉴了西方经济学思想。可以考虑增补一个小节：①简要补充马克思主义经典作家的区域差异思想、贫富差异思想和共同富裕思想；②简要补充中国特色社会主义理论中的区域差异思想、贫富差异思想和共同富裕思想；③以习近平新时代中国特色社会主义经济思想为指导，简要介绍习近平新时代区域经济思想中的区域差异思想、贫富差异思想、共同富裕思想和区际公平思想；④结合前述“七个坚持”中的第五个坚持——“坚持适应我国经济发展主要矛盾变化完善宏观调控，相机抉择，开准药方，把推进供给侧结构性改革作为经济工作的主线”，和“五个必须”中的第三个必须“必须精准把握宏观调控的度，主动预调微调、强化政策协同”以及第四个必须“必须及时回应社会关切，有针对性主动引导市场预期”。

(8) 与第七章“城乡二元结构与城乡统筹”的结合。该章包括“二元结构理论与城市化”“乡村经济与贫困”“统筹城乡协调发展”等三个小节。“马工程”教材在这一章略微涉及“十三五”以来的脱贫攻坚战和乡村振兴战略。①可以考虑在第一节“二元结构理论与城市化”中简要补充马克思主义经典作家的城乡关系思想和城市化思想、中国特色社会主义理论中的城乡关系思想和城市化思想，以习近平新时代中国特色社会主义经济思想为指导，简要介绍习近平新时代区域经济思想中的城乡关系思想和城市化思想。②在第二节“乡村经济与贫困”中简要补充中国特色社会主义理论中的三农思想和扶贫思想，以习近平新时代中国特色社会主义经济思想为指导，简要介绍习近平新时代区域经济思想中的乡村振兴思想、扶贫脱贫思想和扶贫脱贫成就；同时引入并结合“七个坚持”中的第六个坚持——“坚持问题导向部署经济发展新战略，对我国经济社会发展变革产生深远影响”。③在第三节“统筹城乡协调发展”中，结合前述党的十九大报告关于“实施区域协调发展战略”中的相关重要论述（主要是“以城市群为主体构建大中小城市和小城镇协调发展的城镇格局，加快农业转移人口市民化”）和“实施乡村振兴战略”的相关重要论述以及重要成就。

(9) 与第八章“区域经济与可持续发展”的结合。该章包括“可持续发展内涵解析”“区域经济发展与生态环境保护的协调”“区域实现可持续发展的方式和途径”等三个小节。“马工程”教材在这一章紧密结合了党的十八大报告关于生态文明建设和“五位一体”总体布局的重要论述、中共中央国务院《关于加快推进生态文明建设的意见》、中共十八届五中全会关于创新、协调、绿色、开放、共享的发展理念、党的十九大报告关于坚持人与自然和谐共生、加快生态文明体制改革建设美丽中国的重要论述，并用学术上自然资本与人造资本的替代关系诠释习近平总书记关于“绿水青山就是金山银山”的论述。①以习近平新时代中国特色社会主义经济思想为指导，可以考虑以专栏形式简要介绍习近平总书记的可持续发展思想、生态文明思想、绿色发展思想、主体功能区思想。②结合前述“七个坚持”中的第六个坚持——“坚持问题导向部署经济发展新战略，对我国经济社会发展变革产生深远影响”以及第七个坚持——“坚持正确工作策略和方法，稳中求进，保持战略定力、坚持底线思维，一步一个脚印向前迈进”。

（10）与第九章“区域发展战略与区域规划”的结合。该章包括“区域分析与规划方法”“区域经济发展战略”“区域规划”等三个小节。“马工程”教材在这一章第二节紧密结合了邓小平同志的两个大局思想、中共十六届三中全会关于“五个统筹”的重要论述、党的十九大报告关于“实施区域协调发展战略”的重要论述。①以习近平新时代中国特色社会主义经济思想为指导，可以考虑在第一节“区域分析与规划方法”结合前述“七个坚持”中的第六个坚持——“坚持问题导向部署经济发展新战略，对我国经济社会发展变革产生深远影响”以及第七个坚持——“坚持正确工作策略和方法，稳中求进，保持战略定力、坚持底线思维，一步一个脚印向前迈进”。②在第三节“区域规划”中以专栏形式简要介绍“十三五”以来的区域规划工作成就。

（11）与第十章“区域经济政策与经济体制改革”的结合。该章包括“区域经济政策的理论基础”“区域经济政策的主要目标与工具”“区域经济政策效应评价”“经济体制改革与区域经济”等四个小节。“马工程”教材在这一章已经结合了中共十八届三中全会、十九大的有关经济体制改革的重要精神。①以习近平新时代中国特色社会主义经济思想为指导，可以考虑在第一节“区域经济政策的理论基础”的“二、区域经济发展中的政府与市场”已经结合中共十八届三中全会会议精神的基础上进一步结合前述“七个坚持”中的第四个坚持——“坚持使市场在资源配置中起决定性作用，更好发挥政府作用，坚决扫除经济发展的体制机制障碍”；在“三、区域经济中的效率与公平问题”结合前述“七个坚持”中的第三个坚持——“坚持适应把握引领经济发展新常态，立足大局，把握规律”，简要介绍习近平总书记的公平发展思想；结合前述“五个必须”中的第三个必须“必须精准把握宏观调控的度，主动预调微调、强化政策协同”以及第四个必须“必须及时回应社会关切，有针对性主动引导市场预期”。②在第二节“区域经济政策的主要目标与工具”引入并结合习近平总书记关于区域经济政策目标与工具的一系列重要论述，辅之以专栏或者案例，譬如雄安新区建设。③在第三节“区域经济政策效应评价”适当引入并结合习近平总书记的政策评价思想或者改革评价思想。

（三）教学重点

（1）深刻理解习近平新时代中国特色社会主义经济思想的主要内涵、建构逻辑和理论品格，并给出深入、系统、完整的研究阐释。

（2）与习近平新时代中国特色社会主义经济思想的形成依据相联系，理解习近平新时代中国特色社会主义经济思想与马克思主义政治经济学、中国特色社会主义理论之间的深刻联系，认识习近平新时代中国特色社会主义经济思想和西方经济学的区别以及对西方经济思想有益成分的借鉴。

（3）结合专业课程自身的内容体系，认识和体现习近平新时代中国特色社会主义经济思想的主要内涵（主要是“七个坚持”和“五个必须”）中的系统性结构性关系。尤其，结合专业课程知识，深刻理解和深入阐释“七个坚持”中的第一坚持和“五个必须”中的第一必须。同时，认识和处理习近平新时代中国特色社会主义经济思想的基本观点、战略思考和规划设计之间的层次性关系。

（四）教学难点

习近平新时代中国特色社会主义经济思想具有深厚的理论渊源、宽广的实践基础、丰富的理论内涵、完整的理论体系，并且处于不断发展之中。但是，当前理论界、学术界和教育界刚刚开始研究阐释工作，为时有限，成果不多，缺乏融入专业课程教学的改革方案和教材建设；同时，高校教学改革中专业课程与通识课程（或者思想政治课程）的关系在理论和实践方面有待进一步探索。因此，教学难点有如下几个方面。

（1）如何准确判断习近平新时代中国特色社会主义经济思想体系与专业课程内容体系的结合点，如何准确判断习近平新时代中国特色社会主义经济思想融入专业课程的着力点。

（2）如何处理好习近平新时代中国特色社会主义经济思想中既有的静态内容和正在发生的动态内容的开放涨落性关系。

（3）为了实现习近平新时代中国特色社会主义经济思想融入专业课程教学工作，如何处理好一门专业课程中课程思政内容与专业内容的功能互补关系，以及在整个培养方案中专业课程三进与通识课程三进之间的结构组合关系和内容衔接与知识差异关系。

（4）在习近平新时代中国特色社会主义经济思想融入专业课程教学过程中，如何进行课程教学考核评价工作，如何在单一的专业课程管理体系下科学区分专业课程考核与通识课程考核、专业类知识评价与通识类知识评价之间的必要差异。

三、习近平新时代中国特色社会主义经济思想融入专业课程的教学目标、方法和考核评价设计——以“区域经济学”为例

（一）教学目标设计

习近平新时代中国特色社会主义经济思想融入专业课程工作本身具有明确的目标诉求，直接表达了这一教学工作的总体目标。具体而言，在实现专业课程自身既专业又精能的教学目标过程中，“区域经济学”等相关课程需要按照课程思政要求进一步考虑如下教学目标，在一定程度上体现出通识教育或者思想政治教育的目标诉求，并形成教学目标的综合性特征。

（1）除了让学生掌握“区域经济学”的专业知识和专业技能，还要让学生通过习近平新时代中国特色社会主义经济思想（尤其是习近平新时代区域经济思想）的学习，了解掌握社会主义核心价值观。

（2）通过习近平新时代中国特色社会主义经济思想融入“区域经济学”等专业课程，培育学生在专业类知识和通识类知识之间的融会贯通的逻辑能力，培育学生理论联系实际的应用意识和实践能力。

（3）通过习近平新时代中国特色社会主义经济思想融入“区域经济学”等专业课程，培育学生开放、多维、灵活、智慧的思维方式，避免专业思维的单一维度的机械性、封闭性等局限。

（二）教学方法设计

习近平新时代中国特色社会主义经济思想融入专业课程工作本身意味着教学方法的生动性要求，必须立足于相关专业课程教学，通过习近平新时代中国特色社会主义经济思想与专业知识内容的有机结合，开展生动性建设。因此，除了一般的课堂讲授与启发，还应该考虑如下教学方法。

（1）引入原汁原味型文字案例（或者新闻通讯材料）代替精细裁剪型文字案例，增强情境感和信息量，进一步可引入视频案例教学。

（2）借鉴国际先进教学经验，引入学生担当的主题宣讲交流模式，探索以学生为中心的自主型、研讨型教学模式。

（3）引入区域发展规划的创意设计，引入区域经济发展状况的实地访谈调研或者社会实践，引入大学生创新创业训练计划项目。

（三）教学考核评价设计

在习近平新时代中国特色社会主义经济思想融入专业课程过程中，教学考核评价工作是工作难点之一，牵涉多方面的教学要素和历史与现实原因，必须进行改革。初步考虑如下几个方面的做法。

（1）区分不同的教学对象考核学习效果。针对经济类专业学生，可以考虑一并按照专业课程评价要求考核学生学习效果。对于非经济类专业学生，可以考虑用两分法考核，也就是将习近平新时代中国特色社会主义经济思想方面的教学内容仅纳入平时学习的过程性考核环节，不纳入期末考试这一结果性考核环节；专业课程学习考核则保持原有的过程与结果相结合的考核模式。

（2）改进教师教课质量评价标准。依据专业课程的教学目标，传统的课程教学质量评价主要围绕是否有助于学生获得专业知识和专业技能等具有短期显示度的指标展开，忽视对学生的逻辑结构、思维维度、智慧境界、跨界融通、哲理思辨、社会责任、思想政治素养等基础素质培养的考核。在习近平新时代中国特色社会主义经济思想融入专业课程过程中，必须从培养学生理论思辨能力、社会认知能力、实践发展能力和理想情操境界等角度进行一定的质量评价，并且引入短期评价与长期评价相结合的模式。其中，短期评价的目的是增进教师的课程思政工作意识、能力和水平，涵养教师队伍，属于辅助补充性质，仍然以传统的专业课程教学质量评价的一般标准为主，并将上述立德树人新标准纳入其中。长期评价的目的则是发现和提升数量和品质较为精干的“标杆教师”群体，通过教师有关习近平新时代中国特色社会主义经济思想的理论阐释和教材编写更新等方面的研究宣介与教学改革工作成果、学生在校选课学习成果与作品发表的思想水平和长远效应、学生毕业若干年以后在区域经济工作等方面的发展成就和社会影响以及围绕有关教师的口碑反馈情况等方面指标进行综合评价，并适当辅之以大数据技术加以实现。

四、总结与展望

本文以“区域经济学”为例，系统分析了习近平新时代中国特色社会主义经济思想融入专业课程教学的教学内容设计、目标设计、方法设计和考核设计问题，提出了解决上述问题的相应的思路和办法，希望能够有助于习近平新时代中国特色社会主义经济思想的教学和研究工作。习近平新时代中国特色社会主义经济思想融入专业课程教学的机制设计问题还有待进一步研究。

参考文献

[1] 秋石.习近平新时代中国特色社会主义经济思想的原创性贡献[J].求是，2018(14)：11-14.

[2] 新华社.中央经济工作会议首提习近平新时代中国特色社会主义经济思想[EB/OL].[2017-12-20]. http://www.gov.cn/xinwen/2017-12/20/content_5248943.htm.

[3] 新华社.中央经济工作会议在北京举行　习近平李克强作重要讲话[EB/OL].[2018-12-21].http://news.cctv.com/2018/12/21/ARTI93Cwl0GAzC5dJpsxF9Aj181221.shtml?spm=C94212.PZmRfaLbDrpt.S83334.1.

[4] 陈宝生.扎实推进党的理论创新成果进头脑[N].光明日报，2018-07-24(13).

[5] 梁嫒.通识教育与专业教育课程的区别：基于教学设计的思考[J].教育教学论坛，2017，(7)：228-229.

[6] 教育部，财政部，国家发展改革委.《关于高等学校加快“双一流”建设的指导意见》的通知[EB/OL].[2018-08-08].http://www.moe.gov.cn/srcsite/A22/moe_843/201808/t20180823_345987.html.

[7] 谢利民.教学设计应用指导[M].上海：华东师范大学出版社，2007：1-5.

[8]《区域经济学》编写组.区域经济学[M].北京：高等教育出版社，2018：28-48.

[9] 吴殿廷，安虎森，孙久文.“马工程”《区域经济学》教材的使用原则和教学建议[J].中国大学教学，2019(1)：25-28.

教学研究

JIAOXUEYANJIU

产业与教学融合联动培养模式研究

阮青松　唐　伟　李　永

（同济大学经济与管理学院）

摘　要：产业与教学联动发展已是大势所趋，尤其是对于金融学这种实践特征较强的学科而言，校企未来的合作将更加紧密。但目前校企合作还存在诸如企业的积极性较弱、产学合作的机制不够健全、产学合作的成果转化率低、缺乏充分的政策与法律支持等问题。基于此，同济大学经管学院开展了系列教学改革方案，以促进产业与教学的深层次联动融合。在整个过程中，在订单式合作、长期跟踪与反馈、加大校企合作成果转化、助力信息平台建设等方面提出了创新性方案，为产学合作提供了新的思路。但我们只是在现有的发展现状下做出了自己的初步尝试，这个过程还需要多方面的全力配合参与，仍需要走很长一段路。
关键词：产学结合；培养模式；金融

Abstract: The integration of industry and teaching has become a general trend. Especially for the discipline with strong practical characteristics, such as finance, the future cooperation between schools and enterprises will be closer. However, there are still some problems in school-enterprise cooperation, such as weak enthusiasm of enterprises, imperfect mechanism of the cooperation, low conversion rate of school-enterprise cooperation results, and lack of sufficinet policy and legal support. Based on this, School of Economics and Management, Tongji University carries out a series of teaching reform programs to promote the deep-level integration of industry and teaching. During the uhole process, we do some innovative schemes in the aspects of order-based cooperation, long-term tracking and feedback, increasing the conversion rate of school-enterprise cooperation results, and helping the construction of information platform, which provide new ideas for school-enterprise cooperation. We have only made our own initial attempt under present development situation, this process still needs the full cooperation of many departments to participate and still need a long way to go.
Keywords: industry-teaching cooperate; cultivating mode; finance

一、引言

2017年底，国务院首次颁布了《关于深化产教融合的若干意见》，提出了众多关于产教融合的新举措，产教融合成为国家发改委、教育部等部门的发展重点。2018 年 4 月，教育部发布了《职业学校校企合作促进办法》，进一步主张增强职业学校的校企合作。两个文件政策组合，共同助推了产教融合、实践教学的发展。可见无论是在高等教育还是在基础职业教育领域，产业与教学的联动培养都是大势所趋。自此之后，越来越多的高校参与到产教融合实践中来。

同时，以金融学为引领的经管类课程已成为社会发展进步的中坚力量。从企业管理到资产管理，金融学科背景的人才发挥着越来越重要的作用。但当前，各大高校教育"重理论、轻实践、重书本，轻实习"现象较为严重，导致金融学人才与社会联系不密集，无法真正向关键金融领域输送"理论能力与实践能力并具"的人才。此外，金融学本就与其他学科不一样，对人才实践操作的能力要求更高，因为成为一名好的投资经理或管理者不仅要依赖于扎实的学科素养，更要依赖于对整个行业市场长期的实践积累与感知。基于此，我院开展了针对金融学的产业与教学融合联动培养机制改革，力求紧密推进产学合作，最大程度提高为社会输送人才的质量。

二、金融学教学与产业融合联动培养现状

我国高校主要是在联合开发项目、联合培养人才、实习基地建设、实验实训中心等四个方面推进了金融学产业与教学的融合联动培养，但目前还存在一些问题。

第一，企业的积极性较弱。由于大学扩张潮来临，金融专业招生规模庞大，人才输出供给大于需求，一些工科专业或其他相关商科专业人才大量涌入金融行业，导致金融企业近几年本身就不缺乏人才，和高校合作锁定优秀人才的意愿大大下降。再加上金融企业经营的产品是货币和资本，有一些十分保密的资料，不希望实习生参与进来，导致金融企业把接纳实习生实践当作一种负担，不愿与各大高校开展长期合作关系。

第二，产学合作的机制不够健全。目前产学合作尚处于某高校与某家金融机构签订合作协议这样的阶段，没有进一步详细的协调机制、考核机制与奖惩机制，导致这样的合作浮于表面，没有实质性收获。此外，高校与企业合作的共同利益点较少，缺乏将两者联系在一起的强纽带，这也使得整个合作机制难以进一步完善健全。

第三，产学合作的成果转化率低。产学合作的出发点本是借助高校与科研企业力量解决企业存在的现实问题。但当前的校企合作还停留在实习基地合作与信息合作层面，较少有企业与高校深层次的实践项目合作，以至于很多研究成果无法运用到实践问题的解决，仍然只是停留在教学层面。如何实现校企的项目层面合作，让高校的科研、教学成果参与到企业实际的问题解决当中去，是目前亟待解决的问题。

第四，缺乏充分的政策与法律支持。产学融合联动是近期由高校和企业自主发动的一种模式，然而其在运行过程中缺乏足够的配套设施，对合作方式、合作文件、合作效力等方面缺少宏观上政策法规支持，且我国法律也没有针对产学合作进行相关规定，导致在产学合作中当事人的合法权益得不到保障，出现的问题也不能及时解决，极大影响了合作效率。

三、研究综述

21 世纪初，有一些学者提出了关于产学研合作的机制研究，详细论述了我国产学研合作中存在的问题以及对。[1-2]李俊婷等还将国内产学研融合的现状与国外先进的机制进行了比较，得出我国产学研应继续推进的方向。[3]其中，除了针对产教合作模式探讨的文章，不乏针对某一个专业特点进行产教结合模式探索的学者。[4]

后来，随着金融学在社会发展中重要性的逐渐增强，一些学者开始针对实践性学科金融学等，提出单一学科背景下的产业与教学融合联动培养机制。秦洪军认为，我国在学校、政府、企业联动培养金融学产学研相结合的金融人才方面已经取得一定进展，培养目标基本达成共识，培养模式初具多元化，培养体系日趋成熟。但也仍存在许多问题，例如高校管理机构设置不合理，专业教师构成不合理，缺乏有效评价、考核与分配机制等。[5]在此基础上，李水平进一步将合作模式区分为联合开发项目、联合培养人才、实习基地以及实验实训中心四种模式，分别针对这四种模式下的金融学专业产教合作现状做了更加详细的论述。[6]至此，越来越多学者对金融学领域产学研合作融合的发展提出了自己的见解。[7-8]

四、金融学产业与教学融合联动的培养模式

为使商科人才毕业后真正能够将所学知识落实到国家建设所需要的岗位当中，并更好地对接企业的人才需求，同济大学经管学院注重创新型教学模式的探索，构建产学研平台，以提升经济管理人才的实践能力、创新能力，从而更加满足国家建设和社会需要。

同济大学经济与管理学院的创新型人才培养特色，即以扎根中国大地、面向全球发展为宗旨，依托师资教育、校友网络、企业合作、国际资源四轮驱动，基于校企共生、中外共生、多学科共生三大共生平台的搭建，形成跨层次、交叉型的创新型人才培养模式。和传统模式相比，四轮驱动共生平台的创新型人才培养模式更强调培养要素的整体性和交互性，实现理论教学和企业实践相结合、本土扎根和国际认可相结合、经济管理和理工文法相结合。

这种四轮驱动共生平台基础上建立的创新型人才培养模式，使创新教育获得更多动力及资源，更好地推动了创新型人才培养的发展。具体理念及设计如图 1 所示。

金融学类专业有更强的实践性及创新性，基于这一四轮驱动的创新平台，同济大学经济与管理学院的金融类专业近年来有长足的发展，尤其在产学研联动培养模式方面做了很多有益的探索。主要包括以下几个方面。

（1）订单式合作，提高企业合作积极性

由于目前金融学人才供给大于需求，使得企业并不缺乏金融学人才，与高校合作的积极性不高。但我院落实了订单式人才培养机制，在整个培养过程中，实时与企业进行沟通对接，了解社会对金融学人才的最新要求，动态调整金融学教学培养计划与实践计划，灵活培养学生，使得人才更加契合不同岗位的实践要求，大大提高了企业与我院合作的积极

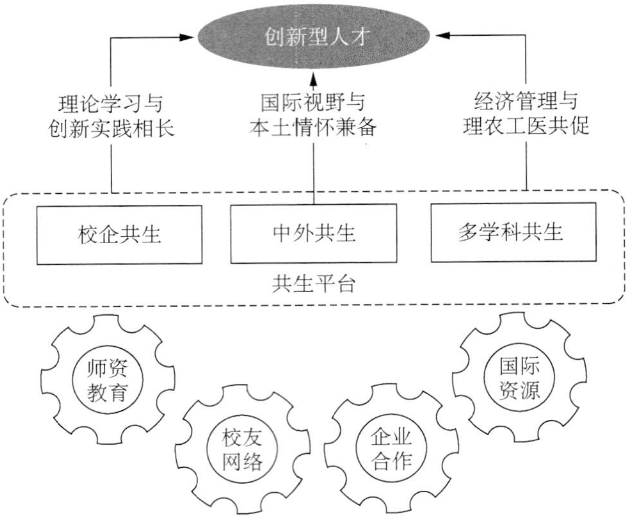

图 1　基于四轮驱动共生平台的创新型人才培养模式

性。目前,经管学院有订单式合作企业 50 多个,与包括平安银行、东证期货、上海世博发展集团、上海万科房地产公司等业界著名企业合作。

(2) 长期跟踪与反馈,优化产学合作机制

由于大部分校企合作没有进一步详细的协调机制、考核机制,导致很多合作浮于表面,无法获得实质性收益。针对这一现状,同济大学经管学院建立了长期跟踪与反馈机制。学生每学期实践过后需要完成实习日记与实习反馈的撰写,企业需要对实习生的表现进行反馈,学院将根据两方的反馈意见,调整下一学期学生的实习岗位以及实习内容,贯通于学生与企业之间,大大促进两边的沟通效率,将合作效用最大化。

(3) 加大校企合作的成果转化

校企合作的成果转化较慢,使得整个体系缺乏向前推动的动力。针对此现状,我院建立了多个校企合作中心,不仅仅是简单地实现理论与实践的结合,更深层地打造了科研成果向实践的转化。校企以合作的形式进行科研项目,不仅能够为科研项目带来新的思路,更有助于解决企业的实际问题,实现双方利益的最大化,更加紧密了双方的合作关系,提升了合作的积极性。

(4) 大力开发产学结合的信息共享平台

一些西方国家在这方面做出了初步尝试。比如加拿大,为了让企业知道在哪里可以获得项目支持与相关技术,加拿大产业部门将高校和一些研究机构的研究领域与研究技术放在公开信息平台上,方便企业查找合作单位。在法国,政府负责促进有关联性的校企之间合作,政府资助的研究项目中有 30%以上有企业参与。借鉴这些经验,我校积极推进全国级、区域级金融学产学信息平台的搭建,公开高校招标需求、企业研发需求、金融产品开发需求、人才招聘需求、学生实习需求等各方面信息,供各类金融机构、研究机构、高校查询,实现资源的合作效用最大化。

(5) 完善相关法律法规

以上都是基于学校层面推动的,除此之外,法律法规的出台更是必不可少的。1963

年，美国颁布了《职业教育法案》，对产学研合作发展的方式与问题解决进行了详细的法律规定。此外，英国也明确规定，如果学校参与企业共同培养学生，将学生输送到实习基地进行实习，政府需要减免学校的税收，以鼓励学校进一步扩大与社会、企业的合作，推进实践性人才的培养。我国的相关部门也应进一步完善相关法律法规体系，规范各方的职责与权利。比如，在税法上对参与产学研合作的各方税负予以一定的优惠，修改教师考核的相关指标，注重考察毕业生的实践能力，等等。只有在立法层面进行了相应的规范，各方才能在合作中共赢，才能真正促进产教合作的持久发展。

五、结语

产业与教学的联动是未来高校教育发展的大势，更是金融等实践性特征较强学科的发展方向，但产学的真正联动仍然是一个复杂的实现过程，要实现校企资源的高度整合还需要各个部门的高度协调统一，还有很长的道路要走。我们只是在现有的发展现状下做出了自己的初步尝试，这个过程还需要高校、企业、科研单位以及政府各方面的全力配合参与，找到各方的共同利益点和需求点，围绕需求点建立完善的合作机制是未来我们需要做的关键工作。

参考文献

[1] 顾伟忠，刘兰.我国产学研合作中存在的问题及其对策研究[J].北京机械工业学院学报，2006(1):75.
[2] 祖廷勋，等.高校产学研合作模式的制度经济学研究[J].社科纵横，2006(1):144-145.
[3] 李俊婷，刘瑞贤，王渊涛.国外产学研合作模式的特点分析[J].科技和产业，2014(11):117-120.
[4] 邱义臻，熊焰.产学合作模式下模具专业实践教改的探索[J].模具工业，2011(8):10-12.
[5] 秦洪军，孙龙建，王僚.金融人才产学研联动培养模式研究[J].金融教育研究，2012(5):85-89.
[6] 张冬梅，罗诗文.产教融合校企合作办学模式的实践与研究[J].职教论坛，2014(35):46-49.
[7] 李水平，杨心怡.金融业产学研合作现状与完善——兼论应用型高校金融专业实践教学[J].西部素质教育，2016(6):51-52.
[8] 尹杰，李峰.政府主导型产学研合作与科技金融协同发展模式[J].中国高校科技，2015(3):26-27.

跨学科综合培养模式的探索

——基于金融、数学、电信交叉学科的研究

阮青松　李　永　唐　伟

（同济大学经济与管理学院）

摘　要：金融科技的迅猛发展，对当前高校的金融人才培养带来了严峻的考验。如何利用跨学科的培养模式来适应当前金融科技浪潮带来的人才短缺问题是高等教育值得深思的问题。金融、数学、电信学科的交叉培养模式，能够为当代金融人才适应社会发展提供一定的保障。同济大学积极推动金融学科与传统优势理工科的融合发展，培养具备金融、计算机和数学复合功底的全方位多层次综合型人才，对人才培养模式的创新以及推动金融行业的发展具有十分重大的意义。

关键词：跨学科；培养模式；金融

Abstract: The rapid development of fintech has brought severe challenges to the cultivation of financial talents in colleges and universities. How to use the interdisciplinary model to adapt to the talent shortage caused by the current wave of fintech is a problem worth pondering in higher education. The cross-training mode of finance, mathematics and telecommunication can provide a certain guarantee for contemporary financial talents to adapt to social development. Tongji University actively promotes the integrated development of finance and traditional science and engineering, and trains all-round and multi-level compound talents with the combined skills of finance, computer and mathematics, which is of great significance to the innovation of talent training mode and the development of financial industry.

Keywords: interdisciplinary; cultivating mode; finance

一、引言

金融科技是基于大数据、云计算、人工智能、区块链等一系列技术创新，全面应用于各金融领域。近年来，金融科技在全球发展迅猛，正在成为全球热点。2019 年 8 月，中国人民银行印发《金融科技（FinTech）发展规划（2019—2021 年）》，这是我国针对金融科技发展出台的第一份全面、科学、具有重要指导意义的规划。同年 10 月，中共中央政治局首次就

区块链技术发展现状和趋势进行集体学习。同年12月，在中央经济工作会议上，首次提到了“要大力发展数字经济”。可见，国家已经在加强对金融科技的布局，其发展已经迈入新格局。

在此番全球金融科技浪潮中，中国相关企业的发展在全球市场中位居前列，中国已经成为全球金融科技发展中的重要力量。金融科技在推动金融创新发展的同时，也面临着相关复合型人才的短缺问题。在人力招聘公司 Michael Page（中国）发布的《2018年中国金融科技就业报告》中，92%的受访金融科技企业表示，中国目前正面临着严重的金融科技专业人才短缺。由于金融科技更多的是对底层技术的依赖，对计算机与数学基础的理论技术人才需求较大，而国内的传统金融专业教学，更多专注于对金融领域的实践与经典理论教学，这和社会的实际发展出现了脱轨。当前，拥有复合型背景的人才是金融科技领域最急需的人才，但金融专业的学生不懂技术，而数理与计算机专业的学生又不懂金融的现象明显。考虑到工作中的培训难度与时间成本，大部分金融科技公司在招聘时，往往会选择计算机与数理专业方面的人才，而对纯金融专业出身的应届生需求较少。金融专业出身的学生由于缺乏计算机相关技能，极有可能在金融科技发展迅猛的当下，错失宝贵机会。金融专业的学生如何提升自身竞争力，适应当前的社会发展需求是亟须探讨与解决的问题。金融科技是未来发展的重要方向，高校在制定金融专业的人才培养模式时，应把握行业的发展动向，探索更好地培养符合金融科技浪潮下的复合型金融人才的教学方式。

二、金融学人才跨学科综合培养的实践探索

近年来，国内外高校和研究机构普遍高度重视、推进学科交叉，积极倡导文、理、工学科间相互渗透结合，各类跨学科计划、项目和研究平台纷纷出现。以同济大学为例，同济大学经济与管理学院、数学与科学学院在人才培养的模式和实践基地方面，已经取得较好的合作成果。在本科生教育方面，创新性地建立了数理金融试验区，针对全校新生招收，并由经管学院和数学与科学学院教授联合进行专业知识的教学。目前数理金融试验区已经招收多批学生，学生报考积极性高。在实践基地方面，由数学与科学学院牵头，经济与管理学院与东证期货公司开展实践基地合作，为学生实习提供了良好的平台。同时，

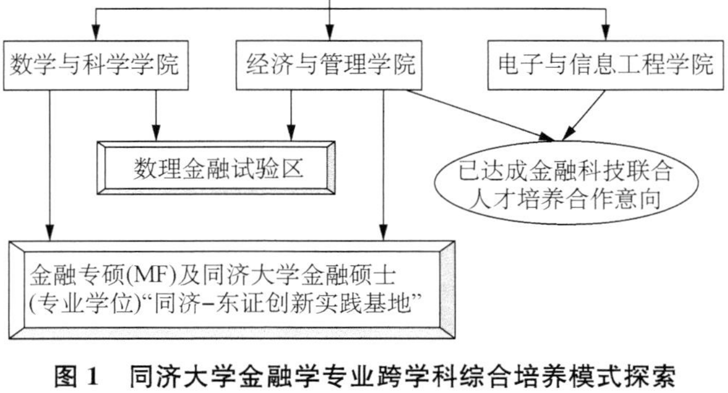

图1　同济大学金融学专业跨学科综合培养模式探索

经管学院与电子与信息工程学院在区块链、金融科技等方面也已达成合作意向，并将签约开展实践基地联合培养模式。

三、研究综述

张黎提出，当前金融人才培养的问题主要包括，金融市场需求的及时性与金融专业教育滞后性存在矛盾、教学手段单一、实践教学严重不足等，对金融专业人才的培养与教学模式亟须改革。[1]

对于跨学科教学，薛莹雯通过反映当前交叉学科研究培养模式的现状，对交叉学科研究生的培养模式进行了探索与分析。[2]吕海舟等认为，跨学科培养克服了单一学科培养的弊端，不同学科之间的渗透有助于培养出适应社会发展的高级人才，满足社会对不同类型人力资源的需要。同时，他们提到，跨学科教学不应该是不同课程之间的简单相加，而应该注重课程之间的整合，合理安排教学的时间与内容，真正做到交叉与融合。[3]张茂军、南江霞认为，跨学科的课程设计应该遵循学习认知理论和知识贡献特征，要根据培养目标和社会实际需求等因素对课程进行强化和提升。[4]

三、金融学人才跨学科综合培养的培养模式

（一）培养目标

当前，金融科技企业最期待的人才需要具备的技能主要包括：扎实的技术能力、快速的学习能力与扎实的金融背景。因此，在以金融科技时代背景下，高校的跨学科综合培养模式应该以社会真正需要的人才标准为参考。具体来讲，以金融、数学、电信交叉学科为基础培养的复合型人才的培养目标是综合素质高、创新意识浓，熟练掌握计算机科学相关技能、金融基础理论和专业知识，能在金融机构、计算机应用等领域从事数据分析、研究开发、经营管理等工作的综合型人才。相应的，需要具备的知识包括：①金融理论、经济理论，了解相关金融产品、金融风险；②算法知识、人工智能与区块链相关知识，掌握数据编程等技能。

（二）跨学科综合培养的教学体系构建

（1）师资队伍建设

金融科技人才的技能需求除了传统金融理论和专业技能外，还需要有扎实的数理基础和计算机基础。因此，在师资力量上除了经管学院已有的教师储备，还需要加强与数学学院和计算机学院合作，三个学院共同培养跨学科的综合型人才。各学院的老师之间应该进行充分的交流，并制定合理的课程，以金融领域的学生培养目标为最终目的，科学安排各课程的内容，真正做到交叉与融合。

（2）课堂内教学实践

传统的金融学科教学，也存在数学与计算机相关课程的教学，但课程涉及的教学深度

不够,一般只以掌握理论为教学目的。学生只能对相关知识做一定了解,但对其应用往往不够。在面对企业的技能需求时,这些课程上所学的理论就会显得捉襟见肘。因此,学校在课程安排上,要更注重相关课程的教学深度与应用。具体的,可以在前两年以数学、计算机专业为主要教学课程,按照数学专业和计算机专业应掌握的学习程度进行教学,但内容上应以能够在金融领域应用为一定的基准,并加以侧重。从第三年开始,对学生教授金融领域相关理论与专业知识。这在一定程度上可以避免出现学生虽然学习过计算机编程知识,但只了解了一定的理论,而无法真正进行应用的尴尬局面。

(3) 课堂外教学实践

打破学科和实验室的壁垒,加强学院之间、校企之间的合作,鼓励研究生课外创新实践。一方面,举办相关技能讲座与培训指导课程,帮助加强学生提高创新实践能力。与校外金融科技企业合作,鼓励学生参加金融科技企业的调研活动,以企业调研的形式去深入了解金融科技产业的发展动向。另一方面,经管、数学和电信三大学院可每年联合举办金融科技相关比赛,例如专业知识技能比赛、创新创业大赛等,邀请高校教授、企业专家作为评审老师,为获奖的创新创业项目提供启动资金,发挥产学研一体化优势,争取将创新成果转化为创业成果。

(三) 学科交叉的金融科技教学平台建设

(1) 建立多学科交叉融合的学术交流平台

经管、数学和电信三个学院应当突破单一学科学术问题交流的定势,联合各学科带头人定期讨论并确定金融科技这一交叉学科的前沿学术发展方向。首先,在联合培养项目的课程设置上,学院之间可以通过增加跨学科的基础课程和辅修课程,通过设置学分要求达到联合培养的要求。其次,各学院之间定期召开学术会议,以金融科技的重大项目为纽带,共享学术资源和相关专业领域知识,通过学术研讨会、学术讲座等形式,定期举办跨领域的学术交流活动,营造高水平的交叉学科良好学术氛围。通过多学科交叉融合的学术交流平台的建设,激发经管、数学、电信学院研究生在金融科技这一交叉学科的学习兴趣,培养出优秀的,同时具备数理、编程、金融专业技能的综合性人才。

(2) 打造多学科交叉融合的协同创新平台

适应金融科技企业的需求,整合各方创新资源,搭建金融科技交叉学科的协同创新平台。多学科交叉融合的协同创新平台将在多领域展开合作,促进学科之间互相融合,加强各学院项目团队人员紧密合作,提升专业知识和技术上的互补互融。在多学科交叉融合的协同创新平台,各学科团队招收经管、数学和电信三院的研究生进行项目研究,打破学院与学院之间、学院与研究院之间和学院与企业之间的壁垒,协同创新,开展联合科研攻关,发挥产学研一体化优势。

(3) 成立多学科交叉融合的校企合作平台

随着社会对复合型人才需求的增大,传统的人才培养模式已经适应不了社会的高速发展。经管、数学和电信三大学院应联合行业协会和金融科技企业,搭建合作实践基地,将企业和学校紧紧结合起来,每年为联合培养项目的研究生提供实习和实践机会,增强学生的实践技能并开阔学生的眼界。同时,在实习过程中为每位学生配备 1 位校外导师,在实际工作中帮助学生提升技术创新和应用能力，为将来走入社会，成为一名优秀的复合型人才奠定基础。

四、结语

在金融科技发展浪潮中，如何抓住机遇，迎接挑战，将数理专业、计算机科学与技术专业和金融学课相融合，探索出符合社会发展与需求的金融科技复合型人才，是当前金融学教学的重中之重。金融学科与传统理工科的融合发展，符合国家十九大对金融发展服务实体经济的要求，也有助于全面提升学生的综合素质，从而更好地适应社会发展需求，成为有用之才。

参考文献

[1] 张黎.应用型本科院校金融专业人才培养目标及教学模式改革[J].现代商贸工业，2017(20)：171-173.

[2] 薛莹雯.交叉学科研究生培养模式探索[J].领导科学论坛，2015(23)：34-35.

[3] 吕海舟，孟庆亮，朱水根.基于复合型人才培养的跨学科教学项目设计与实施[J].产业与科技论坛，2016，15(1)：132-135.

[4] 张茂军，南江霞.交叉性课程设计的有效性探讨——以“金融工程课程”为例[J].金融教育研究，2017，30(3)：73-77.

管理类课程教学中隐性知识转移的途径：一个文献综述

陈　松　韦文凡

（同济大学经济与管理学院）

摘　要：在飞速发展的知识经济时代，知识是组织获得持续竞争优势的来源，难以获得的隐性知识更是组织竞争的核心资源。企业、高校以及虚拟团队组织都试图用低成本挖掘、转移组织内蕴含的大量隐性知识，以期提升组织的核心竞争力。管理类课程教学更是如此，学生不仅需要掌握编码化的管理学理论，更应该学会如何将管理学理论应用到实践之中，大量隐藏在管理类课堂中的隐性知识需要被老师及学生发掘并传递。隐性知识由于其不易编码化的特点难以转移，这是隐性知识转移亟待解决的首要问题。本文通过梳理国内外隐性知识转移文献，对目前隐性知识转移的研究现状进行总结，结合管理类课堂教学，为研究者们提供参考。

关键词：知识管理；隐性知识转移；管理类课程教学

Abstract: In the era of knowledge-based economy, knowledge is the source for organizations to obtain sustainable competitive advantages, and tacit knowledge which is difficult to acquire is the core resources of organizations for competition. Enterprises, universities and virtual teams try to mine and transfer a large amount of tacit knowledge contained in the organization, so as to improve the core competence of the organization. This is especially true in the teaching process of management courses. Students not only need to understand management theories codified in books, but also should learn how to apply management theories to practice. A large amount of tacit knowledge hidden in management courses should be transferred between professors and students. Tacit knowledge is difficult to be transferred because it is difficult for encoding. By summing up the domestic and foreign literature on tacit knowledge transfer, this paper summarizes and prospects the current research status of tacit knowledge transfer, and provides references for researchers on management course delivery.

Keywords: knowledge management; tacit knowledge transfer; teaching process of management course

一、引言

知识是推动现代社会进步的重要杠杆，是保持组织核心竞争力的主要来源。知识管理也因此引起了越来越多的学者和企业管理人员的重视。知识管理并不是仅仅把知识收集、记录起来，更重要的是要运用已有的知识创造新的知识。由于不同类型的知识在其可表达性、嵌入性以及可观察性方面存在较大差异，因而探索知识转移途径已成为目前知识管理理论研究的主要问题之一。

波兰尼将知识划分为显性知识和隐性知识，隐性知识是不能被编码的知识，只可意会、不可言传。[1]相对于显性知识，隐性知识的可表达性更低，知识的拥有者很难直接通过语言或者其他表达方式向知识接收者传递隐性知识。由于隐性知识难以编码的特征，其转移和共享是极其困难的，这也意味着隐性知识交流共享成本极高。显性知识转移可以依赖于电子设备等媒介实现，而隐性知识最有效的转移途径是个体之间的面对面交流，这将大幅度增加隐性知识转移的成本[2]。显性知识的可表达性高、易于沟通，但往往被竞争对手模仿，为组织带来的竞争力难以持续。因此，隐性知识构成了组织的核心竞争力，成为组织最重要和最具增值潜力的战略资源。

对于管理类课程教学来说，隐性知识是课堂知识传授的核心，然而，管理类课程的隐性知识往往隐藏于老师的个人经验中，很难像管理学理论这种显性知识一样传授给学生。对于管理学专业的学生而言，获取书本上的管理学理论知识是远远不够的，管理学是一门重视实践的学科，学生需要有将理论应用到现实企业管理的能力。因此，如果学生能够在管理学课程中获得更多的隐性知识，将会在未来的职业生涯中更具竞争优势。目前国内一些老师已经意识到隐性知识对于学生的重要性，为了使学生更高效地吸收这部分知识，一些新的课堂教学方式随之产生。

二、国外隐性知识转移研究回顾

隐性知识若始终为拥有它的个体所拥有，则它所能创造的价值会十分有限。[2]促进隐性知识转移对增强企业核心竞争力至关重要。国外对隐性知识转移途径研究有以下几种最具有代表性的研究成果。

野中郁次郎(1994)认为，知识的创造是由隐性知识转换生成显性知识的过程。隐性知识转化成显性知识后经过接受者的消化、处理，形成新的隐性知识。组织内的知识通过这种循环转化而形成了一个螺旋形上升的知识创新过程。隐性知识与显性知识转化经历四个循环阶段：社会化阶段、外化阶段、组合阶段和内化阶段[3]，即 SECI 模型。它是许多后继出现的知识转移模型的基础，国内很多学者提出的一些模型都是在 SECI 模型的基础之上进行延伸与扩展形成的，对隐性知识转移的发展具有重要意义。

Szulanski(1996)等人用交流模型来研究企业内的知识转移，认为知识转移是在一定的情境中，从知识的源单元到接受单元的信息传播过程，分为四个阶段：开始阶段、实施阶段、调整阶段和整合阶段。[4]

Hedlund(2001)从知识的显隐性、本体论和空间结构三个维度提出知识转移流程的立体模式，此模型将整个流程分为三步：成文化与内部化、延伸与凝聚以及同化与传播。[5]知识的传递、储存和转换是通过不同类型和形式的知识之间的相互作用形成的一整套过程，组织正是通过这一过程才实现了知识的创造。

国外学者们提出的隐性知识转移模型大多是要实现如何将隐性知识转变为显性知识的这一过程，从不同的角度进行探讨，构建了关于隐性知识转移途径的多种理论框架。这些框架模型被广泛应用于知识管理与转移实践。

三、国内隐性知识转移途径研究回顾

近年来，国内学界对隐性知识转移进行了广泛的理论和实证研究，研究对象主要集中在企业、高校以及虚拟团队等。一些学者通过研究基于中国情境下的企业、高校组织以及虚拟团队，从不同方面阐述了隐性知识是如何转移的。汪应洛和李勖提出了两种知识转移途径，即知识转移的语言调制方式和联结学习方式。[6]李伟和卫民堂等人在此基础上，进一步完善了两种知识转移的模型，将模型的应用场景分为真隐性知识和伪隐性知识。[7]

（一）企业隐性知识转移途径

现代企业的核心竞争力并不取决于那些易于言传的显性知识，而取决于深藏于员工头脑与组织体系之中的难于模仿的隐性知识。隐性知识是在生产实践中不断积累形成的，由于其获取和模仿成本高，竞争对手很难获得。一般而言，企业中有大量不易扩散的隐性知识，由于目前隐性知识难以挖掘转移，大部分隐性知识并没有完成转移过程而往往随着企业员工更替而流失。

何晓红的研究表明，隐性知识的生产和转移很难通过正式的社会关系网络实现，而主要是通过非正式的互动和学习来实现的。[8]社会关系网络分为正式网络和非正式网络，隐性知识由于其较强的主观性，所以知识接受者更容易通过人与人之间的非正式网络互动而习得。

卢兵和岳亮对企业通过联盟进行知识转移的过程进行了研究，认为企业通过联盟进行知识转移的过程分为三个阶段，第一阶段是联盟内各企业人员的相互交往、学习和转移知识的过程，在此过程中，由于人们的紧密接触和交往，各企业成员会认识到各合作伙伴所拥有知识和技能的差别。各企业成员在交往和合作的同时也共同创造了联盟知识，它可以被联盟企业获取和吸收。第二阶段是联盟共事体向联盟企业转移知识的过程，通过这一过程，企业可以获得以前不能获得的知识，增加企业的知识储量。第三阶段是企业对从联盟中获取的知识在本企业中传播的过程，在这一阶段，知识传播和整合程度决定了知识在组织中被应用的程度。[9]对于企业联盟来说，企业间的信任水平、关系紧密度、员工的学习动机以及参与度决定了企业联盟隐性知识转移的效率，这四种影响因素通过影响企业隐性知识转移的接触率而决定其转移效率。企业联盟可以通过提高以上三阶段过程中的影响因素而最终提高隐性知识的转移效率。

陈菲琼研究了我国企业与跨国公司知识联盟的知识转移层次，认为知识转移包含四个层次:第一层次是将匹配的知识转移到本土企业;第二层次是本土公司将知识进行调整和本地化;第三层次是进行产品再设计;第四层次是自主研发产品设计。[10]这符合隐性知识转移过程的特点,对于本土企业与跨国公司之间的隐性知识转移,首先要寻找与本土企业相适应的知识源,将匹配的隐性知识显性化后转移到本土企业,本土企业再进行知识的内部化,结合企业自身的知识库将知识变成符合企业实际情况的知识,再投入生产实践中。

对于管理类课程的教学而言,这些基于企业的隐性知识转移途径很多都适用于课堂教学过程,师生间的信任水平、关系紧密度、学生的学习动机以及课堂参与度都会影响管理类课程教学过程中的隐性知识转移的效率。师生间的信任水平和关系紧密度可以通过增强老师与学生们沟通时间提升;学习动机是学生作为知识接受者的内在动力,可以通过设计相关激励机制来增强学习动机;当前,部分课程都是以老师讲授为主,学生往往处于被动吸收知识状态,知识接受效率不高,因此,将教学过程设计为由老师引导,以学生为中心的课堂,可提高学生的兴趣与课堂参与度,有利于隐性知识的传授。

(二)高校隐性知识转移途径

我国高等院校是知识集聚中心,知识存量极大,其中很大一部分是隐性知识。与企业员工相比,教师群体的隐性知识转移成本难以得到实质性补偿,导致知识转移动机不足。因此,国内学者在研究高校的隐性知识转移时侧重关注隐性知识转移的激励机制,以科研人员的需求和目标为基础,运用委托-代理模型分析知识发送者与知识接受者之间的信息博弈。

蔡珍红通过建立知识位势和隐性知识隐性度的二维空间,设计不同情况下的隐性知识转移激励方案。隐性知识的隐性度越高,知识位势越高,则采用传统激励方法的激励效果越差。当隐性度和位势较高时,采用非合约方式的内在激励和以团队为基础激励是设计激励机制考虑的重点;当隐性度和位势较低时,采用合约方式的外在激励和以单个成员为基础的激励是设计激励机制考虑的重点。[11]知识激励对高校而言非常重要,高校本身就是一个知识集聚中心,高效率的激励机制能够使高校的隐性知识的价值流失减少,提高高校的科研创新能力。李志宏和朱桃等人通过实证研究发现,高校科研团队应从个体特征、内部机制和支撑性框架三个方面设计激励方案,营造高校创新型科研团队的信任氛围,增强高校创新型科研团队的凝聚力,实现高校创新型科研团队的有效领导,从而提升高校创新型科研团队的隐性知识共享意愿。[12]高校科研团队隐性知识转移与共享通常取决于科研团队信任氛围、科研团队领导的授权度、团队成员知识异质性,等等。

(三)虚拟团队隐性知识转移途径

21 世纪以来,科技的进步与互联网的发展使得人们不再满足于现实生活中的面对面交流,越来越多的人加入各种虚拟社区,互联网使地理距离不再成为交流的阻碍。虚拟社区,又称在线社区,莱茵戈德将虚拟社区定义为“一群主要借由计算机网络彼此沟通的人们,他们彼此有某种程度的认识、分享某种程度的知识和信息、在很大程度上如同对待朋友般彼此关怀,从而所形成的团体。”[13]一些以兴趣或项目联结的社区或者直接以某主体信息的共享或交流为目的的社区，个体目标和集体目标一致，容易营造知识共享的氛围，推动知识的传播和交流，形成良性循环[14]。

胡昌平等人认为，基于信息网络环境下的虚拟社区知识转移是从发送者到接受者，从知识获取，知识共享再到知识创新的一个循环回路过程。[14]虚拟社区作为信息集散中心，将大量分散的隐性知识进行处理，完成隐性知识显性化的过程。知识接受者消化吸收了知识发送者的知识后，将隐性知识内化成为自己拥有的知识，再通过虚拟社区与更多人交流，成为知识发送者，开始第二次隐性知识转移。与常规隐性知识转移相比，虚拟社区隐性知识转移的效率更高。

刘林林和刘人境认为，虚拟社区成员间的知识转移是包含知识分享、知识转换以及其他相关环节在内的循环的动态过程。[15]隐性知识转移的关键在于知识转换阶段，即如何将隐性知识高效率地转换为更易于接受的显性知识。隐性知识由于其不可编码性，需要较强的社会关系将知识发送者和知识学习者联结起来，常规隐性知识转移通常是发生在特定社会网络中，比如同一个团队，或者同一家企业，虚拟社区的隐性知识转移则是通过虚拟社区进行联结。

虚拟企业是由一些独立的厂商、顾客甚至是同行的竞争对手，通过信息技术连城的临时网络，以达到共享技术、分摊费用以及满足市场需求的目的。[16]虚拟企业是一种动态联盟，往往具有较强的灵活性，能够快速适应市场的变化。与普通企业相比，虚拟企业能够通过信息技术网络快速分享知识，取长补短。相对显性知识而言，虚拟企业的隐性知识由于其难以编码的特性很难直接通过信息技术网络转移，因此需要先完成隐性知识向显性知识转化的过程。

彭灿认为，虚拟企业通过四种模式的学习实现虚拟企业知识系统的更新，这四种学习模式分别是社会化中的学习、外在化中的学习、组合化中的学习和内在化中的学习，并仿照野中郁次郎（Nonaka）的“知识螺旋”，定义这四种学习相继发生所构成的循环为“学习螺旋”，认为虚拟企业中计算机网络和人际关系网络缺一不可。[17]虚拟企业和虚拟社区的隐性知识转移途径有所不同，虚拟社区的整个转移过程是以虚拟社区为联结中心，知识从发送者向接受者流动；虚拟企业的隐性知识转移是通过企业成员间的面对面交流，并将完成社会化的知识共享在信息技术网中，形成知识库。

管理类课程教学中也存在所谓的虚拟社区，例如同济大学经济与管理学院的Blackboard系统，但是该系统目前仅用于部分课程的作业上传，很少有学生在系统中发表自己对某个知识或理论的看法、观点。管理类课程教学可以构建一个有效的虚拟学习社区，以虚拟学习社区为联结中心，隐性知识从知识发送者向知识接受者流动。

四、管理类课程教学中的隐性知识转移

管理类课程不同于传统理工科课程，是一类十分注重应用技能的实践型课程。管理类课程不仅仅是要向学生们讲授管理学的演化历史以及各种管理理论，更需要启发学生如何将这些管理理论应用到实际的企业管理过程中，如何去优化企业的资源配置。管理学类课程教学中包含显性知识和隐性知识，显性知识大多是书本中的管理学理论以及案

例，隐性知识则是蕴含在老师头脑中的难以直接向学生以文字形式传递的知识，这些知识可以是老师在企业从业过程中的管理经验，可以是老师在研究管理案例时的个人心得，都是难以编码的隐性知识。

隐性知识在管理类课程的教学过程中十分重要，学生缺乏足够的工作经验，在学习管理理论时很容易生搬硬套、死记硬背书本上的经典理论，无法深入理解理论在现实管理中的作用，老师作为工作经验相对丰富的群体，可以以个人工作经验适度启发学生深度思考，将自身的隐性知识社会化和外显化，经过学生的思考加工，将这部分知识组合化，并最终内在化成为自己的隐性知识，达到课堂教学的目的。

荣丽卿认为，隐性知识教学，就是以开发隐性知识为目的，老师围绕某一问题，要求学生运用发散思维进行辐射性联想，通过广泛搜集显性知识和感性材料信息，激发自身的创造灵感，挖掘个人以往经验，使其隐性知识外显，将隐性知识转化为智慧的教学过程。常见的隐性知识教育手段包括：专题研讨、无领导小组讨论、案例分析和情景模拟等。[18]这些都是可以促进隐性知识转移的途径，这种教学模式改变了以往老师一言堂的课堂教学模式，将学生作为课堂的主体，给予学生充分的课堂自由，通过案例分析和情景模拟的方式将老师的个人经验转移给学生，使学生对课堂教学内容有更深度的思考。

崔建新基于隐性知识传递的视角，对翻转课堂教学模式在会计教学中的应用进行了研究，研究表明，从隐性知识的传递路径可以看出，会计准则中的隐性知识难以形式化，“只可意会不可言传”，无法通过记忆方式获得和掌握。“翻转课堂”教学模式可以分为三个环节：首先是知识传递环节，通过短小精悍的视频的方式将书本上的显性知识传递给学生，并通过网络测试，让学生对隐性知识讨论做好准备；其次是知识内化环节，通过课堂互动使学生对知识有更进一步的了解，对企业中实际操作与应用更加熟悉；最后是测评环节，对学生进行碎片化考试，鼓励学生用开放、创新的思维去思考有关问题，减少期末考试前的突击现象。[19]

邢戈对基于隐性知识的高校创业教育进行研究，构建了创业教育四阶段实践教学模式。第一个阶段是群体化阶段，也就是基于知识地图的创业环境接触，主要目的是为学生和创业者构建接触、交流、学习的桥梁；第二个阶段是外显化阶段，敦促学生在第一个阶段获得的隐性知识尽可能全面表达出来，帮助学生对知识进行回顾、梳理形成学生自己的教学案例；第三个阶段是联结化阶段，将零散的显性知识向体系化的显性知识转化。学生将第二个阶段外显化的隐性知识记载成案例，隐性知识就完成了向显性知识的转变。在这个阶段，老师可以组建兴趣小组，通过不同学生的不同思考角度的碰撞，将零散的知识体系化。第四个阶段是内隐化阶段，学生需要在“干中学”，通过反复的练习与试错，把显性知识内化成为自己的隐性知识。学生可以通过参加各种创业大赛或者创业项目将这些知识完善并内化。[20]

五、结语

目前国内隐性知识转移途径的模型大多以野中郁次郎（Nonaka）的知识螺旋模型为基础发展延伸，隐性知识转移需要经过四个步骤：社会化、外化、组合化与内化，由于隐性知识的难度量性,这方面的实证研究较少,很多学者采用博弈模型设计隐性知识转移的激励机制方案。近年来随着互联网的发展,虚拟团队中的隐性知识转移逐渐成为研究的热点,虚拟团队因其更高效率的知识转移特性而受到学者们关注。在以后的研究中,学界应该更加重视实际应用,尽可能寻求与企业合作的机会,寻找知识转移过程中的相关量化指标,为企业、高校以及虚拟团队的未来战略发展提供切实可行的理论指导。

参考文献

[1] POLANYI M. The logic of tacit inference[J]. Philosophy, 1966, 41:1-18.
[2] 王连娟.隐性知识管理文献综述[J].情报科学,2006(4):636-640.
[3] 接民,牛冲槐.基于知识管理的人才聚集效应研究[J].科技管理研究,2008,28(12):417-419.
[4] 徐金发,许强,顾惊雷.企业知识转移的情境分析模型[J].科研管理,2003(2):54-60.
[5] 张毅芳.转型企业知识转移模型的重构[J].安庆师范学院学报(社会科学版),2013,32(6):6-9.
[6] 汪应洛,李勖.知识的转移特性研究[J].系统工程理论与实践,2002(10):8-11.
[7] 李伟,卫民堂,王琳.隐性知识转移机制的研究[J].情报杂志,2005(4):98-99+102.
[8] 何晓红.论企业隐性知识的产生途径及转移[J].现代情报,2005(11):185-186+189.
[9] 卢兵,岳亮,廖貅武.企业通过联盟进行隐性知识转移的三阶段模型[J].管理工程学报,2008(1):16-23.
[10] 陈菲琼.我国企业与跨国公司知识联盟的知识转移层次研究[J].科研管理,2001(2):66-73.
[11] 蔡珍红.知识位势、隐性知识分享与科研团队激励[J].科研管理,2012,33(4):108-115.
[12] 李志宏,朱桃,赖文娣.高校创新型科研团队隐性知识共享意愿研究[J].科学学研究,2010,28(4):581-590.
[13] 徐小龙,王方华.虚拟社区研究前沿探析[J].外国经济与管理,2007(9):10-16.
[14] 胡昌平,刘璐.虚拟社区的知识转移研究[J].情报探索,2010(9):10-12.
[15] 刘林林,刘人境.虚拟社区成员间知识转移过程的研究——知识转移与知识分享、知识转换的关系[J].情报科学,2015,33(9):33-38.
[16] 李世模.第五代管理[M].北京:中国物价出版社,2000.
[17] 彭灿.虚拟企业中的组织间知识转移与学习[J].科技进步与对策,2005(3):10-12.
[18] 荣丽卿,贾红丽,李震."管理学基础"课程隐性知识教学模式改革研究[J].教育现代化,2018,5(26):46-47+61.
[19] 崔建新,张现芹,夹姝慧.翻转课堂教学模式在会计教学中的应用研究——基于隐性知识传递的视角[J].会计师,2016(19):61-62.
[20] 邢戈,左莉.基于隐性知识的高校创业教育实践教学研究[J].创新创业理论研究与实践,2019,2(1):106-108.

NSSE 项目与高校教学质量提升

——基于经济学类专业本科毕业论文的调查分析

胡　靖　柳雨心

（同济大学经济与管理学院）

摘　要："全国学生学习投入调查"(NSSE)从学生投入各项有效学习活动的程度来体现大学教学质量，为实施提高大学教育质量的有效方法和措施提供了帮助，也为我国开展此类调查和研究提供了理论支撑。NSSE 项目可概括为学业挑战度、主动合作学习水平、师生互动频度、教育经验的丰富度和校园环境的支持五大核心指标。本文借鉴了 NSSE 项目的五个维度设计调查问卷，基于同济大学经管学院经济学类专业本科毕业论文进行调研分析，结果显示：学生在毕业论文的学习投入时间较长并且参与了教学之外的实习和实践工作，但是与老师、同学合作交流较少。通过 NSSE 项目的分析，本文认为，学校可以从加强师生交流、培养学生主动合作学习的能力、加大校园环境支持等方面来提升本科毕业论文质量。

关键词：NSSE 项目；教学质量；毕业论文

Abstract: "The National Survey of Student Engagement "(NSSE) reflects the quality of university teaching from the extent to which students participate in effective learning activities, and it provides assistance in implementing effective methods and measures to improve the quality of university education. It also conducts such surveys and research for China. Provide theoretical support. The NSSE project can be summarized as the five core indicators of academic challenge, active cooperative learning level, frequency of teacher-student interaction, richness of educational experience and support of the campus environment. This paper draws on the five dimensions design questionnaire of the NSSE project. Based on the research and analysis of the undergraduate thesis of economics in Tongji University, the results show that the students spend a long time in the graduation thesis and participate in the internship outside the teaching and practical work, but less cooperation with teachers and classmates. Through the analysis of the NSSE project, this paper believes that the school can improve the quality of undergraduate thesis from the aspects of strengthening teacher-student exchange, cultivating students' ability of active cooperative learning, and increasing campus environmental support.

Keywords: NSSE project; teaching quality; graduation thesis

一、引言

高等教育质量不仅是专家学者们的热门话题，更受到国家相关部门的高度重视。我国的高等教育对于总体投入的关注较多，各类大学排行榜也往往忽略教育质量评估和保障的核心问题，即学生主体的发展。[1]增加教学投入和教育资源并不必然带来教学质量的提升，只有切实保障学生学业成就的不断增值才是学校教学的本质要求。[2]

全国学生学习性投入项目(National Survey of Student Engagement, NSSE)是由美国皮尤慈善信托基金会发起，针对全美范围内四年制本科院校学生投入高层次学习和发展的年度调查，自 2000 年在美国正式推行以来，已经在全世界盛行，成为同类研究项目中应用最广、设计最严密的一项调查。[3] NSSE 项目是从学生投入各项有效学习活动的程度来体现和评价大学教学质量，项目调查可以提供权威且丰富的信息。可以说，NSSE 项目为我国本科教育的质量评估及质量保障提供了理论支撑和路径选择，具有较高的科学性与可行性。[4]

在教育部对普通高校本科教学工作水平评估的指标体系中，把毕业论文(设计)作为重要的二级指标进行评估，其地位和作用的重要性显而易见。[5]毕业论文的撰写是学生将大学四年学习的各门课程串联起来，形成一个系统的知识体系，并加以系统化应用的过程，这一过程既能训练学生运用专业知识解决实际问题的能力，也是学生进行科学研究的初步尝试。同时，毕业论文是促使学生完成资料收集、论文选题、文献整理、文献综述、开题报告、撰写论文、论文答辩等完整的写作过程，是对学生基本写作技能的一次系统训练。[6]因此，我们选择主要依靠学生自主独立完成的毕业论文的撰写这一教学活动作为调查主题，借助 NSSE 的指标设计，分析高校教学质量情况，存在的问题并进一步提出相应的政策建议。

二、NSSE 的测量指标及实施效用

NSSE 项目的主要内容可以概括为五大核心指标，分别是学业挑战度、主动合作学习水平、师生互动频度、教育经验的丰富度和校园环境的支持度。[7]本文主要采用这五大核心指标来对同济大学经管学院经济学类本科生的毕业论文质量进行调研分析。其中，本文将 NSSE 项目的指标有针对性地根据毕业论文课程的实际情况进行了处理，测量指标释义及调查问卷与实施效用见下文。

(一) 测量指标释义

NSSE 项目的指标主要聚焦于学生学习投入本身，调查内容主要涉及三个方面：学生的 学习行为、学校行为和对学生的要求和学生满意度。[8]具体来说：学业挑战度(LAC)体现了学生的挑战意识和能力，主要包括学生所修课程强调各项综合能力的水平、在学习上付出的时间等。主动合作学习水平(ACL)体现了学生的团体合作意识，主要包括学生在课堂内和课堂外的学习活动频率，如课上主动提问或参与讨论、与同学交流合作等。师生

互动频度(SFI)是影响学生学业成绩的重要因素之一,据 Mearns 等人所述,如果教师平易近人、准备充分、洞悉学生需求,那么学生会更努力投入且更愿意表达他们的观点。[9]教育经验的丰富度(EEE)有助于拓展学生学习和发展的领域,既包括不同背景学生之间的交往情况,也包括社会实践或田野调查、社区服务或志愿服务。校园环境的支持度(SCE)在一定程度上影响学生学习的有效性,该指标既有学业方面的因素,如学校提供的教育资源和条件,开设的课程和学术课题数量等,还包括非学业方面的因素,如良好的校园文化氛围、与各类群体之间的人际关系等。[10]基于以上五个指标,本文设计了以下问卷。

(二)调查问卷及实施效用

参与 NSSE 项目的高校可以通过多种方式运用调查结果,如教育教学改革、人才培养目标调整、教学质量第三方评价、国际或校际比较、校园环境建设等,通过对参与项目的案例深度解读,分析 NSSE 项目的实施效用。[11]本文借鉴了 NSSE 项目的五个核心指标对同济大学经济与管理学院 2015 级经济学类专业(其中金融学 48 人,国际经济与贸易 33 人)本科生的毕业论文课程学习进行了调查,一共发出 81 份问卷,回收 63 份问卷,有效率为 77.8%。在调查回收的有效样本中,男生 19 人,占样本总数的 30%,女生 44 人,占样本总数的 70%。该调查问卷主要包括:①每周平均花在毕业论文上的时间(LAC 指标);②和他人讨论毕业论文中的观点和问题(ACL 指标);③与老师积极主动沟通(SFI 指标);⑤实习、社会实践或田野调查(EEE 指标);⑤学生对学校环境支持的评价情况等(SCE 指标)。

(1) 调查对象每周平均花在毕业论文上的时间如表 1 所列。11~15 h 的比例达到 31.75%,16~20 h 的比例达 23.81%,大部分学生每周课堂学习时间在 11 个小时以上。可以看出,学生在毕业论文上学习投入的量从时间上来看比较高,也说明毕业论文对于本科生来说具有一定的难度和挑战。

表 1　　每周平均花在毕业论文上的时间

1~5 h	6~10 h	11~15 h	16~20 h	21~25 h	26~30 h	≥30 h
3.17%	12.70%	31.75%	23.81%	15.87%	7.94%	4.76%

(2) 调查对象和他人讨论毕业论文中的观点和问题的频率如表 2 所列。选择“有时”和“稍多”的学生占到 65.08%,说明学生在撰写论文的过程更倾向于独立完成。学生的论文题目大多来自自己的专业和兴趣,因此论文选题的重合率较低,保证了一人一题,这就导致了学生互相不了解论文内容,可能只会就格式上的问题进行讨论,对论文的具体内容没有过多探讨。

表 2　　和他人讨论毕业论文中的观点和问题

从不	难得	有时	稍多	经常	频繁
1.59%	7.94%	39.68%	25.40%	22.22%	3.17%

(3) 调查对象与老师积极主动沟通的频率如表 3 所列。可以看出,“有时”的占比最大,这是本科生普遍存在的一个问题,即与老师的沟通交流较少,比如学生认为与老师的

沟通没有学到属于自己想要的东西，又或者是学生没有关于论文的更多更好的想法与老师探讨，但实际上老师对于学生的论文可以起到很好的指导作用。毕业论文写作对于大多数学生来说相当于初次在专业领域进行科研创作，因此指导老师的适当引导、启发就显得很重要。本科生参与教师组织的学术研讨、学术项目的机会还比较少，师生之间的交流也是以课程学习的交流为主，学术交流比例较低。如何促进老师和学生的双向交流是之后在组织教学的过程中需要深入思考的问题。

表 3　　与老师积极主动沟通

从不	难得	有时	稍多	经常	频繁
1.59%	6.35%	44.92%	29.68%	11.11%	6.35%

（4）调查对象实习、社会实践或田野调查的次数如表 4 所列。可以看出，学生在大四充分利用了空余时间丰富学习生活。社会实践既是对学生动手能力的锻炼，也能为毕业论文的写作积累素材，因此，学生要认真对待，以对自己负责的态度积极主动地投身社会实践。

表 4　　实习、社会实践或田野调查

0 次	1 次	2 次	3 次及以上
1.59%	44.44%	41.27%	12.70%

（5）调查对象对学校环境支持的评价情况如表 5 所列。学生对学校提供的环境和服务的满意度都比较高。其中图书馆和专业领域的课程质量满意度较高。满意度最低的是医疗健康服务，“很不满意的”的比例最高。数据表明，同济大学本科生对学校提供的环境和服务都比较满意，但是学校的医疗健康服务需要进一步加强。

表 5　　对学校环境支持的评价情况

	很不满意	不满意	较不满意	较满意	满意	非常满意
课时安排	1.59%	4.76%	6.35%	57.14%	22.22%	7.94%
图书馆	1.59%	1.59%	7.94%	66.67%	19.05%	3.17%
食宿	1.59%	1.59%	3.17%	58.73%	17.46%	1.59%
专业领域的课程质量	1.59%	4.76%	3.17%	42.86%	25.40%	22.22%
就业指导	1.59%	4.76%	7.94%	57.14%	19.05%	9.52%
医疗健康服务	4.76%	9.52%	12.70%	53.97%	14.29%	4.76%

根据以上表格，得出以下结论：①LAC 指标显示，学生的学习投入意识、学习投入行为、准备充分，对毕业论文的态度认真，但仍待提高；②ACL 指标显示，学生倾向于独立完成论文，但是如果能在论文撰写的过程中与他人分享自己的观点，听取他人的意见，毕业论文的质量也会得到提升；③SFI 指标显示，学生与教师之间的主动交流较少，这也表明了学校缺乏一个激励机制来促进双方的交流；④EEE 指标显示学生的教育经历比较丰富，有

助于为论文提供更多素材；⑤SCE 指标显示学生学习的学校支持环境比较令人满意。

三、NSSE 项目对毕业论文质量提升的启示

Tinto 在总结关于学生学习投入的重要性时提出："学生学习已经远远不再是简单的个人努力的概念，已经延伸到更加复杂的概念，即学校可以从学生与学校的其他成员关系入手，来影响学生个人努力的质量。"[12] 大学要促进学生的全面成长，这样的大学教育理念不仅要求教师将教学集中在学生的发展上，同时也要求所有在这个学习环境中担负各种管理以及服务的工作人员承担同样重要的职责。[13] NSSE 项目从关注学生的学习投入和学校所提供的环境支持等方面评估高等教育质量，这对本科毕业论文的质量提升带来了多方面的启示，具有重要的借鉴意义。

（一）促进外部质量保障体系建设

学校应始终把创造良好的学术环境、营造浓厚的学术氛围作为提高学校教学质量、培养学生综合素质和创新能力的重要措施。基于 NSSE 项目，可以从以下几个方面开展工作：第一，各专业要制定多层次的培养目标，建立灵活的课程体系。既要确立学生思想素质等一般培养目标，又要确立专业理论知识和专业素质等具体培养目标。第二，高校可以组织学生定期举行学术报告会，或者指导学生开展各种学术活动，如科研小组、沙龙、专业协会等。不同专业、年级的学生都可以展示各自领域的最新研究成果，从而拓宽自己的学术视野。第三，研究型大学要从制度设计、资源分配、课程设置、教学创新等诸多方面寻求创新，增强本科生参加科研的程度和水平，才能从整体上提高学生的学习水平和学术的参与程度，从而提高高等教育质量。

（二）培养学生主动合作学习的能力

学生群体比较注重自主学习，如何化被动为主动，增加学生合作学习的意识值得持续关注。课堂教学要重视对学生的思维训练和写作指导。教师在教学过程中要注重对学生专业思维的培养，避免"满堂灌"的授课方式，启发学生发现问题并引导其进行探索解决，发挥学生学习的主动性和积极性，锻炼学生的创新思维能力。可以建立各类学习小组，调动学生自主开展研究工作，鼓励学生根据自己的研究兴趣申请科研项目，把"被动学习"转变为"主动学习"。

（三）增加生师互动频度和程度

关注学生学习经验、促进生师互动是提高本科教育质量的"支撑点"。由于高等教育规模不断扩张、教师的教学与科研双重压力、学生的学习认同感降低等原因，生师互动的频度、程度都随之减少。[14] 教师应该更加关注学生在做什么、如何激励学生、学生花费多少时间和精力用于学习，而不是仅仅关注授课内容和方法。如果教师有意识关注他们的教育成果，即促进学生最大化投入学习，教师的绩效会更高。增强指导教师责任心也是提高学生毕业论文质量的一个重要方面。毕业论文撰写是一项创新活动，是大学生综合运用

四年所学知识完成的创新成果，完全不同于课程学习，很难对指导老师做出合理的指导规范，同时也缺乏相应的评价机制，因此，更需要指导教师具有较强责任心。

（四）拓展学生教育经验丰富度

学生经历丰富多彩的教育活动，获得更多的教育经验是培养新时代复合型人才的重要途径。搭建广阔的社会实践平台，支持学生开展有意义的社会实践活动，将各类课外活动和社会活动有机结合，增强学生的综合素质等可以拓展学生教育经验的丰富度。[15]鼓励学生将社会实践与毕业论文选题相结合。暑期社会实践对毕业论文的写作也有很大的作用，学校应采取鼓励措施让学生真正参与社会实践活动，并尽可能与专业相结合，为毕业论文做好准备。毕业实习对毕业论文资料的收集、实地调查等发挥着重要作用，实习的内容要尽量与自己的毕业论文选题相关，充分利用社会资源完善自己的学业。

（五）加大校园环境支持度

优质的校园环境支持度对学生的深入学习有着潜移默化的影响，大多数高校侧重于校园硬件设施的筹备，忽略了学生的生活、学业、就业、情感以及人际关系等软环境的投入力度。因此，各高校应认识到大力打造校园软环境的重要性。一方面，搭建网络媒体平台，推动宣传阵地建设。既要充分利用宣传栏、校报、广播等传统媒介，也要积极利用微博、微信、校园网等新媒体，既可以挖掘先进典型，学习身边榜样，也可以搜集校园各类特色亮点活动，营造健康向上的氛围。良好的校园环境和交流平台可以为老师与学生以及学生之间互相学习、互相讨论提供很好的氛围，有利于增加学生的自主投入，对教学质量的提升起到事半功倍的效果。

应该说 NSSE 项目的五个核心可以比较全面地从学生投入的角度衡量教学质量的水平。从实际调研情况来看，学生与老师的主动沟通交流比较缺乏是目前存在的主要问题。这需要学校、老师和学生三方的共同努力。学校应减轻老师的课程负担，并激励老师在毕业论文质量上做好保障工作；学生应端正对毕业论文的态度，积极主动地与老师探讨论文中出现的问题，这样老师也可以就学生个人情况因材施教。通过合理配置论文质量形成各环节资源，充分调动各环节人员的积极性，可以有效提高论文质量。

参考文献

[1] 钱凯.南京大学本科教育学情调查报告 2013[J].大学(研究版)，2015(3)：63-75+62.

[2] 俞佳君.以学习为中心的高校教学评价研究[D].上海：华中师范大学，2015.

[3] KUH G D. What We're Learning About Student Engagement From NSSE: Benchmarks for Effective Educational Practices[J]. Change the Magazine of Higher Learning, 2003, 35(2):24-32.

[4] 张文毅，李汉邦.NSSE 对我国本科教学工作评估的启示[J].中国高教研究，2009(10)：19-22.

[5] 孔翠英.提高财经类本科毕业论文质量的对策研究[J].高等财经教育研究，2015，18(4)：44-48.

[6] 文雯，史静寰，周子矜.大四现象：一种学习方式的转型——清华大学本科教育学情调查报告 2013[J].清华大学教育研究，2014，35(3)：45-54+80.

[7] 杨立军，韩晓玲.基于 NSSE-CHINA 问卷的大学生学习投入结构研究[J].复旦教育论坛，2014，12

(3):83-90.

[8] 张红艳.NSSE-CHINA工具对提升普通本科院校教育质量的意义[J].吉林省教育学院学报(上旬),2015,31(7):126-127.

[9] MEARNS K, MEYER J, BHARADWAJ A. Student engagement in human biology practical sessions[C]//Student Engagement Teaching Learning Forum. 2007.

[10] 杨倩.从NSSE-CHINA看我国高等教育质量保障[J].现代教育管理,2012(11):92-94.

[11] 徐波.高校学生投入:从理论到实践[J].教育研究,2013,34(7):147-154.

[12] TINTO V. Leaving College: Rethinking the Causes and Cures of Student Attrition [J]. Contemporary Sociology, 1988, 17(3).

[13] 蒋惠凤.本科毕业论文质量影响因素的调查与分析[J].中国电力教育,2014(2):201-202+204.

[14] 胡娅萍,吉洪湖.本科毕业设计存在的问题及解决途径探讨[J].中国电力教育,2014(6):137-138+146.

[15] GORDON J, LUDLUM J, HOEY J J. Validating NSSE Against Student Outcomes: Are They Related? [J]. Research in Higher Education, 2008, 49(1):19-39.

“商业银行业务管理”课程案例教学优化研究

王晓博[1]　廖谋杰[1]　辛飞飞[2]

（1. 同济大学经济与管理学院；2. 同济大学交通运输工程学院）

摘　要：“商业银行业务管理”作为高校金融学专业本科生的必修专业课程之一，具有专业理论性强、实践操作要求高的特点。在传统教学过程中，教师通常更重视理论，而在一定程度上忽视了实践教学。本文针对案例教学法在“商业银行业务管理”课程教学中的应用进行研究与优化，梳理案例教学的发展过程、明确其必要性，对案例教学存在的问题进行系统分析，并提出相应的各项优化措施，有助于提升“商业银行业务管理”课程的案例教学质量。

关键词：商业银行业务管理；案例教学；优化措施

Abstract: Commercial Banking Business Management, as one of the compulsory courses for financial majors in colleges and universities, has the characteristics of strong theoretical specialty and high requirements for practical operation. The teachers usually pay attention to theory and neglect practical teaching during the traditional course teaching. In recent years, case teaching method has been gradually applied to the teaching of major courses, combining theory with practice. This paper mainly studies and narrates the application of case teaching method in Commercial Banking Business Management, combs the development background of case teaching, confirms its necessity, discusses and analyzes the existing problems of this course, and puts forward different optimization measures corresponding to the problems, so as to promote and deepen the optimization and improvement of case teaching of Commercial Banking Business Management.

Keywords: Commercial Banking Business Management; case teaching; optimizing measures

“商业银行业务管理”课程是金融学专业的重要课程之一，具有专业知识理论复杂和实务操作情况多变的特点。作为资本不断积累和发展的必然产物，随着时代的发展，商业银行逐渐发展与衍生出了更多的功能，学界对于商业银行的研究与探索也更加深入，许多银行管理的理论不断发展与完善，例如资产负债管理理论、信用风险管理理论等。此外，商业银行的业务管理十分注重实际，银行的现金流与业务链通常处于变动的过程中，仅凭理论而不联系实践，根本无法真正掌握这门课程的核心。商业银行业务包含很多方面，例如与资产负债管理理论相联系的资产负债业务，作为第三方的中间业务以及互联网时代飞速发展的电子银行业务，都会根据客户的需求与时代发展的方向进行变化与调整。因此，这样一个知识理论性强、与实践联合紧密的课程，仅仅依靠传统的注释主义和板书教学无法让学生真正理解与应用。通过案例教学，在教师的引导和帮助下对案例进行深入剖析，将理论融入实践，让学生通过自己的思考再现案例情景，提高他们的实际运用能力，这种教学模式更有利于培养全方面发展的优秀学生。[1]

一、"商业银行业务管理"课程案例教学背景分析

（一）案例教学法发展概况

案例教学法是指在课堂上通过各时期的经典与热点案例，理论联系实际来解决现实问题。这种方法颠覆了教师板书、学生被动听课的传统教学方式，通过任课教师事前选取的经典案例作为媒介，促进所有学生参与案例讨论与课堂教学，借此来提高教学效率、强化教学效果，是教育改革的重大尝试。[2]哈佛商学院最先在院内普及案例教学法，选取的案例达到 7 000 多个，来自全球不同国家的经济与管理实务案例，近两年内发生的实例占据了当中的五分之一。[3]在案例教学过程中，首先由任课教师展示案例，然后安排学生分析讨论，随后同学们会分为不同的小组，结合案例分别从不同的角度来解决问题，制定科学、合理的方案来为企业经营发展制定合适的策略。并且，案例教学能够提高学生的课堂参与度，通过相互对比来查漏补缺，使课堂气氛活跃又高效[4]。

我国高校从 20 世纪 90 年代开始研究并逐步引入案例教学法，现如今已较为广泛地运用于诸多学科教学之中。在"中国知网"检索案例教学法，有 4 万多条检索结果，涉及各个学科，如图 1 和图 2 所示。这表明，案例教学法在各个学科都已得到广泛运用。

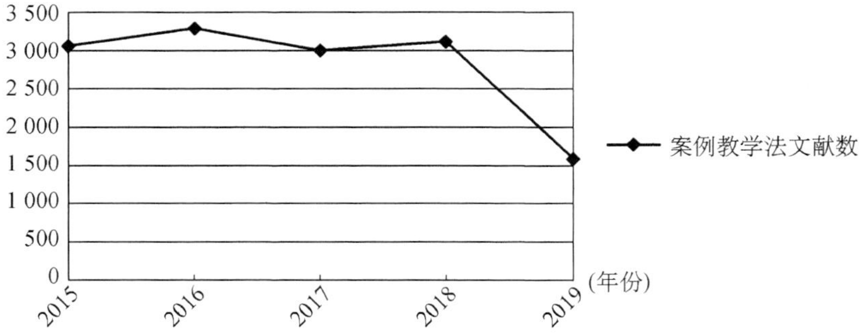

图 1　2015—2019 年"中国知网"案例教学法文献数

（二）"商业银行业务管理"课程案例教学的必要性

从任课教师的角度来看，通过案例教学能够提升教师素质，提高教学质量。教材一般

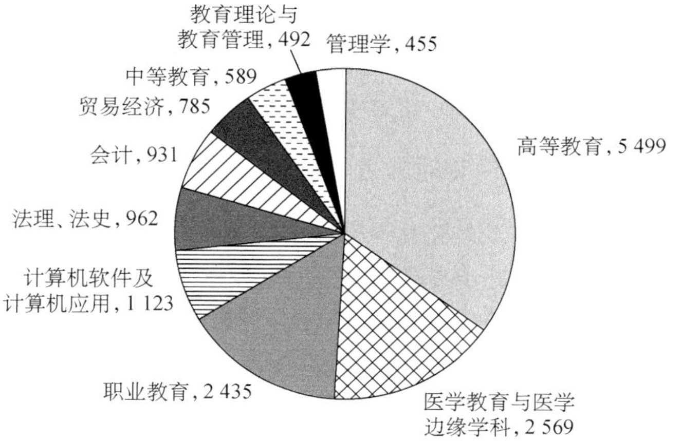

图 2　检索词"案例教学法"在不同学科中的分布

反映的是基本原理、基本方法和经典案例，教师运用案例教学法需要引入近年来的新鲜案例，这有助于补充教材的局限性。此外，教师在寻找新案例的过程中可以随时了解各国商业银行业务管理的最新状况，不断丰富自己的知识储备，提高自己的教学能力[5]。这样使得任课教师不仅具备完善的理论知识，而且储备了丰富的实践案例，在教学过程中能够把理论知识和实践案例充分结合起来，提升教学效果。

从学生学习的角度来看，案例教学能够提高其学习热情，培养分析和解决问题的能力。在"商业银行业务管理"的教学过程中有很多理论不易理解，如果止步于教师的理论讲解，学生只能获得浅尝辄止的认知。通过案例教学法，可以引导学生积极主动地参与到课堂教学中来，学生结合案例消化理论知识，理论联系实际，能够更好地掌握和运用相关课程原理。同时，通过对现实案例的分析，学生学习之后在实际问题的解决中可以结合课堂所学知识，从而能够运用相关理论更好地分析和解决问题。

从教与学双方来看，案例教学可以使得教师与学生之间建立起密切的互动关系。传统的课堂教学方式主要以理论知识灌输为主，学生只能被动地接受知识，往往自己并不深入思考，只是记录老师所讲的内容，囫囵吞枣。而案例教学法能够让教师和学生之间产生互动，形成"师生互补、相辅教学"的良好氛围。围绕一个个教学案例，充分调动起学生的学习积极性，教师则需要起到引导、点评和把控的作用，这能够深入挖掘和发挥学生的潜力，促使其积极主动地学习，从而确保课堂教学获得良好的效果。

二、"商业银行业务管理"课程案例教学存在的问题

（一）部分高校对于案例教学的认识不足

在传统的教学模式下，学生是否真正理解掌握了相关理论难以及时评估。不少学生临近期末时才会对课堂笔记上的内容突击复习，这样的教学方式效率不高、效果不佳。部分高校对于案例教学法的认识不足、不够重视。教学中应当关注如何让学生更好地理解并掌握相关知识，通过结合实务案例，使学生能够做到理论联系实际，提升其对"商业银行

业务管理”课程乃至金融学专业的兴趣。由于不同的学生思维方式存在差别,在思考问题时所立足的出发点也会不一致,案例教学能够让学生接受和思考不同的观点和意见,使得学生对商业银行的相关理论的学习更加深入,为今后的工作实践打下坚实的基础。

(二)所选案例较为陈旧、没有时效性

虽然我国高校相关专业倡导案例教学已有多年,各高校举办过各种案例教学研讨会,但案例教学的效果仍有待于进一步提高,其中主要原因之一是所选案例多数较为陈旧,没有时效性。而案例教学的目的与传统的授课方式不同,旨在让学生在充分了解相关案例信息的情况下,对案例相关的问题进行再思考,对案例最终的实际结果进行评价,并从中学习到商业银行具体的业务操作管理决策所需考虑的各种复杂因素。因此,教师所选案例应做到与时俱进,经典案例与时效案例相结合,这样才能充分发挥出案例教学的优势。

(三)部分学生对课程的准备不足、参与不够积极主动

案例教学法要取得良好的授课效果,需要教师与学生双方的共同努力。而部分学生在课堂上参与案例讨论时不够积极主动、被动应付。从学生的角度而言,如果不付出足够的时间和精力去阅读、思考以及准备案例材料,不对案例的内容进行深刻的剖析与深度的理解,在课堂上其参与案例讨论的积极性和主动性就会欠缺。此外,如果案例讨论前期准备不足,学生没有掌握课程的基本概念和原理,也难以参与到互动讨论当中,这导致其无法真正融入良好的课堂案例教学氛围。

(四)部分教师教学能力有待提升、缺乏与学生的课堂互动

案例教学无法取得良好的效果,教师的解读不够深入也是重要原因之一。一方面,在教学过程中,教师需要对学生们的意见反馈及时总结,结合基本理论对其案例分析做出评价,进而启发学生对自身的思路与方法查漏补缺,最终得出自己的理解。如果教师没有掌握案例教学的技巧和能力,没有深入理解案例的内容,或者缺乏理论知识的运用能力,那就无法对案例深入剖析和拓展,案例教学无法取得应有的教学效果,更会影响今后学生参与案例教学的积极性。

另一方面,部分教师不重视与学生的互动,仅用有限的时间和精力备课。案例教学不仅需要教师精通专业知识,还要全面掌握所选案例的背景情况、银行业务管理的方法和模式,因此,任课教师在案例教学准备方面需要付出更多的时间和精力。此外,部分教师案例教学时引入案例后直接给出结论,不做讨论和展开,缺乏和学生的课堂互动,影响了案例教学的实际效果。

(五)案例教学过程中侧重点不明晰

案例教学中可能有多个能够剖析的侧重点,教学时间有限,只能紧扣关键的侧重点进行深入探讨。例如,在一起银行参与的国际并购案例中,我们可以讨论引发国际并购的深层、表层原因,也可以探究并购之后如何优化整合资源,还能从国际关系与政策方面来切入,这就表明,即使是同一个案例,也可能有多个分析切入点。课程案例教学本身所需要

的时间多于一般传统教学方式,案例分析、学生之间的讨论与分组展示、教师的课堂组织与评价都需要占用课堂时间。因此,这期间任课教师如果不能有效引导学生进入关键的教学侧重点,而让其大而不精、蜻蜓点水式地进行展示,那就无法使学生得到良好的知识储备提升,案例教学的效果更无法体现。

三、“商业银行业务管理”课程案例教学优化措施

(一) 普及案例教学理念、建立完善的案例教学制度

作为一种系统而有效的教学模式,案例教学并不仅仅是一种教学手段,更是一种先进的教学理念,是推动“商业银行业务管理”课程教学改革、提高学生能力素质和促进教师教学水平提高的重要手段。重视案例教学的运用,需要普及案例教学的理念,建立起完善的案例教学制度。各高校应大力推广案例教学,鼓励教学案例写作并建立案例库。同时鼓励教师参加相关案例教学的研讨会、研修班等,定期总结相关案例教学经验。具体到教学过程,则是从准备阶段的案例选择到课堂阶段的案例教学分析,最后讨论阶段的意见总结与点评,案例教学都要贯穿整个教学过程。

(二) 加强对案例资源库的建设

案例资源库的建设是影响案例教学法成败的重要因素,“商业银行业务管理”课程案例教学的优化必然涉及优质案例资源库的建设。丰富的教学案例可以激发学生学习的兴趣,也能让其在学习中受益良多。案例库在储备经典案例的同时,须与时俱进、不断更新。对于案例资源库的建设与完善可从以下几方面着手。首先,加强与国内外各知名高校深入合作,双方进行优质教学案例的互换与交流,这既加强了各高校之间的联系,也扩展了案例库来源的渠道。其次,鼓励任课教师间进行案例教学交流活动,结合各自课程的特色和不同专业学生的特点来开发和润色案例,实现内部资源共享,这不仅有利于教师教学水平的提升,也结合了学生的发展需求和课程特色,实现案例资源库的良性循环。

(三) 激发学生案例学习的积极性

学生作为教学双方的主体之一,其重要性不言而喻。教师是课程案例教学的主导,学生是课堂学习的主体。案例教学想要达到预期的效果,学生的参与和努力非常重要。部分学生在实习、娱乐、外出等方面花费大量时间,对于案例学习兴趣和热情不高,导致课堂案例教学讨论的效率下降、效果不佳。因此,教师需要借助案例分析讨论这个载体,在课堂上营造平等和谐的学习氛围,积极引导学生参与到案例讨论,逐步得出结论或解决方案。同时,通过考核环节增加案例互动的权重等,激发学生对案例学习的重视,并根据其在整个案例分析讨论过程中的综合表现来评分,从而提高学生案例学习的积极性。

(四) 提高教师案例教学水平

作为案例教学的主导,教师需要具有较强的案例教学能力。事前,即案例的选编过程

中，教师需要具备不断学习以及捕捉热点和典型案例的能力；事中，即课堂教学过程中，教师在引导、启发学生进行深入思考和深度解读案例方面的能力不可或缺；事后，即案例教学总结阶段，教师需要根据学生在课堂上的不同表现和讨论时提出的问题进行评价和解答。这些都要求教师在案例教学领域具有足够的教学水平[6]。

此外，教师在案例的准备上需要针对不同学生的特点来选取能够实现教学目标的案例，做到因材施教。对于本科生应选取一些相对较为简短、内容不过于复杂的案例，案例涉及的相关知识点偏于基本理论和方法；而对于研究生则可选择难度相对较高的教学案例，所涉及的专业知识应有一定的深度，使其对专业知识有更为深入的思考与研究。

（五）案例教学应有所侧重

教师所选取的案例应是经过精心准备和筛选的经典与时效案例，这些案例通常都有着时代烙印，具有多样性与综合性。因此，在对案例进行描述与展示时，教师应有相应的侧重点、有的放矢，而不是对于案例的所有细节都泛泛而谈。同时，还需充分把握并综合考虑学生的学习兴趣、市场对于人才的要求以及课程章节需要关联的理论知识点而进行相关切入点的选择。这样才能使学生得到良好的知识储备提升，案例教学的效果得以充分体现。

参考文献

[1] 于楠楠，李延敏.商业银行案例教学应用探究[J].时代金融，2018(8)：128-129.

[2] 张伟，张爽.案例教学的特征与实施[J].考试周刊，2012(72)：180.

[3] 刘涓.案例教学法在商业银行管理教学中的应用[J].纳税，2018(3)：179-181.

[4] 孙泽华.案例教学法的误区和应用[J].科教导刊，2019，361(1)：77-78.

[5] 潘慧.商业银行业务管理课程案例教学法的运用与优化[J].时代金融，2013(20)：102-103.

[6] 石丹，王涛.以案例教学促进教师专业化发展[J].合作经济与科技，2013(8)：118-120.

习近平新时代中国特色社会主义经济思想融入专业课程教学的意义和特点分析*

张文辉

（同济大学经济与管理学院）

摘　要：党的十九大之后的首次中央经济工作会议提出了习近平新时代中国特色社会主义经济思想。教育部把这一思想进教材、进课堂、进头脑工作作为教育系统的头等大事。本文结合习近平总书记系列重要讲话，探讨并初步归纳了习近平新时代中国特色社会主义经济思想融入专业课程教学的重要意义和主要特点，尤其是初步研判了其中的若干教学规律。

关键词：习近平新时代中国特色社会主义经济思想；专业课程；教学；意义；特点

Abstract: The first Central Economic Work Conference after the 19th CPC National Congress put forward Xi Jinping Thought on Socialist Economy with Chinese Characteristics for a New Era. The Ministry of Education takes this idea into the teaching material, into the classroom, into the mind as the top priority of the education system. Based on the series of important speeches of General secretary Xi Jinping, this paper discusses and preliminarily summarizes the important significance and main characteristics of integrating Xi Jinping Thought on Socialist Economy with Chinese Characteristics for a New Era into the teaching of professional courses, especially some teaching rules.

Keywords: Xi Jinping Thought on Socialist Economy with Chinese Characteristics for a New Era; professional course; teaching; significance; characteristic

一、习近平新时代中国特色社会主义经济思想的提出和深化

党的十八大以来，中国特色社会主义进入新时代；我国经济发展也进入了新时代，我

* 本文得到教育部人文社会科学研究专项任务项目资助，是“习近平总书记关于区域发展的重要论述研究”（项目号：19JD710075）的阶段性研究成果。同时，得到2019—2020年度同济大学教学改革研究与建设项目资助，是“新时代《经济法》教材新编”的阶段性研究成果。

国经济已由高速增长阶段转向高质量发展阶段。[1]以习近平同志为核心的党中央坚持观大势、谋全局、干实事，成功驾驭了我国经济发展大局，在实践中形成了以新发展理念为主要内容的习近平新时代中国特色社会主义经济思想。2017年12月18日至20日，党的十九大之后的首次中央经济工作会议在北京举行，首次提出了习近平新时代中国特色社会主义经济思想。

习近平新时代中国特色社会主义经济思想是习近平新时代中国特色社会主义思想的重要组成部分。其主要内涵包括以下“七个坚持”：①坚持加强党对经济工作的集中统一领导，保证我国经济沿着正确方向发展；②坚持以人民为中心的发展思想，贯穿到统筹推进“五位一体”总体布局和协调推进“四个全面”战略布局之中；③坚持适应把握引领经济发展新常态，立足大局，把握规律；④坚持使市场在资源配置中起决定性作用，更好发挥政府作用，坚决扫除经济发展的体制机制障碍；⑤坚持适应我国经济发展主要矛盾变化完善宏观调控，相机抉择，开准药方，把推进供给侧结构性改革作为经济工作的主线；⑥坚持问题导向部署经济发展新战略，对我国经济社会发展变革产生深远影响；⑦坚持正确工作策略和方法，稳中求进，保持战略定力、坚持底线思维，一步一个脚印向前迈进。[2]

上述“七个坚持”提纲挈领地点明了习近平新时代中国特色社会主义经济思想的主要内涵。“七个坚持”既包含政治保证和根本立场，又明确把握大逻辑、用好“两只手”等实践方向，既涵盖明方位、辨大势的认识论，又突出抓问题、怎么干的方法论，构成了一个紧密联系、科学系统的理论体系。[3]其中，“坚持加强党对经济工作的集中统一领导”居于首位，是总领性、根本性的；“坚持以人民为中心的发展思想”是经济发展的根本目的；后五个“坚持”是实现高质量发展的重要途径。[4]

2018年12月19日至21日，中央经济工作会议指出，一年来，我们在实践中深化了对做好新形势下经济工作的规律性认识：必须坚持党中央集中统一领导，发挥掌舵领航作用；必须从长期大势认识当前形势，认清我国长期向好发展前景；必须精准把握宏观调控的度，主动预调微调、强化政策协同；必须及时回应社会关切，有针对性主动引导市场预期；必须充分调动各方面积极性，形成全局工作强大合力。简称“五个必须”。[5]这是对“七个坚持”的深化，是习近平新时代中国特色社会主义经济思想的最新发展。

二、习近平新时代中国特色社会主义经济思想融入专业课程教学的重要意义

（一）是高校坚持社会主义办学方向的根本保障和重要举措

“我们的高校是党领导下的高校，是中国特色社会主义高校。”2016年12月习近平总书记在全国高校思想政治工作会议强调指出：“我国有独特的历史、独特的文化、独特的国情，决定了我国必须走自己的高等教育发展道路，扎实办好中国特色社会主义高校。我国高等教育发展方向要同我国发展的现实目标和未来方向紧密联系在一起，为人民服务，为中国共产党治国理政服务，为巩固和发展中国特色社会主义制度服务，为改革开放和社会主义现代化建设服务。”[6]2017年中央经济工作会议强调，习近平新时代中国特色社会主义经济思想，是党的十八大以来推动我国经济发展实践的理论结晶，是中国特色社会主义

政治经济学的最新成果，是党和国家十分宝贵的精神财富，必须长期坚持、不断丰富发展。因此，高校坚持社会主义办学方向，必须以习近平新时代中国特色社会主义思想为指引，通过习近平新时代中国特色社会主义经济思想融入专业课程教学，加强中国特色社会主义政治经济学的教学工作，坚持不懈传播马克思主义科学理论，抓好马克思主义理论教育，为学生成长奠定科学的思想基础；坚持不懈培育和弘扬社会主义核心价值观，引导广大师生做社会主义核心价值观的坚定信仰者、积极传播者、模范践行者，保证高校始终成为坚持党的领导的坚强阵地，保证高校始终成为培养社会主义事业建设者和接班人的坚强阵地。

（二）是高校培养德智体美全面发展的社会主义建设者和接班人的根本要求和时代需要

2018年9月10日，习近平总书记在全国教育大会上强调指出："培养什么人，是教育的首要问题。我国是中国共产党领导的社会主义国家，这就决定了我们的教育必须把培养社会主义建设者和接班人作为根本任务，培养一代又一代拥护中国共产党领导和我国社会主义制度、立志为中国特色社会主义奋斗终生的有用人才。这是教育工作的根本任务，也是教育现代化的方向目标。"[7]因此，高校坚持把立德树人、培养德智体美劳全面发展的社会主义建设者和接班人作为根本任务，必须以习近平新时代中国特色社会主义思想为指引，通过习近平新时代中国特色社会主义经济思想融入专业课程教学，在坚定理想信念上下功夫，教育引导学生树立共产主义远大理想和中国特色社会主义共同理想，增强学生的中国特色社会主义道路自信、理论自信、制度自信、文化自信，立志肩负起民族复兴的时代重任。

"青春理想，青春活力，青春奋斗，是中国精神和中国力量的生命力所在。"2018年5月2日习近平总书记在北京大学师生座谈会上强调指出："中华民族伟大复兴，绝不是轻轻松松、敲锣打鼓就能实现的，我们必须准备付出更为艰巨、更为艰苦的努力。广大青年要成为实现中华民族伟大复兴的生力军，肩负起国家和民族的希望。……广大青年应该在奋斗中释放青春激情、追逐青春理想，以青春之我、奋斗之我，为民族复兴铺路架桥，为祖国建设添砖加瓦。"[8]党的十九大报告中提出了我国社会主义现代化发展的战略安排，即，到2020年全面建成小康社会，到2035年基本实现社会主义现代化，到本世纪中叶把我国建成富强民主文明和谐美丽的社会主义现代化强国。广大青年生逢其时，也重任在肩。高校要培养担当民族复兴大任时代新人，必须把习近平新时代中国特色社会主义思想贯穿教育教学和人才培养全过程，通过把习近平新时代中国特色社会主义经济思想融入专业课程教学，教育引导学生正确认识世界和中国发展大势，正确认识中国特色和国际比较，正确认识远大抱负和脚踏实地，正确认识时代责任和历史使命，用中国梦激扬青春梦，为学生点亮理想的灯、照亮前行的路，激励学生自觉把个人的理想追求融入国家和民族的事业，勇做走在时代前列的奋进者、开拓者。

（三）是高校加快建设中国特色世界一流大学和一流学科的内在要求和必然趋势

习近平总书记指出："教育强则国家强。高等教育发展水平是一个国家发展水平和发展潜力的重要标志。实现中华民族伟大复兴，教育的地位和作用不可忽视。我们对高等教育的需要比以往任何时候都更加迫切，对科学知识和卓越人才的渴求比以往任何时候都更加强烈。党中央做出加快建设世界一流大学和一流学科的战略决策，就是要提高我国高等教育发展水平，增强国家核心竞争力。"同时，习近平总书记还指出："只有培养出一流人才的高校，才能够成为世界一流大学。办好我国高校，办出世界一流大学，必须牢牢抓住全面提高人才培养能力这个核心点，并以此来带动高校其他工作。"[9]

因此，以中国特色世界一流为核心，以高等教育内涵式发展为主线，高校要加快建设中国特色世界一流大学和一流学科，必须坚定不移地以习近平新时代中国特色社会主义思想为指引，通过把习近平新时代中国特色社会主义经济思想融入专业课程教学，将习近平新时代中国特色社会主义经济思想、进而将习近平新时代中国特色社会主义思想贯穿于坚持办学正确政治方向、建设高素质教师队伍和形成高水平人才培养体系三项基础性工作，贯穿于全面提高人才培养能力的全过程，贯穿于高校人才培养、科学研究、社会服务和文化传承创新各个方面，努力建成为知识发现和科技创新的重要力量、先进思想和优秀文化的重要源泉、培养各类高素质优秀人才的重要基地。此其一。

其二，通过习近平新时代中国特色社会主义经济思想融入专业课程教学，大力推动以"思政课＋课程思政"为目标的课堂教学改革，守好一段渠、种好责任田，使专业课程与思想政治理论课同向同行，使各类课程、资源、力量与思想政治理论课同向同行，形成协同效应，促进高校把立德树人融入思想道德教育、文化知识教育、社会实践教育各环节，促进高校构建德智体美劳全面培养的教育体系，促进高校大力改革学科体系、教学体系、教材体系和管理体系，促进高校努力形成更高水平的人才培养体系，实现以质量为核心的可持续发展。

需要补充说明的是，新中国成立之后，我国建立的是高度专业化的教育模式，为我国社会主义建设培养了大批专业化人才。改革开放后，高校开始了"淡化专业，加强基础"的教学改革，把通识教育作为培养完整人的教育模式。但是，通识课程的设置与实施仍然受到诸多约束。目前我国通识教育课程被直接纳入专业课程的管理体系，从教学管理、授课方式，到评价体系，都沿用传统模式，很难体现通识教育的理念和精神。另外，通识教育课程师资力量匮乏，高校师生缺乏对通识精神的理解。[10]基于上述国情，习近平新时代中国特色社会主义经济思想不仅要进入通识课程或者思想政治课程，而且迫切需要融入专业课程教学。

其三，通过习近平新时代中国特色社会主义经济思想融入专业课程教学以及相应的一系列教育教学改革，促进高校积极主动融入改革开放、现代化建设和民族复兴伟大进程，促进高校在深化改革、服务需求、开放合作中加快发展，扎根中国大地，办人民满意的教育，促进高校努力建成为中国特色社会主义标杆大学，能够在培育和践行社会主义核心价值观、促进高等教育内涵发展、支撑国家创新驱动发展战略、服务经济社会发展、弘扬中华优秀传统文化等方面持续不断发挥重大作用，不断使高等教育同党和国家事业发展要求相适应、同人民群众期待相契合、同我国综合国力和国际地位相匹配，为实现"两个一百年"奋斗目标和中华民族伟大复兴的中国梦提供有力支撑。[11]

三、习近平新时代中国特色社会主义经济思想融入专业课程教学的主要特点

(一) 构成了党的理论创新成果进教材进课堂进头脑工作的重中之重

改革开放以来，党的理论创新每前进一步，进教材、进课堂、进头脑的任务就要跟进一步。“进教材”就是把党的理论创新成果充分体现在教材中，实现理论体系向教材体系的转化。“进课堂”就是把任课教师的知识体系、方法论体系和教材内容体系有机耦合，实现教材体系向教学体系的转化。“进头脑”就是帮助大学生把课堂学到的知识体系转化为价值体系。党的十九大以来，教育部把推进习近平新时代中国特色社会主义思想进教材、进课堂、进头脑工作(以下简称“三进工作”)，作为教育系统的头等大事。[12] 作为习近平新时代中国特色社会主义思想的重要组成部分，作为中国特色社会主义政治经济学的最新成果，习近平新时代中国特色社会主义经济思想三进工作则是重中之重。其中，习近平新时代中国特色社会主义经济思想融入专业课程教学更是属于“点睛之笔”。

(二) 凸显了专业课程与通识课程之间在三进工作中的协同关系

习近平新时代中国特色社会主义经济思想三进工作同样离不开课程设计，离不开专业课程三进工作与通识课程三进工作的有机组合，离不开“思政课＋课程思政”为目标的课堂教学改革。习近平新时代中国特色社会主义经济思想融入专业课程教学则属于专业课程三进工作的范畴，也属于“课程思政”的范畴。习近平总书记指出：“要用好课堂教学这个主渠道，思想政治理论课要坚持在改进中加强，提升思想政治教育亲和力和针对性，满足学生成长发展需求和期待，其他各门课都要守好一段渠、种好责任田，使各类课程与思想政治理论课同向同行，形成协同效应。”[13] 因此，思想政治理论课程(或者通识课程)是三进工作的“主渠道”，专业课程则是三进工作的“特殊渠道”或者“专门渠道”，两者是普遍性和特殊性的关系，在教学目标、内容、方法和质量评价等方面存在一定的区别和联系。如果说“马克思主义基本原理概论”“毛泽东思想和中国特色社会主义理论体系概论”“思想道德修养与法律基础”“中国马克思主义与当代”“中国特色社会主义理论与实践研究”“中国近现代史纲要”等课程是习近平新时代中国特色社会主义经济思想三进工作的“主渠道”，“新时代中国特色社会主义政治经济学”“区域经济学”“区域经济规划”“区域经济地理”“经济法”等经济类管理类专业课程则是习近平新时代中国特色社会主义经济思想三进工作的“专门渠道”。习近平新时代中国特色社会主义经济思想融入专业课程教学体现的是习近平新时代中国特色社会主义经济思想三进工作的专业性特殊性意义；同时，凸显的是专业课程与通识课程之间在习近平新时代中国特色社会主义经济思想三进中的协同关系。

(三) 遵循新时代教育改革发展规律和三进工作的新型教学规律

1. 遵循新时代教育改革发展规律

作为新时代教育改革发展的重要抓手，习近平新时代中国特色社会主义经济思想融

入专业课程教学必须遵循新时代教育改革发展规律。2018 年习近平总书记在全国教育大会上指出:“在实践中,我们就教育改革发展提出一系列新理念新思想新观点,主要有以下几个方面,坚持党对教育事业的全面领导,坚持把立德树人作为根本任务,坚持优先发展教育事业,坚持社会主义办学方向,坚持扎根中国大地办教育,坚持以人民为中心发展教育,坚持深化教育改革创新,坚持把服务中华民族伟大复兴作为教育的重要使命,坚持把教师队伍建设作为基础工作。这是我们对我国教育事业规律性认识的深化,来之不易,要始终坚持并不断丰富发展。”[14]上述“九个坚持”就是习近平总书记关于新时代中国特色社会主义教育改革发展规律的重要论述和简练概括,是习近平新时代中国特色社会主义经济思想融入专业课程教学的规律性遵循。

2. 遵循三进工作的新型教学规律

作为课堂教学改革之一,习近平新时代中国特色社会主义经济思想融入专业课程教学还必须遵循三进工作的新型教学规律。除了简捷律、育人律、发展律和二主律等常见的教学规律,根据习近平总书记系列重要讲话精神,三进工作的新型教学规律可以初步概括为以下几个方面。

(1) 根本保证律。即坚持党的全面领导。习近平总书记强调:“加强党对教育工作的全面领导,是办好教育的根本保证。……思想政治工作是学校各项工作的生命线,各级党委、各级教育主管部门、学校党组织都必须紧紧抓在手上。”[15]显然,加强党对教育工作的全面领导,涵盖了党对教学工作的领导地位,涵盖了党在专业课程三进工作中的领导作用,是做好专业课程三进工作、实现习近平新时代中国特色社会主义经济思想融入专业课程教学的根本保证。

(2) 全过程立德树人律。即把思想政治工作贯穿教育教学全过程。习近平总书记指出:“高校思想政治工作关系高校培养什么样的人、如何培养人以及为谁培养人这个根本问题。要坚持把立德树人作为中心环节,把思想政治工作贯穿教育教学全过程,实现全程育人、全方位育人,努力开创我国高等教育事业发展新局面。”[16]习近平总书记还指出:“要把立德树人融入思想道德教育、文化知识教育、社会实践教育各环节,贯穿基础教育、职业教育、高等教育各领域,学科体系、教学体系、教材体系、管理体系要围绕这个目标来设计,教师要围绕这个目标来教,学生要围绕这个目标来学。凡是不利于实现这个目标的做法都要坚决改过来。”[17]

(3) “三因”创新进步律。“三因”即“因事而化、因时而进、因势而新”,“三因”不仅是做好思想政治工作的重要理念,是对马克思主义与时俱进的理论品格和科学的思想方法的深刻概括,也是对三进工作规律和方法的深刻总结。习近平总书记指出:“做好高校思想政治工作,要因事而化、因时而进、因势而新。要遵循思想政治工作规律,遵循教书育人规律,遵循学生成长规律,不断提高工作能力和水平。要用好课堂教学这个主渠道,思想政治理论课要坚持在改进中加强,提升思想政治教育亲和力和针对性,满足学生成长发展需求和期待,其他各门课都要守好一段渠、种好责任田,使各类课程与思想政治理论课同向同行,形成协同效应。要加快构建中国特色哲学社会科学学科体系和教材体系,推出更多高水平教材,创新学术话语体系,建立科学权威、公开透明的哲学社会科学成果评价体系,努力构建全方位、全领域、全要素的哲学社会科学体系。要更加注重以文化人、以文育人,广泛开展文明校园创建，开展形式多样、健康向上、格调高雅的校园文化活动，广泛开展各类社会实践。要运用新媒体新技术使工作活起来，推动思想政治工作传统优势同信息技术高度融合，增强时代感和吸引力。”[18]

(4) 知行合一律。即理论联系实际、以知促行、以行促知、空谈误国、实干兴邦。习近平总书记指出：“学到的东西，不能停留在书本上，不能只装在脑袋里，而应该落实到行动上，做到知行合一、以知促行、以行求知，正所谓‘知者行之始，行者知之成’。……不论学习还是工作，都要面向实际、深入实践，实践出真知；都要严谨务实，一分耕耘一分收获，苦干实干。广大青年要努力成为有理想、有学问、有才干的实干家，在新时代干出一番事业。我在长期工作中最深切的体会就是：社会主义是干出来的。”[19]早在 2012 年 11 月 29 日，习近平总书记在参观《复兴之路》展览时发表重要讲话。他在讲话中说：“空谈误国，实干兴邦。我们这一代共产党人一定要承前启后、继往开来，把我们的党建设好，团结全体中华儿女把我们国家建设好，把我们民族发展好，继续朝着中华民族伟大复兴的目标奋勇前进。”[20]在三进工作中，只泛泛而谈国家大事、不联系实际解决问题，会耽误国家的发展，只有脚踏实地、真抓实干，才能将党的理论创新成果三进工作落到实处，才能将专业课程和通识课程的三进工作落到实处，才能将习近平新时代中国特色社会主义经济思想融入专业课程教学工作落到实处，才能使国家兴旺发达。

（四）遵照思想政治教学工作和三进工作的“八个统一”原则

习近平总书记 2019 年 3 月 18 日在北京主持召开学校思想政治理论课教师座谈会时发表重要讲话，强调指出：“推动思想政治理论课改革创新，要不断增强思政课的思想性、理论性和亲和力、针对性。要坚持政治性和学理性相统一，以透彻的学理分析回应学生，以彻底的思想理论说服学生，用真理的强大力量引导学生。要坚持价值性和知识性相统一，寓价值观引导于知识传授之中。要坚持建设性和批判性相统一，传导主流意识形态，直面各种错误观点和思潮。要坚持理论性和实践性相统一，用科学理论培养人，重视思政课的实践性，把思政小课堂同社会大课堂结合起来，教育引导学生立鸿鹄志，做奋斗者。要坚持统一性和多样性相统一，落实教学目标、课程设置、教材使用、教学管理等方面的统一要求，又因地制宜、因时制宜、因材施教。要坚持主导性和主体性相统一，思政课教学离不开教师的主导，同时要加大对学生的认知规律和接受特点的研究，发挥学生主体性作用。要坚持灌输性和启发性相统一，注重启发性教育，引导学生发现问题、分析问题、思考问题，在不断启发中让学生水到渠成得出结论。要坚持显性教育和隐性教育相统一，挖掘其他课程和教学方式中蕴含的思想政治教育资源，实现全员全程全方位育人。”[21]上述“八个统一”是习近平总书记关于改革创新思想政治理论课的基本要求，既适用于思想政治理论课程（或者通识课程）的教学工作也适用于“课程思政”的教学工作，既适用于通识课程三进工作也适用于专业课程三进工作，因此也是实现习近平新时代中国特色社会主义经济思想融入专业课程教学所必须遵照的系统而又特定的工作原则。

四、小结与展望

党的十九大之后的首次中央经济工作会议提出了习近平新时代中国特色社会主义经

济思想，这是习近平新时代中国特色社会主义思想的重要组成部分。相应地，教育部把推进习近平新时代中国特色社会主义（经济）思想进教材、进课堂、进头脑工作，作为教育系统的头等大事。本文结合习近平总书记系列重要讲话，探讨并初步归纳了习近平新时代中国特色社会主义经济思想融入专业课程教学的重要意义和主要特点。结果显示，习近平新时代中国特色社会主义经济思想融入专业课程教学是高校坚持社会主义办学方向的根本保障和重要举措，是高校培养德智体美全面发展的社会主义建设者和接班人的根本要求和时代需要，是高校加快建设中国特色世界一流大学和一流学科的内在要求和必然趋势。同时，习近平新时代中国特色社会主义经济思想融入专业课程教学的主要特点如下：①构成了党的理论创新成果进教材进课堂进头脑工作的重中之重；②凸显了专业课程与通识课程之间在三进工作中的协同关系；③遵循新时代教育改革发展规律和三进工作的新型教学规律；④遵照思想政治教学工作和三进工作的"八个统一"原则。基于此，本文将三进工作的新型教学规律初步归纳为以下四个方面：①根本保证律；②全过程立德树人律；③"三因"创新进步律；④知行合一律。以管窥之见，期抛砖引玉，希望通过本文的研究引起高校师生重视习近平新时代中国特色社会主义经济思想融入专业课程教学工作，能够在一定程度上有助于研究阐释习近平总书记有关教育改革发展工作、思想政治工作或者三进工作的系列重要讲话精神，有助于研究阐释习近平新时代中国特色社会主义经济思想。习近平新时代中国特色社会主义经济思想融入专业课程教学的内容和方法设计以及运行和保障机制设计问题还有待进一步研究。

参考文献

[1] 习近平.决胜全面建成小康社会　夺取新时代中国特色社会主义伟大胜利——在中国共产党第十九次全国代表大会上的报告[N].光明日报，2017-10-28(01-05).

[2] 新华社.中央经济工作会议首提习近平新时代中国特色社会主义经济思想[EB/OL].[2017-12-20]. http://www.gov.cn/xinwen/2017-12/20/content_5248943.htm.

[3] 新华社评论员.以习近平新时代中国特色社会主义经济思想引领发展——二论学习贯彻中央经济工作会议精神[EB/OL].[2017-12-22]. http://www.xinhuanet.com/politics/2017-12/21/c_1122149133.htm.

[4] 王子晖.亮眼！习近平新时代中国特色社会主义经济思想[EB/OL].[2017-12-22].http://www.xinhuanet.com/politics/2017-12/22/c_1122152985.htm.

[5] 新华社.中央经济工作会议在北京举行　习近平李克强作重要讲话[EB/OL].[2018-12-21].http://news.cctv.com/2018/12/21/ARTI93Cwl0GAzC5dJpsxF9Aj181221.shtml?spm=C94212.PZmRfaLbDrpt.S83334.1.

[6] 张烁.习近平在全国高校思想政治工作会议上强调：把思想政治工作贯穿教育教学全过程　开创我国高等教育事业发展新局面[N].人民日报，2016-12-09(01).

[7] 吴晶，胡浩.习近平：坚持中国特色社会主义教育发展道路　培养德智体美劳全面发展的社会主义建设者和接班人[EB/OL].[2018-09-10].http://cpc.people.com.cn/n1/2018/0910/c64094-30284598.html.

[8] 新华社.习近平在北京大学师生座谈会上的讲话[N].人民日报，2018-05-03(02).

[9] 张烁.习近平在全国高校思想政治工作会议上强调：把思想政治工作贯穿教育教学全过程　开创我

国高等教育事业发展新局面[N].人民日报,2016-12-09(01).
[10] 梁媛.通识教育与专业教育课程的区别:基于教学设计的思考[J].教育教学论坛,2017(7):228-229.
[11] 教育部,财政部,国家发展改革委.《关于高等学校加快“双一流”建设的指导意见》的通知[EB/OL].2018-08-08,http://www.moe.gov.cn/srcsite/A22/moe_843/201808/t20180823_345987.html.
[12] 陈宝生.扎实推进党的理论创新成果进头脑[N].光明日报,2018-07-24(13).
[13] 张烁.习近平在全国高校思想政治工作会议上强调:把思想政治工作贯穿教育教学全过程　开创我国高等教育事业发展新局面[N].人民日报,2016-12-09(01).
[14] 吴晶,胡浩.习近平:坚持中国特色社会主义教育发展道路　培养德智体美劳全面发展的社会主义建设者和接班人[EB/OL].[2018-09-10].http://cpc.people.com.cn/n1/2018/0910/c64094-30284598.html.
[15] 吴晶,胡浩.习近平:坚持中国特色社会主义教育发展道路　培养德智体美劳全面发展的社会主义建设者和接班人[EB/OL].[2018-09-10].http://cpc.people.com.cn/n1/2018/0910/c64094-30284598.html.
[16] 张烁.习近平在全国高校思想政治工作会议上强调:把思想政治工作贯穿教育教学全过程　开创我国高等教育事业发展新局面[N].人民日报,2016-12-09(01).
[17] 吴晶,胡浩.习近平:坚持中国特色社会主义教育发展道路　培养德智体美劳全面发展的社会主义建设者和接班人[EB/OL].[2018-09-10].http://cpc.people.com.cn/n1/2018/0910/c64094-30284598.html.
[18] 张烁.习近平在全国高校思想政治工作会议上强调:把思想政治工作贯穿教育教学全过程　开创我国高等教育事业发展新局面[N].人民日报,2016-12-09(01).
[19] 新华社.习近平在北京大学师生座谈会上的讲话[N].人民日报,2018-05-03(02).
[20] 李斌.习近平:空谈误国实干兴邦　复兴是最大中国梦[EB/OL].[2012-11-29].http://js.people.com.cn/html/2012/11/29/189922.html.
[21] 中央广电总台央视新闻客户端.习近平主持召开学校思想政治理论课教师座谈会[EB/OL].[2019-03-18].http://news.cri.cn/20190318/89e5519f-812c-513e-917a-b426be83b02d.html.

模拟软件应用于公共政策分析课程的现状及前景*

臧漫丹　张贝宁

（同济大学经济与管理学院）

摘　要：公共政策分析课程是公共管理专业的核心课程，经过多年的课程发展，其教学内容和方式都在不断地进行探索和创新。本文以 2017 年 QS 世界大学社会政策与管理学科(Social Policy & Administration)排名为依据，通过浏览排名前 50 的高校的官网并搜集这些官网上的公共政策分析及与其紧密相关的课程介绍，了解该类课程对于模拟软件及技术的应用情况，并对这些技术在课堂教学上的应用前景做出展望。

关键词：公共政策分析；公共管理；模拟软件

Abstract: Public Policy Analysis is a core module in Public Management major. With years of development in this module, abundant exploration and innovation is made based on course content and methods of instruction. According to the 2017 QS World University Rankings in Scocial Policy & Administration, this paper analyzes the current situation of the application of simulation softwares and techniques to courses related to public policy analysis by browsing the websites of top 50 universities and collecting the introduction to modules related to public policy analysis on these websites, and illustrates the prospect of these techniques applying to courses.

Keywords: Public Policy Ananlysis; public management; simulation software

一、问题提出

高校课程建设在持续推动教育教学改革，提升人才培养质量方面具有重要作用。大学课程不仅是知识体系的具体反映，直接关系到大学生知识结构继而能力结构的形成，更是大学教学得以发生的基础，人才培养目标得以实现的重要保证和必需手段[1]。高校课程的质量直接决定人才培养的水平和成果[2]，因此对高校课程的改革和创新需要有持续

* 本文系同济大学 2018 研究生教育研究与改革项目研究成果。

的关注和重视。

公共政策分析是公共管理相关专业的核心必修课程,是一门综合性和应用性很强的学科,需要哲学、法学、政治学、行政学、经济学、社会学、历史学、人类学、管理学、科学方法论等广泛的知识基础,是公共管理实践中政策活动的理论指导,也是政策实践的分析框架。[3]课程内容主要涉及以公共决策的基本理论为基础,系统分析公共政策在现代社会中的基本理论体系。在学习过程中往往需要结合具体案例,分析政府公共政策形成的原因、公共政策的目标与工具、公共政策形成和执行的过程与环境等。该课程的目的在于让学生全面深入了解公共政策,学会如何运用所学理论和方法分析实际工作中所遇到的各种政策问题,建立分析框架,提出政策方案。

随着公共政策分析课程体系的不断发展和完善,学界也在不遗余力地对这门课程的教学内容和知识体系进行更新,同时对教学方法进行迭代升级。各高校公共政策分析课程的教学主体,一直试图在教学实践中有所创新和突破,通过聚焦公共政策的决策、实施和评估三大模块,在分析公共政策问题的基础上找到并使用更好的预测和政策绩效评估工具,使该课程教学质量不断提高,以实现学生"学会运用这些理论、方法和分析技术解决现实公共政策问题"的教学目标[4],培养出具有现代管理理论、技术和方法的知识全面以及实践能力强,能在行政管理部门从事管理工作的高级专门人才[5]。

模拟软件和技术是应用于公共政策领域的重要研究方法,能够在大量数据支撑下对公共政策进行制度、系统、价值和质量分析,从而准确剖析其有效性、合理性并预测未来趋势。这一工具也同样可以服务于课程教学,让学生在学习并掌握该研究方法的基础上培养解决公共政策问题的能力。据了解,一些开设"公共政策分析"课程较早、经验较丰富且多媒体技术较成熟的大学,已经开始在课堂上利用模拟软件进行教学。

基于此,本文对国内外大学开设的公共政策分析课程进行信息收集、分析与总结,深入调查了解教学过程中模拟软件和技术的使用、运行和开发情况,并分析这些软件和技术在公共政策分析课堂上的应用前景。

二、模拟软件应用于公共政策分析课程的现状调查

本文以 2017 年 QS 世界大学社会政策与管理学科(Social Policy & Administration)[6]排名为依据,浏览排名前 50 的高校的官方网站并搜集其开设的与公共政策分析相关的课程内容。但受到各学校信息可得性的限制,此次调查虽然搜索了 QS 世界大学排名中的 50 所学校,但仅收集到 22 所学校的 23 门与公共政策分析相关的课程。主要原因在于,其中一大部分高校官网信息公开程度十分有限,缺少课程设置及具体授课内容相关介绍,如哈佛大学、东京大学、墨尔本大学、纽约大学、阿姆斯特丹大学仅给出各专业的概括介绍但并未说明该专业具体的课程设置,剑桥大学、澳大利亚国立大学、加州大学洛杉矶分校、爱丁堡大学、约克大学、台湾大学仅列出公共政策系的课程但并未给出具体的课程介绍,还有一些学校官网的信息模糊或不可得,因此无法获得关于这些学校的公共政策分析课程信息。

在 22 所被调查高校中,使用软件或计算机技术进行公共政策分析教学的学校共 12

所,包括牛津大学、伦敦政治经济学院、加州大学伯克利分校、芝加哥大学、新加坡国立大学、哥伦比亚大学、约翰霍普金斯大学、布里斯托大学、不列颠哥伦比亚大学、佐治亚大学、普林斯顿大学和华盛顿大学。未使用或未说明使用任何软件或技术的学校共 10 所,包括斯坦福大学、麻省理工学院、香港大学、首尔大学、多伦多大学、雪城大学、悉尼大学、密歇根大学、伦敦大学学院和卡迪夫大学。可以看出,对于排名靠前高校,模拟软件及计算机技术在公共政策分析相关课程教学中的普及率约 50%。具体信息如表 1 所列。

表 1　　公共政策分析课程模拟软件使用情况调查结果

学校	课程名称	使用软件/技术
牛津大学(Oxford)	政策评估(Policy Evaluation[7])	数据处理方法工具
伦敦政治经济学院(LSE)	公共政策定量研究方法(Quantitative Methods for Public Policy[8])	定量研究方法
加州大学伯克利分校(UCB)	决策分析、建模和定量方法(Decision Analysis, Modeling, and Quantitative Methods[9])	定量方法及建模
斯坦福大学(Stanford)	政治学和公共政策(Politics and Public Policy[10])	无
麻省理工学院(MIT)	政策分析方法(Methods of Policy Analysis[11])	无
香港大学(HKU)	公共政策:问题和方法(Public Policy: Issues and Approaches[12])	无
芝加哥大学(Chicago)	公共政策的数据技巧(Data Skills for Public Policy[13])	数据处理技术
新加坡国立大学(NUS)	公共政策的定量研究方法(Quantitative Research Methods for Public Policy[14])	多元回归方法
哥伦比亚大学(Columbia)	定量政治学研究与数据分析(Quantitative Political Research & Analysis of Political Data[15])	定量分析数据处理
首尔大学(SNU)	公共政策分析(Public Policy Analysis[16])	无
约翰霍普金斯大学(JHU)	公共政策统计学(Statistics for Public Policy[17])	数据可视化
多伦多大学(UT)	公共政策比较(Comparative Public Policy[18])	无
雪城大学(SU)	公共政策分析介绍(Introduction to the Analysis of Public Policy[19])	无
悉尼大学(USYD)	公共政策问题(Issues in Public Policy[20])	无
密歇根大学(UMich)	公共政策政治学(Politics of Public Policy[21])	无
布里斯托大学(UB)	政策通知和评估—研究方法和分析(Informing and Evaluating Policy - Research Methods and Analysis[22])	定量数据分析技术
伦敦大学学院(UCL)	全球公共政策(Global Public Policy[23])	无
不列颠哥伦比亚大学(UBC)	政策测度和数据分析(Measurement and Data Analysis for Policy[24])	定量分析工具
佐治亚大学(UGA)	公共管理和政策的大数据(Big Data in Public Administration and Policy[25])	大数据和人工智能

（续表）

学校	课程名称	使用软件/技术
普林斯顿大学(Princeton)	政策分析话题：公共政策的 GIS 技术(Topics in Policy Analysis: GIS for Public Policy[26])	ArcGIS
普林斯顿大学(Princeton)	人工智能与公共政策(Artificial Intelligence and Public Policy[26])	人工智能
卡迪夫大学(Cardiff)	国际、社会比较和公共政策(International and Comparative Social and Public Policy[27])	无
华盛顿大学(UW)	GIS 和公共政策(GIS and Public Policy[28])	GIS 技术

数据来源：各高校官方网站。

三、模拟软件应用于公共政策分析课程的现状分析

通过对世界范围专业排名前 50 高校的公共政策分析相关课程的信息进行整理和研究，可以发现当前该类课程教学中所应用的软件或技术主要有以下三种。

（一）数据处理和定量分析技术

数据处理和定量分析是应用于公共政策分析课程中最基础也是最为简单易懂的技术。该技术主要是利用数理统计方法、回归模型、线性规划等对已有数据进行处理和评价，找出其规律，判断分析结果的可靠性，并用于指导实践。

由于原理简单、可操作性强，数据处理和定量分析方法已被广泛用于公共政策分析的教学中。一些学校主要利用描述性统计等数理方法进行教学。如牛津大学的“政策评估”[7]课程为学生提供先进的方法工具来评价政策在理论与实践的有效性，具体内容包括：政策问题与评估方式设计间的联系；政策评估设计的主要方法及内在逻辑；运用数据调查及管理进行定量政策评估过程中产生的方法工具问题；过程及诊断评价；对现有的政策评估文献进行系统辩证的回溯。布里斯托大学的“政策通知和评估—研究方法和分析”[22]课程介绍公共政策领域的定量、定性技术和数据分析工具，阐述定量、定性分析技术在一手和二手资料中的应用。课程内容包括设计调查问卷、取样技术、统计方法和实验设计、采访、群组调查、案例学习和文件分析。

也有一些学校建立线性规划方程，对公共政策进行评估。如加州大学伯克利分校的“决策分析、建模和定量方法”[9]课程将定量分析技术与公共政策分析相结合，利用计算机技术进行模型构建与模拟、线性规划与问题优化，同时对政策相关数据进行统计学及计量学分析。通过这门课的学习，学生将能够从案例学习及统计数据集分析中提取政策相关信息。

回归方法在公共政策分析课程中的应用也十分普遍。如伦敦政治经济学院的“公共政策定量研究方法”[8]课程向学生介绍公共政策的主要原则与政策评估的定量工具，为政策干预和政策结果提供基础，同时强调这些定量工具在实际生活情景中的应用，包括相关性和因果关系的区分、随机实验的应用以及双重差分回归模型的应用。新加坡国立大学

的“公共政策的定量研究方法”[14]课程训练学生在公共政策分析中应用和获取定量证据的能力，并向学生教授定量分析技巧。该课程聚焦于多元回归分析的基础概念以及该模型在真实政策问题中的应用，让学生学会辨析定量方法的优势与局限，并将这一方法进一步应用在政策评估当中。

此外，还有一些课程综合多种定量分析方法对政策数据进行处理和分析。如哥伦比亚大学的“定量政治学研究与数据分析”[15]课程介绍定量分析技术在政治学和公共政策方面的应用。这些定量分析技术包括描述性统计、统计学推论原则以及方差分析和普通最小二乘回归得到的概率。数据分析主要针对政策数据中的多元和时间序列进行分析，包括时间序列回归、结构方程模型、因素分析等。本课程重点强调计算机技术的应用，并使用相关的计量软件对数据进行处理和分析。

（二）数据可视化技术

数据可视化指的是利用图形、图像处理、计算机视觉以及用户界面，通过表达、建模以及对立体、表面、属性以及动画的显示，对数据加以可视化解释。地理信息系统（Geographic Information System，GIS）是目前应用较多的数据可视化技术之一，该系统是在计算机硬、软件支持下对整个或部分地球表层空间中的有关地理分布数据进行采集、储存、管理、运算、分析、显示和描述的技术系统。GIS 是一种基于计算机的工具，它可以对空间信息进行分析和处理，简而言之，是对地球上存在的现象和发生的事情进行成图和分析。GIS 技术把地图这种独特的视觉化效果和地理分析功能与一般的数据库操作（如查询和统计分析等）集成在一起。[29]

地理学信息在公共管理领域具有重要价值，GIS 也是公共政策和管理的重要工具。GIS 使用地理学理论、空间分析、地理空间科学和技术来帮助社会在公正和可持续发展的前提下管理地球上的有限空间，包括自然资源和社区。在一些公共部门，至少一半的职员是 GIS 技术的使用者。目前，也有一些高校开始尝试利用 GIS 这一数据可视化技术进行教学。如约翰霍普金斯大学的“公共政策统计学”[17]课程为学生提供简短、集中式的数据可视化教学，令学生能够处理和分析数据，并深刻理解和挖掘公共政策决策过程中需要用到的基础统计学概念。普林斯顿大学的“政策分析话题：公共政策的 GIS 技术”[26]课程介绍计算机地理信息系统（GIS）在政策分析和决策制定方面的应用。课程要求学生通过地图制图应用案例学习 ArcGIS 软件，并在结课报告中应用 GIS 解决一项政策问题。华盛顿大学的“GIS 和公共政策”[28]课程指导学生学习并熟练掌握 GIS 技术，并使用 GIS 来了解数据来源如何与一个有效空间信息系统相结合并提供动态信息，同时也会学习到公共部门中最实用的 GIS 管理技术。

（三）大数据与人工智能技术

人工智能基于计算机科学、生物学、心理学、神经科学、数学和哲学等学科，是一门研究开发用于模拟、延伸和扩展人的智能的理论、方法、技术及应用系统的新兴技术科学。人工智能的一个主要推动力在于开发与人类智能相关的计算机功能，例如推理、学习和解决问题的能力[30]。它企图了解智能的实质，并生产出一种新的能以人类智能相似的方式做出反应的智能机器,对人的意识、思维的信息过程进行模拟。人工智能自诞生以来,理论和技术日益成熟,与大数据的结合更使得其应用领域不断扩大。

目前公共政策的一个明显趋势是对数量快速增长的大数据的利用,大数据的变革正在将公共组织和管理由微观层面转向宏观层面。随着计算机技术的不断进步,一些学校也开始尝试利用大数据和人工智能工具对公共政策效果进行预测和评估,以辅助决策过程。如芝加哥大学的“公共政策的数据技巧”[13]课程训练学生在公共政策领域利用计算机处理大数据的能力,并在此技术上进行公共政策的分析并学会制定和评估公共政策。佐治亚大学的“公共管理和政策的大数据”[25]课程主要介绍大数据的处理和分析方法,包括大数据和人工智能的基础机器学习理论和应用,并探究这些技术方法是如何影响公共管理和公共政策决策的。另外,该课程还讨论人工智能技术在管理上的挑战及未来方向。普林斯顿大学的“人工智能与公共政策”[26]课程研究人工智能技术及其在公共政策领域的应用。技术层面的内容包括人工智能的历史、概念以及发展现状;政策层面的内容包括人工智能的经济效应以及在国家安全、公共政策制定方面的应用。

四、结论与前景展望

通过对国际上顶尖大学公共政策分析课程的了解可以发现,目前大部分被用来进行公共政策分析教学的软件都与统计学上的定量分析和数据处理相关,也有少数高校利用GIS技术进行教学,更加前沿的则是已经开始涉足大数据和人工智能领域。

可以看出人们对公共政策的理解已经不再是定性地分析和解决问题,而是利用科学的方法,在理论基础、数学模型、数据和计算机技术支持的基础上对一项公共政策可能产生的效果进行模拟、预测与评估。虽然目前教学过程中模拟软件及技术的应用还没有成为主流,但随着信息技术的进步,软件及技术的使用将成为趋势,会有越来越多开设公共政策分析课程的大学引入这些先进的教学方式,以期达到更好的效果。

参考文献

[1] 俞婷婕,眭依凡.大学课程与人才培养——基于大学教学理性的思考[J].清华大学教育研究,2013,34(6).
[2] 冯倩倩,王海欣.高校课程改革特点与趋势分析——结合北京大学课程改革实践[J].北京教育:高教版,2015(9):70-71.
[3] 佚名.公共政策分析教学大纲[EB/OL].http://www.doc88.com/p-5911285176319.html.
[4] 臧漫丹,诸大建,傅世杰.“公共政策分析”课程教学改革实践[M]//阮青松.教育研究与教学改革论文集.北京:清华大学出版社,2015:261-264.
[5] 马明英.公共事业管理专业人才培养视角下公共政策分析课程教学研究[J].价值工程,2016,35(14):242-244.
[6] Top Universities. Social Policy & Administration[EB/OL].[2018-10-08]. https://www.topuniversities.com/university-rankings/university-subject-rankings/2017/social-policy-administration.
[7] University of Oxford. Politics and International Relations[EB/OL].[2018-10-20]. https://www.ox.

ac.uk/admissions/graduate/courses/social-sciences/politics-and-international-relations?wssl=1.
[8] LSE. School of Public Policy[EB/OL].[2018-10-20]. http://www.lse.ac.uk/school-of-public-policy/mpp/Curriculum-Information.
[9] University of California Berkeley. Master of Public Policy[EB/OL].[2018-10-26]. https://gspp.berkeley.edu/programs/course-information/graduate-courses.
[10] Stanford University. Politics and Public Policy[EB/OL].[2018-10-20]. https://politicalscience.stanford.edu/courses/2018-2019-polisci-102.
[11] MIT. Methods of Policy Analysis[EB/OL].[2018-10-26]. https://ocw.mit.edu/courses/urban-studies-and-planning/11-003j-methods-of-policy-analysis-spring-2016/.
[12] University of Hong Kong. Course Description 2018-19[EB/OL].[2018-10-26]. https://www.ppaweb.hku.hk/pages/mpa-course-descriptions-2018-19#p7003.
[13] University of Chicago. Data Skills for Public Policy[EB/OL].[2018-10-26]. https://harris.uchicago.edu/academics/programs-degrees/courses/data-skills-public-policy.
[14] NUS. MPP Curriculum[EB/OL].[2018-10-26]. https://lkyspp.nus.edu.sg/graduate-programmes/master-in-public-policy-mpp/mpp-curriculum.
[15] Columbia University. Graduate Methods Curriculum[EB/OL].[2018-10-20]. https://polisci.columbia.edu/content/graduate-methods-curriculum.
[16] Seoul National University. Political Science Major[EB/OL].[2018-10-26]. http://polisci.snu.ac.kr/english/esub3_02.php.
[17] Johns Hopkins University. Department of Political Science[EB/OL].[2018-10-26]. https://politicalscience.jhu.edu/undergraduate/courses/.
[18] UTSC. Comparative Public Policy[EB/OL].[2018-10-27]. https://utsc.calendar.utoronto.ca/course/ppgd64h3.
[19] Syracuse University. Undergraduate course syllabus[EB/OL].[2018-10-20]. https://www.maxwell.syr.edu/uploadedFiles/paf/Fall%202018%20Syllabus.pdf.
[20] University of Sydney. Issues in Public Policy[EB/OL].[2018-10-27]. https://sydney.edu.au/courses/units-of-study/2018/govt/govt6311.html.
[21] University of Michigan. Politics of Public Policy[EB/OL].[2018-10-14]. http://fordschool.umich.edu/courses/winter/2019/pubpol-510.
[22] University of Bristol. Unit and programme catalogues[EB/OL].[2018-10-27]. https://www.bris.ac.uk/unit-programme-catalogue/UnitDetails.jsa;jsessionid=44B228C2E0147B45F18AAAF8AD 00047C?ayrCode=19%2F20&unitCode=SPOLM1061.
[23] UCL. Global Public Policy[EB/OL].[2018-10-20]. http://www.ucl.ac.uk/political-science/teaching/masters/modules/global-public-policy.
[24] UBC. Department of Political Science[EB/OL].[2018-10-20]. https://politics.ubc.ca/graduate/courses/.
[25] UGA. School of Public & International Affair[EB/OL].[2018-10-27]. https://spia.uga.edu/wp-content/uploads/2018/02/PADP9200-Big-Data-Syllabus-Final-1.pdf.
[26] Princeton University. Public and International Affairs[EB/OL].[2018-10-10]. https://www.princeton.edu/academics/area-of-study/public-policy-woodrow-wilson-school.
[27] Cardiff University. Social and Public Policy[EB/OL].[2018-10-10]. https://www.cardiff.ac.uk/

study/postgraduate/taught/courses/course/social-and-public-policy-msc.

[28] UW. New & Notable Courses[EB/OL].[2018-10-10]. https://evans.uw.edu/academic-programs/course-listings/new-notable-courses.

[29] 刘明皓. 地理信息系统导论[M]. 重庆:重庆大学出版社,2009.

[30] 物联网电子世界. 人工智能概念介绍[EB/OL].[2019-02-25]. https://baijiahao.baidu.com/s?id=1611014130425035698&wfr=spider&for=pc.

研究生教育

YANJIUSHENGJIAOYU

研究生实践基地内涵式发展研究

陶建兰　曹晓玲　欧阳娟

(同济大学经济与管理学院)

摘　要：研究生实践基地内涵式发展是助力高校“双一流”建设及实现高等教育内涵式发展的重要路径。本文从研究生实践基地内涵式发展的背景及定义出发，以同济大学研究生实践基地建设为实例，对当前基地建设的现状与问题进行了分析，为新时代下研究生实践基地内涵式发展提出了优化实践基地布局、改善实践基地发展模式、完善实践基地管理制度以及创新课程体系与教学模式等对策建议。
关键词：研究生培养；实践基地；内涵式发展

Abstract: The connotative development of postgraduate practice base is an important way to accomplish the construction of "double first-class" and achieve the connotative development of higher education. This paper starts from the background and definition of postgraduate practice base's connotative development. Then, taking Tongji University as an example, the paper analyzes the current situation and problems of the practice base. Finally, the paper put forward some suggestions for the connote development of the practice base in the new era, such as expanding the layout of the practice base, improving the development mode of the practice base, optimizing the management system of the practice base, and innovating the curriculum system and teaching mode.
Keywords: postgraduate education; practice base; connotative development

一、前言

党的十九大报告明确提出，要加快一流大学和一流学科建设，实现高等教育内涵式发展。在高等教育从传统外延式发展模式转向高质量内涵式发展的过程中，面向国家需求，培养复合型人才，打造具有内涵式发展要义的研究生实践基地，是各高校实现高等教育内涵式发展的重要路径。

研究生实践基地由研究生培养单位与政府、企业、事业单位等机构合作共建而成，是培养应用型人才的有效途径，是实现教与学、学与用、理论联系实际的有效方法，是增强学生社会适应力与职场竞争力的重要保障。目前，传统的实践基地建设模式功能单一，即用人单位发布实践岗位信息，学生投简历应聘，该模式已不能适应新时代实践基地内涵式发展的需要，应形成校企双赢的有效驱动机制，整合资源，实现产学研一体化发展。本文以同济大学为实例，对研究生实践基地内涵式发展的定义、现存不足之处及其未来发展的对策建议进行分析，以期为其他研究生实践基地实现内涵式发展提供借鉴。

二、研究生实践基地内涵式发展的定义

对研究生实践基地而言，外延式发展更多的是强调扩展规模，内涵式发展则偏向于提升质量。在新时代高校高质量发展背景下，研究生实践基地内涵式发展，是以提高质量为核心，以校企合作为中心要素，以体制机制优化为保障的可持续发展模式。

研究生实践基地内涵式发展应具备以下基本特征。

(1) 全周期。研究生实践基地并不局限于研究生教学的特定阶段，而是贯穿整个研究生培养周期，包括研究生入学时的职业生涯规划、研究生实践岗前培训、研究生就业相关辅导等各环节，在上述过程中研究生实践基地都应该积极参与，在不同阶段发挥好或主导、或辅助的作用。

(2) 全覆盖。研究生实践基地内涵式发展的全覆盖体现在参与专业、单位类型及地域三方面：参与专业的全覆盖，指不同专业的学生都有相应的实践基地可供选择；单位类型的全覆盖，指在企业、事业单位等不同类型单位都设有实践基地；地域的全覆盖，指在毕业学生的主要去向城市均设有实践基地。

(3) 生态化。研究生实践基地不是学校单独建设完成的“孤岛”，而应是由学校、企业、政府多方共同参与，以学校为主导，以企业为载体，以政府为辅助、以互利共赢为纽带，共同建设、共同获利的生态网络。

(4) 可持续。研究生基地发展的可持续性体现在两方面：一方面是实践基地建设应探索通过课题申请、课程培训等方式摆脱对各方面资金扶持的依赖，实现自我造血能力；另一方面是实践基地的建设应该随着时代的发展、社会需求的变化，积极调整自身的发展模式与培养模式，让自己的培养标准始终与时代需求相匹配，实现与时俱进。

三、调查问卷与样本情况

通过定向对与同济大学合作的用人单位人力资源总监发放调查问卷，精准获得用人单位关于研究生实践基地（简称实践基地）建设的相关情况，本次调研共发放问卷 40 份，回收问卷 23 份，其中有效问卷 23 份。

（一）实践基地建设的基本情况

用人单位充分重视实践基地共建工作。在本次调查的对象中，国企、民企、外企等企业单位达到调查样本数量的 91%，政府机关、事业单位等单位的数量相对较少，调查单位类别分布如图 1 所示。在共建基地数量方面，超半数以上的调研单位已与 1～2 所高校共建了实践基地，17.39%的用人单位已与 5 所以上高校共建了实践基地，如图 2 所示。在基

地管理方面，超过60％的调研单位为实践基地建立了专门负责部门或管理人员，近50％的调研单位为实践基地设立了专门的实践基地管理制度，体现了用人单位对实践基地的管理日趋规范化与专业化。在合作承担课题方面，26％的用人单位已与学校合作共同承担了课题，虽然越来越多的单位开始通过课题合作的方式来进一步推进实践基地共建工作，但发展空间仍然很大；在对研究生的物质保障方面，超过65％的单位为研究生提供了充分或较多的物质保障（图3），为共建实践基地工作提供了良好的物质保障。

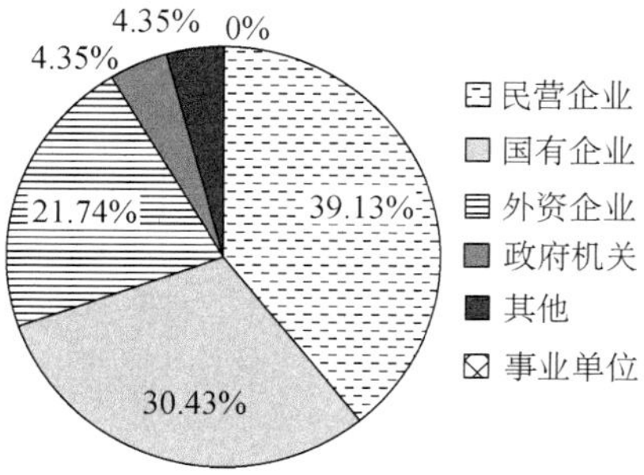

图1　调查单位类别分布

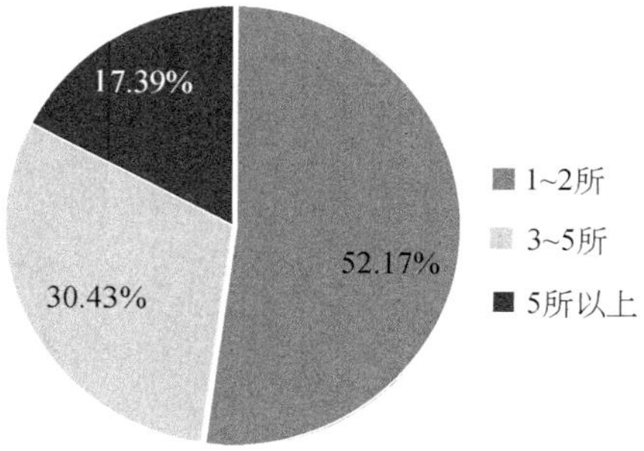

图2　调查单位与高校共建实践基地情况

在涉及具体合作内容方面，用人单位表现出较高参与度。83％的调研单位有意向参与学校的课程体系与教学模式设置，且愿意参与、优化学校“两阶段（学习阶段和实践阶段）、双导师（校内导师和校外导师）”人才培养模式，充分体现了用人单位在共建实践基地过程中有较高的参与热情，重视与学校的互动交流，助力实践基地内涵式高质量发展。

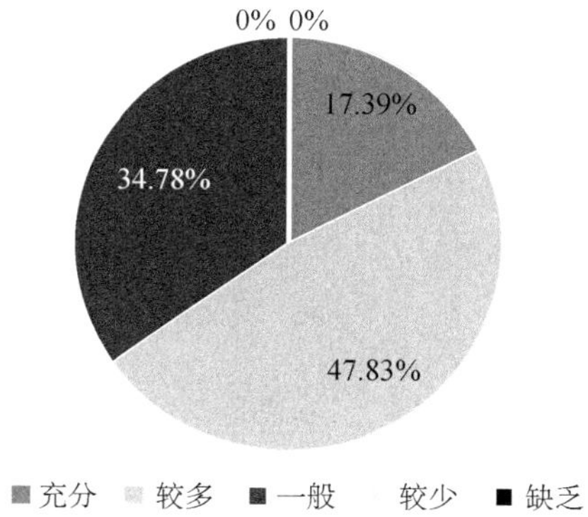

图3　用人单位为研究生提供的物质保障情况

（二）实践基地建设的基本要求

在对学校的基本要求方面，定期开展交流和学校领导重视是用人单位对学校提出的两大主要要求，同时，用人单位还希望学校能开展行业培训和建设扶持基地，如图4所示。在对研究生的基本要求方面，工作态度务实、团队协作意识强、学习能力强是用人单位看重的三大个体素质，其中近90％的用人单位认为研究生应具有务实的工作态度，如图5所示。

在对实践时长和团队规模的要求方面，实践时间适中、实践团队精简是大部分用人单位的要求。约70％的用人单位希望研究生实践时长控制在1～4个月，仅30％左右的用人单位接受5个月以上的实践时长，如图6所示。在研究生数量规模方面，约70％的用人单位希望将人员规模控制在5人以内，如图7所示。

在基地建设模式方面，用人单位更倾向通过“与学校的相互协商”以及“学校结合行业发展主动接洽”两种方式共建实践基地，如图8所示，体现出用人单位希望学校在合作共建基地过程中能发挥主导作用。在建设优质实践基地的过程中，学校的重视、企业的需求、校内外导师的沟通互补被用人单位视为三大最主要的支撑力量，如图9所示，体现出

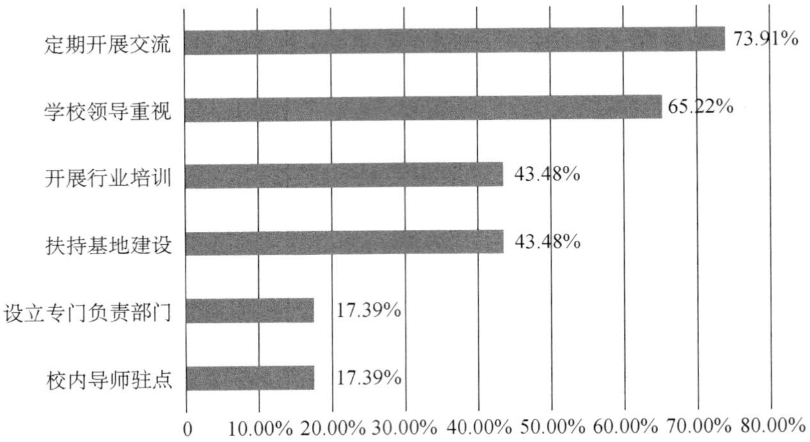

图 4　用人单位对学校的基本要求

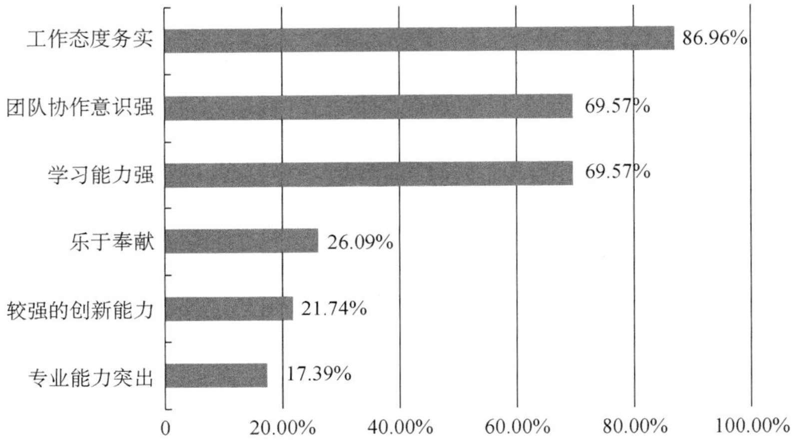

图 5　用人单位对研究生的基本要求

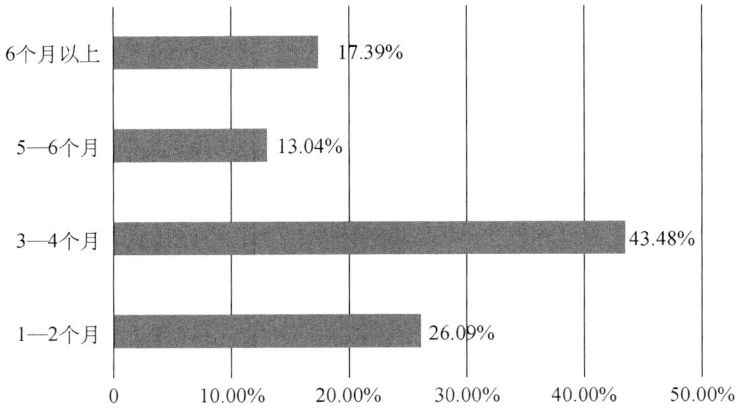

图 6　用人单位实践时长偏好

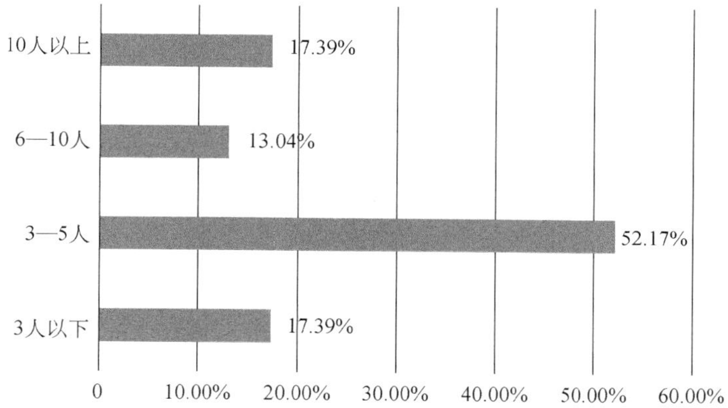

图 7　用人单位实践人数规模偏好

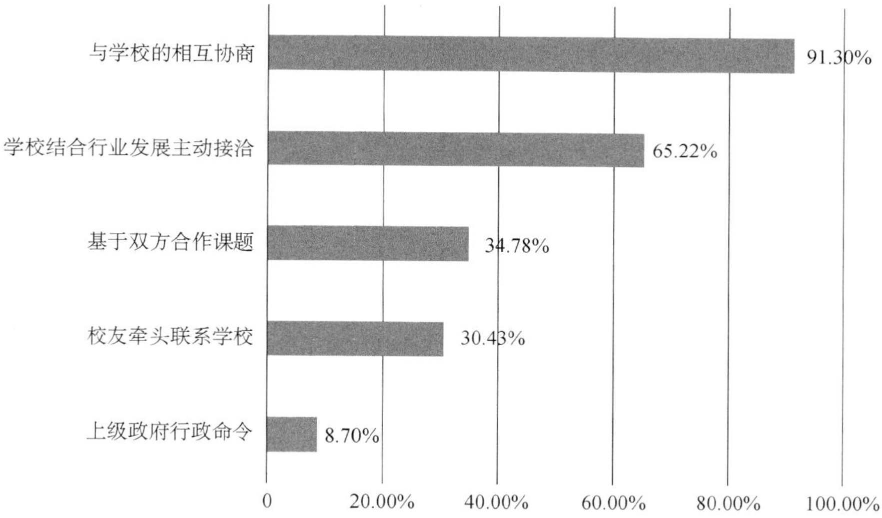

图 8　用人单位基地建设合作模式倾向

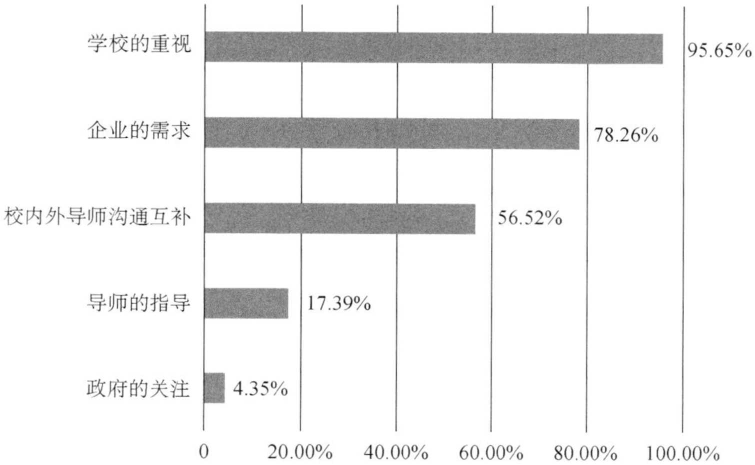

图 9　建设优质实践基地的支撑力量

用人单位对合作双方共同参与、互动的期望；在长期合作机制方面，43.48%的用人单位认为签订合作协议是加强实践基地长期合作的首要措施，突出实践实效、产生各类效益，构建制度框架也是长期合作的重要基础，如图10所示。

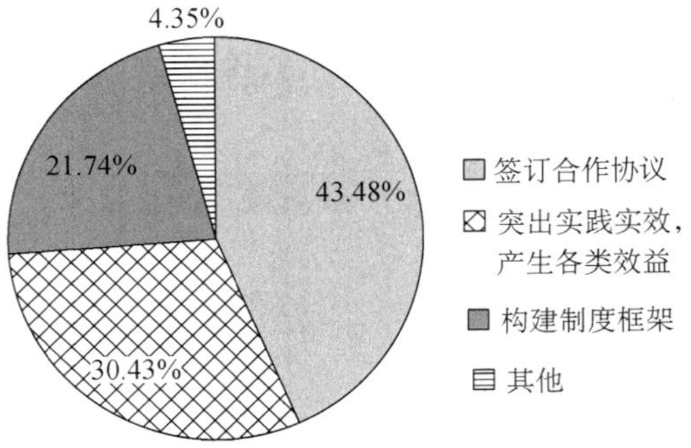

图 10　实践基地实现长期合作的首要措施

（三）实践基地建设面临的问题

对于目前实践基地存在的问题，近50%的用人单位均表示存在联络机制不畅的问题，同时，专业指导缺乏及基地地域范围受限也是基地建设过程中的常见问题，如图11所示。对于学校在实践基地建设过程存在的问题，近40%的用人单位认为最突出的问题是实践研究设计与基地实际脱节，学校与基地沟通不及时是另一重要问题，占比约35%，此外，还存在研究生能力不符合岗位要求、学校导师指导不足等问题，如图12所示。

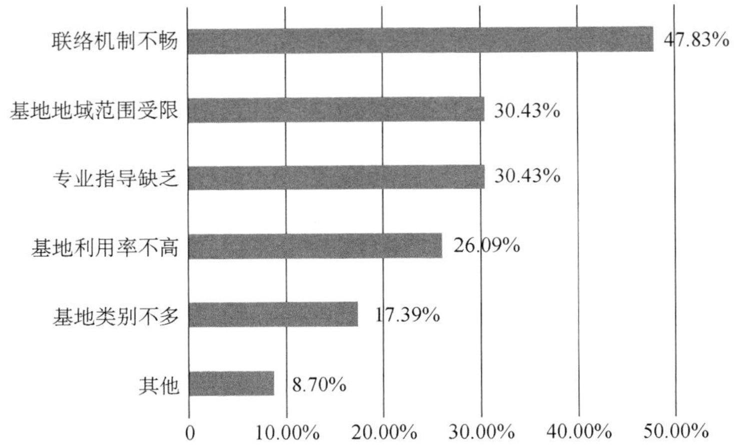

图 11　实践基地存在的问题

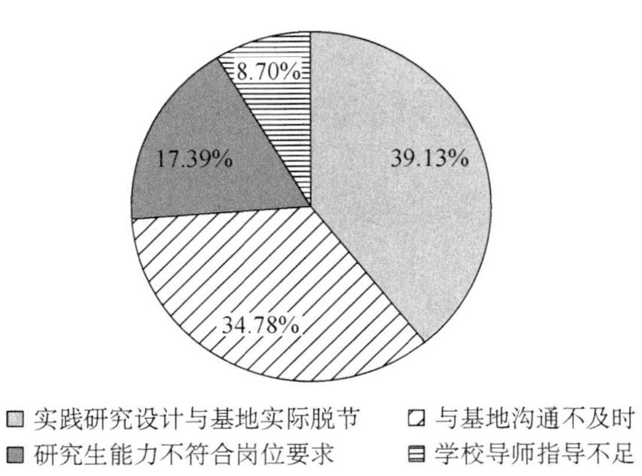

图 12　学校在实践基地建设过程存在的问题

（四）对实践基地建设的期望

在对实践基地的期望效果方面，稳定持续的人才能力支持、创新人才管理体制、提升部门工作活力是用人单位共建实践基地的主要动因，其中，提供稳定持续的人才能力支持的是所有用人单位共同期望的共建实践基地效果，如图 13 所示。在对学校提供支持方面，师资交流、员工培训、课题合作是用人单位希望学校支持的主要方面，如图 14 所示。

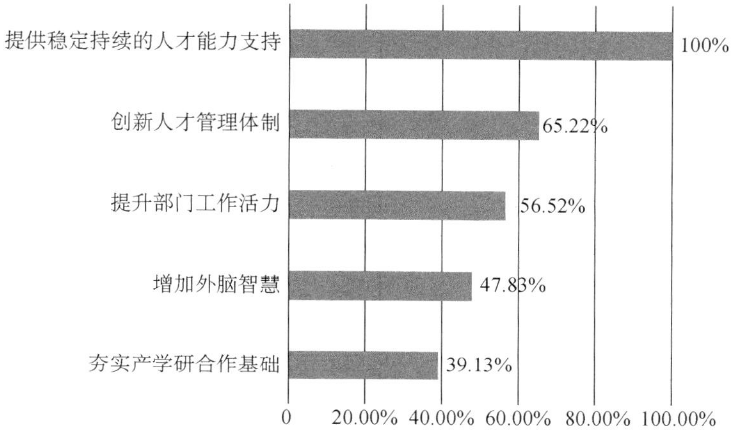

图 13　用人单位期望共建实践基地产生的效果

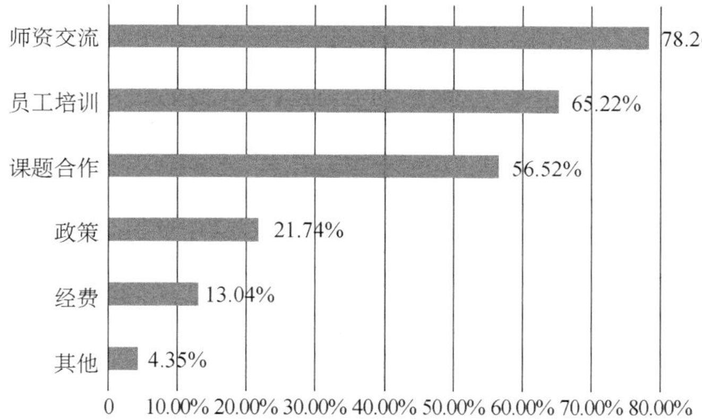

图 14　用人单位期望学校提供的支持

四、实践基地建设的现状

（一）取得的成绩

在实践基地建设方面，以同济大学经济与管理学院（简称经管学院）为例，目前已形成了覆盖全日制研究生、MBA（非全日制工商管理硕士）及 MF（非全日制金融硕士）三大模块的实践基地布局。在全日制研究生实践基地建设方面，经管学院已与上海证大喜马拉雅网络科技有限公司、珠海华发实业股份有限公司、汉高（中国）投资有限公司、安德阿镆贸易（上海）有限公司、融创中国等多家用人单位签订了共建实践基地协议，充分发挥各自资源优势，实现共享共赢。在非全日制工商管理硕士实践基地建设方面，2017 年 5 月，同济大学 MBA -同济科技园孵化器创业创新实践基地项目正式立项获批，成为上海市示范级实践基地，学院 MBA 中心与研华科技、毅结特、欧盛液压科技、同济科技园孵化器有限公司等合作企业携手，共举办创新创业主题讲座及沙龙 20 余场、创业校友访谈及案例开发 60 余例、开办每年 3 期大学生创业基础培训班、组织创业企业考察 10 余次、主办和参与创业大赛和案例大赛 6 场次、开设创新创业课程 3 门、辅导和资助 MBA 学生校友企业 7 家，资助金额达 185 万元，且在创业创新课程体系建设、创业创新人才培养、创业学生服务指导、创业者分享交流等方面开展了深入合作，取得了显著的成效和丰硕的成果；在非全日制金融硕士实践基地建设方面，已建立了同济-东证期货教育基地（上海市级实践基地）、同济-上海财金通教育投资股份有限公司教育基地、同济-平安银行股份有限公司教育基地以及苏州同济区块链研究院有限公司等实践基地。

在基地管理框架方面，首先，以合作各方共同签订合作协议为基础，就具体合作内容、双方的责任与风险、合作期限等达成共识；其次，以合作各方共同遵守《同济大学‘校企共建实习基地项目’管理办法》为共识，对规范用人单位用人流程、保障用人单位与学生的双方权益等做出明确规范，形成层级较清晰、职责较分明的管理框架。通过合作各方共同努力，构建“优势互补、平等合作、互惠互利、共同发展”的合作模式，逐步形成“全方位、深层次、多形式”的校地合作、产学研结合有效机制。

（二）存在的问题

实践基地管理制度不完善。在基地的管理制度方面，目前，各学院的管理制度主要基于本学院与用人单位双方签订的合作协议，协议的具体内容相对宽泛，协议中所依据的《同济大学‘校企共建实习基地项目’管理办法》主要是针对校级层面（未考虑各二级学院的特殊性），且未对大学生实践基地与研究生实践基地建设的相关权责进行区分与细化，易出现实践研究设计与基地实际脱节、校企双方联络机制不畅等问题。在基地管理机构建设方面，目前，管理机构的建设呈校企分割态势，即校企双方各自设立，分别为本单位服务，易导致部分工作职责缺乏落实、校企双方沟通不足以及不及时等问题。

“两阶段、双导师”人才培养模式落实效果不佳。“两阶段、双导师”人才培养模式，旨在不仅能让研究生掌握必备的理论知识，而且能够让其兼顾理论和实践，提高综合竞争力，同时经实践单位允许可用的数据资料，也有利于学术论文和毕业论文的撰写。但由于校内导师主要偏向理论学术研究，而校外导师多为技术骨干，当校内导师研究方向与校外导师指导项目内容存在较大的差异时，学生的知识较难得到积累和提高，反而在企业实践与撰写论文之间存在较大的知识鸿沟，导致实践活动难以凸显它应有的效果。

（三）可借鉴的经验

在实践基地建设过程中，学校调研了同济大学土木工程学院建筑工程系、上海交通大学安泰管理学院、融创中国的实践基地建设与管理制度,总结了可供借鉴的经验。

在合作协议制定方面,《上海交通大学安泰管理学院实习基地协议书》对合作方式、合作双方的权利与义务进行了充分、详细的规定,为合作各方明确各自职责、展开及时沟通、维护各方利益提供了重要的制度保障;同时,协议规定,合作双方需共同组建工作团队,以保证各项合作工作顺利进行;《同济大学建筑工程系研究生专业实践基地建设协议书》将同济大学研究生院作为第三方(丙方)共同参与、助力研究生基地的建设,并对三方的具体职责进行详细、规范说明。

在实践基地管理制度制定方面,同济大学土木工程学院建筑工程系制定的《同济大学工程实践教育基地(中心)管理办法》从全周期、全覆盖的视角对实践基地管理进行了规定:围绕建设任务、企业培训、考核评价等各方面工作,明确了基地的中心职责;从全流程的视角出发,制定了基地建设程序与标准;不断探索不同的管理模式与运行机制,创新基地的运行与管理;设立专项资金,提供相关政策支持,提高各参与主体积极性。

在实践基地建设与管理方面,融创中国通过互动式培养、专业课程培训、实际工作带教、挑战性任务设置等方式,为学生提供学习实践平台;同时,与学校建立人才沟通交流机制,深化校企合作,发掘未来综合管理人才,提前确定优秀创想家人选。在双导师合作互动环节,一方面,融创配合学校职业生涯发展教育、就业指导、专业课程计划,提供相关校外导师及课程;另一方面,校内导师可作为融创外聘讲师,参与专业及管理课程讲授、课题联合开发研讨等活动。

五、对策与建议

(一) 优化实践基地布局

同济大学实践基地基本形成了以上海为中心,辐射上海周边的布局,但离满足研究生的实习需求,从类型与质量来说还是有一定差距,需要进一步加快实践基地建设,优化实践基地布局。在合作单位类型上,一方面发挥学校的学科优势与资源积淀,积极在专业领域相关的世界500强、央企、主板上市公司、独角兽等行业龙头企业建立实践基地,提升平台能级;另一方面,发挥学校的智库能力与品牌效应,加快在政府部门、事业单位建立实践基地,丰富平台生态。在分布地域上,形成"一轮明月、漫天繁星"的实践基地布局,在深耕上海的基础上,按照优先长三角经济带,兼顾京津冀与粤港澳大湾区的战略,探索柔性化管理方式,在往届毕业生就业热点城市建立实践基地,逐步完成以上海为中心,辐射主要经济带的实践基地纵深布局。

(二) 改善实践基地发展模式

实践基地的发展,离不开各方面的资源投入,如果实践基地过于依赖学校与用人单位的资源投入,而不能产生经济回报,将对基地的未来发展造成极大制约,长此以往将很难保障学生的实践效果,所以改善实践基地的发展模式、拓展实践基地的自我造血能力势在必行。对实践基地来说,提升造血能力的基础是学生的基本素质和专业能力是否能满足用人单位和合作项目的要求，这是后续一切蓝图得以实现的基本保障，因此做好相关岗位的岗前培训，提升实习学生的专业能力和综合能力，是实践基地拓展自我造血能力的基础。对合作双方来说，学校可与用人单位达成“产、学、研、用”联盟，一可以依托学校的资源，为用人单位开展培训、咨询等服务，从中获取分成，为实践基地的发展提供部分资金；二可以与学校共同申请、承担课题研究，既为实践基地拓展收入来源，又可为学生提供良好平台；三可以与学校共建研究中心或实验室，为用人单位或其他社会实体提供服务。

（三）完善实践基地管理制度

实践基地应该进一步完善自身的管理制度，由合作主体共同制定沟通顺畅、过程可控、定量明确的管理制度。在沟通机制方面，将项目管理与过程管理的思维贯彻全程，结合现有的信息技术条件，建立完备的信息沟通、共享与管理平台，保证学校、用人单位、校内导师、校外导师、学生等各方能及时、有效地进行信息沟通与共享；同时，学校还可以依托现有管理平台，集成实践基地，形成信息系统，通过管理信息模块为用人单位与学生提供更好的服务，也为保障各方履行自身权利与义务提供良好的平台支撑。在质量控制与评价体系方面，根据学校、学生及用人单位的意见，从多维度视角出发，制定定量的质量控制与评价体系，并在整个实践过程中实时采集数据，根据多方面反馈意见形成打分，可适度对得分高的实践基地给予资源倾斜，对连续多次考评居末位的实践基地可考虑淘汰。在合作主体方面，可引入研究生院作为第三方参与，并明确其相应职责，即充分体现学校层面对合作事宜的重视，也能强化管理制度的规范性与完备性。

（四）创新课程体系与教学模式

学校与用人单位合作应围绕共同打造以学生为中心、以用人需求与教学目标为抓手、以全周期为特征、以双导师为特点的课程体系，创新教学模式，优化产学研互动机制助力研究生实践基地内涵式高质量发展。在全周期方面，将实践基地建设与学生的职业规划、毕业设计及就业等各阶段发展相结合，并根据不同专业及不同学生特点，个性化定制相应的学习计划与学习目标，实现柔性化教学；在双导师方面，结合学生的职业目标与学校的教学要求，校内导师、校外导师以及学生三方共同制定相应的培养计划，通过在实践基地中的培养与历练，助力学生真正实现将理论学习与实践教学的有机结合。在产学研互动方面，充分利用实践基地在研究生各发展阶段发挥的作用，把理论教学与毕业设计结合起来，进一步将学生的毕业设计作为贯通“产学研用投”联动的重要渠道，打破理论学习与实践应用之间的隔阂。

参考文献

[1] 杨秀娟.“双一流”建设中高等教育内涵式发展路径探析[J].黑龙江高教研究，2019，37(8)：11-14.
[2] 张新民.加快“双一流”建设　走好高校内涵式发展之路[J].北京教育(高教)，2019(4)：23-25.
[3] 冯晓丽.人才培养质量：内涵式发展与“双一流”建设的和谐变奏[J].高教探索，2019(4)：37-40+60.
[4] 韩东旭.新形势下研究生实践基地建设问题与对策研究[J].文化学刊，2018(8)：155-156.
[5] 李瑞丽，路方平，王洪峰.全日制硕士专业学位研究生校外实践基地建设的现状与思考[J].兰州教育

学院学报，2018，34(4)：73-74＋77.
[6] 薛雅心，张华伟.关于全日制专业学位研究生实践基地建设的思考——以西北大学为例[J].新西部，2018(10)：77-78.
[7] 陈铖，刘望，刘忠.全日制专业学位硕士研究生教学实践基地建设状况的调查研究[J].教育教学论坛，2017(17)：162-164.
[8] 郑文轩，杨瑛，孟婷婷，吕津.全日制硕士专业学位研究生实践基地建设的研究与思考[J].教育教学论坛，2015(47)：176-177.
[9] 白福玉，颜益民.大学生社会实践基地"内涵式"发展的思考[J].产业与科技论坛，2015，14(18)：175-176.
[10] 陈友良，许建凤.基于PDCA循环理念的专业学位研究生实践基地建设[J].浙江工业大学学报(社会科学版)，2015，14(3)：284-287.
[11] 罗少芳.高等职业教育内涵式发展路径探析[J].中国成人教育，2015(5)：82-83.
[12] 李冬野，张义峰，陈蕊，王长远.全日制专业学位研究生实践基地建设研究[J].现代商贸工业，2014，26(18)：93-94.
[13] 马凤才，郭永霞.研究生实践基地的功能及其实现[J].高等理科教育，2014(3)：31-34＋52.
[14] 马超.校企共建研究生实践基地发展初探——以吉林大学为例[J].高教研究与实践，2013，32(3)：17-20.
[15] 李辛欣.工商管理类专业学位硕士研究生实践基地建设思路研究[J].成功(教育)，2013(11)：6-7.
[16] 李献斌，刘晓光.全日制专业学位研究生实践基地建设研究[J].中国农业教育，2012(5)：22-25.
[17] 林桂娟，於朝梅，王恬.专业学位研究生实践基地建设模式研究[J].中国农业教育，2012(1)：50-52＋96.

研究生培养过程管理体制机制构建与实践探索

——基于创新能力培养和优秀成果产出的分析

兀云波　贾晓佳

（同济大学经济与管理学院）

摘　要：本文基于研究生培养过程管理体制机制构建和实践探索，探析了如何促进研究生创新能力培养和优秀成果产出。提高研究生培养质量，培育研究生创新能力，激发优秀科研成果产出，应当在明晰培养目标、提高生源质量、完善课程体系、强化导师指导、建立健全保障制度和激励机制等方面进行积极探索。

关键词：创新能力；优秀成果；体制机制；实践探索

Abstract: Based on the construction and practice of management system and mechanism of postgraduate educational process, this paper explores and analyzes how to promote postgraduate innovative ability and the output of excellent academic achievements. To improve the quality of postgraduate training, inspiring their innovation and motivation of excellent research results, we should make every effort to setting up a clear training objective, upgrading excellent enrollment, strengthening tutoring responsibility, establishing and Improving Incentive Mechanisms.

Keywords: innovation ability; excellent achievements; institutional mechanisms; practical exploration

《统筹推进世界一流大学和一流学科建设总体方案》和《统筹推进世界一流大学和一流学科建设实施办法(暂行)》，为我国高等教育的腾飞吹响了奋进的号角，一流大学和一流学科建设高校要“以中国特色学科评价为主要依据”，以立德树人为根本，以支撑创新驱动发展战略、服务经济社会发展强调为导向，致力于提升我国高等教育综合实力和国际竞争力。高校的初心是人才培养，研究生教育正是创新拔尖人才的主战场，其培养质量是研究生教育改革和发展最核心最紧迫的任务，而优秀成果产出和创新能力培养是研究生质量评价的主要内容。因此，如何培养研究生特别是博士生的创新能力，促进优秀论文成果产出，成为迫切需要解决的问题。学院积极构建基于学科发展特点的研究生人才培养体系、优化生源、导师以及任课教师结构，形成全员育人、全过程育人的格局，激发研究生创新能力，激励优秀科研成果产出，提升研究生个人价值。

一、提高研究生培养质量的着力点

研究生教育是一个系统工程，过程管理是提升培养质量的关键环节。国务院学位委员会、教育部《关于加强学位与研究生教育质量保证和监督体系建设的意见》强调从研究生教育基本活动入手，对研究生培养过程的各个环节提出了建设性的要求，并制定了《学位授予单位研究生教育质量保证体系建设基本规范》指导学位授予单位建设内部质量保证体系。2019 年 2 月 26 日，教育部办公厅《关于进一步规范和加强研究生培养管理的通知》(教研厅〔2019〕1 号)，强调要求研究生培养单位采取一系列举措，健全研究生培养管理体系，促进研究生培养单位规范管理，提高研究生培养质量。提升研究生培养质量，首先需了解研究生培养环境内容，研究生培养环境包含内容见表 1。

表 1　研究生培养环境包含内容

序号	主题	内涵
1	招生	招生方式和生源质量
2	课程设置	课程体系和教学活动
3	师资与项目	师资力量和项目支持力度
4	考核评价	培养过程的关键节点、学术成果
5	导师(组)指导	导师(组)的学术指导
6	学术氛围	学术研究的气氛、学术交流活动或机会
7	成长关怀	研究生的成长、发展和身心健康
8	奖助体系	奖学金和助学金资助
9	基础设施	图书馆、宿舍等基础设施，环境育人
10	管理服务	管理和服务、三全育人

近年来，对标世界一流大学，围绕《同济大学一流大学建设方案》设定的发展目标，经济与管理学院提出了发展改革新举措，紧紧围绕人才培养，以研究生创新能力培养和优秀成果产出为抓手，持续推进研究生培养机制改革的探索和实践，提出人才培养质量整体提升计划，并进行顶层设计和制度建设，强调将人才培养贯穿于科学研究全过程，全力提升人才培养质量。坚持立德树人，以学生为中心，以提高质量为主线，以提高学生创新能力和国际竞争力为目标，以提高教师责任心和能力为重点，以资源配置、薪酬、岗位等多种激励方式为手段，加大教学改革，优化学生结构，营造追求学术、努力成才的学习氛围。基于经济与管理学院研究生拔尖创新人才培养的实践探索，本文提出在以下五个方面的内涵建设。

(1) 培养目标：以坚持社会主义办学方向，立德树人，努力培养新时代中国特色社会主义伟大事业的建设者和接班人，培养具有国际竞争力的高层次创新型人才为目标，结合“双一流”建设评价体系、学位授权点合格评估、国际认证要求，构建影响硕士、博士研究生创新能力培养和优秀成果产出的指标体系，并着力构建以人才培养为目标的本硕博贯通的研究生培养体系，以激发科研创新能力为手段，激励优秀成果产出。

(2) 生源质量：构建研究生招生考核选拔、评价体系，为遴选优秀生源提供支持。通过暑期学校、推荐免试招收本科起点硕博连读，培育优秀博士生，实现硕、博优秀生源的传承和联动，通过持续地培养和系统地、不间断地学术训练，培育具备独立地、创造性地从事科学研究工作的能力，具有良好的协调能力与领导能力的拔尖创新型人才。

(3) 导师(组)指导：导师(组)是培养质量第一责任人，要把培养人放到第一位，既要做学术训导人，指导和激发研究生的科学精神和原始创新能力，更要做人生领路人，言传身教，引导研究生树立正确的世界观人生观价值观，恪守学术道德规范，增强社会责任感。健全导师(组)评价机制，增强导师(组)培养人才的责任心和事业心。

(4) 保障制度：在研究生培养过程的关键节点建立考核制度及退出、分流机制，构建培养过程的预警机制、处置机制。

(5) 激励机制：通过多渠道挖掘资源，增设研究生奖学金、助学金、国际会议资助、高水平论文奖学金以及专项学术科研津贴，培育和激励优秀成果产出。

二、构建研究生创新能力培养机制

创新是研究生特别是博士生培养的灵魂。研究生特别是博士研究生教育，作为国家最高层次的学历教育，承担着国家科技强国的重要使命。结合“双一流”建设目标，研究生培养应在充分吸收借鉴发达国家在博士生创新能力培养过程中的特色及先进教育模式的基础上，扎根中国大地，培养具有国际竞争力的创新拔尖人才。

1. 实施多样化、层次化的培养目标

研究生特别是博士研究生，除了在学术领域要有过硬的本领外，走向工作岗位也面临着实践能力、多方面知识储备和能力要求等挑战。所以，从目标设定、教学内容、课程设置到考核标准都要充分实现多样化。

2. 注重跨学科知识素养的培养

跨学科是指通过整合不同学科的观点，构建一个更加综合的观点来回答或解决一个由单一学科或专业无法解决的宽泛和复杂的问题。随着社会发展，学科专业乃至社会分工日益细化、专业化，一个问题可能涉及多学科多专业知识，依靠单个学科知识难以完成问题的解决。研究生特别是博士研究生作为社会发展的“顶梁柱”，其处理问题的能力关乎社会发展速度。因此，研究生培养需将多学科联系在一起，进行综合性、拓展性和开放性培养。

3. 注重联合培养

世界全球化发展日益加剧，研究生培养需关注国际前沿，注重与国外高校交流，充分利用国际教育资源，通过国内、外联合培养，进一步拓宽培养渠道。另外，还需增强校企联合培养，增强学生社会工作实践经验。

4. 完善课程体系和导师制度

完善研究生培养本专业课程体系，在此基础上突破课程选择的专业限制，进而完善研究生培养的知识结构，在知识教学中奠定扎实的理论基础并培养研究生创新思维方式。

完善课程体系的同时也是一个促进多专业研究生相互交流的渠道，可使得不同专业的研究生启迪智慧、开拓思路。导师在研究生培养的过程中至关重要，吸收并借鉴国外先进的导师制度，完善国内研究生特别是博士生导师制度，要确保导师队伍的高素质与整个教师团队的稳定性，是提高研究生培养质量的重要一环。同时，研究生也应以导师为标尺，严格要求自身，积极向上。

三、提升优秀成果产出分析

学术论文写作贯穿研究生特别是博士生的整个学习生涯。高水平的学术论文写作与发表是每个科研工作者特别是博士生面临的最大挑战，既是对他们知识掌握的厚度、广度的检验，也是对心理素质的严峻考验。

破解的秘籍一是要做到有格局、有自信、敢于创新。研究生应做好以下三点：第一，“情怀”，情怀是一种格调更是一种自信。学术研究的最高目标和使命应是服务国家、人民和社会。高水平的学术研究应把握时代脉搏，切实解决现实重大问题，推动社会发展与进步。因而，读书求学当有家国情怀。第二，“科学”，科学代表一种方法和路径，要学习有法，成功有道。“科学”也意味着开拓与自律。作为科研工作者，要明确不同科研阶段的奋斗目标，遍访名师，开拓思路，启迪智慧。第三“汗水”，要相信在科学研究的征途上，挥洒“汗水”一定会有回报，要坚信“办法总比困难多”。

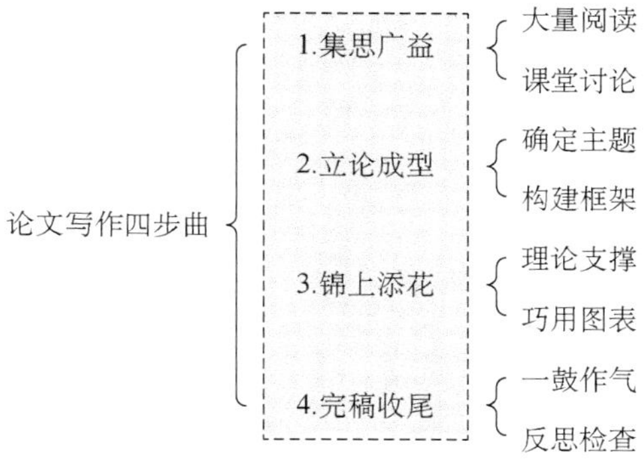

图1　论文写作四步曲

破解的秘籍二是要掌握好基础知识和学术论文写作方法。研究生求学生涯主要是围绕学术论文展开，每个人都会遇到论文的“那些事”，或为此烦恼，或为此欣喜，或为此食不知味，夜不能寐。论文写作要想达到主题鲜明、结构清晰、内容新颖的境界，应该做到以下四点，如图1所示。第一，集思广益。“问渠那得清如许，为有源头活水来”。阅读就是我们论文选题的主要来源：阅读专业相关的国内外经典名著、期刊论文、学位论文。此外，课堂讨论也是我们掌握第一手资料的重要途径，要做好充分的课前准备工作，认真听取并做好发言记录。第二，立论成型。先要确定主题，这是一篇论文的核心和方向，须做到主题鲜明、新颖。再搭好论文框架，要逻辑性强、紧扣主题。第三，锦上添花。在论文写作的过程中注重理论支撑、引用图表以丰富文章结构。第四，完稿收尾。在做足了前面的准备工作，论文框架已经成型的前提下，要一鼓作气完成论文写作，并进行反复检查，以保证文章的准确性和流畅性。论文写作能力是研究生的核心能力之一，研究生在平时的学习和生活之中要注意积累相关的知识和经验，论文写作才能水到渠成，事半功倍。

四、结语

目前，同济大学经济与管理学院学院积极构建基于学科发展特点的研究生人才培养体系、优化生源、导师以及任课教师结构，形成全员育人、全过程育人的格局，激发研究生创新能力，激励优秀科研成果产出，提升研究生个人价值。

参考文献

[1] 李轮，燕士力，王瑞娟.发达国家博士生创新能力培养模式及经验借鉴[J].改革与开放，2019(6)：99-101.
[2] 徐丹东，刘娣，朱燕菲，等.博士生希望什么样的培养环境——基于博士生意见调查的实证研究[J].研究生教育研究，2019(4)：27-34.
[3] 徐玉珍，杨菲.博士生资格考核制度：淘汰机制还是促进机制——基于美国7所大学教育学博士资格考核前的培养过程分析[J].现代教育科学，2019(8)：127-134.

研究生学习质量保证体系持续改进研究

——以同济大学经管学院研究生培养为例

唐 伟 项 颖 黄振林

（同济大学经济与管理学院）

摘 要：随着我国高等教育的不断发展，研究生教育在人才培养中的作用越来越重要。如何更好地建立起研究生学习质量保证体系也变得日益复杂化和专业化，成为高等教育改革研究的重点问题。同济大学经济与管理学院深入分析研究生学习质量中存在的问题，依据PDCA循环理论建立研究生学习质量保证体系，以研究生的培养目标为核心驱动，实现教学质量的持续改进，为同济大学经济与管理学院赢得了较高的社会声誉，也为高校研究生教育改革提供了一定的借鉴。

关键词：研究生培养；学习质量保证体系；持续改进

Abstract: With the continuous development of higher education in China, the role of postgraduate education in the cultivation of talents is becoming more and more important. How to better establish the AoL (Assurance of learning) system for postgraduate study has become increasingly complicated and specialized, which has become a key issue in the study of higher education reform. School of Economics and Management, Tongji University deeply analyzes the problems in the quality of postgraduate study, and establishes an AoL system for postgraduate students based on the PDCA cycle theory. Taking the training objectives of postgraduate students as the core drive enables School of Economics and Management, Tongji University to improve its teaching quality continually and win a high reputation in society as well. It also provides a good example for other universities to conduct the reform of postgraduate education.

Keywords: postgraduate cultivation; AoL system; continuous improvement

一、引言

2019年2月23日，中共中央、国务院印发了《中国教育现代化2035》和《加快推进教育现代化实施方案（2018—2022年）》（以下简称《方案》），对我国建设中国特色社会主义教育，推进教育现代化做出了全面部署和战略指导。《方案》指出，到2035年，我国将总体实现教育现代化，迈入教育强国行列，为本世纪中叶建成富强民主文明和谐美丽的社会主义现代化强国奠定坚实基础。研究生教育是现代高等教育的最高层次，也是体现教育水平的关键层面。近年来，我国在读研究生（包括硕士研究生及博士研究生）数量持续增长，一流大学本科毕业生继续进行研究生深造的比例超过 50%，研究生教育在高等教育中的重要性日益凸显。近年来我国高校研究生发展情况参见表 1。

表 1　　我国研究生人数变化趋势(单位:万人)

年份	招收研究生数	毕业研究生数	在学研究生数
2013	61.14	51.36	179.40
2014	62.13	53.59	184.77
2015	64.51	55.15	191.14
2016	66.71	56.39	198.11
2017	80.61	57.80	263.96
2018	85.80	60.44	273.13

数据来源:2013—2018 年全国教育事业发展统计公报。其中,2017 年、2018 年招收研究生人数和在学研究生人数均包括全日制和非全日制学生。

可以看出，近年来，我国研究生招生人数逐渐上升的同时，毕业人数并没有明显增加，在校人数出现了较大的增长。高校对研究生的质量要求越来越高，提升研究生质量也日渐成为各高校发展的重心之一。学习质量评价体系作为对学生学习效果进行评价和控制的重要参考，在整体的研究生教育质量评价中也发挥着重要的作用。如何对其进行持续改进，进一步厘清人才培养图谱和脉络，提升人才培养质量，对于当下研究生学习质量的提高也至关重要。

二、研究生教育的现状及问题

近十年来，我国研究生教育发展迅猛，在数量和质量上都取得了显著的成就。但新时代、新形势下也面临着新的挑战。中央对我国教育的总体定位是在 2035 年迈入教育强国，针对这一要求，我们的高等教育，尤其是研究生教育还有很长的路要走。目前来看，在我国研究生招生人数逐步增加的同时，研究生教育面临如下问题。

（一）研究生定位不清，一定程度上影响了培养效果

以商学院为例，目前我国多数商学院研究生主要包括博士研究生、学术类硕士研究生和专业学位硕士研究生。博士研究生以培养学生的科学研究能力为主，其培养是研究导向；专业学位硕士研究生，以提升学生的实践能力为导向，主要培养在实践中深入分析问题、解决问题的人才；而学术类硕士研究生介于二者之间，其培养目标在一定程度上缺乏明确性。虽然学术类硕士研究生的培养目标都标榜以学术为导向，但多数商学院学术类硕士研究生进行博士深造的比例不足 10%。在 2.5 年的学制中，学术类硕士研究生一般在第一年进行课程学习，第二年进入企业实习，半年左右的时间完成毕业论文。在这个过

程中，既没有深入地进行理论和研究方法的培养，又未能较好地培养学生对实践问题的分析及解决能力，如此既是对学校教育资源的浪费，也不利于学生的长远发展。

（二）研究生创新能力不足，影响其未来的发展

博士研究生和硕士研究生是我国科研领域的重要新生力量。根据近年中国著名高校发布的就业白皮书统计，科研单位、高校及知名高科技领域企业招聘研究生(包括学术类硕士及博士)的比例远高于本科生，具有创新能力的研究生是我国技术创新的核心力量。但从研究生的培养过程来看，我国研究生科研参与度低、学术成果质量不高、原创性成果稀少。

（三）对培养质量的评价体系不全面，研究生教育质量的提升难以达到预期效果

学生培养质量评价是一个复杂而庞大的体系，既涉及课程的成效，也关注学生的终生发展能力，是一个长期的系统性的工程。但现阶段，我国研究生培养质量的评价体系较单一，对学生的引导作用不强，研究生教育质量一般。

三、研究综述

对于教育质量保证体系，李芸认为，构建科学合理的、可控可行的质量保障机制是研究生教育稳步发展的根本。[1] 在深入研究目前我国学位与研究生教育质量保障机制的基础之上，将外部与内部保障体系相融合，明确质量保障角色与责任体系，建立重点质量保障模式与立体化管理反馈机制，构建资源共管、共评、共享、共进的信息化平台，为学位与研究生教育质量保障机制建设提供思路。宋平、郭海凤比较了英、美、日三国研究生教育质量保证体系，认为“三国的质量保障体系均表现出内部保障和外部监督协同运作的趋势，保证高校内部自我控制与外部机构监督评估相互协作、共同发挥作用”，并结合我国高等教育发展模式，提出建设中国特色研究生教育质量保障体系的建议。[2]

对研究生培养过程中存在问题进行思考的学者很多。吴宏翔等人认为，研究生的创新素质主要包括：①好奇心和兴趣；②直觉和洞察力；③勤奋刻苦和集中注意力；④人文素质。[3] 由于这些因素比较难以量化，教师一般从学生的毕业论文质量来考查学生的创新能力。

对于学术类硕士研究生的专业定位，我国学者研究得比较少。美国夏威夷大学 Tam. Bang Vu 等人研究了经济发展与职业教育及学术教育的关系，认为经济与教育模式密切相关，经济增长对职业教育的刺激作用会高于对学术教育的作用。[4]

杨迪、徐桂娟、马超认为，研究生创新能力的培养和发挥需要以合理的知识结构和能力结构为前提，而这需要通过系列规范的课程学习来进行系统的培养。为了全方位培养研究生的科研能力，提高其创新意识，需要针对不同学科及不同课程，不断探索合适的教学方法和教学模式，在有效集成传统教学方法的同时，不断推进研究生教学模式的改革与创新。[5]

四、基于 PDCA 理念的培养质量持续改进——同济大学经管学院研究生培养质量改革实践

人才培养质量的提升是一个循序渐进的过程，涉及因素众多，协调难度较大，关键在

于及早发现系统问题，进行联动式改进。PDCA 是现代质量管理的基本方法，它是美国质量管理专家休哈特博士首先提出的，由戴明采纳、宣传，获得普及，所以又称戴明环。全面质量管理的思想基础和方法依据就是 PDCA 循环。PDCA 循环的含义是将质量管理分为四个阶段，即计划（Plan）、执行（Do）、检查（Check）、处理（Act）。PDCA 循环就是按照这样的顺序进行质量管理，并且循环不止地进行下去的科学程序。借鉴 PDCA 的理念，同济大学经济与管理学院在多年的人才培养改革过程中，借助国际认证的推动，在研究生培养及改革中取得了骄人的成就。近年来，同济大学经济与管理学院先后通过三大顶级国际认证，研究生项目质量不断提升，享誉全球。其中，房地产硕士 Eduniversal 跃居全球第九（亚洲第一），物流与供应链硕士 Eduniversal 全球排名第二十六（亚洲第一）。成绩的取得离不开科学的教育理念，对 PDCA 循环的应用也功不可没。具体如下。

（一）计划（Plan）：制定客观而有挑战性的人才培养目标，并为其做好前期计划

同济经管学院以“成为培养卓越管理人才，推动可持续发展的全球知名商学院”为愿景，以“创造管理新知，造就业界精英，践行持续发展，应对全球挑战”为使命，在研究生的培养中关注学生对前沿理论和科学方法的掌握。能力方面，引导学生把握时代主题，关注社会实践，培养学生的创新意识和分析解决问题的能力；人格方面，关注学生的品格和道德培养，引导学生将社会责任融入个人发展之中，帮助学生树立健全的人格。在这些目标的指引下，学院进一步推进两项改革：

（1）改进培养模式。明确培养定位，尤其是学术硕士的定位，努力提升学术硕士对学术研究的兴趣，逐步引导学术研究生顺利攻读博士。在培养模式上，尝试国际化培养及导师组方式，尤其是在博士生培养中，中外导师的合作培养模式更能够使学生取中外研究之所长，加快成才速度。

（2）控制招生规模。不盲目扩大或维持历史招生人数，而是根据学院的实际情况做计划，在招生规模的计划上考虑学院相关教育资源的限制，尤其关注生师比，主动提出压缩招生数量，实现精品化培养，保证教师有充足的精力培养学生，给学生最有效的指导。

（二）执行（Do）：大力优化培养过程

（1）强化全过程管理。鼓励硕士研究生选择硕博连读培养方式，在培养方案的设计中增加研究方法类课程，在授课方式的选择、学生的资助方面给予更大的支持。提升课程的创新性，包括课程内容的创新及授课形式的创新。鼓励教师将自己的研究与研究生教学相结合，通过模块化课程、高等课堂等方式提升研究生的学术兴趣及学术研究能力。

（2）加大资源投入。设计有激励作用的奖学金和助学金制度，保证研究生在努力学习和研究的同时在生活方面没有后顾之忧。同时，学院提供良好的学习工作环境，尤其是对博士生提供工位，既保证研究生学习环境的安静舒适，又方便学生与导师之间的交流，创造高效和谐的研究氛围。

（三）检查（Check）：在多环节对培养质量进行把关

（1）前端控制。在招生环节严格控制生源质量。把学生质量放在第一位，通过更大力

度的招生宣传吸引优秀生源。经过几年的努力，硕博连读生来源于双一流 A 类大学的占比超过 80%，这些学生有非常大的培养潜力。

(2) 中期控制。除对每门课严格考核外，对硕士研究生还设置了严格的中期考核，包括知识、能力、思想道德等各方面。对硕博连读生除有严格的中期考核外，还设计了中期考试制度，研究生需要通过有相当难度的中期专业考试才能进入博士环节，对研究生的培养潜力进行再次测定，让没有学术培养潜力的学生尽早进入退出环节，以节约教育资源，也能够使学生选择更适合自身特点的发展之路。

(3) 出口控制。学位论文是综合检验研究生学术能力的手段。同济经管学院多年来对研究生毕业论文严格把控，高标准严要求。对硕士研究生的毕业论文送学院内教师匿名评审，并参加上海市、教育部抽盲审；对博士研究生的毕业论文送校外老师匿名评审，并参加上海市、教育部抽盲审。作为国内最早全面实行研究生学位论文盲审办法的院校之一，同济经管学院的盲审制度对于保证研究生毕业论文的质量具有很大的促进作用。

（四）处理(Act)：经过各环节的检查，及早发现并改进研究生培养环节存在的问题

每学期教学管理部门都会对学生的学习质量进行评价，教师（或课程组、导师组）会依据检查的结果总结知识、能力、政治思想等几个方面的问题，提出改进方案，以期在下一轮教学环节中改进和优化，从而实现教学质量的持续改进。

PDCA 循环在同济大学经管学院研究生教学质量保证体系中的应用示意见图 1。在此基础上，学院还从培养的最终结果分析培养的弱点，从而对教学质量乃至培养目标进行总体修订。培养结果是通过对毕业生去向及毕业生发展进行全面数据统计及调查得出的。根据高校毕业生就业质量报告的统计数据，对比同济经管和我国顶级高校的经管学

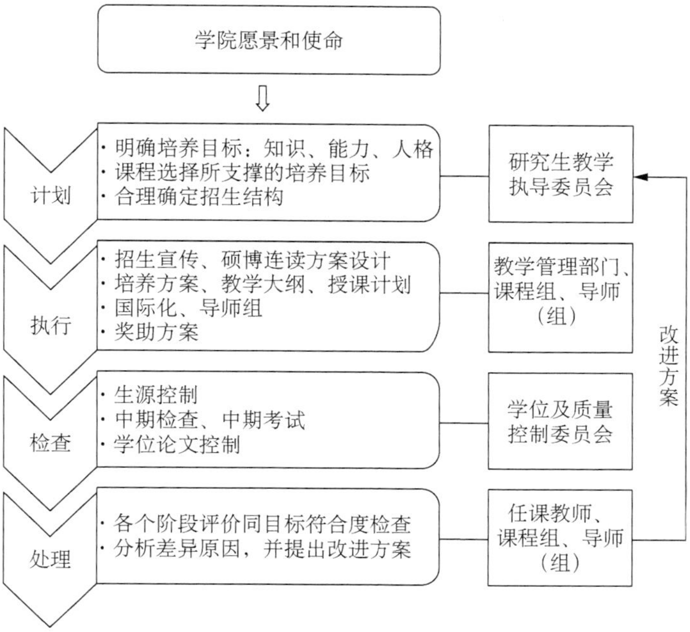

图 1　研究生教学质量保证体系的 PDCA 循环示意

院，特别是顶级商学院，找出差距。主要参考数据有毕业生进入国际著名高校深造的比例、毕业生进入世界 500 强企业就业的比例等。从这些数据看，与国内外顶级商学院比较，同济经管还存在一定的差距，还有比较艰难的爬坡过程。

五、对进一步完善研究生学习质量保证体系的建议

人才培养体系是一个复杂系统，要使人才培养质量得到长足发展，立于国际领先水平，必须脚踏实地，扎实做好以下工作：

(1) 进一步研究教育规律，特别是研究生教育与社会经济发展实践和国家发展规划等各方面的互动关系，既务实又有前瞻性地规划学院研究生的发展计划。

(2) 以学生的发展为本，充分尊重学生的选择，把国家发展的人才需求、学院的发展规划与学生个人的意愿相融合，给学生指引最佳的发展道路。

(3) 重视人才培养，切实提升研究生的学习质量。虽然重视人才培养工作屡见于各级政府及学校的文件，但实际执行中仍然在一定程度上停留在口头上。对人才培养工作的重视应该从职称评定、薪酬体系、其他资源的配置等多方面考虑。

站在全面推进教育现代化、建成教育强国的关键时点，提升我国的研究生教育水平刻不容缓。如何去除顽疾，切实解决研究生教育中普遍存在的问题，需要社会各界集思广益、齐心协力，同济大学经管学院的实践正为此提供了有益的探索和参考。

参考文献

[1] 李芸.我国研究生教育质量保障机制建设的研究[J].西安建筑科技大学学报(社会科学版)，2010，29(4)：84-87.

[2] 宋平，郭海凤.美、英、日三国研究生教育质量保障体系比较研究[J].研究生教育研究，2017(1)：93-95.

[3] 吴宏翔，熊庆年，顾云深.我国研究生创新能力不足的表现[J].学位与研究生教育，2005(9)：32-36.

[4] TAM BANG VU，DAVID L HAMMES，ERIC IKSOON IM.职业教育还是学术教育——从经济增长的视角[J].Economics Letters，2012(117)：426-428.

[5] 杨迪，徐桂娟，马超.浅谈研究生课程教学在创新人才培养中的作用[J].教育教学论坛，2018(37)：174-176.

“双一流”背景下管理科学与工程研究生质量评价保障体系

王洪伟[1]　白　韬[1]　宋晓满[2]

（1. 同济大学经济与管理学院；2. 同济大学浙江学院）

摘　要：本文在梳理“双一流”建设对高等教育人才培养要求的基础上，综合分析了管理科学与工程学科特点与现有评价保障体系的不足。从继续完善校内研究生质量评价保障体系、主动配合政府部门评估、积极参与第三方评价三个方面，建立“三方协同”的研究生质量评价保障体系。

关键词：“双一流”建设；管理科学与工程；研究生；质量评价保障

Abstract: On the basis of sorting out the requirements of “double-first-class” construction for higher education personnel training, this paper comprehensively analyzes the characteristics of Management Science and Engineering disciplines and the shortcomings of the existing evaluation and guarantee system. From three aspects, improve the quality evaluation system for postgraduate students in colleges and universities, actively cooperate with the evaluation of government departments, and actively participate in third-party evaluation, and proposes to establish a “tripartite synergy” graduate quality evaluation guarantee system is established.

Keywords: “double-first-class” construction; management science and engineering; graduate students; quality evaluation guarantee

一、引言

2017年9月21日，教育部、财政部、国家发展改革委联合发布了《关于公布世界一流大学和一流学科建设高校及建设学科名单的通知》，正式公布世界一流大学和一流学科建设高校及建设学科名单，对高等教育培养的人才质量提出了更高的要求。研究生教育是高等教育的重要组成部分，研究生质量体现了国家的人才竞争力和科技竞争力，因此，提高研究生教育水平，建立健全的研究生质量评价保障体系是深入建设“双一流”高校的重要内容。[1]

二、“双一流”背景下研究生教育工作的定位

首先，不容忽视的是学生的思想道德的建设，应培养为人民服务的、有崇高理想的研究生。2018 年 5 月 2 日，在北大师生座谈会上，习近平总书记谈到办学的政治方向时说：“坚持办学正确政治方向。《礼记·大学》云：‘大学之道，在明明德，在亲民，在止于至善。’古今中外，关于教育和办学，思想流派繁多，理论观点各异，但在教育必须培养社会发展所需要的人这一点上是有共识的。培养社会发展所需要的人，具体来讲，就是培养社会发展、知识积累、文化传承、国家存续、制度运行所要求的人。所以，古今中外，每个国家都是按照自己的政治要求来培养人的，世界一流大学都是在服务自己国家发展中成长起来的。我国社会主义教育就是要培养社会主义建设者和接班人。”

习近平总书记还谈到世界一流大学建设。他说：“教育兴则国家兴，教育强则国家强。高等教育是一个国家发展水平和发展潜力的重要标志。今天，党和国家事业发展对高等教育的需要，对科学知识和优秀人才的需要，比以往任何时候都更为迫切。我在党的十九大报告中提出要‘加快一流大学和一流学科建设，实现高等教育内涵式发展’。当前，我国高等教育办学规模和年毕业人数已居世界首位，但规模扩张并不意味着质量和效益增长，走内涵式发展道路是我国高等教育发展的必由之路。”[2]

“双一流”建设的核心在于一流学科的建设，而一流学科的建设在于人才培养。全球著名学科排名指标都将教学或人才培养质量作为基本指标，说明人才培养是学科建设的基本内涵，学科建设必须重视人才培养。在第四轮学科评估中，人才培养作为一级指标被包括在了学科评估体系中。QS 学科排名将“雇主声誉”即雇主对招聘毕业生的反馈，以及能够培养最优秀毕业生的大学作为一级指标；ARWU 学科排名将“获奖校友”，即一所大学的校友获得诺贝尔科学奖和菲尔兹数学奖的折合数作为评价指标之一。上述学科排名指标均体现了人才培养在学科建设中的受重视程度，较高的人才质量可以带来丰硕的学术成果、良好的学校声誉，从而有助于获得高质量的生源，形成良性循环。而研究生教育是高等教育的重要组成部分，如何建立健全的研究生质量保障体系，切实提高研究生培养质量，不断激发创新能力，既是政策要求也是时代需求。[3]

美国的硕士研究生教育发展较早，目前已经有较为完整的研究生教育质量评价保障体系，其主要由高等教育认可、高等教育认证、社会评价三部分组成。近年来美国的高等教育主要以市场为导向，其培养的研究生与社会需求联系紧密。具体来讲，美国研究生质量评价保障体系越来越适应美国的社会、经济、政治等外部环境；其评价保障主体越来越多元化，包括政府、社会和高校三大主体；其评价标准越来越多元化，主要表现在院校认证和专业认证越来越多元化。[4]

三、管理科学与工程研究生质量评价保障体系存在的不足

管理科学与工程是综合运用系统科学、管理科学、数学、经济学和行为科学及工程方法，结合信息技术研究解决社会、经济、工程等方面的管理问题的一门学科。它侧重于研

究同现代生产经营、科技、经济和社会等发展相适应的管理理论、方法与工具，应用现代科学方法与科技成就来阐明和揭示管理活动的规律，以提高管理的效率。作为一门理论结合实际应用的学科，在适应当前研究生教育发展的过程中，大部分高校的研究生质量评价保障体系主要存在以下不足。[5]

(一) 评价主体单一

目前大部分高校的研究生质量评价保障体系中，缺少第三方的评价，仅以高校自身作为评价主体，一定程度上缺乏客观性和公信力，无法较为全面地反映研究生培养质量水平。由于第三方机构与高校一般无直接利益关系，评价结果相对客观、透明，其结果受到了越来越多的社会组织、学生及家长的重视。高校在建设自身研究生质量评价保障体系时，结合第三方评价综合分析，不仅对提高办学水平有所帮助，也有助于获得社会对高校研究生培养质量的认可，从而获得良好的社会声誉。[6]

(二) 评价指标单一

由于我国传统研究生教育以培养学术型研究生为主，部分高校以学术论文作为评价的主要指标，甚至是唯一指标。但当前，我国研究生教育规模迅速扩大，社会对人才的需求也越来越丰富，所以在研究生培养过程中，除了关注学生的学术能力，也应对学生实际应用能力、创新能力等有所关注。

(三) 缺乏反馈机制

高校普遍较为重视研究生在校期间的培养质量，建立的质量保障体系也是针对在校生的，而忽视了毕业后的研究生质量对提升高校办学水平的作用。研究生毕业后的质量反馈，是高校适应社会发展需要，培养新时代人才的关键。整合现有资源，建立“毕业生反馈机制”，有助于高校提高研究生培养水平。

四、构建管理科学与工程研究生“三方协同”质量评价保障体系

在“双一流”背景下，通过构建“三方协同”(“三方”即高校、政府、第三方评价机构)的评价保障体系，提高研究生质量，培养适应社会发展的研究生。具体来讲，应继续完善校内研究生质量评价保障体系，主动配合政府部门评估，积极参与第三方评价。

(一) 继续完善校内质量评价保障体系

人才培养是高校的主要任务，校内质量评价保障体系是保障研究生质量的主要防线，高校应不断完善校内质量评价保障体系，适应时代发展对人才的需求。

1. 保障入学质量

新生的综合素质是研究生质量的第一道保障，新生质量对研究生质量有很大的影响，选拔新生时应对其进行严格的质量评估。党的十九大报告强调“实现高等教育内涵式发展”，所以选拔方式上依然采用统考结合高校自主考试的方式，但是应更注重后者。具体

来讲，应注重考查学生二级学科的专业知识、创新能力、学术研究能力、实际应用能力、抗压能力等综合素质。为了更全面地了解学生的综合能力，光靠面试笔试无法确切地了解学生，可引入教授推荐信制度，让2～3名学生的本科老师对其做出一个客观的评价。对硕士生明确培养目标，实行分流制度，对有意从事学术研究的硕士生实行硕博连读制度，着重培养其学术创新能力；对希望硕士毕业进入工作的硕士生，应着重培养其应用能力。对博士生录取继续推进资格审查制，确保博士研究生质量。

2. 保证基础课程教育

首先是思想政治课，应引导研究生树立良好的思想道德品质，坚定对马克思主义的信仰，在习近平新时代中国特色社会主义思想的指导下，为实现共同理想而奋斗。研究生的文化课程应对研究生的研究方向有帮助作用，导师应指导研究生根据专业和研究方向，有针对性地选课，而不是为了更容易拿到学分而选课。在重视基础教育的同时，要充分调动研究生的自主学习能力、研究创新能力、实践应用能力。现在很多研究都来自交叉领域，应鼓励学生对交叉领域的学科进行学习。例如，开设新兴人工智能通识课程，从理论到实践，让学生对该领域的概况有所了解，便于在以后的研究或工作中应用。同时，应推进国际化交流机制，可以从以下三方面入手：①适当增设全英文或双语课程，增强研究生外语能力，有利于学生日后进行国际化交流；②加强学科国际化联合办学，争取与国际知名高校进行联合；③适当引入国外优秀导师，为本校的学术添加新鲜血液。

3. 完善淘汰机制

没有淘汰就无法保障质量，所以在学生的整个培养流程中，应建立完善的淘汰机制，对研究生在校的各阶段任务完成情况进行评价考核，确保学生在课程学习、论文写作等各个阶段达到考核目标，对长期无法达标的学生，进行淘汰处理，起到激励并警示学生的作用。推进毕业标准多元化，建立多元的毕业考核体系，除学位论文以外，添加诸如实习考核、社会实践考核、专业技能考核等考核标准。

（二）主动参与和配合政府行政部门评估

政府行政部门评价内容通常是最基础、最直接的，也是最贴近研究生教育本身的。如目前已经开展的博硕士点合格评估、学科评估、专项评估等，其评估结果不仅较为公正客观，且具有较强的指导意义，对高校未来一段时期的发展和研究生教育的开展会产生巨大的影响和推动。因此，高校想要获得更好的发展，必须积极主动参与该类评估。

通过分析评价结果，高校能够直观地了解自身研究生培养的现状，了解培养研究生的学科存在的优势和劣势，发现硕士点、博士点在发展和建设中存在的问题，通过评估查漏补缺，完善机制体制建设，进一步夯实研究生培养的基础。

对研究生培养的重要环节，论文抽检可以通过政府评估部门进行盲审，评审专家来自全国不同高校，学校只提交论文和查看结果，不参与其他环节。保证评审结果公正客观，有助于高校在减少在论文抽检中的人为因素，真正了解和提高本校的研究生毕业论文质量。[7]

（三）积极参与第三方机构评价

“第三方机构”指独立于高校与政府之外，与被评价对象没有利益关系或隶属关系的机构或组织。在国家政策的指引下，第三方评价机构提供的评价越来越受到社会和高校的重视。高校可以通过研究这一类评价的指标体系，找出其关键指标，并得出高校建设、研究生教育的新思路。例如相对比较热门的 ESI 学科排名，虽然该排名只针对高校的某个学科所发表的论文被引用量进行统计排名，但是通过这个排名，可以反映出该校从事该学科研究的导师和研究生的科研质量及科研结果受同行的认可度。另外，一些高校的排名评价、排名体系侧重的指标不尽相同，这类排名所采用的指标很多是最贴近社会需求且符合学生家长认知的，因此通过分析该类排名的指标体系来分析高校在办学思路、办学方式上的优势和不足，在提升高校排名和知名度的同时，获得更好的生源，对提升研究生培养质量起到保障作用。

重视与第三类评价机构的合作，建立“毕业生反馈机制”。为适应时代发展对研究生的需求，高校应重视研究生用人单位的评价和反馈，多与用人单位沟通交流，建立顺畅的沟通渠道，及时了解用人单位对高素质人才的需求。同时，积极收集毕业生的科研或工作情况反馈，根据实际情况，适当修改培养方案。由于毕业生信息收集较为困难，目前大部分高校对毕业研究生的跟踪调查重视不够，高校要想不断提高研究生的质量，必须重视毕业研究生或用人单位的意见，加强交流和互动，听取这些研究生在拥有工作经验以后，对高校研究生培养教学形式、培养模式、创新实践等方面的意见，结合高校自身发展及导师和研究生管理者的培养理念，对本校研究生培养计划做出改进，切实提升研究生培养质量。

参考文献

[1] 别敦荣.“双一流”建设与大学战略[J].江苏高教，2019(7)：1-7.

[2] 邹树梁，张彩平.管理科学与工程硕士研究生复合型培养模式研究[J].湖南科技大学学报（社会科学版），2010，13(5)：142-145.

[3] 陈健.基于第三方评价的研究生培养质量保障体系构建[J].中国成人教育，2018(13)：44-47.

[4] 方岱宁.“双一流”背景下研究生教育改革的创新探索[J].北京教育（高教版），2018(1)：43-45.

[5] 马廷奇.一流学科建设与拔尖创新人才培养[J].国家教育行政学院学报，2019(3)：3-10.

[6] 刘洋.我国研究生教育质量评价与保障体系建设初探[J].继续教育研究，2014(6)：88-90.

[7] 梁传杰.借鉴美国经验构建我国研究生教育质量保障体系[J].研究生教育研究，2018(4)：84-90.

新形势下高校研究生职业道德立德树人教育研究

——以会计学专业为例

于团叶　邢艺轩

（同济大学经济与管理学院）

摘　要：本文通过问卷调查和访谈调查的形式，就同济大学研究生职业道德立德树人教育的现状进行了了解和分析。本文结合会计学专业的特点，从中发现了高校职业道德培养的关键因素和存在的问题，针对这些问题，提出相应的解决措施，以期为高校的相关课程建设提供参考。

关键词：职业道德；会计课程；素质培养

Abstract: Through the questionnaire survey and interview investigation, this paper has made an understanding and analysis of the status quo of postgraduate professional ethics education in Tongji University. Based on the characteristics of accounting majors, this paper finds the key factors and existing problems in the cultivation of professional ethics in colleges and universities. In response to these problems, this paper proposes solutions and hopes that these suggestions can provide reference for the construction of relevant courses in universities.

Keywords: professional ethics; accounting majors; quality education

一、引言

“十年树木，百年树人”，今日的高校大学生必将成为未来社会发展的栋梁，各行各业的精英翘楚。高等教育时期正是青年学子世界观、人生观、价值观形成的关键时期，高校不仅要教给学生知识，更要教他们如何做人、塑造他们的人格。然而，当下腐败问题已成为我国社会面临的重要问题，不仅造成了国家大量经济损失，还影响了社会的稳定发展。因此，对高校学生进行职业道德培养便显得尤为重要。本文以会计学专业为例，通过问卷调查和访谈调查的研究方法，就同济大学研究生职业道德立德树人教育进行了研究。通过对调查结果的归纳总结，我们发现了高校职业道德培养的关键因素和存在的问题，并针对这些问题，提出相应的解决措施。

二、研究背景

党的十九大报告中指出："要全面贯彻党的教育方针，落实立德树人根本任务，发展素质教育，推进教育公平，培养德智体美全面发展的社会主义建设者和接班人。"目前，我国的高等教育在课程体系设计与教学实践操作方面都存在着"重智育，轻德育"和"重教书，轻育人"的偏差和不足。因此，高校在开展各专业的知识技能和学科素质教育的同时，也应当肩负起引导学生养成正确的是非观念和职业道德的责任。古语有云："才者，德之资也；德者，才之帅也"，阐明了成才成器的关键在于个人的品德修为与能力水平，二者须相辅相成、缺一不可。对处于人生十字路口的大学生和研究生群体而言，正确理解这一点事关重大。

会计学作为一门现代工商管理学类科目下偏重应用的学科分支，在当今社会经济高速发展的大背景下具有显见的学习与实践价值。然而，会计这门商业语言却在不断趋于成熟、走向国际化的过程中变了味。会计造假现象层出不穷、愈演愈烈，因受到利益驱动而选择跨过道德红线的会计从业人员的数量不断攀升，整个会计行业的形象一落千丈，承受着来自公众和社会的针对诚信缺失的质疑和拷问。在宏观层面上，会计信息质量的好坏决定着经济信息的质量，影响着经济决策的准确性；在微观层面上，会计行业的兴衰取决于每一个会计人员的自律精神和职业道德水准。弄虚作假、铺张浪费、贪污腐败的行径不仅严重损害了会计学这门学科的名誉，更在持续侵蚀着每一位会计工作者的心智和尊严。作为以立德树人为己任的高校，在认识到上述形势的前提下，更应当着重考虑如何从根源上遏制和改变现状。如何在高等教育阶段大力推进职业道德建设，培养出具备良好职业伦理意识和社会责任感的会计学人才已是刻不容缓的课题之一。

会计职业道德规范的完备程度决定了形成和维持会计人员职业道德水准机制的完善程度，这一机制的要素包括会计职业道德准则、教育等。我国目前仅有适用于注册会计师的《中国注册会计师职业道德基本准则》，而无适用于其他会计人员的具体职业道德准则，一些职业道德要求只是散见于各有关的法规和制度中，会计正常教育和继续教育尚无足够的职业道德内容，机制尚未有效形成。目前，大部分设有会计专业的学校，都没有单独开设"会计职业道德"课程，教师在讲解有关职业道德内容时，通常也是一带而过，没有涉及实质性内容；在会计人员、审计人员的后续教育和会计师、注册会计师资格考试中也没有职业道德方面的内容。会计职业道德教育的弱化容易致使部分会计人员职业道德意识薄弱，在现实生活中难以抵抗各种诱惑，不能够坚持原则，更不能依法办事。

因此，高校会计教育不能仅限于传授业务技能与知识，更重要的是要灌输道德标准和敬业精神。要坚持以人为本的理念，把职业道德教育融进每一名会计人员内心，培养实事求是、坚持原则、恪尽职守、清正廉洁的道德品质。本文以同济大学会计学专业为例，对研究生职业道德立德树人教育进行深入研究，以期在不断提高会计人才系统的专业知识和娴熟的职业技能的同时，也要坚持不懈地开展职业道德教育，把法制观念和道德要求不断地灌输到学生的学习和工作信念之中，使诚实守信、不做假账的职业道德观念深入人心。

三、研究方法

本文主要采用的研究方法为问卷调查法和访谈法。

调查问卷的研究对同济大学象为在校学生,主要对研究生职业道德立德树人的现状进行了调研。问卷着重于考查学生对当今企业中现存的会计诚信问题的看法、了解程度,以及对职业道德教育课程安排的态度和感受,具体有:职业道德是否重要;有无开设专业职业道德教育的必要性;进行职业道德教育的时间;有无专任职业道德教育的教师;专业教师教授专业职业道德所花的时间;有无开展专业职业道德教育的专题活动、案例分析;是否了解职业道德教育的目标;职业道德目标与本专业结合的紧密度;职业道德教育的内容包括哪些;等等。

访谈调查的研究对象为高校教师,采用圆桌会议的形式,与多位老师进行沟通和交流,访谈调查侧重于从教学角度来看学生职业道德培养问题。访谈内容包括对目前会计学专业职业道德教育的重视程度、观念、教育目标、课程体系、教育方法与途径、与国外教育的异同、评价方法、师资力量等方面,具体有:目前会计学专业教育过程中职业道德问题的教育程度如何;学习会计职业道德的主要原因有哪些;会计信息不实的主要途径是什么;加强会计人员职业道德的主要途径有哪些;现在的会计信息中,最普遍的问题是什么;中国教育与国外教育在会计职业道德方面的主要差别有哪些;高校是否需要开设专门的会计职业道德教育的课程?如果需要,需要几课时;高校是否需要开展会计职业道德教育的案例比赛;等等。

通过上述两种研究方法,我们得到了初步的调查数据,通过对调查问卷和访谈问卷获得的数据资料进行收集和整理后,我们进行了统一编码,并采用 SPSS 17.0 统计软件进行资料统计,按照思路框架,再对数据进行分析。

四、结果分析

通过本项目的研究,我们认为,当前影响高校会计学研究生职业道德教育尚且存在一定的问题,如学生对职业道德教育的漠视、教师偏重技能传授而较少涉及伦理理论教学、课程考核存在着唯结果论的取向,等等。在对这些现象进行深入的反思和进一步的挖掘之后,本文将影响教育质量的关键因素归结为以下几点。

(一) 在校研究生对会计行业的认知不充分

高校培养的人才普遍面临着这样一种困境,即因为长期处于如象牙塔一般的校园生活中,缺少对未来的职场的合理想象或真实体验。同理,大部分高校的会计学学生并没有长期在企业中工作或实践的经历,没有真正长时间地浸润在与他们将来的职场相似的环境中,导致他们对会计行业氛围、职业人应有的素养水平的认识仅停留在课本层面。因此,他们没有意识到在智识和心理两个层面上做好准备面对复杂的社会大环境和各种不经意的诱惑、挑战的重要性和迫切性。这种因无知或不全面的认知而造成的典型现象就是学生群体经常潜意识地表现出对职业道德教育、伦理课程的排斥，与对技能类专业知识的学习热情相比，呈现出明显的差异。

（二）高校会计学科课程的设置与设计不合理

会计学科的课程清单中基本难以找到专门的职业道德教育课程。这类本该关系到学生职业人格塑造的重要课程，要么被简单地附加在入门级或概论类课程中，往往不受有教学进度压力制约的教师的重视；要么被设计为一次专题讲座类型的体验型课程，沦为只能依靠学生的自主兴趣而或被习得、或被无视的下行指标或任务。枯燥的照本宣科式教学与不那么与时俱进的经典案例教学方式是会计职业道德教育的主要形式，教师无意改变或创新教学模式，学生则乐于填鸭式教学的速成法、敷衍了事。此外，缺位的课程考核机制则是无法在制度上保障职业道德教育被重视、被接受的重要原因。

（三）校园环境与社会环境的隐性影响

现今的年轻人们都被快速发展和变革的时代携卷着前行，对于研究生群体而言，沉重的工作竞争压力和社会生存压力其实早在还没有迈出校门的时候就已经无形地加诸他们身上。快节奏、高强度、重结果的社会风气在校园里则表现为拼绩点、夺荣誉、多实践的学习模式，学生们无论是主动还是被动，都不得不去努力适应这些“游戏规则”，成为这一套规则中的佼佼者。因为这意味着对未来有更多的选择权。在上进心与功利心交织的思想中，一部分学生会走向错误而极端的方向从而迷失本真。在与名利和金钱紧密相关的会计行业中，这种现象尤为多见。青年人在思想仍在成长和发展的时期必然会受到来自外部环境的潜移默化的影响。

综上所述，本文认为，研究生会计职业道德教育的偏差是由多方面的原因造成的。实现教育的纠偏应当从学生个人、教师、社会三个角度出发，结合分析，探讨出路。

五、对策研究

针对上述的关键因素和问题，我们提出了以下的解决措施。

（一）开设专门的职业道德教育课程

学校不仅要重视学生的专业技能培养，同时也要关注学生的职业道德教育。此次调查结果显示，学生对会计从业人员的职业道德问题没有具象化的概念，可见在高校教育中，这仍是一个空白的领域。因此，学校应当开设专门的课程，对学生进行系统化培养。同时，教师可以开展会计职业道德案例库建设工作，收集会计职业道德方面的案例，围绕教学目标，根据教学大纲要求，有针对性地进行案例教学。教师可以通过多媒体演示、角色扮演、纸质材料、口述介绍等，帮助学生准确理解案例内容，使学生准确理解和熟练掌握道德教育的知识点。案例要贴近生活、贴近实际，让学生在学习中产生共鸣和辩论，激发学生学习的兴趣。其次，学校可以举办相关的讲座和知识竞赛，通过这种形式，丰富教学方式，带动学生的积极性。

（二）采用“请进来，走出去”的教学模式

就研究结果而言，学生对目前企业中存在的会计从业人员违反职业道德的现状缺乏了解，因此，学校可以邀请企业高管走进课堂向学生讲授课程，并鼓励学生去企业实习，切实了解会计从业人员在实际工作中的职业道德要求。“请进来”是指聘请企业高管或实务领域的专家担任会计从业人员职业道德教育课程的指导老师，让学生了解当前企业中存现的职业道德问题，熟悉相关规章制度，在思想意识上形成体系。“走出去”是指教师带领学生利用暑假和课余时间到企业去了解企业管理的流程、会计处理的流程，了解会计从业人员容易发生失信行为的风险点和违背职业道德的后果，然后再回到课堂上，通过学习—运用—再学习的启发式教学模式，让学生从单纯、被动的灌输式学习，转变为定向、主动的启发性学习。

（三）健全职业道德教育课程的考核方式

为了充分发挥学生的主观能动性和创新能力，高校的职业道德教育课程应设计多样化的考核制度。在教学过程中，对学生成绩的评定可以分为以下三个部分：第一部分是平时成绩（30%），主要包括学生的出勤、发言积极性、提出问题、分析问题、解决问题、团队合作精神、作业的完成情况、实习情况等，教师可以根据发言次数、作业的正确性、企业的实习表现反馈等来评定；第二部分为分组案例讨论及实验部分（40%），主要包括资料收集的详略程度、案例分析深浅程度、结论的合理性及参考价值等，组长给每组组员严格分工，全班同学给每组案例打分，每组的组长给组员打分，最后由老师汇总，采用加权平均法算出每个人的总分，综合评价每一学生的能力；第三部分是期末考试（30%），主要考核学生对基本理论的理解以及应用。

六、结语

本文总结归纳了高校职业道德教育方面的关键因素和问题所在，并提出相应的解决措施，希望能够丰富高校立德树人教育研究的内容，为高校的相关课程建设提供参考。

参考文献

[1] 邱吉福，高绍福.会计职业道德教育研究——会计学历教育中的职业道德教育[J].当代财经，2005(4)：30-32.

[2] 梁水源.会计职业道德教育的内涵分析与模型研究[J].会计研究，2006(11)：30-36.

[3] 庄智华.会计职业道德教育的研究与分析——对若干异议的评述和回答[J].财会通讯：综合版，2007(1)：83-85.

[4] 曾向红，汪燕芳.高校会计职业道德教育新思考[J].财会月刊，2011(9)：106-107.

[5] 高翠莲.关于会计职业道德教育问题的思考[J].山西财政税务专科学校学报，2003(1)：38-40.

[6] 韩富娆.会计教学中会计职业道德教育探析[J].考试周刊，2019(19).

[7] 于团叶，邢艺轩，沙益鹏.会计学精品课程建设.教育研究与教学改革论文集[M].北京：清华大学出版社，2018：292-298.

关于提升上海高校在职硕士项目国际化的思考

李奕滨　郭　英

（同济大学经济与管理学院）

摘　要：“一带一路”倡议的提出和上海打造全球城市的需求为我国高等教育国际化提供了新的动力，在华居住的外籍人士和留学生对中国在职硕士教育需求增大，但是现有教育管理政策和机制制约了在职硕士项目的国际化发展。因此，我国教育主管部门和高校应该正确认识教育国际化的战略意义和价值，改革现有的留学生管理制度，拓宽在职国际学生入学的渠道，提升在职硕士项目的国际化水平。
关键词：在职硕士项目；国际化；留学生管理政策改革

Abstract: The initiative of one belt one road and building Shanghai into global city presents new motivation and opportunities to the internationalization of high education in China, foreigners' demand for the part time master program is growing rapidly. However, the existing regulation and policies of educational administrative departments is one of the key factors hindering the internationalization of part time master programs. Therefore, this paper proposes the educational administrative departments and the universities should reform and innovate the admission and administration policies to the foreign applicants who want to study in China to further improve the level of internationalization of China's high education.
Keywords: part time master program; internationalization; management policy on foreign students

一、引言

近年来，我国综合国力显著提升，与世界经济深度融合，特别是“一带一路”倡议的提出和上海打造全球城市的需求，为我国高等教育国际化提供了新的动力。经济发展和就业机会是吸引外籍人士和留学生来华留学的最大因素，尤为引人关注的是来华外籍人士和留学生中，对国内在职教育的需求在不断增大。因此，上海高校如何提升在职项目生源的国际化是当前面临的新机遇和新课题。

二、外籍人士和留学生对中国在职硕士教育需求增大

据国家外国专家局统计，2016 年来中国大陆工作的外国专家及其他外国人员超过 90 万人次[1]，相对比，20 世纪 80 年代来中国大陆工作的外国专家数量每年不足万人次。上海作为跨国公司总部的首选之地，来华工作的外国人中接近 1/4 生活在此，如何为在上海工作的 20 多万外籍人士提供在职教育是摆在上海高校面前的新机遇和新挑战。

《上海市中长期教育改革和发展规划纲要》要求到 2020 年，留学生在上海高校在校生中的比例提升至 15%。不仅总量面临变化，留学的需求结构也发生了变化。根据留学基金委的统计，2011 年之前，九成以上留学生学的是语言，如今选读最多的 5 个学科依次为文学、管理学、经济学、医学、工学。目前上海高校在管理学、经济学、工学专业的研究生教育的发展方向是以非全日制的在职硕士项目为主。[2]根据国务院学位办的规划，到 2020 年，我国研究生教育要实现从以培养学术型人才为主转变为学术型人才和应用型人才培养并重。[3]因此，如何把国内高校的在职硕士项目向来华工作的外籍人士和留学生开放是国内高校面临的新课题。

三、在职硕士项目国际化的战略意义和价值

上海作为国内国际化程度最高的城市，各高校教育国际化的水平也领先全国。为满足新形势下外籍人士和留学生对国内教育、特别是硕士教育需求的新变化，上海各高校已经开始一些国际化的改革和尝试。以 MBA（工商管理硕士项目）为例，复旦、上海交大、同济三所知名高校共开设六个中外合作办学项目以及十几个国际交流项目以满足国内外学生对教育国际化的需求。但是从目前的实施效果来看，国内高校国际化惠及的主要对象是国内学生，对国际学生的开放程度和待遇还需大幅提高。其战略价值和意义体现在以下三个方面。

（1）来华留学生教育是服务国家“一带一路”倡议实施，践行“讲好中国故事，传播好中国声音，增强国际话语权、推动中国理论国际化”的创新平台和渠道。留学生的招收和培养仍然是世界各国之间友好交往的重要形式，也是各国重要的外交政策工具，在国际政治中扮演着重要角色。之所以强调留学生教育要向在职学生开放，是因为中国政府在“一带一路”沿线国家推动的建设项目不仅需要大量的人才和智力支持，更重要的是需要当地国民在文化和观念上对中国倡议的认同。而在职学生申请的学位项目通常都是类似 MBA 和 EMBA 等在职项目。这些项目招收的学生语言能力强、专业水平高、管理经验丰富，对华理解深，不仅在经济上拥有话语权和决策权，同时通过在中国课堂上对中国文化、国情、商业案例、政经政策的了解和熟悉，可以成为中国战略的“离岸外宣”大使和“通心工程”的重要推手，是增进我国与“一带一 路”沿线国家人民友谊、促进公共外交的重要渠道。

（2）国际人才的培养是实现上海提升城市能级和核心竞争力，承担起新时代新使命的必然要求，是应对城市激烈竞争的迫切需要。根据《上海市城市总体规划（2017—2035

年)》,上海要加快推进“五个中心”建设,努力把上海建设成为卓越的全球城市和社会主义现代化国际大都市。五个中心中,科技创新功能是上海未来城市发展的核心功能,它是上海城市发展的“灵魂”,而科技创新中心的建设关键在于科技人才的集聚,人才资源作为第一生产力,是科技创新最活跃的资源,在建设全球科技创新中心中占据核心地位。[4]由此可见,打造近悦远来的国际化人才集聚新高地是上海建设全球科技创新中心面临的最重要挑战和任务。

(3) 扩大来华留学生的规模和多样性能为我国本土国际化人才的培养提供支撑。国际化人才培养的基本要素是国际视野和跨文化理解、沟通能力的培养,必须要在国际化的环境中才能实现。世界范围内,由于出国学习交流的成本高、受益群体小的特点,只有少数学生和教师参与跨国流动,而本土学生国际化参与不足的现象普遍存在。因此,在地国际化被认为是构建国际化人才环境更均衡有效的途径。[3]通过扩大来华留学生的规模和多样性,促进来华留学生和本土师生的有效互动,有利于增进本土学生对文化差异的体验感知和文化包容性,形成国际意识和国际视野。

积极应对“一带一路”倡议面临的全球挑战和国际问题,为世界贡献中国智慧,是当前国家对高等教育的重大战略需求,也是建设中国特色世界一流大学和世界一流学科的应有之义。诸多国内高校的发展经验表明,国际合作有助于加强国际协同创新,营造良好的国际化教学科研环境,增强对外籍优秀教师和高水平留学生的吸引力;有助于国内高校积极参与国际教育规则制定、国际教育教学评估和认证,切实提高我国高等教育的国际竞争力和话语权,树立中国大学的良好品牌和形象。

四、上海高校在职硕士项目国际生源偏低的制约因素

虽然国际化已经成为国内高等教育发展的重要战略,师资、教学方法、教学内容的国际化程度大幅提高,但是生源的国际化比例却远远低于国际同行的水平,上海在全球留学生市场中的竞争力仍显薄弱。除了上海纽约大学等少数高校,绝大多数上海高校接纳学历教育的国际学生数占在校生总数的比例明显偏低。当前导致国际生源比例偏低的症结主要在于管理政策盲区和模糊地带导致国际学生申请渠道单一,具体如下。

1. 关于留学生身份的认定

根据中华人民共和国教育部、中华人民共和国外交部、中华人民共和国公安部令 第42号《学校招收和培养国际学生管理办法》第一章第二条关于国际学生的定义:本办法所称国际学生,是指根据《中华人民共和国国籍法》不具有中国国籍且在学校接受教育的外国学生。[5]该文件未明确国际学生是全日制还是非全日制学生,在实际操作中高校留学管理部门通常按照全日制学生来理解,即目前国际学生只能申请国内全日制学位项目,在职、非全日制基本不对国际学生开放,因此,如果招收在职国际学生的管理将变得无法可依,有些学校甚至担心踩政策红线而宁愿关闭在职申请通道。

2. 关于留学生的签证管理

2018年教育部办公厅、外交部办公厅发布《关于严格规范来华留学招生和管理工作的通知》,规定学校不得接收持非学习类短期签证入境的外国人入学。对已在境内的申请长

期学习的外国人，除其持有驻外签证机关签发的学习类签证（X1 字、X2 字签证）或公安机关签发的居留证件[5]，学校不得为其办理入学手续。如果严格按此条规监管，会导致持有学生签证的学生不能工作的管理困境。某些在职硕士项目采用集中上课方式，如每隔两月集中授课一次，在境外工作的在职学生无须长期待在国内，他们通常会以商务签证代替学生签证，课程结束立即返回所在国家继续工作。这种做法显然不符合现有规定，很多学生因此无法获得正式学籍，丧失获得国内高校的正式学历学位证书的资格。

五、提升国际化的建议

综上，在促进“双一流”大学的建设，满足“一带一路”倡议对国际人才的需求背景下，国内高校如何完善现有的留学生管理制度，拓宽在职国际学生入学的渠道，为优秀的在职留学生提供学习机会变得尤为迫切。现提出以下两点建议。

1. 正确认识国际教育的发展阶段和历史作用，鼓励高校在职硕士项目国际化的多元发展

高校应深刻认识来华留学生教育在共建“一带一路”的大外交格局中的重要作用，根据自身情况，制定留学生教育发展规划，调整留学生的层次结构，大力提高硕士和博士层次留学生的比例，开展高层次留学生教育。[6]诸多世界一流大学的发展实践表明，国际合作在建设世界一流大学中具有非常重要的不可替代的积极作用，是我国高水平大学通向世界一流大学的一条捷径。上海作为国内国际化程度最高的城市，来华留学教育发展较早，上海几所一流大学已经在多个在职专业硕士项目上尝试招收国际学生，积累了比较丰富的办学经验。应该鼓励这些高校将培养高端人才作为发展来华留学教育的目标，开设多层次多目标的学历教育，也可开展各类形式的培训项目，鼓励高校在职硕士项目国际化的多元发展

2. 改革留学生录取管理和服务管理机制，在保证教育质量前提下不断提高国际生源比例

2019 年 7 月，山东某大学对留学生服务的超国民待遇引发了社会舆论的关注。笔者认为，在对待留学生的服务管理方面，我国高校应该改变全面负责的服务状态，不应承担超出教育范围的金融、住房、医疗、法律事务等协助和服务，即改变为来华留学生提供的超国民待遇的“保姆式优待”和“包庇纵容”。[7]

在留学生录取环节，各高校应该严把质量关，教育主管部门对于办学质量过硬、办学传统悠久的一流高校和项目给予一定程度的自主权，特别是商科教育中的高端在职项目，应允许招收在职优质生源，允许其持工作签证参加项目的短期学习，因为这种项目招收的国际学生通常具有丰富的管理经验，且多为跨国公司的高管或技术管理人员，以及依靠中国政府奖学金，寻机在中国打黑工的留学生完全不同。因此教育部门应该针对不同的项目的特点设立不同的管理政策和要求，促进在职项目的国际化发展。

六、结语

在职专业硕士项目是我国研究生教育的发展重点，而国际合作又是专业硕士教育的

重要办学方式，上海作为国内国际化程度最高的城市，各高校教育国际化的水平也领先全国。因此，上海高校如何正确认识“一带一路”倡议实施和上海打造全球城市的背景下，提升高等教育国际化的战略意义和价值，改革现有的留学生管理政策，鼓励高校在职硕士项目国际化的多元发展意义尤为重大。

参考文献

[1] 徐博，周科.2016 年来中国大陆工作的外国人员超 90 万人次[N].新华社，2017-04-16.

[2] 上海市政府.上海市中长期教育改革和发展规划纲要[EB/OL][2010-10-29].

[3] 陈强.来华留学生教育怎么看[N].中国教育报，2018-09-21(6).

[4] 上海市政府.上海市城市总体规划(2017—2035 年)[EB/OL].

[5] 中华人民共和国教育部、中华人民共和国外交部、中华人民共和国公安部令第 42 号.学校招收和培养国际学生管理办法[EB/OL].[2017-03-20].

[7] 教育部办公厅、外交部办公厅.关于严格规范来华留学招生和管理工作的通知[EB/OL].[2018-09-03].

[6] 教育部、财政部、国家发展改革委.关于高等学校加快“双一流”建设的指导意见[EB/OL].[2018-08-08].

知行关系视域下 MBA 案例教学模式的创新研究

——基于“企业实践与案例开发”课程建设*

徐　勤　吴　伟　邵宏轩

（同济大学经济与管理学院）

摘　要：知行关系的价值主要是在于如何将文献与实际的应用价值结合，而 MBA 案例教学模式则是通过案例分析的有效手段将实际的应用价值转化为工作中的判断手段，本文基于知行关系的视域分析 MBA 案例教学模式面临的瓶颈和挑战，并且依据《企业实践与案例开发》实际的课程构建行之有效的解决方案，将 MBA 案例教学法的社会价值、创新价值、学术价值三者合一，达到最优的结构化课程建设方案。
关键词：知行关系；MBA 案例教学；创新研究

Abstract: The value of the relationship between knowledge and practice mainly lies in how to combine the literature with the practical application value, while the MBA case teaching mode is to transform the practical application value into the judgment method in the work through the effective means of case analysis. Based on the perspective of the relationship between knowledge and practice, this paper analyzes the bottlenecks and challenges faced by the MBA case teaching mode, and according to the actual value of enterprise practice and case development The effective solution of Curriculum Construction Bank combines the social value, innovation value and academic value of MBA case teaching method to achieve the optimal structured curriculum construction scheme.
Keywords: knowledge and behavior; MBA case teaching; innovation research

一、引言

案例教学法在管理教育中的使用起源于哈佛商学院，并已在世界顶级商学院的教学

* 本文为 2018 年同济大学研究生教育改革与研究子项目“同济 MBA‘企业实践与案例开发’课程建设”（编号：2018GH04014）成果。

中广泛采用。在案例教学法中，教师可以根据教学目标的需要，选取适当的案例，组织学生进行讨论和分析讲解，使学生从实践性的真实案例中学习并掌握管理知识、理论与实践技能。相比于传统的讲授式教学，案例教学法的特点如下。①思维启发性：学生不再是被动的灌输型学习，而是充分发挥学生的主动性，探索新知识。②情境模拟性：案例教学法基于真实的商业案例，而非单纯的管理理论，以提高学生的学习兴趣，提升其实际决策和管理能力。③深度参与性：课堂不再是教师的“一言堂”，学生通过大量的课堂互动和讨论机会对案例进行分析、讨论甚至辩论，实现互动式学习。

二、MBA 学科案例教学法面临的挑战与瓶颈

案例教学法虽然有诸多益处，但随着 MBA 教育的发展，学生对案例教学的渴望日益增强，案例教学模式面临挑战和瓶颈，具体体现在以下几方面。

（一）情境价值信息无法完全获得

相比于传统讲授式教学，案例教学要求教师在课堂前做更多和更充分的准备。这些准备包括对于案例的选择、理解、案例分析框架和讨论问题的准备、课堂组织、课堂进程引导和把控、管理理论梳理等。[2]案例教学基于真实的商业和管理情境，采用案例教学法的教师必须具备相当的管理实践知识，这一点在面对 MBA/EMBA 和企业培训学员时尤为重要。但是目前大数案例都是直接取用案例库案例，学生没有参与案例采集，所以许多重要情境性信息无法获得，影响案例研究和讨论的效果。

（二）学生群体原生性差异性

学生本身也是案例教学法能否成功的关键。通常来说，中国学生更加含蓄和腼腆，如何调动学生深度参与是教师采用案例教学法的一大挑战。而且案例教学分组讨论的过程中，常常出现“搭便车”现象，个别学生并不主动参与案例讨论，无法有效地学习与成长。欧丽慧[3]的研究发现，MBA 学生低年级更关注案例教学的形式，高年级学生才关注案例教学的内容。说明随着管理理论的学习和实践能力的提升，MBA 学生对于案例教学的环节有了深刻的认识和提高。如何能让学生就在低年级对案例内容有生动的认识，启发学生的思考是目前面临的最大的问题。

（三）案例本身的局限性

目前国内案例教学的形式主要还是以文字材料为主，视频案例较少。而且视频案例开发过程艰难，时间冗长。案例在撰写过程中，不可以对主人公的心理活动做过多的描述，然而往往学生对主人公的所思所想更感兴趣。另外，由于案例库的案例无法实时地进行更新，案例信息内容往往存在滞后性，不能完全反映相关专业课程涉及案例的最新信息，严重影响案例教学的效果。

（四）本土化案例过少

国务院副总理马凯在谈及中国企业案例建设的话题时，特别强调当前国内很多教学

案例其实无法满足教学所需。他认为，应该大力鼓励教师联系中国政治经济和社会发展实际，联系企业管理实际，联系本民族和本地区实际，积极开发中国企业管理案例。因此，开发贴近中国管理情境且符合学生实际学习需求、贴近当前企业经营现状且符合时代特色的教学案例显得尤为迫切和重要。[4]符合中国情境的高质量管理案例的匮乏，案例教学法推广和使用的前提是要有相当数量的优质管理案例，而管理案例缺乏典型性、针对性、时效性的现状成为案例教学发展的巨大障碍，同时也很大程度上制约了学生的学习效果。[5]

三、推行“知行关系”视域下的解决方案构建

目前国内 MBA 案例教学缺乏创新性和本土化，不利于提升学员参与的积极性，影响教学效果。基于此，在课程建设过程中，可以尝试开设一门“企业实践与案例开发”课程，将案例研究和教学构建为一个完整的框架体系，将案例源、案例采编及研究和案例的应用等打通。[6]建立一批案例开发基地、建设发展案例基地企业，同时加强与企业的研究及对企业管理人员的经常性交流；锻造一支以教师和教学辅助人员为主的案例采编和研究的主体队伍并进行恰当的引导和鼓励，规范案例采编和撰写的方法及流程，使之能将案例采编进行标准化推广，搭建教学案例和案例研究成果应用的平台。[7]请学生和老师一起进入企业调研，深入真实而非模拟的管理情境中，并将案例带回课堂，组织学生讨论并撰写案例分析报告，采用理论和实践相结合的教学方法，让学生面对实践问题，利用相应的理论做出解释，提出解决方案，这样有助于：

（一）呈现完全真实的企业管理情境

将企业调研安排在案例教学环节，增强了学生学习的积极性、课堂的生动性。学生深入企业实践，与案例主角直接面对面交流，增强了案例的生动性，与主人公直接交流，让学生对主人公所具备的一些优秀的领导品质和能力有了感性且深刻的认知，对于 MBA 学生的人格培养具有潜移默化的影响力。

（二）促进本土化案例的开发

选择本土知名企业，深入企业内部调研，可以深切感受到本土情境对企业管理的影响，分析利弊。对于开发本土化案例具有助推作用，本土化的情境也契合 MBA 学生的工作背景，有助于学生结合工作经验对案例进行有效分析、诊断。

（三）构建产学研用价值链

“企业实践与案例开发”课程，对于案例研发本身可以进行信息迭代补充，每年的企业调研，随着企业的动态变化，对案例进行动态调整。对于案例教学而言，更新了案例教学的形式，使得 MBA 课堂更具生动性与灵活性。对于企业而言，学生讨论、学习的材料，经由教师指导，汇总撰写报告，可以反哺企业，对企业现实问题提出解决之道。

(四) 提升学生撰写论文的能力

全国 MBA 教学指导委员会及时修订了《工商管理硕士(MBA)专业学位基本要求》,规定采用案例教学,课程教学要密切联系企业管理实践,开设综合性的整合课程,为 MBA 学生提供整合多学科知识、解决综合性问题的训练。要求学生在校期间至少要完成一个解决实际问题的分析报告,学位论文必须结合管理实践。企业案例写作与实践课程不仅将学生放到企业的真实情境中去面对复杂的管理问题,并将课程考核中引入案例分析报告,任课教师对案例分析报告进行指导,为毕业前撰写论文做好准备。

四、小结

根据已有相关案例教学模式付诸实践,学者潘成云[8]基于 MPA、MBA 有关专业学位课程教学实践过程中,将鲜活案例采集、课程实践调查、鲜活案例撰写、案例研究成果课堂讨论分项、课程研究性作业和课程考试等六种教学过程和目标融合到案例教学过程中。[9]这样不仅提高了学生的学习参与度、兴趣,也使教师获得了许多案例信息,实现了教学相长。对该教学模式的调查发现,80.9%的学员认为每天接触鲜活的社会生活,体会和感受深刻,但是缺少系统化、理论化思考。究其原因,是因为案例教学模式是融入专业学位的某一门课程中,案例所选范围较少,但"企业实践与案例写作"在教学安排过程中,学生在学习了所有核心课程相关的管理理论之后,再选修该课程,一方面避免了案例对课程的限制,而且学生理性地学习之后,通过企业调研实践、分组讨论,通过感性认知,对管理学的相关理论知识进行再次学习,加深对理论的理解,提升教学效果。

参考文献

[1] 周宁,韩小汀,欧阳桃花,等.从敏捷性视角谈知识生态系统的构建——以北航案例中心为例[J].管理案例研究与评论,2015,8(2):173-188.
[2] 芈凌云,王文顺,俞学燕,等.基于 MBA 学员视角的案例教学效果影响因素实证研究[J].黑龙江高教研究,2018,36(11):139-144.
[3] 欧丽慧.整合式工商管理专业硕士(MBA)案例教学模式研究——以 H 大学为例[D].上海:华东师范大学,2018.
[4] 何艳,林刚.以系统思维培养为导向的互联网时代 MBA 案例教学法——耶鲁管理学院原案例教学法探析[J].学位与研究生教育,2016(9):60-64.
[5] 汪莹,王亚楠,黄海珠,等.MBA 案例教学改进对策研究——以中国矿业大学(北京)为例[J].学位与研究生教育,2017(3):55-59.
[6] 许红华,王智宁.行动学习法与案例教学法在 MBA 课程教学中的比较研究[J].煤炭高等教育,2016,34(6):114-118.
[7] 戴文博,朱方伟.案例教学知识转移机理研究[J].管理案例研究与评论,2013(6):201-211.
[8] 潘成云."六位一体"研究性案例教学模式探讨——基于 MPA、MBA 课程教学实践的思考[J].扬州大学学报(高教研究版).2018(1):76-81.
[9] 傅永刚.案例教学对于 MBA 学员管理能力提升的实证研究[J].管理案例研究与评论,2009,2(4):286-291.

专题研究

ZHUANTIYANJIU

基于机器学习方法的非母语MBA项目学生入学遴选指标研究

武小军[1]　吴　菁[1]　尚珊珊[2]

（1. 同济大学经济与管理学院；2. 上海外国语大学国际工商管理学院）

摘　要：迄今为止，对研究生入学遴选指标的研究已经非常丰富，但外语水平在用外语教学的硕士研究生项目学生遴选中的作用仍然很少受到关注。本文旨在通过三种不同研究方法，从多个角度深入探讨这一问题：①双样本假设检验方法；②多元线性回归分析；③机器学习算法（岭回归，SVM，随机森林，GBDT）。以2007年至2014年期间就读于同济大学上海国际MBA项目（SIMBA）的549名学生的入学遴选和毕业时的成绩数据作为实证研究对象，通过三种方法的比较分析，发现英语口语流利性在用英语教学的MBA项目遴选中起着关键作用，同时，研究还表明入学前毕业大学排名、所工作的公司性质、入学前获得的最高学历、入学前的数学考试成绩、学费支付者和压力管理能力等指标在预测毕业生最终成绩方面具有非常明显的作用。本研究通过实证研究也说明机器学习算法（如岭回归和SVM等）的预测模型可以作为教育机构遴选学生的有效方法。

关键词：机器学习；学生入学遴选；非母语MBA；成绩预测

Abstract: Although the research on student selection indicators has been very rich up to now, the role of the level of foreign language played in the admission selection of a non-native spoken program is still receiving little attention. This study intends to explore the issue through three research methods: ① two-sample test of a hypothesis; ② multiple linear regression analysis; ③ machine learning algorithms (Ridge regression, SVM, Random forest, GBDT). The case about 549 students enrolled in the Shanghai International MBA Program (SIMBA) in China from 2007—2014 was used as empirical research samples. Through three methods of analysis and comparison, it was found that oral english fluency played a key role in the admission selection of the english spoken MBA program in China. It is confirmed that the indicators, such as rank of the graduated university, company nature, latest highest degree, math exam, sponsor(tuition provider) and stress management, have very good effect in predicting the final grades of students when graduation. This study also shows that the methods based on machine learning algorithm modeling such as ridge regression and SVM are suitable for student selection decision modeling.

Keywords: Machine Learning; MBA admission selection; non-native language; performance prediction

一、引言

所有教育机构的主要目标都是提升教育质量,提高学生的学习成绩。[1]硕士研究生入学遴选过程对于提升项目质量至关重要。[2]对于工商管理硕士(MBA)项目而言,高质量的学生能够确保学生最终就业率目标的实现以及项目良好声誉的建立。[3]

申请进入研究生项目学习的竞争非常激烈。[4]对当前 MBA 入学遴选过程的评估是确保毕业生满足雇主要求的第一步。[5]尽管对于 MBA 入学遴选的研究已经非常多,但该领域的文献忽略了对非母语教学 MBA 项目学生遴选的研究。当前,中国教育市场有两大趋势,一方面,每年都有大量中国学生出国学习并最终获得国外大学的学士、硕士甚至博士学位;另一方面,国外的高等院校开始和中国的高校合作,在中国引入他们的教育资源,直接通过双学位等方式培养中国学生,此类项目多采用英语作为授课语言。通过将英语引入课程教学,高等教育机构试图改善管理教育的国际化水平[6],这也成为提高 MBA 项目吸引力的重要手段。

许多学者指出,在过去十年中,英语作为教学语言已引起非英语国家大学的关注[7-8],这对高等教育的未来至关重要[9]。因此,这些项目如何对学生进行遴选成为这些教育机构的新挑战。这些课程与传统母语 MBA 项目的最大区别在于它们以非母语教学。因此,在学习过程中必须首先克服语言和文化障碍;其次,需要强大的时间管理能力来平衡高强度的工作、艰苦的学习和家庭生活三方面的关系,这就对学生提出了更高的要求。为这些学生设计选拔指标和筛选程序已成为此类 MBA 项目提升质量的重要组成部分。对非母语 MBA 项目学生遴选的研究对于丰富高等教育研究中的学生遴选指标研究具有重要的理论意义和现实价值。

为此,本研究拟使用三种研究方法对此问题展开深入探讨:①双样本假设检验;②多元线性回归分析;③机器学习算法(岭回归,SVM,随机森林,GBDT)。通过对 2007—2014 年上海国际 MBA 项目(SIMBA)的 549 名学生的实证研究,利用不同研究方法,建立遴选指标和未来学术绩效之间的关系模型,证实英语熟练程度确实是一个最关键的预测指标;同时,研究结果还充分证明了非母语教学的非全日制 MBA 课程的独特性,提出了几个非常具有代表性,但被广泛忽略的最终学习成绩的预测指标。

二、文献综述

如何科学有效地从大量申请者中选拔合格的学生,并确保这些学生在学习过程中表现出色,顺利完成学业,并能够在将来的工作中表现优秀一直是管理教育研究的重要主题。以下就硕士研究生入学遴选、特别是 MBA 学生入学遴选指标选择和研究做一个简要的文献综述。

（一）MBA 学生入学遴选指标的研究

国际上，管理研究生入学考试（Graduate Management Admission Test, GMAT）成绩是 MBA 学生入学所广泛使用的标准，特别是在英语国家。出于这个原因，很多学者对 GMAT 成绩在 MBA 学生入学遴选中所起到的作用进行了研究。例如，Gupta 和 Turek[10]指出，本科平均成绩（GPA）和 GMAT 成绩是当今 MBA 入学最常用的两个标准。Kass 等[11]发现，本科时的 GPA 成绩和 GMAT 的语言成绩（Verbal）以及定量测试成绩（Quantitative）的结合使用成功地预测了学生 MBA 课程学习的最终表现。Shepherd 等[12]也指出，MBA 选择程序在很大程度上依赖于 GMAT 分数和以前的工作经验，即具有高 GMAT 成绩的 MBA 学生在学习中取得很好的学术表现，就像 GPA 较高的学生也有类似的表现一样。其他选择标准，如对面试问题的回答，被认为是不太可靠的学生遴选指标，因为不同大学和国家的学术评分标准差异很大，所有申请人不可能接受完全相同的面试官的面试[12]。当然，一些学者也发表了不同的观点。Pratt[13]指出，当考虑本科 GPA 和工作经验等因素时，GMAT 不是学生成功的重要预测指标。因此，在学生选拔过程中，除了学术技能外，大学还应考虑学生的个性因素[14]。

除了 GMAT 分数之外，经常用于 MBA 学生遴选的指标还包括先前学校的学习成绩（GPA），工作经验，申请者年龄，数学能力和外语水平。在这方面，许多学者也进行了有针对性的研究。Wright 和 Palmer[15]使用 ANOVA 方法研究了 GMAT 分数、GPA 和 MBA 学生申请者的年龄如何预测未来的学习表现，该研究发现，GPA 成绩和申请人年龄并不是很好的预测指标。另一项研究[16]探讨了 MBA 申请者的工作经历与 MBA 毕业后的职业生涯结果之间的关系，结果表明，之前的工作经历与 MBA 毕业生毕业后的第一个工作职位没有显著相关性。Singh 和 Chakravarty[17]使用线性回归方法来研究性别、社会阶层和本科成绩作为预测指标的有效性，其回归模型解释了 63％的入学考试成绩差异，42％的成绩和 21％的薪酬报价上的差异，这表明这些预测变量具有一定的适用性。Miller 和 Bradbury[18]研究了数学能力、英语水平对未来学习效果的预测能力，并指出使用英语作为第二语言的学生处于相对不利的地位。

从上述研究中可以看出，GMAT 成绩[10, 12]，GPA 成绩[17, 19, 20]，数学能力[17-18]和英语语言能力[8, 18]是 MBA 录取选择的关键指标。在研究中，学者们通常使用三种方法：基于传统相关分析和多元线性回归的方法，基于决策理论的方法，以及基于机器学习和人工智能的研究方法。

（二）基于相关分析和线性回归分析的研究

在学生遴选的研究文献中，最常见的研究方法是相关分析[21]，方差分析[15]和多元线性回归分析[10, 17]。相关分析是定量研究中最常用的方法，例如：文献[22]和[23]研究了学生遴选标准与医学教育和培训计划中的最终学习表现之间的相关关系。文献[21]使用了大量英国 MBA 学生的样本，通过相关分析和层次回归分析来检验 GMAT 的有效性和公平性。文献[24]也指出，GMAT 考试的语言（Verbal）成绩是一个良好的学业绩效预测指标,但定量(Quantitative)成绩并不是一个好的预测指标。通过使用多元回归分析方法,文献[10]表明,MBA 课程的学业成绩与本科 GPA 和 GMAT 成绩呈正相关。

(三) 基于决策理论和方法的研究

学生遴选领域的另一种研究方法是基于决策理论和方法的研究,这是一种典型的模型驱动方法。这些研究通常认为,学生选择是一个多指标决策问题,包括有形和无形因素[14],需要同时考虑几个标准[25]。例如,文献[2]分析了用于选择研究生申请人的评估模型,该研究综合使用了分析层次分析法(AHP)和逼近理想解排序法(TOPSIS)。

文献[14]提出了模糊 MULTIMOORA 和多选择圆锥目标规划(multi-choice conic goal programming)的综合方法,用于确定最佳学生遴选的标准。另一项研究[26]描述了使用数学规划模型来选择申请者的方法。文献[27]提出了一个 AHP-TOPSIS 模型,用于选择新的大学生和预测他们未来的就业情况。该评估模型使用了学术技能(academic skills)、英语流利程度(English proficiency skills)、心理测试(psycho test)、软技能(沟通,解决问题能力和批判性思维,时间管理,合作和适应技能)和态度等指标。

其他的类似研究还包括因子分析[28],认知测试[29],以及 AHP 方法[30]等。

(四) 基于机器学习方法的研究

在学生遴选和学业预测的文献中,第三类常用方法是基于机器学习和人工智能的方法,该类研究近年来已逐步成为热门研究主题。这类研究是教育数据挖掘的重要课题,教育数据挖掘(EDM)是一个不断发展的研究领域,可以帮助学术机构提高学生的学习成绩[1],并且可以挖掘教育数据以提高教育过程的质量[31]。

教育数据挖掘(EDM)的典型研究包括:文献[3]使用监督学习技术来建模并确定学生遴选的最佳学术特征,这些特征有助于预测学生的就业率。在这项研究中,研究者们提出了一种基于分类树(CT)和人工神经网络(ANN)的新型混合模型(CT-ANN),用于分析商学院数据。另一项研究[32]探索了可能有助于识别成功和不成功学生的社会人口学变量。该研究建议使用分类和回归树(CART)为特定大学建立数据仓库,以对未来的入学学生进行预测。文献[1]通过使用两种不同的数据集和各种特征选择算法来预测学生的学业表现。文献[33]应用学习分析和教育大数据方法,用于预测微积分课程中学生的最终学习成绩。文献[34]提出使用逻辑回归模型来分析历史学生课程成绩数据,以预测学生是否会退出课程。

众所周知,传统相关分析和方差分析的缺点主要体现在它们无法建立直接预测模型,因为这些方法只能提供间接预测因子和响应变量之间的关系,不能有效预测和分析。在现实世界中,通常不满足多元线性回归分析的线性假设,并且多元线性回归预测的准确性较低。其次,基于决策理论和方法的多目标和多准则决策的缺点主要体现在需要事先确定决策属性以进一步构建决策模型。然而,模型创建的计算复杂度高,建模难度高,预测效果受建模影响很大。再次,数据驱动的机器学习方法弥补了前两种方法的一些缺点,是当前研究的热点和主要趋势。数据驱动的机器学习方法的特点主要体现在:①它提供了一种基于指标重要性和预测效果的直接筛选指标的系统方法。特征选择在教育数据挖掘中起着重要作用。该方法可以很容易地对指标的重要性进行排序，因此很容易消除预测结果不佳的指标；②数据驱动的机器学习方法提供了更直接、更真实的预测方法。大多数机器学习算法不需要受到线性关系假设的影响。没有必要预先确定模型中包含的变量。随着数据量的增加，模型分析和预测的效果将显著增加。但是，机器学习方法很少被用于研究 MBA 学生的遴选指标以及学习效果预测研究。特别是，目前，非母语 MBA 项目学生遴选的指标选择和评价的文献较少。本文旨在从这个角度进行深入研究。

三、研究方法

本文采用三种研究方法：①传统的双样本假设检验；②多元线性回归分析；③机器学习算法（岭回归，SVM，随机森林，GBDT）。由于假设检验方法被广泛用于研究指标和最终表现之间的关系[35-37]，因此，研究首先将使用双样本假设检验方法来验证所选预测特征与最终表现（MBA 学生的最终 GPA）之间的关系。以下研究方法也广泛应用于教育数据挖掘研究中：多元线性回归[38-39]、决策树[3]、随机森林回归[1, 40]、支持向量机（SVM）回归[41-43]。研究中将基于遴选指标重要性和预测效果选择遴选指标（特征），并通过比较不同算法的预测效果来选择最优建模算法。

在评价数据驱动的模型的拟合效果时，本文平均绝对误差（MAE），均方根误差（RMSE）和平均绝对误差（MAPE）作为评价指标。MAE 用于衡量变量的观测值与其预测值之间的差异。MAE 的计算由式（1）给出。先前的研究[44]表明，MAE 是平均误差幅度的最自然度量，并且（与 RMSE 不同）它是平均误差幅度的明确量度。RMSE 也是变量观测值与其预测值之间差异的常用量度，计算方法如式（2）所示。MAPE 是统计中拟合模型的预测准确度的另一种度量。MAPE 通常以百分比表示准确度，并由公式（3）定义。调查显示，MAPE 是企业和组织中预测准确度最广泛使用的衡量指标[45]。

$$MAE=\frac{1}{N}\sum_{i=1}^{N}\left|(observed_i - predicted_i)\right| \tag{1}$$

$$RMSE=\sqrt{\frac{1}{n}\sum_{i=1}^{N}(observed_i - predicted_i)^2} \tag{2}$$

$$MAPE=\frac{1}{N}\sum_{i=1}^{N}\frac{\left|(observed_i - predicted_i)\right|}{observed_i} \tag{3}$$

本研究的研究流程如图 1 所示。第一，我们收集了 2007 年至 2014 年在上海国际 MBA（SIMBA）学习的学生的相关数据。第二，对所有数据进行了数据预处理，删除了缺失值和异常值，并且执行数据归一化操作。第三，基于三种不同方法对数据进行分析和研究：①双样本假设检验；②多元线性回归分析；③机器学习算法（岭回归，SVM，随机森林，GBDT）。第四，比较基于不同算法的模型的预测效果。第五，使用机器学习算法从二十个特征中选择最优预测特征。

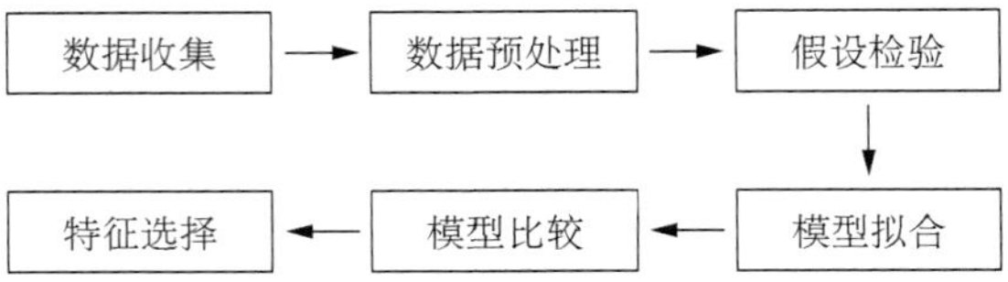

图 1　研究设计和研究流程

四、数据分析和结果

(一) 数据收集

本研究收集了 2007—2014 年成功申请上海国际 MBA(SIMBA)项目并完成 MBA 课程学习的 596 名学生的入学申请资料、入学考试和面试数据，以及最终毕业时的学习成绩。

SIMBA 项目采用独立的录取程序。学生不需要参加全国统一的研究生或专业学位入学考试，也不需要提供 GMAT 成绩，只需要通过 SIMBA 组织的笔试和面试。SIMBA 的入学遴选重点关注以下几点：①使用英语进行听、说、读，写的能力；②知识评估：数学知识，企业管理知识；③技能评估：通过案例分析，评估他们在压力条件下分析和解决问题的能力，在有限时间内处理信息的能力，以及个人成熟度和工作经验。

SIMBA 面试和评估的基本过程如图 2 所示。①申请人通过在线申请系统提交入学申请。在线申请时，申请人需要填写简历、个人学习经历、工作背景信息，并提供至少 2 封推荐信；②在对申请人填写的申请材料进行初步审核后，SIMBA 选择符合要求的申请人安排笔试和面试；③申请人将在预定时间前往 SIMBA 进行笔试和面试。申请人首先完成 20 分钟的数学测试，再用 20 分钟阅读一段经济和管理类英语文章，随后与至少三位教授进行全英语口语面试。面试过程包含考察其对所阅读英文文章的理解能力，同时评估学生的专业英语水平、理解经济和管理文章的程度、分析问题的技能、口头表达技巧和其他教授感兴趣的问题。在笔试、案例分析和口试后，参加面试的教授将依据申请人的综合表现(主要是表 1 中第 11～20 项的内容)，最终决定是否接受该学生进入 SIMBA 项目学习；④SIMBA 向被录取的申请人发放录取通知书。SIMBA 的整个面试和评估过程中所有重要评价指标(特征变量)最终形成表 1 所列的 20 个预测指标(特征变量)。

除入学申请信息外，本研究还收集了这 596 名 SIMBA 学生在学习过程中的各门课程成绩，作为他们最终学习效果的评估依据(表 2)。整体数据结构包括 20 个评价(特征)指标和一个响应变量(最终学习效果)。

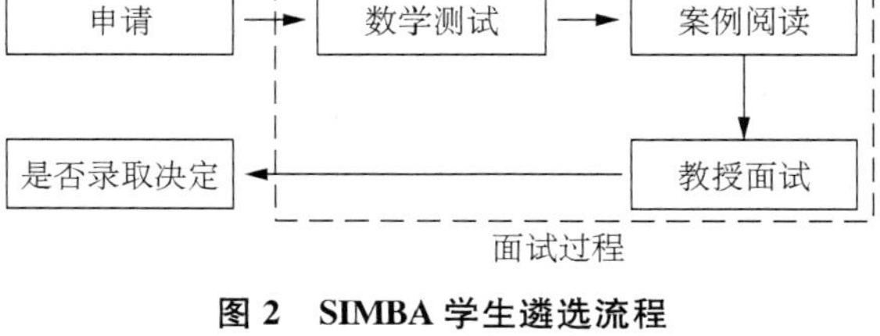

图 2　SIMBA 学生遴选流程

表 1　　本研究涉及的主要评价指标

序号	指标	描述
1	年龄	申请者年龄
2	当前工作岗位	申请者当前所在工作岗位的性质
3	毕业学校性质	申请者申请前所获学位的学校性质("985"大学、"211"大学、一般院校)
4	专业	申请者之前学习的专业
5	最高学位	申请者申请前已经获得的最高学位
6	公司性质	申请者所在公司的性质(国有企业、中外合资企业等)
7	工作年限	申请者工作年限
8	性别	申请者性别
9	数学成绩	申请者在面试中的数学考试成绩
10	学费支付者	申请者的学费由谁支付
11	申请材料总体印象	面试教授对申请者申请材料的总体印象
12	书面英语理解能力	书面英语理解能力
13	英语口语水平	英语口语水平
14	综合能力	申请者面对问题时,综合各种信息解决问题的能力
15	信息处理能力	申请者对所阅读信息的理解和解读能力
16	压力管理	申请者压力管理水平
17	个人成熟度	申请者个人成熟度
18	对班级的潜在贡献	申请者对班级的潜在贡献
19	工作经验	申请者工作经验
20	总体印象	面试教授对申请者的总体印象

(二) 数据预处理

在利用三种不同方法对所收集到的 596 组数据进行分析之前,首先要对原始数据进行预处理。预处理过程如下。

(1) 缺失值处理:某些申请人的信息不完整,如简历信息和访谈评估内容缺失,需要删除部分缺失值的样本。对于具有少量缺失值的单个样品,例如少量申请者的年龄和工作时间信息缺失,使用平均值填充。

(2) 反应变量的百分比处理:原 SIMBA 项目学生的 GPA 分数满分为 20 分。为了便于理解,将这些数值统一转换为满分 100 分下的得分。

(3) 数据编码和格式的统一:由于数据是从不同的数据表中提取和汇总的,因此存在数据编码或格式不统一的情况。例如,学位项目的数据显示为"学士""学士学位"或"本科生",所有项目统一为"学士"。

(4) 规范化定量数据:为提高机器学习算法运行效率,对部分定量数据进行了归一化处理。

在上述数据预处理之后，获得了 549 个有效样本数据。数据预处理后的定量数据的统计描述如表 2 所示。

表 2　　549 位学生的描述统计

	最小	最大	均值	标准差
年龄（岁）	25	49	22.974	3.909
工作年限（年）	2	24	10.03	3.764
数学成绩（分）	2	20	13.104	3.478
平时成绩 GPA（分）	56	87.9	75.572	4.583

（三）研究一：双样本假设检验

通常通过双样本假设检验来研究因子影响因变量的程度。本研究首先通过双样本假设检验分析 20 个特征变量（自变量）和因变量（最终学习效果）之间的关系，以初步了解哪些特征变量对最终学习效果有影响。

对于 549 个样本，可以根据评价指标（特征）分配两个子集。例如，子集＃1 包含在面试过程中数学考试成绩较高的所有学生，子集＃2 包含在面试过程中数学考试成绩较低的所有学生。再进行双样本假设检验，以研究数学考试成绩好的学生的平均 GPA（最终学习效果）与数学考试成绩低的学生的平均 GPA（最终学习效果）之间的关系。

样本子集＃1(μ_1)：面试时数学成绩高的学生所获得的最终 GPA 均值

样本子集＃1(μ_2)：面试时数学成绩低的学生所获得的最终 GPA 均值

进而，建立假设：

$H_0: \mu_1 \leqslant \mu_2$

$H_1: \mu_1 > \mu_2$

以 95％的置信水平进行 t 检验，结果如表 3 所示，H_0 被拒绝。即面试时数学成绩高的学生所获得的最终 GPA 可能高于那些面试时数学成绩低的学生。进而表明，面试时数学成绩的高低对未来 GPA 有一定的影响。

表 3　　95％的置信水平下的 t 检验

	数学成绩高	数学成绩低
均值	76.186	74.893
方差	19.021	22.393
观察样本数	288	261
自由度 df	530	
t 统计量	3.318	
$P(T \leqslant t)$ 单尾	0.000	
t 关键值一单尾	1.648	

表 4 中显示了使用上述方法的每个特征的双样本假设检验的结果。所有假设检验都基于 95%置信水平下分析。

表 4　对最终 GPA 有影响的特征

特征	μ_1 vs. μ_2	最终获得高 GPA 的学生的特征
毕业学校性质	985 大学毕业生 vs. 大学毕业生	毕业于“985”大学的学生所获得的 GPA 比其他学生高
最高学位	硕士、博士学位拥有者 vs. 学士、专科学位	已经获得过硕士、博士学位的学生的 GPA 高于其他学位的学生
公司性质	外商独资企业 vs. 非外商独资企业	工作在外商独资企业的学生 GPA 高于非外商独资企业的学生
数学成绩	高 vs. 低	数学成绩高的学生的 GPA 高于数学成绩低的学生
学费支付者	自己支付 vs. 公司支付或自己和公司按一定比例支付	由公司全额或部分支付学费的学生的 GPA 高于自己支付学费的学生
申请材料总体印象	好 vs. 坏	申请材料总体印象好的学生的 GPA 高于总体印象不好的学生
书面英语理解能力	好 vs. 坏	书面英语理解能力好的学生的 GPA 高于书面英语理解能力差的学生
英语口语水平	流利 vs. 不流利	英语口语水平好的学生的 GPA 高于英语口语水平差的学生
综合能力	好 vs. 坏	综合能力好的学生的 GPA 高于综合能力差的学生
信息处理能力	好 vs. 坏	信息处理能力好的学生的 GPA 高于信息处理能力差的学生
压力管理	好 vs. 坏	压力管理好的学生的 GPA 高于压力管理差的学生
工作经验	好 vs. 坏	工作经验好的学生的 GPA 高于工作经验差的学生
总体印象	好 vs. 坏	总体印象好的学生的 GPA 高于总体印象差的学生

没有显著影响的特征如表 5 所列。

表 5　对最终 GPA 无影响的特征

特征	μ_1 vs. μ_2	描述
年龄	比平均年龄大的学生 vs. 比平均年龄小的学生	无论年龄高低，其最终 GPA 成绩相似
专业	语言相关专业毕业生 vs. 非语言相关专业毕业生	无论专业，其最终 GPA 成绩相似
工作年限	比平均工作年限大的学生 vs. 比平均工作年限小的学生	无论工作年限的高低，其最终 GPA 成绩相似
性别	男性 vs. 女性	无论男士、女士，其最终 GPA 成绩相似
个人成熟度	高 vs. 低	无论个人成熟度高、低，其最终 GPA 成绩相似
对班级的潜在贡献	高 vs. 低	无论对班级的潜在贡献高低，其最终 GPA 成绩相似

（四）研究二：多元线性回归分析

在第二个研究中，将通过构建多元线性回归模型来研究遴选指标和最终 GPA 的关系：

$$\text{The final grade} = \beta_0 + \sum_{i=1}^{i=20} \beta_i x_i$$

x_i 指的是每个特征，β_i 是其对应的系数。分类变量，如性别，专业，大学排名，最高学位等，将转移到虚拟变量进行处理。结果如表 6 所示。

表 6　　线性回归模型的系数

	非标准化系数		标准化系数	t	Sig.
	B	Std. Error	Beta		
常数	68.477	2.448		27.973	0.000
数学成绩	0.111	0.057	0.084	1.953	0.051
英语口语水平	1.967	0.565	0.146	3.484	0.001
压力管理	1.632	0.873	0.100	1.869	0.062
个人成熟度	−1.514	0.901	−0.090	−1.680	0.094
工作岗位_物流相关*	−1.539	0.715	−0.088	−2.152	0.032
工作岗位_市场营销和销售	−1.439	0.772	−0.077	−1.864	0.063
工作岗位_供应链	1.674	0.851	0.080	1.968	0.050
毕业学校性质_海外大学毕业**	1.416	0.812	0.073	1.743	0.082
专业_商业和管理	−1.127	0.527	−0.090	−2.140	0.033
学位_专科	−1.218	0.545	−0.093	−2.233	0.026
学位_硕士	1.294	0.656	0.083	1.973	0.049
公司性质_私人企业	−1.696	0.805	−0.087	−2.107	0.036
学费支付者_企业全部支付或部分支付***	1.502	0.517	0.118	2.904	0.004

注：* 工作岗位是一个分类变量，处理时首先转化为哑变量；** 申请人毕业于海外大学；*** 学费由所属公司全部支付或部分支付。

多元线性回归的 ANOVA 结果如表 7 所示。

表 7　　多元线性回归的 ANOVA 结果

	平方和	自由度 df	均方差	F	Sig.
回归(Regression)	1 495.510	13	115.039	6.146	0.000
残值(Residual)	10 014.662	535	18.719		
总体(Total)	11 510.172	548			

因此，有预测作用的遴选特征包括：数学成绩、英语口语水平、压力管理、个人成熟度、当前工作岗位、毕业学校性质、专业、最高学位、公司性质和学费支付者。

(五) 研究三：机器学习方法分析

在第三个研究中，为了比较岭回归、GBDT、随机森林和 SVM 的预测效果，利用已有数据集对每种机器学习算法都进行十折交叉验证。这几种算法经过调参后的十折交叉验证的 MAE 和 RMSE 结果如表 8 所列。结果表明，基于 SVM 的预测模型对此研究问题具有最好的预测效果。SVM 的 MAE 仅为 3.378 9，RMSE 为 4.475 3。

表 8　　多种机器学习算法的十折交叉验证结果

算法	MAE	RMSE	WEKA 中算法的优化参数
岭回归[46]	3.526 5	4.639 2	ridge:3.0
GBDT[47]	3.607 7	4.687 2	shringe:1.0
随机森林[48]	3.426 8	4.504 3	maxDepth of the tree:2
SVM[49]	3.378 9	4.475 3	gamma:0.01; cost:5

为了确定众多遴选指标中哪些指标对于预测学生未来学习效果更有效，在 WEKA 中，利用特征重要性算法对数据集做进一步分析，结果如表 9 所列。

表 9　　基于 WEKA 的特征重要性评价结果

评估器	搜索方法	基于特征重要性的排序
CfsSubsetEval	BestFirst	公司性质、学费支付者、数学成绩、申请材料总体印象、书面英语理解能力、英语口语水平、压力管理
CfsSubsetEval	GreedyStepwise	公司性质、学费支付者、数学成绩、申请材料总体印象、书面英语理解能力、英语口语水平、压力管理
CorrelationAttributeEval	Ranker	书面英语理解能力、数学成绩、英语口语水平、申请材料总体印象、公司性质、学费支付者、总体印象
ReliefFAttributeEval	Ranker	专业、公司性质、书面英语理解能力、英语口语水平、总体印象、信息处理能力

特征选择是机器学习算法的关键应用。[50] 本研究使用了三种算法进行特征选择：CfsSubsetEval 是一种用于通过考虑每个特征的个体预测能力以及它们之间的冗余程度来评估特征子集的价值的方法；CorrelationAttributeEval 是一种用于通过测量特征与类之间的 Pearson 相关性，进而评估特征的价值的方法；ReliefAttributeEval 是通过重复采样实例并考虑相同和不同类的最近实例，进而给定特征的值来评估其价值的方法。

从表 9 中三种不同特征评估方法的总结来看，书面英语理解能力和英语口语水平对学生未来的 GPA 分数具有强的预测效果。此外，数学考试成绩、专业、学费支付者、公司性质、压力管理、申请材料总体印象和对学生的总体印象也是重要的指标。根据重要性评估结果，如果仅保留九个特征，则在使用 SVM 建模并执行十折交叉验证之后 MAE＝3.407

并且 RMSE=4.478 1，仅比使用全部 20 个特征指标的结果略差，这表明这 9 个特征确实是所有 20 个特征中对学生最终 GPA 成绩最具预测性的特征。

（六）小结

表 10 对以上三个研究的结果进行了汇总。

表 10　　三个研究结果的汇总

No.	特征	双样本假设检验	多元线性回归	机器学习的特征选择
1	年龄			
2	当前工作岗位		被包含自变量*	
3	毕业学校性质	有差异	被包含自变量	
4	专业		被包含自变量	重要特征
5	最高学位	有差异	被包含自变量	
6	公司性质	有差异	被包含自变量	重要特征
7	工作年限			
8	性别			
9	数学成绩	有差异	被包含自变量	重要特征
10	学费支付者	有差异	被包含自变量	重要特征
11	申请材料总体印象	有差异		重要特征
12	书面英语理解能力	有差异		重要特征
13	英语口语水平	有差异	被包含自变量	重要特征
14	综合能力	有差异		
15	信息处理能力	有差异		
16	压力管理	有差异	被包含自变量	重要特征
17	个人成熟度		被包含自变量	
18	对班级的潜在贡献			
19	工作经验	有差异		
20	总体印象	有差异		重要特征

注：在多元线性回归分析中，通过指标筛选后最终保留的自变量，说明该自变量对因变量有显著影响。

五、讨论

整个数据集所含的 549 个样本的平均 GPA 为 75.572，标准偏差为 4.583。对于正态分布，68%的样本将落在一个标准偏差范围内，即 75.572±4.583 的范围包括 68%的样本。通过 SVM 回归获得的模型的 MAE 仅为 3.378 9，远小于一个标准偏差。相应的 RMSE 值仅为 4.475 3，表示基于现有预测特征的最终学习效果的预测值密集地聚集在实际值附近,预测效果良好。

对于母语不是英语的 MBA 学生,其主要挑战是要完全用英语进行学习。从上述研究中可以看出,获得语言相关学位的学生并没有比没有此类背景的学生有更高的 GPA 分数。然而,在面试过程中,书面英语理解能力和英语口语水平能力较好的学生在毕业时的 GPA 成绩明显优于那些这两个指标较差的学生。这一结果表明,实际的英语听、说、读、写能力比拥有专业的语言背景更重要。本研究还表明,使用英语作为教学和学习的语言也是大学学术卓越的有力预测因素[51]。因此,对语言能力的评估或入学语言标准的使用被认为对于获得高等教育机会至关重要,应该确保申请学生能够应对教育机构的语言要求[52]。

面试中数学成绩优秀的学生的最终 GPA 明显优于数学成绩差的学生。虽然 MBA 课程主要专注于商业和经济学科,但数学作为基础学科,对商业统计、供应链管理、生产和运营管理、管理信息系统和定量经济学的学习、应用具有至关重要的影响。因此,在 MBA 学生的遴选中,测试和评估他们的数学知识非常重要,应优先选择具有较好数学知识的学生。

本研究结果中非常有趣的一个结论是由公司全部或部分支付学费的学生的最终 GPA 成绩明显高于独立支付学费的学生的成绩。造成这种差异的原因可能是优秀学生更有可能被公司认可。为了留住这些优秀人才,公司更愿意将为学生支付学费作为一种福利。

公司性质为外商独资企业(WFOE)的学生最终 GPA 成绩显著高于其他类型公司的学生 GPA 成绩。在外商独资企业工作的学生,其工作语言包括英语,在工作中能够不断锻炼他们的英语听、说、读、写能力,这对于以英语为教学语言的 MBA 项目具有明显的优势。

压力管理也是预测学生最终 GPA 成绩的一个非常重要的预测指标。SIMBA 项目大部分学生为以中文为母语的学生,该项目同时是一个非全日制 MBA 项目。学生不仅要完成课程准备、课堂学习和课后学习,还要完成自己的公司工作,照顾好自己的家庭。能够应对压力的学生更有可能在学业上取得成功。压力管理是本研究发现的一个新遴选特征(指标),以前没有在文献中被提及,它可以成为未来非全日制 MBA 项目学生遴选中的一个非常重要的评估指标。

虽然在第三个研究中,毕业学校性质,最高学位,综合能力,信息处理能力和工作经验几个指标并没有在基于机器学习的指标重要性排名中名列前茅,但在假设检验和多元线性回归中却被发现对最终学习成绩有显著影响。例如,从全国顶尖学校毕业的学生的最终成绩要高于从普通大学毕业的学生。获得硕士和博士学位的学生已通过研究生学术培训,因此他们的最终成绩高于其他学位持有者的最终 GPA 成绩。具有丰富工作经验的学生通常对商业和管理实践有更多的了解,因此他们更有可能获得改进并在学习中取得更好的成果。[5, 16]

对 GPA 没有重大影响的指标主要包括:年龄,专业,工作年限,性别,个人成熟度以及对班级的潜在贡献。其中一个更有趣的指标是工作年限,研究表明有工作经验的学生将来会有更好的最终 GPA 成绩。但是,工作时间长度并未成为重要的预测指标,并且对 GPA 没有显著影响,可见,长时间工作的员工可能并没有积累丰富的工作经验,因此工作时间长短与工作经验并不必然有关。

六、结论

学生入学遴选过程中使用的选择指标对提高教育质量至关重要。通过选择培养价值最高的学生，后续培养过程可以更有效地培养出优秀学生。因此，学生遴选选择指标的识别和确定一直是教育研究领域的核心问题之一。虽然许多学术研究已就此主题进行了大量研究，但大多数研究使用传统的相关分析和多元线性回归分析来确定遴选指标（特征），对预测指标与最终学业成绩之间关系的直接定量建模分析的研究是不充分的。特别是，在录取选择中外语水平的作用仍然很少受到关注。本研究以上海国际 MBA 项目的 549 名 MBA 学生为研究数据集，对从遴选到最终毕业时的学术成绩进行定量建模分析。本研究使用了三种不同的研究方法，包括双样本假设检验分析，多元线性回归分析和以 SVM 和随机森林代表的机器学习算法研究。最终，本研究提出了基于 SVM 建立的预测模型更具有应用价值，对于选择以非母语教授的 MBA 项目的学生遴选具有重要的实际意义。

本研究在理论层面的创新主要体现在：①提出并验证了基于机器学习的学生遴选算法在预测学生最终学业成绩 GPA 上的有效性。该方法克服了传统相关分析，线性回归分析和基于决策理论的分析建模的不足；②本研究是针对英语是非母语的学生的全英语教学非全日制 MBA 项目学生遴选指标和最终学业成绩预测的文献的重要补充。通过研究，我们确定了九个最具预测性的特征，并提出了前人研究忽略的重要预测特征。例如：学生学费的支付者是一个重要的预测指标（特征）；由于工作时间的长短并不构成实际工作经验的积累，将工作时间长度作为选择 MBA 学生的重要措施是不合理的。

这项研究的不足主要体现在：本研究中使用的预测特征在 MBA 学生遴选中具有很高的代表性，但不包括所有广泛使用的特征变量。例如，GMAT 不仅包括数学，还包括逻辑和其他科目，这些选择指标（特征）在案例分析数据集中没有得到反映。将来，可以进一步考虑这些指标的预测效果。这项研究的结果可以进一步从 MBA 学生遴选扩展到其他类型的学生选择，如硕士研究生和博士研究生的遴选和学业成绩预测。

参考文献

[1] ZAFFAR M, et al. A Study of Feature Selection Algorithms for Predicting Students Academic Performance[J]. International Journal of Advanced Computer Science and Applications, 2018, 9(5): 541-549.

[2] ZAMUDIO-SANCHEZ F J, et al. Model of selection and evaluation for graduate applicants in forest sciences[J]. Revista Chapingo Serie Ciencias Forestales Y Del Ambiente, 2017, 23(3): 353-367.

[3] CHAKRABORTY T S. Chattopadhyay, Chakraborty A K. A novel hybridization of classification trees and artificial neural networks for selection of students in a business school[J]. Opsearch, 2018, 55(2): 434-446.

[4] EDGAR F, et al. Employing graduates: Selection criteria and practice in New Zealand[J]. Journal of Management & Organization, 2013,19(3): 338-351.

[5] DREHER G F, RYAN K C. A suspect mba selection model: The case against the standard work experience requirement[J]. Academy of Management Learning & Education, 2004, 3(1): 87-91.

[6] DOH J P. Why aren't business schools more global and what can management educators do about it [J]? Academy of Management Learning & Education, 2010, 9(2): 165-168.

[7] COSTA F, COLEMAN J A. A survey of English-medium instruction in Italian higher education[J]. International Journal of Bilingual Education and Bilingualism, 2013, 16(1): 3-19.

[8] BROGGINI S, COSTA F. A survey of English-medium instruction in Italian higher education An updated perspective from 2012 to 2015[J]. Journal of Immersion and Content-Based Language Education, 2017,5(2): 238-264.

[9] LUEG K, LUEG R. Why do students choose english as a medium of instruction? A bourdieusian perspective on the study strategies of non-native english speakers[J]. Academy of Management Learning & Education, 2015, 14(1): 5-30.

[10] GUPTA A, TUREK J. Empirical investigation of predictors of success in an MBA programme[J]. Education + Training, 2015, 57(3): 279-289.

[11] KASS D, GRANDZOL C, BOMMER W. The GMAT as a predictor of mba performance: Less success than meets the eye[J]. journal of education for business, 2012,87(5): 290-295.

[12] SHEPHERD D A, DOUGLAS E J, FITZSIMMONS J R. MBA admission criteria and an entrepreneurial mind-set: Evidence from "Western" style MBAs in India and Thailand[J]. Academy of Management Learning & Education, 2008, 7(2): 158-172.

[13] PRATT W R. Predicting MBA student success and streamlining the admissions process[J]. Journal of Education for Business, 2015, 90(5): 247-254.

[14] DELIKTAS D, USTUN O. Student selection and assignment methodology based on fuzzy multimoora and multichoice goal programming[J]. International Transactions in Operational Research, 2017, 24(5): 1173-1195.

[15] WRIGHT R E, PALMER J C. Examining performance predictors for differentially successful MBA students[J]. College Student Journal, 1997, 31(2): 276.

[16] DREHER G F, RYAN K C. Evaluating MBA-program admissions criteria: The relationship between pre-mba work experience and post-mba career outcomes[J]. Research in Higher Education, 2002,43(6): 727-744.

[17] SINGH V, CHAKRAVARTY S. Are quantitative skills critical for business education program or an entry-barrier for diversity[J]? Psychological Studies, 2018, 63(3): 325-334.

[18] MILLER R, BRADBURY J. Academic performance of English first and second language students: selection criteria[J]. South African Journal of Science, 1999, 95(1): 30-34.

[19] CHADI A, DE PINTO M. Selecting successful students? Undergraduate grades as an admission criterion[J]. Applied Economics, 2018, 50(28): 3089-3105.

[20] CHRISTENSEN D G, NANCE W R, WHITE D W. Academic performance in MBA programs: Do prerequisites really matter[J]? Journal of Education for Business, 2012,87(1): 42-47.

[21] DOBSON P, KRAPLJAN-BARR P, VIELBA C. An evaluation of the validity and fairness of the graduate management admissions test (GMAT) used for MBA selection in a UK business school[J]. International Journal of Selection and Assessment, 1999, 7(4): 196-202.

[22] SELBER J C, et al. Correlation between trainee candidate selection criteria and subsequent performance[J]. Journal of the American College of Surgeons, 2014. 219(5): 951-957.

[23] ROBERTS M J, et al. Rising to the challenge: acute stress appraisals and selection centre

performance in applicants to postgraduate specialty training in anaesthesia[J]. Advances in Health Sciences Education, 2016, 21(2): 323-339.

[24] SCHWAGER I T L, et al. Graduate student selection: graduate record examination, socioeconomic status, and undergraduate grade point average as predictors of study success in a western european university[J]. International Journal of Selection and Assessment, 2015. 23(1): 71-79.

[25] AIRES R F D, et al. Student selection in a brazilian university: using a multi-criteria method[J]. Journal of the Operational Research Society, 2018,69(4): 528-540.

[26] DURAN G, WOLF-YADLIN R. A mathematical programming approach to applicant selection for a degree program based on affirmative action[J]. Interfaces, 2011, 41(3): 278-288.

[27] RIANTO, et al. AHP-TOPSIS on selection of new university students and the prediction of future employment[C]// 1st International Conference on Informatics and Computational Sciences. 2017, 125-130.

[28] BODGER O, et al. Graduate entry medicine: selection criteria and student performance[J]. Plos One, 2011,6(11).

[29] BUYSE T, LIEVENS F. Situational judgment tests as a new tool for dental student selection[J]. Journal of Dental Education, 2011. 75(6): 743-749.

[30] ALTUNOK T, et al. Comparative Analysis of Multicriteria Decision Making Methods for Postgraduate Student Selection[J]. Egitim Arastirmalari-Eurasian Journal of Educational Research, 2010, 10(40): 1-15.

[31] ASIF R, et al. Analyzing undergraduate students' performance using educational data mining[J]. Computers & Education, 2017, 113: 177-194.

[32] GUPTA S K, GUPTA S, VIJAY R. Prediction of student success that are going to enroll in the higher technical education[J]. International Journal of Computer Science Engineering & Information Technology Research, 2013(3): 95-108.

[33] LU O H T, et al. Applying Learning Analytics for the Early Prediction of Students' Academic Performance in Blended Learning[J]. Educational Technology & Society, 2018,21(2): 220-232.

[34] BURGOS C, et al. Data mining for modeling students' performance: A tutoring action plan to prevent academic dropout[J]. Computers & Electrical Engineering, 2018, 66: 541-556.

[35] PRETZ J E, KAUFMAN J C. Do Traditional Admissions Criteria Reflect Applicant Creativity[J]? Journal of Creative Behavior, 2017, 51(3): 240-251.

[36] ALANZI K A, ALFRAIH M M. Does accumulated knowledge impact academic performance in cost accounting[J]? Journal of International Education in Business, 2017,10(1): 2-11.

[37] JURY M, SMEDING A, DARNON C. First-generation students' underperformance at university: the impact of the function of selection[J]. Frontiers in Psychology, 2015, 6.

[38] LECHIEN J R, et al. Influence of gender and selection procedures on the academic performance of undergraduate medical students[J]. Acta medica academica, 2016, 45(2): 145-151.

[39] CHAN-OB T, BOONYANARUTHEE V. Medical student selection: which matriculation scores and personality factors are important[J]? Chotmaihet thangphaet, 1999, 82(6): 604-610.

[40] MURATOV E, et al. Computer-Assisted decision support for student admissions based on their predicted academic performance[J]. American Journal of Pharmaceutical Education, 2017, 81(3).

[41] Punlumjeak W, Rachburee N. A Comparative Study of Feature Selection Techniques for Classify

Student Performance[C]// 7th International Conference on Information Technology and Electrical Engineering. IEEE,2015:425-429.

[42] CHENG C H, LIU W X. An appraisal model based on a synthetic feature selection approach for students' academic achievement[J]. Symmetry-Basel, 2017, 9(11).

[43] YUSTANTI W, et al. Determining Student's Single Tuition Fee Category Using Correlation Based Feature Selection and Support Vector Machine[C]// 2017 International Conference on Advanced Computer Science and Information Systems. 2017: 172-176.

[44] WILLMOTT C J, MATSUURA K. Advantages of the mean absolute error (MAE) over the root mean square error (RMSE) in assessing average model performance[J]. Climate Research, 2005. 30(1): 79-82.

[45] TOFALLIS C. A better measure of relative prediction accuracy for model selection and model estimation[J]. Journal of the Operational Research Society, 2015. 66(8): 1352-1362.

[46] HOERL A E, KENNARD R W. Ridge regression: Biased estimation for nonorthogonal problems [J]. Technometrics, 1970. 42(1): 55-67.

[47] FRIEDMAN J H. Stochastic gradient boosting[J]. Computational Statistics & Data Analysis, 2002. 38(4): 367-378.

[48] HO T K. The random subspace method for constructing decision forests[J]. IEEE Transactions on Pattern Analysis and Machine Intelligence, 1998, 20(8): 832-844.

[49] CORTES C, VAPNIK V. Support-Vector networks[J]. Machine Learning, 1995, 20(3): 273-297.

[50] KALOUSIS A, PRADOS J, HILARIO M. Stability of feature selection algorithms: a study on high-dimensional spaces[J]. Knowledge and Information Systems, 2007,12(1): 95-116.

[51] MARNEWICK C. The mystery of student selection: are there any selection criteria[J]? Educational Studies, 2012,38(2): 123-137.

[52] KOCH E, DORNBRACK J. The use of language criteria for admission to higher education in South Africa: issues of bias and fairness investigated[J]. Southern African Linguistics and Applied Language Studies, 2008, 26(3): 333-350.

突发事件的舆情传播对高校声誉的影响：研究思路与框架

王洪伟[1]　魏依菲[1]　宋晓满[2]

（1. 同济大学经济与管理学院；2. 同济大学浙江学院）

摘　要：由于自媒体的出现，加之网民数量巨大，网络上发布的焦点事件，尤其是负面事件，会引起公众的热议。高校应当及时了解舆情，感知公众的情绪，并采取应对措施，否则会影响高校声誉，从而影响其招生、就业、科研资源。近年来，高校各类事件层出不穷，如学术不端事件等。因此，探究事件网络舆情的演化规律及其对高校声誉的影响机理，成为学界和高校共同关注的话题。本文将探讨其研究思路与框架，即收集相关数据，分析事件的舆情演化，构建模型，从而有助于危机应对。

关键词：网络舆情；情感分析；高校声誉

Abstract: Due to the appearance of we-media and huge number of Internet netizens, the focus events posted on the Internet, especially the negative events, will cause public discussion. Universities should learn the public opinions in time, perceive public emotions and take action. Otherwise it will affect the university reputation, thus affecting their enrollment, employment and research resources. In recent years, there have been some incidents in universities, such as the academic misconduct. Therefore, exploring the evolution of online public opinion on the incident and how it impacts on the university reputation becomes a topic that both the academic community and industry pay attention to. This paper will explore the research ideas and framework, that is, collecting the relevant data, analyzing the evolution of public opinion on the incident and building models to deal with the crisis.

Keywords: online public opinion; sentiment analysis; university reputation

一、研究背景及意义

随着移动互联技术的发展，自媒体层出不穷，网民更加愿意通过社交平台如微博、论坛等发布事件以及对事件的看法。特别是我国网民数量巨大，截至 2018 年 12 月，网民规模已达 8.29 亿,其中,手机网民为 8.17 亿,一旦发生与某一主体相关的事件,尤其是负面事件,会迅速引发公众的线上热议,公众会发布自身的看法、态度及观点,这些海量的用户生成内容(User Generated Content, UGC)会产生知晓效应(Awareness)和说服效应(Persuasiveness),层层扩散,影响其他民众。大量的公众观点形成了复杂的网络舆情。由于互联网中纷繁复杂的信息真伪难辨,网民的情绪、态度极易受到负面消息的影响,再加上竞争对手、消费者等其他因素,该主体应当及时了解舆情并采取应对措施,否则将会产生严重的负面影响。

对于高校来说也是如此,高校都想要拥有好的声誉,而相关负面事件的舆情会影响高校声誉,从而影响招生、就业、科研等方面的资源,因此,声誉管理是十分有必要的。近年来高校各类事件层出不穷,如学术不端事件,以某演员事件尤为著名,还有其他事件,如武汉某高校研究生坠亡、北京某高校实验室爆炸事件等。因此,研究高校相关事件的网络舆情对高校声誉的影响是很有必要的,这些高校事件也为此类研究提供了素材。本文将探讨此类研究的研究思路与框架,具体来说,先确定研究的相关高校及事件,收集相关数据,进行舆论演化的初步分析,再构建基于文本情感的事件舆情演化和高校声誉的模型,了解影响机制,从而建立有效的防控体系,及时发现危机信号,提前制定应对策略。

二、国内外研究概况

关于事件舆情演化对高校声誉影响的研究,在学术界,系统性的研究仍有待加强;在高校和业界,也缺少成功的案例报道。

在高校声誉的相关研究中,大多是对于高校声誉管理、危机应对的研究[1-2],这些都是在理论层面的研究。此外,也有关于相关影响因素的研究,其中的影响因素包括科研水平、教育资源、教学服务、师资队伍、人才培养、地域位置、校园文化、后勤服务等[3-4],但没有考虑事件舆情的演化对高校声誉的影响。

从事件舆情演化的角度,大部分的研究止步于舆情演化本身,未深入地研究事件舆情演化与事件主体产品之间的影响和关系,只有少部分如 Zhang 等人研究了公众对空气污染的舆论与空气质量的关系[5]。因此,结合事件舆情演化与高校声誉,研究事件的网络舆情演化对高校声誉的影响机制和算法模型,将有助于从数据的角度帮助建立有效的防控体系、及时发现危机和制定应对措施。

在高校声誉影响因素和事件舆情演化研究中还涉及相关技术和方法,下面将就此展开叙述。

研究舆情演化,重要的是将舆情具体化,文献中采用的指标有文本情感、文本词频、文本主题、在线评论数量、百度指数、网民特征、信息内容完整度等。[6-9]其中,更多地选择文本情感来代表舆情的最多。

文本情感分析需要用到文本挖掘算法。目前,国内外学者对文本挖掘的研究相对成熟,技术路线分为两个分支:基于统计自然语言的机器学习(含深度学习);基于词典和规则的语义分析方法。

例如，采用机器学习的分类算法，如深度学习、SVM、BP神经网络、随机森林等，进行在线评论的情感倾向性分析，能够获得用户对人、事、物的整体评价。基本流程图1所示。

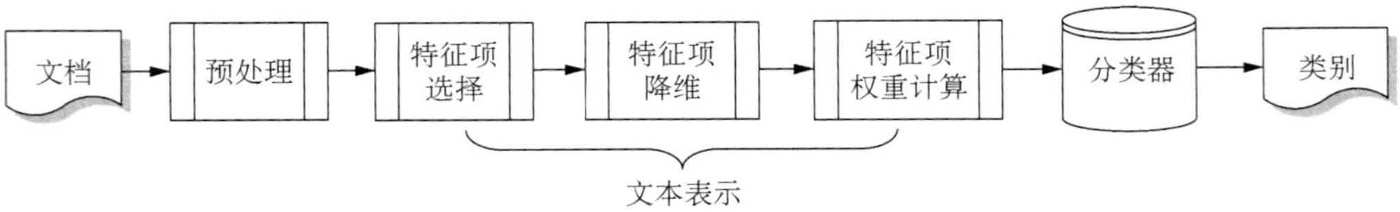

图1　采用机器学习的文本情感分析流程

还可以采用语义分析方法，引入高校领域本体（即语义词典），对用户叙述的各类术语进行规范化处理，在此基础上，对用户评论进行主题划分，进而实现面向高校属性和面向用户体验的情感指数分析。

研究高校声誉影响因素的方法包括问卷、数据及图表，在此可以参考其他主体的影响因素研究中使用的模型，如向量自回归模型（VAR）。[10]

向量自回归模型（VAR），是一种常用的计量经济模型，由克里斯托弗·西姆斯（Christopher Sims）提出。VAR模型是用模型中所有当期变量对所有变量的若干滞后变量进行回归，用来估计联合内生变量的动态关系。此模型目前已得到广泛应用。

VAR模型构建主要步骤为：检验序列平稳或协整，选择最佳滞后阶数，估计模型参数，检验模型稳定性，进行格兰杰因果关系检验、脉冲响应函数分析和方差分解。

综上所述，高校声誉影响因素和舆情演化都有相关的研究，但却缺少将两者结合的研究。尽管互联网技术给网民提供了发表意见的平台，产生了在线口碑和网络舆情，但相关研究依然滞后，对舆情演化的研究较为成熟，但人们还未关注到舆情演化对事件主体产品的影响这一方向，对这一方面的研究有所忽视。令人欣慰的是，高校声誉影响因素研究涉及的VAR模型以及事件舆情演化需要运用的文本情感分析，都相对成熟且得到广泛运用，为该研究提供了技术和方法的支持。

三、研究思路

本研究在了解相关的国内外研究、确定相关的学校事件以及确定高校声誉的衡量的基础上展开。

（一）收集和预处理与高校事件相关的微博和论坛评论

首先，采用广度优先和深度优先方法，对论坛和微博中与高校事件的用户微博和论坛帖子进行数据采集，数据除了微博和帖子的内容外，还包括微博的转发数、评论数和点赞数，论坛帖子的浏览数和回帖数。然后，对数据进行清理、对齐和存储。对于微博和论坛帖子的内容这类文本数据，需要考虑图片、超链接、视频等富文本格式数据的综合处理；最后，采用文本处理工具，对多源文本进行析取，得到纯文本格式的研究对象。

(二) 初步分析高校事件的舆情演化

上述数据经预处理后,作为高校事件的舆情,并对此进行初步分析,利用文献中提及的部分指标来展示舆情演化,具体指标如下。

(1) 微博或帖子数量:数量越多,表明民众对事件话题的关注度越大;

(2) 微博的转发数、评论数、点赞数和论坛帖子的浏览数、回帖数:数量越多,表明该微博或帖子受到的关注越大,越能在舆情中起到引领作用,对他人的影响越大;

(3) 词频:文本中提到的词语的次数的多少,可以据此了解民众对事件的关注重点;

(4) 文本情感:可以表明民众对事件情绪,并会对企业产生影响。若是与事件相关的文本情感是负面的,则会对企业带来消极影响,损害企业的形象和发展能力;若是正面的,则会带来积极影响。

基于此,这一部分内容包括总体统计分析和文本情感分析。

首先,是对高校事件相关的舆情进行总体统计分析。分析微博和论坛帖子的数值数据(微博数、转发数、评论数、点赞数和论坛帖子数、浏览数、回帖数)及其随时间变化的情况,以及文本数据中词频较高的关键词,并以词云图的形式来展示,更直观地了解舆情演化的总体情况和网民对事件的看法。

其次,采用文本分析方法,对文本数据作情感分析。计算微博或论坛帖子的情感值,统计情感为正面、负面或中立的占比,以及情感随时间的变化,用图表进行展示,从而了解基于文本情感的两个事件舆论演化情况。

其中,情感值计算拟采用以下两种方法。

(1) 在 HOWNET 基础上,构建情感语义词典,对文本数据进行分词,找出情感词、停用词、否定词和程度副词,去除停用词,标记情感词、否定词和程度副词,依据选取的词典确定各类词的值,按照"(−1)否定词出现的次数×程度副词的程度值×情感词的情感值"公式计算情感值。若情感值>0,表明文本情感是正面、积极的;若情感值<0,表明文本情感是负向、消极的;若情感值=0,表明文本情感是中性、中立的。

(2) 采用机器学习方法,通过人工标注语料的情感类型,形成训练集。在此基础上,采用已有的特征工程方法(即特征选取、特征降维),并选用较为成熟的 SVM、朴素贝叶斯等有监督模型作为分类器,对情感极性进行分类。

(三) 构建基于文本情感的事件舆情演化和高校声誉模型

采用文本的情感极性表示舆情方向,从定量分析角度,描述基于文本情感的舆情演化和高校声誉的影响和关系。针对选定的高校相关事件,借用事件分析法的思想,对同一事件发生前后分别建立模型,再进行比较,从而得到高校事件的影响。

构建基于文本情感的舆论演化和高校声誉模型,被解释变量为高校声誉,解释变量包括舆情演化的相关指标,以文本情感值为主,同时还包括微博数据、论坛帖子数据、百度指数等已有研究所考虑的数值数据,采用的是向量自回归模型(VAR),根据模型结果了解事件舆情演化的相关指标对高校声誉的影响以及影响程度。

VAR 模型构建步骤为:检验序列平稳或协整,选择最佳滞后阶数,估计模型参数,检验模型稳定性，进行格兰杰因果关系检验、脉冲响应函数分析和方差分解。具体如下。

1. 检验序列平稳或协整

VAR 模型建立的前提是时间序列必须是平稳的或是协整的，可以通过 ADF 单位根检测时间序列的稳定性，再使用 Johansen 检验判断非平稳的原序列之间是否存在长期稳定的均衡关系，即协整。为此，本次研究先通过 ADF 单位根检验被解释变量高校声誉和文本情感值、微博数据、论坛帖子数据、百度指数等解释变量构成的时间序列是否平稳，若不平稳，则使用 Johansen 检验进行协整检验，使其满足 VAR 模型建立前提条件，从而建立事件舆情演化和高校声誉模型。

2. 选择最佳滞后阶数

建立 VAR 模型的首要工作是确定最佳滞后阶数。滞后阶数足够大，可使模型完整反映变量的动态特征，但同时，滞后阶数越大，自由度就越小。通常，我们根据 AIC、SC 等取值最小准则确定滞后阶数。在差值相差不大的情况下，优先选择最简阶数。为此，本研究将计算事件舆情演化和高校声誉模型不同滞后阶数的 LR、AIC、SC 等检验数，从而确定最佳滞后阶数。

3. 估计模型参数

模型参数估计有许多的方法，如普通最小二乘法、工具变量法、极大似然法、广义矩估计(GMM)等。其中，GMM 不需要随机误差项满足某一分布假设，允许随机误差项存在异方差和序列相关，其得到的参数估计值更有效，所以选择 GMM 进行参数估计。为此，本研究将运用 GMM 估计高校声誉的滞后阶数、文本情感值、微博数据、论坛帖子数据、百度指数等解释变量及其滞后阶数的系数，构建事件舆情演化和高校声誉模型。

4. 检验模型稳定性

建立 VAR 模型之后，需要检验模型的稳定性。而且模型的稳定性是进行脉冲响应分析、方差分解等操作的前提。通常采用 AR 单位根检验，所有单位根都位于单位圆内时，才能保证模型满足稳定性条件。为此，本研究将采用 AR 单位根检验来检验上述步骤得到的事件舆情演化和高校声誉模型的稳定性，从而进行后续检验分析。

5. 格兰杰因果关系检验

经济学家克莱夫·格兰杰开创了一种试图分析变量之间的格兰杰因果关系的办法，即格兰杰因果关系检验。该检验定性地分析一个变量是否对另一个变量有长期影响。在时间序列情形下，两个经济变量 X、Y 之间的格兰杰因果关系定义为：若在包含了变量 X、Y 的过去信息的条件下，对变量 Y 的预测效果要优于只单独由 Y 的过去信息对 Y 进行的预测效果，即变量 X 有助于解释变量 Y 的将来变化，则认为变量 X 是引致变量 Y 的格兰杰原因。为此，本研究将对被解释变量高校声誉和文本情感值、微博数据、论坛帖子数据、百度指数等解释变量进行格兰杰因果关系检验，从结果可以知晓哪些因素是影响高校声誉波动的原因。

6. 脉冲响应函数分析

脉冲响应函数可以反映变量在受到冲击后一段时间内的变化轨迹，相对有效地刻画出变量之间的交互作用及其效应。为此，本次研究将通过脉冲响应函数，观察随着时间的推移，模型中高校声誉对来自文本情感值、微博数据、论坛帖子数据、百度指数等解释变量的冲击是如何反应的。

7. *方差分解*

方差分解定量且粗略地说明了变量之间的影响关系,即一个冲击要素的方差能由其他随机扰动项解释多少的信息。为此,本研究将通过方差分解,分析文本情感值、微博数据、论坛帖子数据、百度指数等解释变量对高校声誉变动的贡献程度。

(四) 提出建议:建立防控体系、及时发现危机和制定应对策略

通过上述模型,了解事件舆情演化对高校声誉的影响机制,从而向高校提出有关舆情方面的建议。高校需要持续关注和了解网络舆情,尤其是当发生了与高校自身相关的事件时,这样才能及时发现危机、了解事件情况、制定应对策略。为此,高校需要建立有效的防控体系,具体来说,可以派遣人员或使用系统,对微博、微信、论坛、贴吧和网页新闻这些舆情数据源进行实时监控和采集,对数据进行处理和分析,如情感分析、主题分析等,根据分析结果了解当前舆情态势和对高校的威胁程度,发现危机信号,从而做出舆情预警提醒。对于不同的预警情况,高校可以事先制定一些预案。当高校收到预警提醒时,及时了解情况,结合预案和实际情况来制定相应策略,从而减少负面舆论对高校可能产生的影响。

参考文献

[1] 涂秀珍,肖阳.高校突发事件声誉风险应对能力评价研究[J].创新与创业教育,2018,9(4):130-134.

[2] 俞荟.高校声誉折损的原因及修复策略研究[J].重庆科技学院学报(社会科学版),2017(4):61-63.

[3] 党亚茹.科研水平对高校声誉的影响[J].评价与管理,2005,3(1):8-15.

[4] 王欢.基于学生视角的湖南省独立学院声誉影响因素研究[D].湘潭:湘潭大学,2017:1-57.

[5] Zhang S, Li Y, Hao Y, et al. Does public opinion affect air quality? Evidence based on the monthly data of 109 prefecture-level cities in China[J]. Energy Policy, 2018, 116:299-311.

[6] 蒋知义,马王荣,邹凯,等.基于情感倾向性分析的网络舆情情感演化特征研究[J].现代情报,2018(4):50-57.

[7] 张尧政,邓少灵.基于文本情感分析的企业网络舆情应对策略比较研究[J].电子商务,2019(5):32-35.

[8] 何建民,李雪.面向微博舆情演化分析的隐马尔科夫模型研究[J].情报科学,2016,34(4):7-12.

[9] 王康,李含伟.自媒体时代的企业网络舆情应对策略研究[J]情报科学,2018,36(1):113-117.

[10] 肖欣莹.汽车销量影响因素分析[J].重庆工商大学学报(自然科学版),2018,35(5):71-77.

移动校园平台持续使用意愿的影响因素分析：以同济大学同心云为例

张晓奥[1]　王洪伟[2]　刘　波[3]

（1. 同济大学研究生院；2. 同济大学经济与管理学院；3. 同济大学信息化办公室）

摘　要：本文以同济大学同心云平台用户为研究对象，构建了一个用于分析移动校园平台用户持续使用意愿影响因素的研究模型。该模型以整合型信息技术接受与使用模型（UTUAT）和期望确认模型（ECM）理论为基础，并以UTAUT中的社群影响、努力期望和绩效期望以及ECM模型中的期望确认和满意度为主要外部变量，同时引入感知趣味性、感知互动性、功能多样化和感知系统质量作为满意度的四个扩展变量。研究利用SPSS和AMOS软件对收集的500多份网络调查问卷进行数据分析，并运用结构方程模型法对研究模型的假设进行验证，结果显示，模型的解释能力较好，且大部分假设得到了支持。根据研究结论，结合实际情况，有针对性地提出了相关管理建议。

关键词：移动校园平台；持续使用意愿；UTAUT；ECM；结构方程模型

Abstract: This paper takes tongxin cloud of Tongji University as the research object and constructs a research model for analyzing the factors influencing the user continuance intention of mobile smart campus platform. This research model is based on the Unified Theory of Acceptance and Use of Technology (UTUAT) and Expectation Confirmation Model (ECM). Meanwhile, The social influence, endeavor to expect and performance expectation in UTAUT, expectation confirmation and satisfaction degree in ECM model are taken into the model as the primary external variables. Furthermore, four extended variables of perceived fun, perceived interactivity, function diversification and system quality, are introduced to construct the model. In this study, more than 500 questionnaires are collected through online survey. The structural equation model method is employed to analyze the data with the aid of SPSS and AMOS software, and the hypotheses of the research model are verified so as to conclude this study. Then, based on the conclusion of the research, some suggestions are proposed.

Keywords: mobile campus platform; continuance intention; UTAUT; ECM; structural equation model

一、引言

随着大数据、云计算、物联网等新技术的不断成熟和推广,很多高校都已建立数字化校园平台,教育信息化进入了新的发展阶段,在社会信息化的大背景下,建设“智慧型”校园,逐渐成为教育信息化的重要组成部分。[1]国内很多著名高校都开始进行智慧校园建设的探索,例如,浙江大学提出建设智慧校园的理念,南京邮电大学也制定了一个比较完善的智慧校园规划。[2]

近年来,随着移动互联技术和移动终端的快速发展,以智能手机、Pad为主要形式的移动设备在人们日常工作学习中逐渐变得不可或缺。在这样的时代背景下,倡导便捷、智能的移动智慧校园平台应运而生,为人们的学习和生活带来了极大的便利。利用移动互联与人工智能技术,为广大师生提供友好、便捷和智能的信息服务,实现以服务师生为本的目标,是推动教育信息化发展的重要举措。

(一)移动校园平台相关综述

伴随着移动互联技术快速发展的浪潮,我们已经迈入移动互联的时代。《第42次CNNIC中国互联网络发展状况统计报告》显示:中国手机网民规模在2018年6月较2017年底增加4.7%,达到7.88亿,且手机网民在全体网民的占比也在持续攀升,由97.5%提升至98.3%。移动校园平台也在此形势下孕育产生,并且逐渐成为高校智慧校园建设的重要组成部分。

在移动互联这一大背景下,国内外很多高校都已建立了自己的校园移动应用平台。2009年,美国斯坦福大学最早拥有了自己的移动平台,随后MIT、哈佛大学、加州伯克利、耶鲁等高校纷纷推出移动校园平台。[3]国内很多高校也紧跟时代步伐,相继推出了自己的移动平台,例如清华大学(AtTsinghua)、北京大学、复旦大学(i复旦)、大连理工(i工大)、华南师范大学(IMU)等国内“双一流”高校也逐渐推出校园移动平台。[4]

与此同时,在国内已经有很多学者对智慧校园进行探索分析,刘欢等人将国内外大学建设的校园移动平台进行对比分析,得出相较于国外,国内大学的移动校园平台存在起步晚、普及率低、功能不成熟,以及缺乏协作等问题,并且强调高校移动校园平台的建设要通过对现有数据资源进行整合,以碎片化方式为校园用户提供便捷的个性化信息服务为目标。[5]

同济大学于2013年底开始研究“智慧校园移动云平台”的建设,经过充分调研和反复论证,最终确定在成熟平台基础上建设学校专属私有云的解决方案,通过定制和私有化部署,构建成同济大学“智慧移动云校园”平台——同心云。[6]

同心云是同济大学师生综合信息门户的入口,根据全校师生的实际需求,开发、迁移了20多个新应用,同心云打破了管理者与广大师生的沟通屏障,是互联网时代智慧校园建设的新探索。同心云界面如图1所示。

同心云于2015年12月21日正式投入使用。目前,有近4万名同济师生每天使用同心云。同心云先后获得《2017新媒体联盟中国高校教育地平线报告》典型案例、《中国教育

图 1　同心云界面

信息化发展报告(2016)》典型案例、2016 上海市教育管理信息化应用优秀案例以及 2016 金蝶云之家优秀案例等多项荣誉称号。

(二) 国内外研究现状

国内“移动校园平台”领域的研究则主要集中在需求探索、技术研究、系统架构、服务平台、资源整合等方面。整理校园相关领域的使用意愿及持续使用意愿的研究，如表 1 所列。

表 1　国内关于校园相关领域的使用意愿及持续使用意愿的研究

作者	研究对象	基础模型
雷燕君[7]	校园信贷	UTAUT
曲霏，张慧颖，陈婷[8]	高校虚拟社区	ECM
何鹏飞[9]	移动图书馆	UTAUT
曾瑶[10]	移动图书馆	TAM
陈明红，漆贤军，刘莹[11]	移动图书馆	ECM
张建颖[12]	校园手机报	TAM

（续表）

作者	研究对象	基础模型
潘文文，朱佳宁[13]	网络教学技术	UTAUT
杨涛[14]	电子图书	ECM
黄琼珍，欧佩玲[15]	移动学习资源	UTAUT

国外关于高校相关领域的使用意愿及持续使用意愿的研究相对比较多，以下选取部分具有代表性的文献给予介绍。Young Ju Joo，Nari Kim 等通过结构模型以韩国一所网络大学 222 名学生为研究对象，分析了在线大学生实际使用移动学习管理系统（m-LMS）的影响因素之间的关系。[16] Wang 和 Du 以认知-影响-构念为框架，以认知品质、认知价值、使用者满意度为自变量，以使用者持续使用意愿为依赖变量，建立行为模型，探讨学生在移动社交网站（msns）教学工具上的持续使用行为。[17] Mohammed Amin Almaia 和 Ahmed Al Mulhem 提出了一个综合模型，旨在找出可能鼓励或阻碍约旦学生和大学接受和采纳移动学习应用程序的最具影响力的因素。[18] Huang 和 Liu 运用信息系统持续性模型分析学生使用虚拟桌面服务的持续性意愿，并得出结论：期望确认显著影响感知有用性，感知有用性是持续意向背后的决定性因素。[19] Liu 和 Guo 研究了性别差异如何影响亚洲大学生对移动计算设备的接受程度。[20]

二、理论基础与研究假设

（一）理论基础

Venkatesh 和 Morris 等学者在对技术接受模型相关研究进行充分总结和归纳的基础上，提出了整合型信息技术接受与使用模型（Unified Theory of Acceptance and Use of Technology，UTUAT）。该模型基于八种主要的理论，分别是：理性行为理论、激励模型、计划行为理论、技术接受模型、TAM 与 TPB 整合模型、创新扩散理论、PC 使用模型以及社会认知理论。

UTAUT 包含了四个决定行为意愿及使用行为的四个核心变量：努力期望（Effort Expectancy，EE）、绩效期望（Performance Expectancy，PE）、便利条件（Facilitating Conditions，FC）和社群影响（Social Influence，SI）。与此同时，该模型还增加了四个调节变量，分别是：性别、年龄、自愿和经验。研究表明，这八个变量能有效地解释技术接受行为，其有效度达到 70%，因此被大量运用到用户接受和使用新技术的行为的研究中。[21]

期望确认模型（Expectation Confirmation Model，ECM）是 Bhattacherjee 于 2001 年基于期望确认理论（Expectation Confirmation Theory，ECT）提出来的。该模型又被称为信息系统期望确认模型（Information Systems Expectation Confirmation Model，IS-ECM），经常被研究人员用来剖析和研究信息系统持续使用意向影响因素。

Bhattacherjee 在对信息系统使用行为研究时，对期望确认理论（ECT）进行了调整优化。他认为，消费者购买行为与用户使用信息系统有着很多相似之处，譬如用户再次使用某信息系统的意愿会受到初次使用体验的影响。Bhattacherjee 将 ECT 中购前期望与购后绩效整合成 TAM 中的感知有用性，于 2001 提出了期望确认模型（ECM）[22]，该模型包含持续使用意向（continuance intention）、期望确认（conformation）、满意度（satisfaction）和感知有用性（perceived usefulness）四个核心变量。

（二）研究假设

根据前文的相关理论和模型综述，结合同心云的具体建设概况，本研究以信息系统持续使用的期望确认模型（ECM）和整合型技术接受模型（UTAUT）为整体分析框架，并整合了其他理论模型中的一些变量构建了本文的研究模型，如图 2 所示。持续使用意愿（Continuance Intention）指用户持续使用同心云的意向。持续使用意愿的大小是用户对其未来是否会经常使用同心云的感知表达，也是同心云平台加强用户黏度的重要因素。

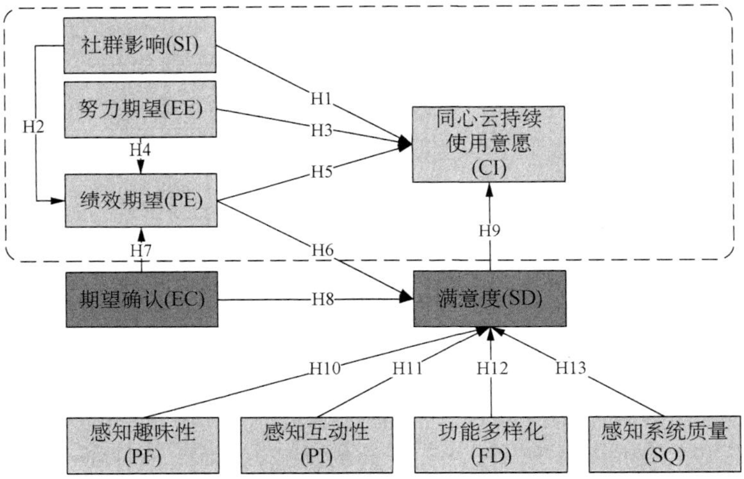

图 2　本文研究模型

本研究的假设主要由三部分组成，首先是原 UTAUT 模型中的研究假设，主要是社群影响、努力期望、绩效期望和使用意愿之间的关系。

H1：社群影响对同心云持续使用意愿有正向的显著性影响。

H2：社群影响对绩效期望有正向的显著性影响。

H3：努力期望对同心云持续使用意愿有正向的显著性影响。

H4：努力期望对绩效期望有正向的显著性影响。

H5：绩效期望对持续使用意愿有正向的显著性影响。

其次还使用了原 ECM 模型的研究假设，分别是：满意度、期望确认和持续使用意愿之间的关系。

H6：绩效期望对满意度有正向的显著性影响。

H7：期望确认对绩效期望有正向的显著性影响。

H8:期望确认对满意度有正向的显著性影响。

H9:满意度对持续使用意愿有正向的显著性影响。

第三是引入的感知趣味性、感知互动性、功能多样化和系统质量作为满意度的四个扩展变量的假设。

H10:感知趣味性对满意度有正向的显著性影响。

H11:感知互动性对满意度有正向的显著性影响。

H12:功能多样化对满意度有正向的显著性影响。

H13:感知系统质量对满意度有正向的显著性影响。

三、问卷设计和问卷调查

同心云用户持续使用意愿模型确认之后,进行问卷调查与实证分析,从而验证模型的解释能力。本研究在前人研究的成熟量表基础上,对成熟量表进行归纳和总结,作为本调查问卷的基础,然后根据本研究的实际情况,对前人研究过的变量进行修改,最终得到本文研究的测量量表。量表中各问题全部采用李克特量表(Likert scale)。

本研究对参与调查者是否使用过同心云没有要求,针对是否使用过同心云,问卷设置了不同的题目。为保证问卷在全校范围内随机性发放以及校内本科生、研究生、教师(含博士后)、行政人员(含教辅和思政)和校友等用户角色全部覆盖,在调查过程中专门邀请同济大学信息化办公室、研究生院、本科生院、学研工部以及部分学院教务老师帮忙推广。

在问卷平台上一共收集了744份问卷,其中使用过同心云的为530份。对这530份问卷针对有效性进行数据整理分析,最终得到520份有效问卷,有效问卷回收率为98%。

本研究样本中男女比例分别为49.6%和50.4%,男女比例分布比较合理。样本年龄集中在18~27岁之间,占总人数比例的87.3%;由于样本是针对同济大学校内人员以及校友,所以受教育程度比较高。大学本科以上学历占绝大多数,其中本科和硕士及以上占了样本的98%;从样本的校内外身份分布来看,学生群体比较多,占90.4%,其中本科生和研究生占比分别为61.2%和29.2%。

四、结构方程的实证分析

(一) 信度分析

信度是指量表工具所测得结果的稳定性(stability)及一致性(consistency),量表的信度越大,其测量标准误差越小。在态度量表法中,由Cronbach所创的α系数是最常用的信度检验方法,信度系数α在0.8以上表示非常好,0.7~0.8之间表示相当好,0.6~0.7表示还可以接受。α值如果在0.6以下就要考虑重新制作问卷。[23]

如表2所列,本研究所有研究变量的α值均大于0.7,说明本次调查问卷具有较好的信度。

表 2　　　　样本的信度分析

研究变量		α 值	项数
绩效期望	PE	0.838	4
努力期望	EE	0.849	3
社群影响	SI	0.808	2
感知趣味性	PF	0.831	3
感知互动性	PI	0.876	3
功能多样化	FD	0.735	4
感知系统质量	SQ	0.872	4
持续使用意愿	CI	0.765	3
期望确认	EC	0.932	3
满意度	SD	0.902	3

(二) 效度分析

本文的问卷题目大多数都借鉴了国内外学者在相关领域的研究成果。与此同时，笔者还咨询了同心云的实际使用者以及同心云运维管理团队，对问卷中一些题项进行了调整。因此，本研究的问卷量表具有良好的内容效度。

结构效度是指实际测量结果体现出来的结构与测值之间的对应程度。在本研究中，利用 SPSS 软件对问卷数据进行 KMO(Kaiser-Meyer-Olkin)检验和 Bartleet 球体检验。根据经验判断，KMO 小于 0.5 则不合适做因子分析。Bartleet 球体检验是从整个相关系数矩阵来分析问题，当该值的显著性概率小于或等于 α(通常 α 为 0.01)时，可做因子分析。

表 3　　　　各变量效度检验结果

变量	KMO	Bartleet		
		近似卡方	自由度	显著性水平 Sig.
绩效期望	0.749	873.335	6	0.000
努力期望	0.730	668.528	3	0.000
社群影响	0.500	317.883	1	0.000
感知趣味性	0.704	621.101	3	0.000
感知互动性	0.726	829.624	3	0.000
功能多样化	0.708	478.593	6	0.000
感知系统质量	0.792	1 097.289	6	0.000
持续使用意愿	0.692	400.056	3	0.000
期望确认	0.762	1 289.807	3	0.000
满意度	0.750	995.315	3	0.000

从表 3 检验结果可知，所有变量的 KMO 值均大于或等于 0.5，并且 Bartleet 球形检验皆达到显著性水平。

（三）模型检验

本文采用结构方程模型方法，使用 AMOS 软件来分析同心云用户持续使用意愿影响因素模型中的各路径假设是否成立。

通过 AMOS 软件分析得到的模型拟合指标如表 4 所列，通过数据可以发现，本结构模型的指标基本达到了模型适配性的拟合参数检验，说明同心云用户持续使用意愿影响因素的结构模型具有良好的拟合度，即理论假设的路径关系与实际测量数据比较符合。

表 4　　　　模型的拟合指数

拟合指数		建议值	模型测量结果	适配度结果
绝对适配度指数	卡方自由度比值（χ^2/df）	<3	2.51	良好
	近似误差均方根（*RMSEA*）	<0.05	0.049	良好
	拟合优度指数（*GFI*）	>0.9	0.873	一般
	调整拟合优度（*AGFI*）	>0.9	0.849	一般
增值适配度指数	常规拟合指数（*NFI*）	>0.9	0.895	一般
	增值适配指数（*IFI*）	>0.9	0.939	良好
	比较拟合指数（*CFI*）	>0.9	0.939	良好
其他参数：样本数＝520；卡方值 χ^2＝1 004.124；p＝0.000；自由度 df＝446				

表 5 结果显示，在同心云用户持续使用意愿影响因素模型 13 个路径假设中，不显著的路径系数仅有“绩效期望→持续使用同心云意愿”（$p=0.774>0.05$），而其余的 12 个路径关系标准化系数均为显著，说明多数路径关系假设与实际测量数据的结果相符。

表 5　　　　结构方程模型的路径分析结果

假设编号	研究假设	Estimate	标准化路径系数	S.E.	C.R.	*p*
H1	SI→CI	0.270	0.360	0.049	5.544	***
H2	SI→PE	0.442	0.565	0.047	9.399	***
H3	EE→CI	0.176	0.230	0.036	4.867	***
H4	EE→PE	0.107	0.134	0.038	2.843	0.004
H5	PE→CI	−0.02	−0.021	0.071	−0.287	0.774
H6	PE→SD	0.225	0.254	0.043	5.287	***
H7	EC→PE	0.293	0.339	0.042	6.981	***
H8	EC→SD	0.358	0.467	0.035	10.213	***
H9	SD→CI	0.657	0.607	0.069	9.495	***

（续表）

假设编号	研究假设	Estimate	标准化路径系数	S.E.	C.R.	p
H10	PI→SD	0.062	0.088	0.027	2.298	0.022
H11	PF→SD	0.109	0.154	0.028	3.91	***
H12	FD→SD	0.319	0.408	0.038	8.294	***
H13	SQ→SD	0.081	0.135	0.023	3.563	***

说明：Estimate 指路径系统估计值；S.E.指标准误差；C.R.指临界比值；p 为显著性，*** 表示 $p<0.001$，通常双尾检测 $p<0.05$ 时表示检测结果具有显著性。

同心云用户持续使用意愿影响因素路径模型的最终检验结果如图 3 所示，从图中可以看出，虚线标识的“绩效期望对持续使用同心云意愿”假设不成立，其他潜在变量的路径上标识的数值为标准化路径系数和路径系数的显著性水平。

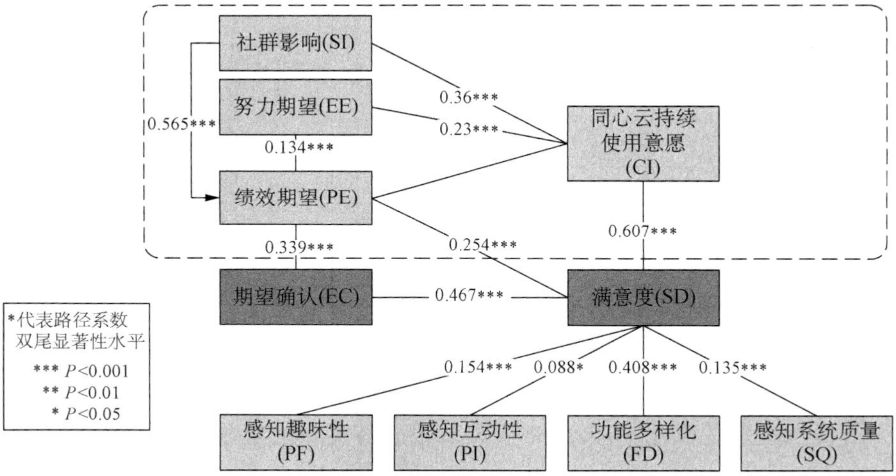

图 3　本研究结构方程模型路径结果

五、结果分析及讨论

经过前文结构方程模型的验证，本研究提出的 13 个假设中，只有 1 个不成立。下面从影响因素角度对研究结果进行分析。

1. 有关持续使用意愿影响因素分析

从模型验证结果来看，影响同心云持续使用意愿的直接影响因素按路径系数（影响作用）大小排序，分别为：满意度（$\beta=0.607$，$p=0.000$）、社群影响（$\beta=0.36$，$p=0.000$）、努力期望（$\beta=0.23$，$p=0.000$）。其中，满意度对用户持续使用意愿的影响作用最大，说明其是影响用户持续使用的最为关键因素。满意度对同心云用户持续使用意愿具有正向影响，这一结论与期望确认模型一致。满意度和持续使用意愿是用户在使用同心云之后的感知和行为，而且满意度能够直接促进持续使用。用户对同心云越满意，则他们持续使用同心云的意愿就越高。此外，社群影响和努力期望也对同心云用户持续使用意愿具有正向影响，这与UTAUT模型的结论一致。周围的老师和同学对同心云的使用反馈信息会自然地传递给校内其他用户，从而激发用户的好奇心和持续使用的愿望，即社群影响对用户持续使用同心云的意愿有正面影响。对于用户来说，同心云的操作越简单，他们越愿意持续使用同心云，所以努力期望对用户持续使用同心云的意愿有正面影响。

从模型假设检验结果来看，绩效期望对同心云持续使用意愿没有直接显著作用。这可能是因为同心云的用户主要是校内师生及校友，而学校师生的绩效目标主要是科研、教学及学习，同心云在这些领域没有广泛涉及，所以绩效期望对同心云持续使用意愿没有直接显著作用。

2. *有关期望绩效的影响因素分析*

虽然绩效期望对同心云用户持续使用意愿没有直接影响，本研究仍对期望绩效影响因素进行了分析，便于后续相关研究参考。期望绩效的影响因素按路径系数（影响作用）大小排序，分别为：社群影响（$\beta=0.565$，$p=0.000$）、期望确认（$\beta=0.339$，$p=0.000$）、努力期望（$\beta=0.107$，$p=0.004$）。

3. *有关满意度的影响因素分析*

从上文分析结果可知，满意度是影响同心云用户持续使用意愿的重要因素。满意度的影响因素按路径系数（影响作用）大小排序，分别为：期望确认（$\beta=0.467$，$p=0.000$）、功能多样化（$\beta=0.408$，$p=0.000$）、绩效期望（$\beta=0.254$，$p=0.000$）、感知互动性（$\beta=0.154$，$p=0.000$）、感知系统质量（$\beta=0.135$，$p=0.000$）和感知趣味性（$\beta=0.088$，$p=0.022$）。其中，期望确认对满意度的影响作用最大，也就是说用户对同心云平台越满意，则他们持续使用该平台的意愿就越高。这说明本研究得到了和期望确认模型相同的结论，期望确认模型中这一关系在本研究中得到了再次验证。

绩效期望也对同心云用户满意度具有显著的正向影响，这与期望确认模型的结论一致。此外，功能多样化、感知互动性、感知系统质量和感知趣味性也不同程度地对满意度有显著性的正向影响，这对同心云多样化服务的提供、高效互动沟通能力的加强以及系统质量的提高、服务特色的趣味性提出了更高的要求。

六、管理启示

基于上述研究，本文从影响移动校园平台的持续使用意愿的分析角度，对移动校园建设提出一些建议。

1. *提升用户满意度，增强用户体验*

研究结果表明，满意度是影响用户持续使用意愿最为重要的因素。而满意度又受到趣味性、互动性、功能多样性、系统质量、期望确认这些因素直接影响，因此提升移动校园平台的用户满意度需要重点考虑这些因素。

当某一个体遇到挑战时，如果挑战的难度与其本身技能水平相当，该个体会获得最大的趣味性[24]。移动校园平台建设时可以设计一些充满趣味性的学习型小游戏，同时设立一些接近大学生知识水平的挑战任务，这样可以使系统功能丰富多样，用户在休闲放松的同时，可以轻松愉快地增长知识。高校管理者也可以将课程和移动学习相结合，设计移动学习模块。这样不仅可以调动师生参与的主动性和积极性，还可以加强学生之间、师生之间的互动性。张梅娇等人将移动学习平台划分为管理课程资源、基础服务功能、管理移动教学系统和查询服务四大部分。[25]

2. 简化操作流程，提高系统的易用性

研究结果表明，努力期望对持续使用移动校园平台意愿有正向的显著性影响。因此，移动校园平台的设计应充分考虑系统易用性，以便提供简单易用、方便快捷、界面友好的系统。关于移动平台的易用性设计方面，已有相关专门的研究。顾小清等人从界面可视性、反馈导航、一致性、出错率等七个维度提供了设计建议，并且强调在交互设计时既要减少用户的记忆负担，又要适应用户的反应速度。[26]

学校管理者还可以针对移动校园平台的使用情况做详细调查，了解一线用户对系统使用的不满意地方，有针对性地进行有效改进，从而提升用户体验，使校园移动平台系统更为简单便捷。

3. 提升社群影响力

研究结果表明，社群影响对持续使用同心云平台意愿有正向的显著性影响。这与很多前人研究结论一致，因此学校管理者应意识到社群影响的重要性。当用户决定使用移动校园平台后，他们很可能会开始推荐自己的同学、老师去使用。从前文的数据可以看出，高校中本科生和硕士研究生比较活跃，使用移动校园平台人数较多，而博士研究生和教师使用人数很少，学校管理者可以针对不同的群体，定制个性化的功能及宣传方式。

参考文献

[1] 黄荣怀，张进宝，胡永斌.智慧校园：数字校园发展的必然趋势[J].开放教育研究，2012，18(4)：12-15.
[2] 宗平，宋洪波，黄刚，等.智慧校园设计方法的研究[J].南京邮电大学学报(自然科学版)，2010，30(4)：15-19，51.
[3] 王亮.基于移动互联网的校园移动应用平台模式探究[J].科技视野，2016，24.
[4] 罗辉琼，梁卓明，何明发.基于移动服务开放平台构建高效智慧校园生态[J].中国教育信息化，2014(3)：52-55.
[5] 刘欢，卢蓓蓉，马晨辉.浅析高校校园移动应用开发[J].武汉大学学报理学版，2012(58)：171-174.
[6] 许维胜，梅广，刘波，等.面向服务的同济大学信息化建设[J].系统仿真技术，2017，13(2)：112-119.
[7] 雷燕君.基于UTAUT的大学生校园信贷使用意愿影响因素分析[D].成都：西南交通大学，2018.
[8] 曲霏，张慧颖，陈婷.高校虚拟社区用户体验与信息持续使用意向的关系研究[J].图书馆学研究，2016(3)：64-71.
[9] 何鹏飞.基于UTAUT的高校学生移动图书馆使用影响因素分析[D].重庆：西南大学，2014.
[10] 曾瑶.影响高校图书馆移动服务App用户度的因素——基于技术接受模型的研究[J].农业图书情报学刊，2018，30(6)：53-56.
[11] 陈明红，漆贤军，刘莹.移动图书馆持续使用意向及习惯的调节作用[J].情报科学，2016，34(6)：125-132.
[12] 张建颖.南京邮电大学团委手机报用户使用意向研究[D]，南京：南京邮电大学，2014.

[13] 潘文文，朱佳宁.基于 UTAUT 的高校师生网络教学技术接受模型研究[J].科教文汇，2015，318：3-5.

[14] 杨涛.电子图书用户持续使用行为研究：期望确认模型的扩展[J].图书馆学研究，2016，22：76-83.

[15] 黄琼珍，欧佩玲.移动学习资源使用意向的影响因素研究[J].中国教育信息化，2018，5：52-58.

[16] JOO Y J, KIM N, KIM N H. Factors predicting online university students' use of a mobile learning management system (m-LMS)[J]. Educational Technology Research and Development, 2016, 64(4):611-630.

[17] WANG R B, DU C T. Mobile Social Network Sites as innovative pedagogical tools: factors and mechanism affecting students' continuance intention on use[J]. Journal of Computers in Education, 2014, 1(4):353-370.

[18] ALMAIAH M A, AL MULHEM A. Analysis of the essential factors affecting of intention to use of mobile learning applications: A comparison between universities adopters and non-adopters[J]. Education and Information Technologies, 2019(2): 1433-1468.

[19] HUANG Y M, LIU C H. Understanding Students' Continuance Intention to Use Virtual Desktop Service[J]. International Symposium on Emerging Technologies for Education, 2017, 10676: 413-419.

[20] LIU D, GUO X. Exploring gender differences in acceptance of mobile computing devices among college students[J]. Information Systems and e-Business Management, 2017, 15(1):197-223.

[21] VENKATESH V, MORRIS M G, DAVIS G B, et al. User Acceptance of Information Technology: Toward a Unified View[J]. MIS Quarterly, 2003,(27): 425-478.

[22] BHATTCHERJEE A. Understanding Information Systems Continuance: An Expectation Confirmation Model[J]. MIS Quarterly, 2001, 25(3):351-370.

[23] 吴明隆.问卷统计分析实务——SPSS 操作与应用[M].重庆：重庆大学出版社，2010.

[24] 马如宇.影响移动学习用户使用态度的前置性和潜在性因素解析——基于扩展式科技接受模型的观点[J].中国远程教育研究．2009(8)：70-74.

[25] 张梅娇，谢有为.基于云计算的校园移动学习平台研究[J].九江学院学报(自然科学版)．2018(03)：52-54.

[26] 顾小清，顾凤佳.微型移动学习的可用性设计[J].电化教育研究．2010(02)：52-67.

学习管理:新时代的教育理论与模式创新

张建军[1]　赵　晋[2]

(1. 同济大学经济与管理学院　2. 同济大学职业技术教育学院)

摘　要:在新时代背景下,需要厘清教育变革发展的根本动力,并在此基础上对教育理论面临的时代挑战、发展动因与路向进行系统性探究,以期提出指导新时代教育实践的理论与方法。本文以教育变革的根源为切入点开展研究,发现以下两点:①变革的起点在于信息的数据化,并借由大数据与人工智能等新兴信息技术的推动形成变革的根本驱动力:在信息化意义上教育服务供给能力获得了近乎无限的扩容,实现了新时代教育生产力的升级;②这些变化突破了传统教育理论的现实边界,在教育史上首次获得了两个现实可能:第一,科学、全面、深入、定量地认识学生的个体特点,开展精准个性化教学乃至教育;第二,对学习时间、精力等学生资源进行动态优化配置,以获得最优的学习效率。这是新时代教育理论与模式的重要挑战和创新路向。在其冲击之下,对学习效果与效率、思辨与测量、定量化与科学性、诠释与优化等教育理论与研究范式的系列核心概念及其辩证关系进行重新审视和深入分析。在此基础上,我们提出了以个体学习效率量化和优化为核心的精益教育观和学习管理理论,阐述了面向教育生产力释放的新时代教育模式创新与学习流程再造等核心理论主张。

关键词:教育理论发展;教育供给能力;效率优化;释放生产力;学习管理

Abstract: The developments in internet, cloud computing, big data and AI enable the datamation of information and computability of recognition behavior, promote the borderless expansion of education-service-providing capacity, and motivate the shift of basic contradiction in education field. In theoretical perspective, the datamation of education information makes both the individual and group learning behaviors measurable and computable, which breaks through the boundary of traditional education theories. Furtherly and for the first time, this datamation achieves two realistic possibilities: firstly, it's possible to get know the individual student's feature in a scientific, comprehensive and thorough way to enable the precision personalized teaching or even education. secondly, it's possible to optimally allocate the students' resources, such as time, energy and pressure-bearing capacity, to achieve the best learning efficiency. These changes indicate the challenges and innovation, and under which the core conceptions and dialectical relations between speculation and

measurement, quantification and scientificalness, effect and efficiency, explanation and optimization are being resurveyed and relocated. The precision education perspective and leaning management theories, which take the quantification and optimization of individual efficiency as the core, will push forward the education development in the new era.
Keywords: development in education theory; education-providing capacity; efficiency optimization; productive power releasing; learning management

党的十九大指出,中国特色社会主义进入了新时代,新的历史起点赋予了我国教育事业新的使命和要求。新一代互联网、量子计算机、云计算、大数据与人工智能等新兴信息技术和手段推动了人类社会的运转载体、方式和效率的变革,我们已经进入了科技发展意义上的新时代。

新时代的变革,是认知模式、生存环境、社会生产力等基础层面的变革。这对于教育实践与理论必将产生基础性、颠覆性的影响和改变,当前教育理论研究正在面临全方位、系统性的重大创新挑战。[1]

在深刻理解时代变革的根本驱动力和教育发展基本矛盾的基础上,树立全新的教育理念,以交叉的科学研究把握新规律,构建符合时代要求的教育理论、方法和模式,为指导新时代的教育改革发展实践提供科学的理论保障,具有重要的理论和现实意义。

一、信息化推动的教育生产力升级:新时代教育变革的根源分析

(一) 教育的"乔布斯之问"

之所以期待教育"需要"进入创新发展时代,是因为就当前信息化推动教育发展的整体态势而言,我们能看到很多"变化"乃至"颠覆性变革",例如,三通两平台在广大校园的应用、家校互动信息化建设以及诸多慕课与在线教育平台的兴起等,但是,就传统学校教育(甚至包括主流的在线教育模式)而言,从教育理念、理论、方法到实践中的教育模式,却几乎没有"变革"。恰如苹果公司创始人乔布斯在 2011 年所提出的问题:为什么计算机改变了几乎所有领域,却唯独对学校教育的影响小得令人吃惊?[2]

乔布斯之问引发了广泛而热烈的讨论,回答不一而足,但是必须承认,究其根本,这一现象是社会发展自然博弈演化的结果。一方面,影响小,说明信息化对于教育发展的"量变"推动尚未达到"质变"的临界点。另一方面,这同样启示我们:新时代的教育,能否、何时以及如何真正地进入创新发展的新时代,不是凭借人们的主观愿望或指令就能够实现的,需要人们在把握其客观发展规律的基础上积极推动各项支撑条件的发展,而这其中首要的就是洞悉新时代之于教育发展的根本变化、挑战和机遇。

(二) 新时代教育发展基本矛盾构成的演变分析

习近平总书记在党的十九大报告中指出:新时代我国社会主要矛盾已经转化为人民

日益增长的美好生活需要和不平衡不充分的发展之间的矛盾。[3]这一判断对于我国教育改革和发展具有重要的纲领性指导意义。

矛盾分析法指出,事物发展的根本动力是矛盾。就教育发展而言,其基本矛盾就是学生、家长、国家、社会等个体和集体对教育的目标需求与教育供给之间的矛盾。[4-5]对比分析十九大前后的供需矛盾演变,可以发现:

(1) 就集体需求而言,尽管各个时期的表述方式略有差异,但是"培养社会主义建设者和接班人"始终是我们国家、社会的教育目标需求。在用人单位,对教育的目标需求则同样始终是培养符合工作岗位需求、学以致用的人才。重要的变化在于教育的历史使命定位:新时代教育需要"走在世界前列,发挥全球引领作用";

(2) 就个人需求而言,无论是学生或者家长,对教育的基本目标需求同样始终未曾改变:通过接受良好的教育,形成健全的人格修养,培养良好的知识基础、素质和竞争能力,最终获得令人满意的工作和前途。

随着生活水平的提高,在"有学上"的基本教育需求得到满足之后,人民提出了"上好学"的需求,对更优质教育的需求日趋强烈。

(3) 就教育供给而言,尽管改革开放 40 年来我国各区域特别是发达地区的师资数量、师资水平、教室等基础设施和教育资源均获得了长足发展,但是就整体而言,仍然处于发展不平衡不充分、供给能力不足、资源短缺的"供不应求"状态。[6]

通过以上的分析,我们发现,教育发展基本矛盾的构成要素以及供需不匹配的状态在新时代前后似乎并没有本质变化。这一发现,一方面固然能够为解释乔布斯之问提供支持,另一方面,是否也预示着推进新时代教育创新发展仍然是雷声大雨点小?答案是否定的。我们认为,理解问题的钥匙,就是"大数据与人工智能"的迅猛发展:它们为教育资源和教育能力无限扩容提供了现实可能,基于大数据与人工智能的教育供给侧改革将从根本上改变教育发展基本矛盾的供需态势。

(三) 变革的起点:行为信息的数据化与可计算

信息化带来了一个本质变化:信息被数据化了。随着智能手机、互联网以及各种各样的 App(应用软件)日益渗透至生活和工作中,我们的日常信息正在越来越多地被电子化和数据化。这个变化是颠覆性的:信息的数据化实现了信息的可计算,信息的存储与处理从人脑拓展至计算机与云计算平台,并进一步实现了认知的可计算。正是这样的变化催生了大数据和人工智能时代的到来。[7-8]

(四) 大数据与人工智能的本质与优势分析

严格地说,大数据与人工智能不是神秘、复杂的科学概念,它们之间相互独立、相辅相成并相得益彰。从本质上说,大数据思维与人工智能强调的都是对人类认知模式的计算机模拟:通过数据采集、数据关联分析、事物数据画像和预测等计算活动分别对人类的自然认知过程的感觉、记忆、判断和推理等活动进行仿真模拟。[9-10]

对认知过程进行计算机模拟所产生的优势是显著的(表 1),其潜在约束包括"环境与行为的数据化程度""计算机的硬件性能"和"计算算法设计"等,其中第一项是关键约束,互联网时代的到来和人类社会的信息化提供了破解关键约束的现实可能。随着超级计算机的升级以及云计算、深度学习等信息技术和方法的提出和发展,其他约束在常见认知场景下正在得到消解。

表 1　模拟与自然认知模式的差异比较

对比项	人脑自然认知模式	计算机模拟认知模式
信息采集形式	感知器官的功能实现	感知功能的数字化模拟
信息采集能力	· 有限; · 会出错	· 近乎无限; · 不出错
信息存储能力	· 记忆量有限; · 遗忘时刻在发生; · 有记错现象发生;等等	· 近乎无限容量存储; · 无限时存储; · 无差错存储
信息处理方式	· 记忆; · 联想与想象; · 推理;等等	基于算法的数据画像与预测
信息处理能力	深度与广度极有限	近乎无限

因此,在信息数据化前提下,在认知领域,具有近乎无限存储和计算能力的电脑、互联网,正在成为人脑的新外延,而软硬件能力几乎无限的扩容必将推动人类认知能力的飞跃发展。换言之,在当前信息化时代,几千年来人们所习惯的、以非数据化的信息为基础的"自然认知模式"必然产生巨大的变化。

(五) 教育服务供给能力无限扩容推动教育生产力升级

教育服务供给能力不存在标准定义,我们认为现代化的教育服务供给能力应有以下体现。

(1) 拥有充分的软硬件设施和资源。包括:①资质优良的教师团队;②开展教育活动的教室与场地等;③信息化教育环境、网络与技术保障;④现代化教材、学习辅助资料等学习资源。

(2) 拥有充分的信息。包括:①学生信息,主要体现为学生的个人基本信息、学习行为数据、日常行为数据等;学生的个性化学习需求、个性化学习特征、个性化偏好等;②教师信息,包括教师的个人信息、教学行为信息、工作成绩信息等教学特长、教学特征、个性化偏好等。

(3) 具备充分的教育信息分析与教育优化决策支持能力,例如基于学生和教师的客观信息开展数据关联分析与数据挖掘,开展师生数据画像以描述其个性化特征、个性化偏好,为教师的教学方案设计与动态优化调整、为学生定制个性化学习方案等提供科学的优化与决策支持等。

经过改革开放 40 余年的建设与发展,教育供给的基础资源、硬件基础设施以及教育信息化硬件基础设施已取得了长足进展,在新时代,伴随着互联网、大数据与人工智能对信息传播的广度和事物认知的深度层面所给予的天量计算能力和传播能力的支持,教育服务供给能力在信息化意义下正在得到无限扩容。

这一变化促成了教育生产力的升级,使得教育发展供需基本矛盾的现状从根本上具备了改变的现实可能,形成了教育变革的根本动力和根源。在此基础上,教育基本矛盾的变化和教育生产力的升级必将引发从教育理念、教育理论和方法到教育实践模式等全方位、多层次的挑战乃至系统性变革。

二、新时代教育理论发展核心问题的系统分析

(一) 基本问题的提出

在新时代的新变化、新挑战、新问题面前,就教育理论研究而言,首当其冲被拷问的是:传统教育理论能否胜任对新时代教育创新实践的指导?如果不能,原因何在?理论创新路向何在?对此,我们提出:分析教育信息的数据化和教育服务供给能力无限扩容等新变化带来的影响和挑战,以开展相应的理论创新建构,是新时代教育理论发展的基本问题。

(二) 解放教育生产力:教育创新再认识

我国当前正处在快速变化、发展的时期。改革开放以来,教育同样在进行着持续的改革。时代在变化,教育也在不断产生着主动或被动的变化乃至变革。然而,正如舍恩伯格所说,“生活在两三个世纪前的人物走进今天的教室,可能会说:没有什么变化,即使外面的世界早已变得几乎面目全非”。[11]教育创新并不能由诸多教育变革之中必然产生。

著名经济学家熊彼特提出,所谓创新就是“生产要素的重新组合”。在此基础上,熊彼特提出了创新由过程内生、创新必须能够创造出新的价值等观点,并进一步提出,创新的实现应通过有秩序地进行结构调整、建立完整的创新生态体系等。[12]创新理论对于我们分析教育创新的目标和路径具有重要理论启示:在新时代,教育创新的目标就是要解放教育生产力。目标的实现过程,就是充分运用和释放信息化背景下近乎无限的教育服务供给能力的过程。教育创新的实现应首先充分重视顶层设计,强调从教育理念、理论和方法、实践模式等系统、整体的角度开展新时代教育生态体系的构建,教育变革过程的推进应服务于创新的顶层设计与之协调并有序联动。[13-16]

(三) 新时代教育理论发展中的重要辩证关系分析

在信息可测量、认知可计算且计算能力几乎无限的新时代情境下,传统教育理论的系列理论基础、概念将不可避免地受到认识深化或升级的冲击。通过对基本问题的解析,对以下五大辩证关系的重新审视对于探索教育理论创新路向具有重要的意义。

1. *效果与效率的关系*

梳理教育理论的历史渊源,可以发现,各个历史时期的重要教育理论,其背后都有明确的心理学理论为基础[17],换言之,教育理论的起点是心理学的核心问题“人是如何认知的”,在此基础上形成教育理论的基础问题“教育是怎么回事”,进而形成关注的焦点“怎么

教才是效果好的”。

但是长期以来,效果和效率是经常被人们混同的概念。所谓效果,即结果,或者说目标产出,构成了效率计算的分子;所谓效率,是指产出与投入的比值。对于学习效率而言,是由多维度指标构成的一个比值。[18]评估效率的两个要素包括:①目的产出,如学习效果、知识接收量、核心素养养成,或现实主义者眼中的学习成绩、升学率等,或理想主义者眼中的学习愉悦感、创新意识、完备人格等;②可承受的投入,比如学习者的时间投入、精力投入、压力承受等。[19-21]

效率与效果之间存在着密不可分的关联。从现实需求的角度分析,可以断言:在教育改革过程中,不考虑效率的效果是不可持续的。在数据化、大数据的背景之下,在教育行为与过程等正在变得可测量的历史趋势之下,对教育效果的效率评估将成为教育改革实践不可或缺的组成部分,我们应积极探索效率与效果均能改善、提高的教育模式。

为此,我们提出:传统教育理论强调的是在探索人类认知特点的基础上研究“如何教才是效果好的”,如果把这比作“一条腿走路”,那么,我们还需要另一条腿的支持,即无论是哪一种教育目标、理念、理论指导下的教育教学模式,都应考虑“如何教才是效率高的”。而互联网、大数据与人工智能的出现,恰恰在实践中为这另一条腿提供了现实可能。

2. 群体效率与个体效率的关系

在人类发展的历史中,呼应着以社会总生产效率质变和提高为代表的社会生产力的解放,教育模式的变迁迅速提升了社会群体的平均教育效率。[18]然而,群体平均效率高的大规模标准化教育模式仍然存在与生俱来的缺陷:学生个体接受能力有很大差别,面向平均水平的授课方式导致了平均水平两端学生的时间、精力等学习资源的投入不能被最充分地利用,学生个体的学习效率难以达到最优。

在长期的教育发展过程中,这一个体效率困境难以破解,其原因在于:传统的师生互动模式是建立在师生之间的感知、感觉等经验型信息基础之上的,缺乏全面性和深入性,同时,相对于学生数量等庞大的教育需求而言,师资数量、教育场所等教育资源的供给长期存在着巨大短缺长期存在,一言以蔽之:供不应求。

新时代教育服务供给能力的无限扩容,为打破资源约束、破解群体效率与个体效率的矛盾提供了现实可能。

3. 思辨与测量的关系

科学研究的本质是以因果关系为表征的“逻辑”。[22]传统教育研究的基本范式是思辨性质的,从本质上说,教育科学的“科学性”体现为“形式逻辑”。这一属性有其历史发展的必然性,决定于在历史发展过程中研究对象信息的非量化形态。以文字等定性形式呈现的形式逻辑论证过程,由于难以严格区分“相关关系”和作为逻辑本质的“因果关系”,同时无法剔除信息在传递、接收、理解等各环节的个体差异,从而在表达必然关系时有其不可避免的脆弱性,可能陷入“仁者见仁智者见智”的心证和思辨陷阱。[23]

在新时代,信息的数据化意味着教育行为、关系等可以精准、精细地测量,这为推动教育规律的研究范式从形式逻辑向数理逻辑转变提供了基础,必将进一步加强教育理论对教育规律解释的科学性。因此我们认为,这一研究范式的转变是新时代教育理论发展的一个重要创新方向。

4. 定量分析与科学性的关系

实际上，研究范式的变化已经出现了，尤其是在教育信息化与教育技术领域的相关研究中，我们能看到以基于人工智能、深度学习的卷积神经网络模型、面向个性化学习的协同推荐算法等为代表的数据挖掘和统计分析等启发式思维与方法的应用。而且，这些方法呈现出了一个鲜明的特点：它们一定能够得到一些以数据形式呈现的结果。然而深究起来，这恰恰是其缺陷所在：启发式分析方法，是以定量分析为手段、以得到满意的结果方案为追求目标的研究方法，其本身并不关心得到结果的过程是否是科学的，亦不在意结果是否是最优的，因此这一基于统计思维的方法论基础无法说服人们相信结果的可靠性。当前基于统计分析思维的算法，正是因算法结果的不可解释性而为人诟病。

因此，必须强调，定量研究并不等于科学的研究。前者是数量化方法对数据化事物关系的分析，后者是逻辑推理对事物因果关系的揭示。注重定量而忽视科学，是当下相关理论研究的一个重要缺陷。如果说思辨研究的科学性会因为前提条件的模糊性以及文字化推理过程的烦琐冗长而被削弱，那么当前的定量研究则往往通过其研究过程充斥着数字、公式和算法而掩盖了研究过程本身的不科学。

无论如何，在大数据时代，在用数据描述教育行为、对象、过程等的今天，我们有理由期待构建能够精准描述事物之间因果关联的“科学教育理论”。通过在数据化基础上采用数理逻辑模式增强对教育原理的研究，来填补当前教育方法、技术层的定量分析的潜在科学性缺陷，正是教育理论工作者的一个重要使命。

5. 诠释与优化的关系

对于理论研究而言，对事物及其关联进行解释是基本目标，最终目标是要在此基础上达成对事物的主动控制和优化。这二者是相互依存的关系：前者是后者的基础，后者是前者的归宿。与之相应，没有科学的诠释，就无法科学地优化。

管理大师彼得·德鲁克指出，“如果无法测量，就无法管理”。[24]其蕴含的逻辑在于，当事物信息处于非量化状态，意味着人们只能从“定序”和“定类”的层次对事物进行描述，而无法精确地测量、探索和解释事物本身、事物之间以及事物变化的关联，因而更谈不上科学地预测、控制、优化和管理事物。非数据化的信息状态造就了教育科学的思辨研究范式，也使得教育理论在对教育行为无法量化、测量的条件之下不得不侧重于对教育现象与结果的解释性研究。

新时代带来的一大变化在于突破了这一束缚：在大数据与人工智能的支持之下，教育理论能向前迈进的不只是对教育效率的测量，更重要的是对教育行为、模式的科学评估，进而实现对教育本身的科学控制和优化。因此，积极响应新变化，将基于“形式逻辑”的思辨研究与基于数据测量的“数理逻辑”研究相结合，推动解释性研究向以预测、管控等科学对策研究的深化，是教育研究范式的一项重大课题，也是教育理论创新的一个重要方向。

三、学习管理：新时代教育理论发展的一个重要方向与对策

通过对新时代教育变革发展驱动力、教育理论发展基本问题以及五大关系的探讨，“学习管理”理论创新方向呼之欲出。

(一) 理念发展:学习效率优化与精益教育观的提出

作为贯穿人类社会发展全程的组成部分,教育是一个庞大的复杂系统。在大数据与人工智能时代,以其子系统——新时代的学习问题为分析对象,在该复杂系统变得可测量、可计算的背景之下,教育理念应首先呼应时代要求、积极寻求升级:强调通过对学生资源和学习资源的优化配置,来实现高效率学习。在此基础上,我们提出了"精益教育观"。

教育(尤其是学习、教学),从本质上说,是各类教育资源(教师,教材,教育环境,等等)作用于学生本人的过程,其最终产出是知识和能力习得意义上的学生本人。在现实竞争环境下,可持续的知识建构过程不但应该追求高效果,而且应该是高效率的,即应高度重视对学生的时间、精力、承压力等学生资源的优化配置和组织,为此,应高度重视从学习效率优化的角度重新审视、设计学习的动态组织过程。

精益教育观具有坚实的现实基础,一方面是教育信息的数据化带来的可测量与可计算,另一方面,精益教育观的落实以优化学习效率、达成高效学习过程设计为实施载体,其关键在于教育行为与过程的信息采集、分析处理、计算、教育资源实时配置等教育服务供给能力的无限扩容。

精益教育观的提出,为理解和指导教育创新实践提供了一个参照,即就现实需求而言,创新离不开对效率的重视。以翻转课堂为例,如果目标产出是知识习得,那么,通过课堂授课十分钟可以习得的知识,却挤占大量学生的学习时间和教师的备课时间、花上数倍的时间、精力去组织学生开展翻转课堂学习,势必效率极低、综合价值大打折扣[25];另一方面,如果产出是所谓素养型目标(如"知识建构过程本身对学生的熏陶与锻炼""创新意识的培养"),同样,在承认学习效果良好、深受学生欢迎的同时,是否有必要评估学生资源等投入对于目标产出的价值与效率?必须意识到,历史时期对定性化教育目标及其效率"无法测量"的惯性思维不应该导向"不应测量"的定势。

精益教育观的提出,也为理解和指导教育实践难题提供了一种新的思路和方向。以"减负"政策为例,教育政策立意良好,但是实际效果有其尴尬之处。究其原因,除了对各利益攸关方的需求目标和行为之间的博弈缺乏深入分析之外,对学习效率关注的缺失也是一个重要因素——减负,不应局限于一般性地减少作业等"总量"负担,还应该在精准评估的基础上减少对于学生学习价值不大的重复作业、练习和授课等。

实现这些创新方向是困难的,但是在大数据与人工智能时代,它们正在成为现实可能。这正是我们提出精益教育观的时代基础。

(二) 理论发展:基于教育行为大数据化的学习管理理论探索

至此,通过对新时代教育基本问题和新型教育理念的凝练,事实上我们已经阐述了学习管理理论构建的现实基础、必要性、科学意义、实践价值及其研究的关键问题。整合以上分析,在精益教育观的支持下,我们提出新时代学习管理理论的基本架构如下。

1. 基本概念

所谓学习管理,是指以学生为主体的学习相关者在新技术、新平台、新生态的支持之下,通过对学习资源、学习行为和学习进程进行计划、组织、领导和控制等活动来实现既定学习目标的过程。

学习管理有其明确的研究对象，即学生的学习过程。学习管理的目标是明确的，就是要在大数据与人工智能的支持之下，以最合理的资源配置、最优的学习效率来最大限度地达成预定学习目标。具体而言，就是要在新的数据和技术环境下，充分发挥教育服务供给侧的能力优势、发挥互联网全方位的优质资源获取、信息传播优势，通过重构学习模式和流程，在实现对学习者进行精准评价（数据画像）的基础上，设计更符合学生认知特点和个体偏好的学习资源遴选与过程组织方式，设计在既有教学考核目标之下的精准的、实时动态更新的个性化学习方案，在提升学习效果的同时实现学习效率的优化。

2. 基本思想：学习管理即学习优化

著名管理学家、诺贝尔经济学奖获得者赫伯特·西蒙指出：管理就是决策[26]。管理，即是人们为了实现组织目标而通过计划、组织、领导和控制等四类职能对组织资源进行优化配置的过程。决策（或者说“选择”“抉择”），指人们在各项选择中围绕目标做出决定的复杂思维与操作过程，其核心在于行动选择，即从各种方案中筛选出最优方案。“决策”贯穿于该过程中的计划、组织、领导和控制等职能的全部环节，所以说管理即决策。

将这一思想映射至学习管理问题当中，我们提出：学习管理即学习优化——学习管理，就是要在学习的全程中开展实时的科学决策、探寻每一学习环节中的最优学习行为，即学生资源、学习资源等各类资源的优化配置方案。

3. 核心主张：面向教育供给能力释放的教育模式创新与学习流程再造

为了实现上述最优化配置，关键之处是在凸显学习目标的基础上构建学习目标与学习行为之间的定量化的、科学的关系模型。这一任务的达成，首先需要明确作为其理念贯彻与数据来源载体的“学习模式”。

仅就“教学”层面而言，当前互联网、信息技术对传统教育模式的支持正在不同程度的实施当中。一个值得赞赏的典型案例是北京市中学教师开放型在线辅导计划（简称“双师服务”），该项目推动全市区级及以上骨干教师在课后上网，通过教师在线实时辅导、互动课堂专题辅导等方式，为中学生提供个性化、一对一的在线辅导服务。“双师服务”的效果已经在实践中得到了检验，超过 90%以上的教师、学生、家长表示满意和肯定。另一方面我们应该看到，这一以“师生课后一对一辅导”为核心竞争力的模式，仍然是对传统教学模式的局部改良，而不是在解放新时代教育生产力的路径之下的颠覆性探索。

在互联网、云计算、大数据与人工智能支持下，我们认为，颠覆性探索的内涵指的是：面向充分发挥新时代几乎无限的教育服务供给能力来重构教育流程和教育模式。为此，面向新时代的学习管理与学习优化，我们提出如下观点和主张。

1）倡导思维层面的变革：大数据思维

在信息实现数据化的前提下，我们认为应摒弃“有什么（数据）吃什么（数据）”的数据分析思维，提出“吃什么（数据）有什么（数据）”的新要求，即所谓大数据思维：在意识到世界数据化的基础上，人们将认识到借助数量化分析技术和手段能够更精准地认识事物、事物与事物之间的关系，而更关键的是，这一“认知世界”层面的变化必将推动“改造世界”层面的颠覆性变革：我们应积极探索、创新，提出“大数据设定”背景下的具体的创新方案，进而反向创建该创新方案所需的数据化环境、流程、架构与运作模式等，实现创新方案的落地。这意味着,在大数据思维的支持下,基于大数据与人工智能的支持,人类的创新能力能够获得前所未有的自由和爆发式发展。

对于教育领域而言,在大数据思维的推动下,教育变革的起点将被重新确定为大数据思维下的教育创新方案:如果教育行为信息能够被数据化,那么,在大数据与人工智能相应技术支持下,面向释放教育生产力,我们能做什么?从这个意义上说,创新能力是新时代发展的第一驱动力。

2)倡导以学生个体为对象的精准个性化学习模式

提倡因材施教的个性化教育不是新时代的新概念、新名词,而是自先秦时代以来即为人们所推崇的理想教育形式。[27]这一模式在历史实践中始终只是一个理想,其根本原因即在于教育资源和认识能力的限制。

同时,长期以来,人们在个性化教育特别是个性化教学层面进行了不懈的探索。作为一个典型案例,"教学对象细分"在以往的教学实践中已经开展了很多的研究和应用,并获得了良好的效果和效率。

在新时代教育服务能力无限扩容的背景下,我们提出:教学对象细分应该并且可以做到极致——每一类对象仅包含一位学生。在学习管理的概念之下,我们提出了如图1所示的精准个性化学习模式。这一模式强调在数据化环境之下通过对知识点、学生、学习材料等的群体数据进行动态分析来描述学生和资源的个体特征,进而为之提供动态调整的、序贯的阶段最优学习方案。

这一模式及其流程并不复杂,继承了古已有之的个性化教育"因材施教"的理念,其最关键的区别(或者说困难)在于该流程的诸多环节均需要做出科学的决策:如何评估学生和学习资源的特征?如何给予实际学习数据对其特征参数进行修正?如何生成、推荐哪些新的学习内容、资源?等等。另一方面,决策人人会做,挑战在于,如何保证决策是科学的、可信的、可靠的?——在数据化背景下,这是教育理论研究不能回避、必须直面的问题,也即是学习管理的核心科学问题。

3)倡导课堂与个性化协同的学习流程再造

从本质上说,在人工智能与大数据带来的几乎无限的教育服务供给能力支持下,通过构建智慧学习系统来为学生个体提供量身定制的、实时动态更新的、最优化的学习方案,就是为每位学生提供了一个无处不在的、(在教学意义上)无所不能的、贴身的人工智能教师。

在可预见的未来,课堂集中授课模式仍将是学生学习的主流模式。着眼于发挥人工智能+教育的社会意义和技术价值,将人工智能推进课堂是一个不可能绕过的路径节点,而碰触该节点时马上就将直面一个重大挑战:从表象上说,一位老师与多位人工智能虚拟老师如何共存?从实施层次上说,人工智能教师的存在能够为作为施行者的教师、学校带来什么价值?从根源上说,"集中教学以提高整体学习效率"的课堂教学教育理念与"一对一精准教学以提高个体学习效率"的个性化教育理念如何共存?

我们认为,学习流程再造是应对挑战的必然的路径和对策。

所谓学习流程再造,即借鉴于业务流程再造思想。业务流程再造是一类先进的管理思想和方法,强调"对组织的业务流程作根本性的思考和彻底性重建,其目的是在成本、质

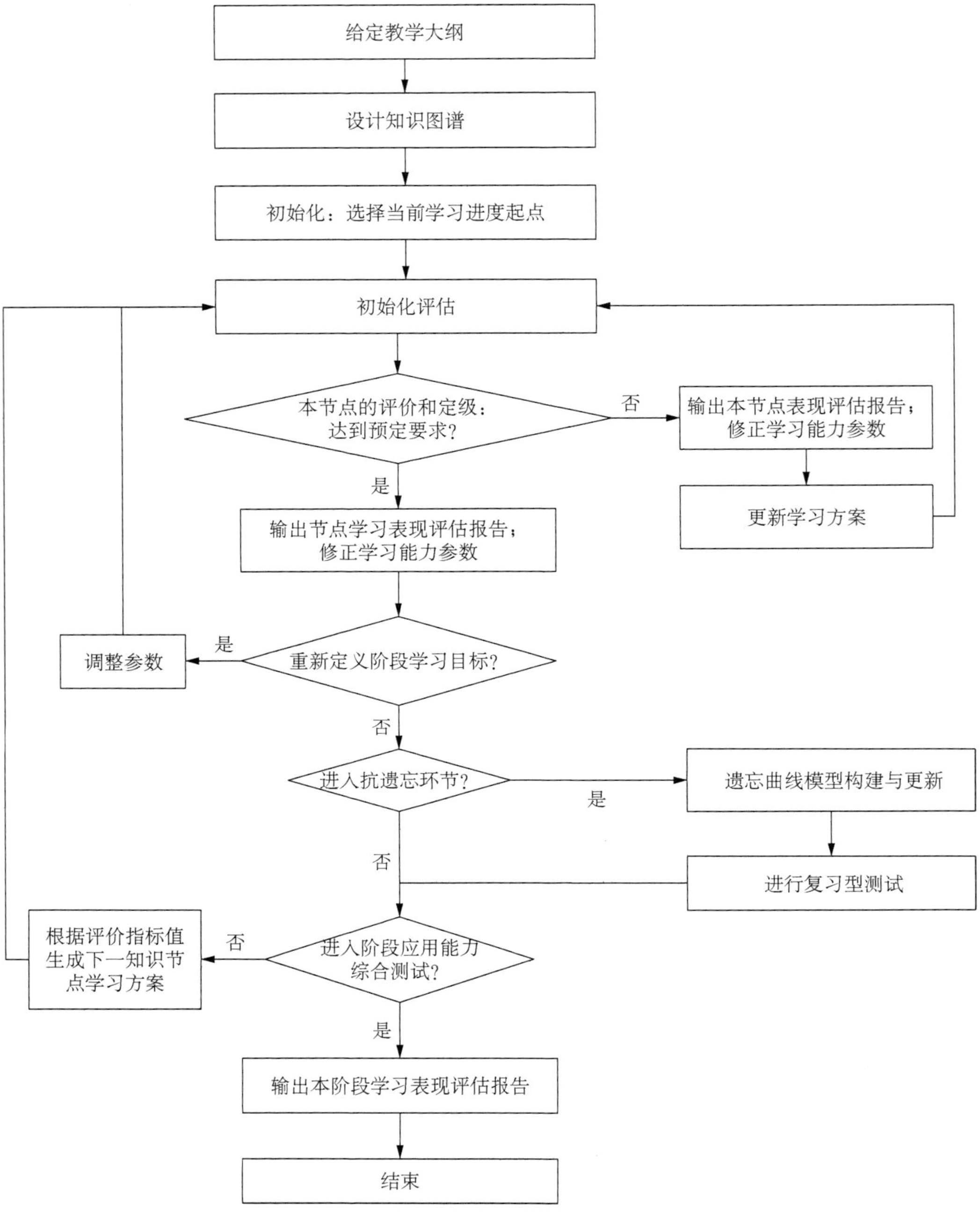

图 1　以学生个体为对象的精准个性化学习模式框架

量、服务和速度等方面取得显著性的、戏剧性的改善，使得组织能最大限度地适应以顾客、竞争、变化为特征的现代环境。”[28]

“业务流程再造”源于 20 世纪 90 年代以来企业信息化发展的实践。20 世纪 60 年代的信息技术革命改变了企业的经营环境和运作方式，企业面临着严峻挑战，主要呈现为：①社会发展与技术进步促使企业竞争的广度和深度不断拓展，竞争日益加剧；②随着社会的发展和商业的繁荣,消费者获得了更多的选择和商业主导权,并对产品和服务提出了越来越高的要求;③信息技术的发展进一步扩大了消费者需求的个性化,传统企业经营管理模式难以胜任新市场环境的挑战。在这些全新挑战面前,企业只有进行根本性的创新才能生存。

就实施程序而言,业务流程再造主要包括:①对原有流程进行全面的功能和效率分析,发现存在的问题;②设计新的流程改进方案,并进行评估;③制定与流程改进方案相配套的组织结构和业务规范等方面的改进规划,形成系统的再造方案;④组织实施和持续改善,等等[28]。

很显然,业务流程再造思想与方法的提出背景,与当前人工智能与大数据对教育带来机遇和挑战的态势有很大的类似之处。在借鉴流程再造理论的基础上,我们提出面向精准个性化学习流程再造的原则和基本方向如下。

(1) 原则:学习流程再造必须是激励相容的学习流程再造必须建立在对教师与学生的实际需求基础上,换言之,应充分考虑教师和学生作为新技术接受者和应用者的主角地位,强调变革前后师生的获得感,明确只有真正对教师和学生有用的模式才是可持续的模式。

(2) 再造知识体系与知识图谱:学科共性与学生个性相结合。当前学科知识图谱的构建主要基于专家思维。在大数据与人工智能技术支持下,专家思维应与机器学习思维紧密结合,积极探索实现学科共性架构与学生个性路径权重的协同机制与技术路线。

(3) 再造课堂授课模式:教师数据画像与自适应教学助手演化。厘清教师痛点,推进人工智能与大数据对于教师备课、课堂作业发布与评估、课中实时效果评估、实时进程调整等各个环节优化决策的教学辅助,在教学过程数据化基础上构建教学全程一体化资源库与决策支持系统,在历史数据分析基础上开展持续的教师风格、特点、能力等分析,完成教师数据画像,结合学生评估与数据画像,最终形成面向教师授课辅助的自适应人工智能教学助手。

(4) 再造作业流程:实现学习管理的优化决策。作业发布、完成、批改与分析,是教学的重要组成部分。如前所述,在大数据与人工智能支持下开展个性化作业模型、流程与系统重构,是精准个性化学习管理理念的重要组成环节。当前基于单一答案型作业的批改、评价与分析机制及其系统实现路径已有一定研究成果,关键的难点在于对人类深层次逻辑推理过程的评价,亟待科技攻关。

(5) 再造学习绩效评估机制:贯穿学习全程的学生数据画像机制设计。在联通课堂与课外的数据化学习行为的基础上,对于学生学习过程与结果的信息记录较为充分,因此理论上应能获得对学生特征的更为立体和精准的把握。换言之,在机器学习等技术支持下,贯穿学习全程开展对学生的实时、动态更新的学习绩效评估(包含学习风格与偏好等的评估)获得可能性和必要性,相应地,定量化地、科学地再造学习绩效评估机制成为一个重要的方向。

(6) 再造学习激励机制。教育过程,尤其是初等教育阶段的学习过程,提高课堂讲授效果的努力时刻离不开对学生心理的把握、正向调节和激励。在无处不在的人工智能虚拟教师支持下,如何推动学习激励机制变革无疑是一个极具教育意义的新型教育研究课题。

4）倡导教育基础设施意义上的精准教育生态圈建设

当前人类社会号称进入了大数据时代，但是必须认清一个现实：大数据时代与数据化时代是两个概念——人类社会远远没有进入完全数据化的时代。这意味着，除去电商平台精准营销、阿尔法围棋、无人驾驶等少数的完全数据化场景之外，不经主动建构，现实中的行为数据通常是零星的、片面的、孤立的，基于此开展所谓大数据分析，无异于盲人摸象，挂一漏万的分析过程使得其结论形成的逻辑、科学性和可靠性无法保障。

因此，在大数据思维的指导下，基于学习管理理念的精准个性化学习模式创新，需要建设其相应的完备的数据化教育场景——或者说精准个性化学习模式的实施载体：教育基础设施意义上的精准教育生态圈，如图 2 所示。

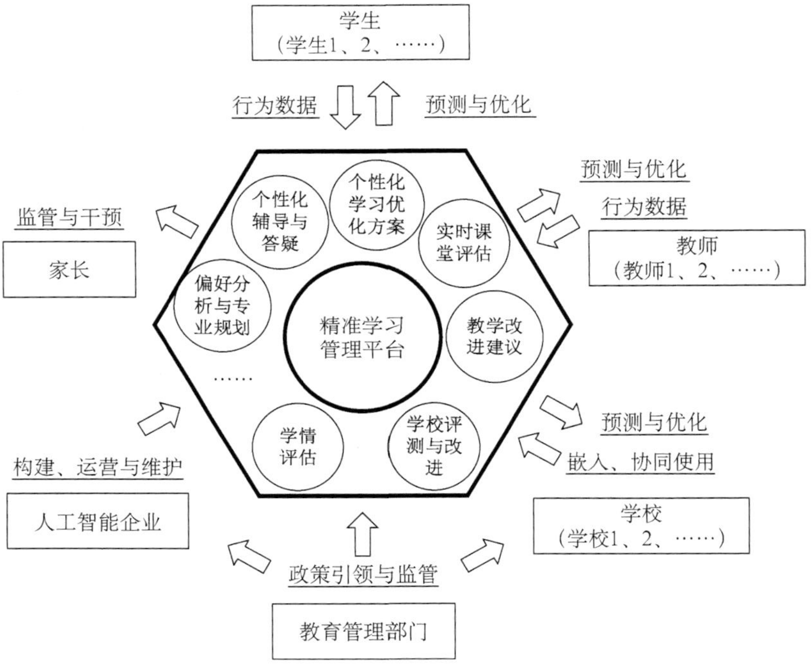

图 2　精准教育生态圈模型

精准教育生态圈模型的内涵在于：通过构建精准个性化学习模式和流程及其数据化教育环境，纳入全体政府、学校、学生、教师、家长、企业等教育相关者的数据，进而建立科学学习管理流程中的诸多决策模型和算法，在人工智能支持下为各利益相关方特别是学生学习目标的达成提供科学的动态解决方案。

倡导教育基础设施意义上的精准教育生态圈建设有五层含义。

(1) 强调顶层设计与政策引领的必要性和重要性。在人工智能的支持下释放无限扩容的教育服务供给能力，是前所未有之变局，是系统性变革，涉及教育的诸多层面，不是某个学校或企业能够胜任的创新工程，唯有从顶层设计的高度通过政策引领方能来推动创新实践的探索与变革。[29]

（2）强调人工智能支持下的"集中"。学习管理的根本价值，从管理意义上描述，就是通过集中管控来实现降本增效。本，就是学生、国家、社会付出的学习时间、场所、人力、资金等成本；效，就是包含学习效果、学习效率等在内的教育成效。教育供给侧的能力扩容，使得全国一盘棋意义下的"集中"成为可能：集中分析、集中决策、集中调度、集中管控，如：对优质的学习资源进行遴选、建设、传播，对学生个体的精准认知，对教育方案的优化等等。

（3）强调其教育基础设施的属性和战略地位。同样，新时代诸多有远见的企业、学校纷纷制定自身的人工智能竞争战略，当前各种教育 App 层出不穷。然而，对精准教育生态圈的定位不能停留在企业与学校的竞争利器的层面。因其对国家教育公平与发展、新时代教育使命达成、教育模式创新和教育实践的效果与效率的深远影响，精准教育生态圈建设应上升至国家教育基础设施的战略定位。

（4）强调"生态圈"。唯有在学习者群体中方能描述个体学生的个性。另一方面，教育系统本身是一个巨型复杂系统，其组成要素之间具有千丝万缕的内在关联，离不开各教育利益相关方的参与与博弈。因此，个体学习效率优化目标的达成必须置身于教育利益相关者构成的生态圈中考量，与之相应，作为"精准"的力量基础，"数据化环境建设"需要在生态圈意义之下推行。

（5）强调协同、融合。当前有思潮认为新兴信息技术将"颠覆"学校教育。我们的观点与之相反。一方面，"皮之不存，毛将焉附"，离开学校教育来讨论教育大数据、人工智能的社会价值、教育价值，无异于缘木求鱼。另一方面，"教育实践是千秋大计、国家发展之本"，任何教育实践变革，必须尽可能控制风险、循序渐进。

因此，大数据与人工智能支持的精准个性化教育模式，必须找到恰当的融入学校传统课堂教育的实践路径，与之协同、融合发展，方能真正实现新时代教育生产力的解放。

四、总结与展望

本文从新时代教育发展基本矛盾的角度，分析了矛盾构成的演变，提出教育服务供给能力的近乎无限扩容是教育发展与变革的根源；进而探讨了新时代教育理论所面临的挑战与发展的基本问题，分析了在大数据与人工智能支持下学习效率量化与优化的重要性，进而提出"学习管理"的理念与理论发展主张。

以精准个性化学习模式构建、学习效率量化与优化为主要诉求的学习管理理论，强调在数据化背景下对教育行为的科学认知、预测与控制，其理论主张提出之后，围绕"精准个性化学习优化"的数据化环境构建、个性化学习流程构建、与传统课堂模式的融合、最优化个性化学习方案的动态设计与更新、精准教育生态圈的构建与运行等理论与实践难题，在传统教育理论的基础上积极借鉴和引入复杂系统理论、决策优化理论、流程再造理论、精益管理方法、精准营销与个性化推荐方法等相关学科领域的理论与方法，进一步发展、完善学习管理理论与方法体系，为新时代教育发展实践决策提供理论参考。

参考文献

[1] 杨宗凯,吴砥,等. 教育信息化 2.0:新时代信息技术变革教育的关键历史跃迁[J].教育研究,2018,39(4):16-22.

[2] 桑新民,李曙华,谢阳斌."乔布斯之问"的文化战略解读——在线课程新潮流的深层思考[J].开放教育研究,2013(3):30-41.

[3] 习近平.决胜全面建成小康社会 夺取新时代中国特色社会主义伟大胜利——在中国共产党第十九次全国代表大会上的报告[N].人民日报,2017-10-18.

[4] 顾明远.教育与需求——现代教育发展中的主要矛盾(上)[J].比较教育研究,1995(3):1-4.

[5] 葛道凯.从矛盾变化看新时代教育改革发展的基本走向[J].教育研究,2018(12):4-8.

[6] 张万朋,程钰琳.探析教育领域的供给侧结构性改革[J].复旦教育论坛 2017(5):9-16.

[7] 周佳伟,王祖浩.科学教育中的计算思维:理论框架与课程设计[J].中国电化教育,2018(11):72-78.

[8] 陈伟宏,安吉尧,等.深度学习认知计算综述[J].自动化学报,2017(11):1886-1897.

[9] 赵晋,王奕俊,等.大数据思维下教育发展机遇与挑战的再思考[J].电化教育研究,2018(6):21-26.

[10] 刘烨,汪亚珉,等.面向智能时代的人机合作心理模型[J].中国科学:信息科学,2018(4):376-389.

[11] 维克托·迈尔-舍恩伯格,肯尼思·库克耶.与大数据同行——学习和教育的未来[M]. 赵中建,张燕南,译.上海:华东师范大学出版社,2015.

[12] 熊彼特.经济发展理论[M].北京:北京出版社,2008.

[13] 杨宗凯,吴砥,等.新兴技术助力教育生态重构[J].中国电化教育,2019(2):1-5.

[14] 陈丽.教育信息化 2.0:互联网促进教育变革的趋势与方向[J].中国远程教育,2018(9): 6-8.

[15] 刘燕楠.教育研究方法论变革:历史突破与理论创新[J].教育研究, 2018, 39(5): 16-26.

[16] 蔡连玉,韩倩倩.人工智能与教育的融合研究:一种纲领性探索[J].电化教育研究,2018(10):27-32.

[17] 何齐宗.现代外国教育理论[M].北京:高等教育出版社,2012.

[18] 池建新.论信息化时代的大学教学效率与教学效果[J].江苏高教,2016(4): 64-66.

[19] 班巴斯基. 论教学过程最优化[M].吴文侃,等,译. 北京:教育科学出版社,2001.

[20] 邹敏.学生学习评价的理论发展与模型应用——基于投入与产出的视角[M].北京:科学出版社,2015.

[21] 武法提,张琪.学习行为投入:定义、分析框架与理论模型[J].中国电化教育,2018(1):35-41.

[22] 毕富生.科学研究与思维方法[M].北京:当代中国出版社,1997.

[23] 高鹏.论教育学知识的科学化[D].长春:东北师范大学,2014.

[24] PESCH O. Usage statistics[J].Serials Librarian, 2004(2):143-154.

[25] 张建桥.课堂真的能翻转吗[J]? 比较教育研究,2017(10):26-32.

[26] 赫伯特·西蒙.西蒙选集[M]. 黄涛, 译. 北京:首都经济贸易大学出版社,2002.

[27] 刘献君.个性化教育的十个观念[J].高等教育研究,2018(9):1-7.

[28] HAMMER M, CHAMPY J A. Reengineering The Corporation: A Manifesto for Business Revolution[M]. New York: Harper Collins Publishers, 2004.

[29] 金慧,邵钰,等.智能化教育生态系统的构建与创新[J].远程教育杂志,2018(5):3-14.

基于大学生创业影响因素比较研究的创业教育启示*

熊国钺　高　畅　王诗韵

（同济大学经济与管理学院）

摘　要：近年来，随着“大众创业，万众创新”理念的逐步深入，越来越多的大学生选择通过自主创业来实现就业和体现人生价值，但就目前而言，大学生创业的成功率却不甚理想。本文将研究对象分为大学生组和成熟创业者组，通过对比研究两组创业者创业的影响因素和关键要素，发现大学生创业的优势和短板，从而对大学生创业教育提出启示。

关键词：大学生创业；影响因素；创业教育

Abstract: In recent years, with the wide spread of "mass entrepreneurship and innovation" strategy, more and more college students want to startup new companies to realize their life value. While the success rate of College Students' entrepreneurship is unsatisfactory. This paper divides the research object into two groups: college students group and mature entrepreneurs group. By comparing the two groups of entrepreneurs' factors and key elements of entrepreneurship, it finds out the advantages and shortcomings of college students' entrepreneurship, so as to provide enlightenment for college students' entrepreneurship education.

Keywords: college students' entrepreneurship; influence factor; entrepreneurship education

一、引言

随着我国进入转型升级新阶段，经济发展动力从要素驱动、投资驱动转向创新驱动，创新创业成为当下中国经济可持续发展的新常态。为实现中华民族伟大复兴的中国梦，“大众创业，万众创新”作为经济发展的主旋律，在实现中华民族伟大复兴的历史进程中引领更多有识之士实现自己的创业梦想，其中大学生更是创新创业发展的中流砥柱。在政

* 本文系教育部人文社会科学研究项目（16YJC630145）研究成果。

府政策扶持和学校孵化基地的引领下，大学生创业迎来前所未有的优越环境。虽然大学生创业项目如雨后春笋蓬勃发展，但普遍面临着资金缺乏、管理能力不足和社会经验匮乏三大短板，导致创业成功率较低。因此，研究大学生创业影响因素对提高大学生创业成功率具有重要意义。我们研究的目的在于为想要创业的大学生找到与成熟的创业者之间的经验差距和认知差异，从而在创业教育中能够有的放矢。

一、创业影响因素研究现状

目前对于创业影响因素的研究基本分为两个方面：创业者个人品质等内部因素和创业环境等外界因素。常建坤、李时椿[1]认为创业者应共同具备的基本素质为创造性思维素质、经济与管理素质、法律意识和素质、修养与心理素质。曾照英、王重鸣[2]将创业动机划分为事业成就型和生存需求型两种类型，两种类型存在一定的交织，即创业者可能是在多种创业动机驱使下选择创业。汤勇[3]提取了四个创业成功的因素：社会地位、管理能力、商业支持和创业家特质，进一步分类为内因和外因，并认为创业成功因素较为复杂。

杨玥[4]对大学生选择创业的原因进行了总结：①发挥个人特长，实现自我价值；②创业也是一种职业选择；③创业收入、回报高；④工作自主性强。大学生对于创业有一定的热情，但相关的创业教育比较落后，不注重实践。于涛、陈晓明[5]研究认为影响大学生创业意向的因素主要分为性别因素（如冒险精神、抗压能力等）、性格因素、专业因素等个体特征因素，家庭背景因素和相关经历因素。其中，选修创业相关课程和参与创业相关活动影响不一，参与创业相关活动对创业意向的影响更为显著。张红梅[6]将影响大学生创业的因素分为三类：个人因素、学校教育因素以及社会环境因素，特别提到了学校对于大学生创业的支持作用。

基于对已有文献的梳理和总结，我们初步将创业要素分为两大类——外部因素和内部因素。外部因素主要包括政府政策、创业教育及培训、融资渠道、商业环境及文化因素；内部因素主要包括创业观念及创业认知的成熟度、个人能力和创业素质的具备程度、社会经验及人脉支持、创业者个人品质等。同时，根据成熟的创业者（成功创业 3～8 年以上）和大学生创业者的身份区分，分别进行针对性访谈，对初步确定的创业影响要素进行完善，以此作为创业影响因素的变量，同时结合大学生创业面临的机遇和困境，设计针对成熟创业者和大学生的调查问卷。问卷主体以李克特量表的形式呈现，并保证两组的问题设计呈现一一对应的效果，便于数据回收后的比较分析。通过对比分析，将得到大学生在创业方面的关键问题，针对关键问题，提出以高校的创业教育为主要形式的解决方案。

二、研究过程与数据收集

我们的研究过程主要分为三个阶段：第一阶段是创业影响要素分析，第二阶段是问卷采集，第三阶段为根据问卷进行数据分析。

第一阶段，我们通过大量的文献调查和分析，在研究初期提取出可能对创业成败造成影响的因素。之后，我们选取了两组创业者，一组是毕业不久的大学生创业者（大学毕业即开始创业，没有工作经验、创业企业成功存活 3 年左右），另一组是在社会上相对成熟的创业者（有工作经验之后才开始创业，创业企业成功存活 3～5 年之上）。我们根据提取出的这些因素制订了访谈计划，每组具体询问了 7～8 个问题，通过对这两组创业者的采访，整理出了不同阶段对大学生创业影响的几个因素进行整理和对比，设计了针对有创业想法的大学生和创业成功人士的两组对照问卷，用于第二阶段的大规模投放。

第二阶段主要是核实问卷和数据收集。对问卷进行核实后，通过问卷预测试确定投放问卷的途径和具体操作形式。由于此项目着重于对比两个阶段的创业者群体的创业影响要素的差异性，我们针对两组创业者分别制作了不同的问卷，并针对不同的年龄层次进行大规模投放。采集数据时间为两个月，收集完毕后，将问卷结果导出，用于下一阶段的分析。

第三阶段是最后的分析与总结阶段。采用 SPSS 软件进行题目贡献度和区分度检验，信度、效度分析等，在此基础上进行数据分析，得出结论再反馈到最初阶段的因素，对其进行改进和修正。

在整个问卷调查过程中，我们共收到了 159 份面向大学生的有效问卷，其中，超过半数的学生毕业计划为考研，计划毕业就创业的学生只有 15.25%。同时，有创业想法的学生占 79.7%。而打算创业的学生主要有实现理想、挣钱、实现个人价值和增加社会经验四种动机。同时，打算选择食品业、电子信息业等进行创业的学生最多。学生们提到最多的创业最需要的品质是坚持，其次是有远见和责任心。

收集到成熟创业者的有效问卷共 151 份，受调查的成熟创业者年龄在 26～55 岁之间。他们的公司中，有 64.71%为有限责任公司，7.84%为股份责任公司，3.92%为合伙公司，还有 23.53%为其他性质的公司。在创业初期，他们选择了个人出资、贷款、合股、多人集资、向亲友借款等融资方式。他们中有 15.69%从事建筑与房地产行业，有 9.8%从事生物与医药业，还有 45.1%从事其他行业。这些公司中运营时间在 3～10 年的企业占比 64.71%，在 10 年以上的占比 31.37%。这些成熟的创业者当初创业的动机主要有政策支持、工作经验积累、实现理想和充分施展个人才能和价值。被提到次数最多的创业者应该具有的品质是坚持、有远见和责任心。

三、数据分析与处理

1. 创业影响因素的重要性判断量表

对创业影响因素的重要性判断量表，采用 12 个题项，结果发现最重要的因素是坚持、努力等个人品质，其次是优秀的个人能力和远见性，再者是成熟的创业观念以及创业认知。另外，这些因素标准差都比较大，反映了调研对象对这些问题的认识存在较大差异，如表 1 所列。

对学生组样本和成功创业者样本组进行独立样本检验，结果如表 2 所列。可以看出，在 5%的显著性水平下，大学生和成功创业者只对政府的优惠政策这一点出现意见分歧。创业影响因素的重要性判断量表的 Alpha 系数为 0.887，信度非常好。

表 1　　　　**创业影响因素的重要性描述统计**

	所处行业的行业壁垒较低	政府的优惠政策	接受专业的创业培训	广阔便利的融资渠道	社会舆论的积极导向	家庭、朋友等支持	积极的创业氛围	成熟的创业观念以及创业认知	优秀的个人能力和远见性	坚持、努力等个人品质	充足的工作经验和社会经验	人脉支持(创业团队及潜在支持性人脉)
平均值	5.01	4.79	5.11	5.26	4.81	5.26	5.51	5.69	5.84	6.03	5.51	5.60
中位数	5.00	5.00	5.00	6.00	5.00	5.00	6.00	6.00	6.00	7.00	5.50	6.00
标准偏差	1.335	1.632	1.749	1.674	1.506	1.648	1.412	1.378	1.369	1.329	1.391	1.387
方差	1.782	2.664	3.059	2.802	2.269	2.716	1.993	1.900	1.873	1.767	1.935	1.925

表 2　　　　**独立样本检验(创业影响因素)**

		F	显著性	*t*	自由度	*Sig.*(双尾)	平均值差值	标准误差差值	差值 95% 置信区间	
									下限	上限
所处行业的行业壁垒较低	假定等方差	1.836	0.180	1.268	96	0.209	0.453	0.357	−0.260	1.166
	不假定等方差			1.119	26.152	0.273	0.453	0.405	−0.379	1.285
政府的优惠政策	假定等方差	0.050	0.824	−2.033	96	0.046	−0.872	0.429	−1.728	−0.016
	不假定等方差			−2.022	31.972	0.052	−0.872	0.431	−1.751	0.006
接受专业的创业培训	假定等方差	3.010	0.087	0.793	96	0.431	0.374	0.471	−0.567	1.314
	不假定等方差			0.705	26.454	0.487	0.374	0.530	−0.715	1.462
广阔便利的融资渠道	假定等方差	0.148	0.702	−1.309	96	0.195	−0.586	0.448	−1.479	0.307
	不假定等方差			−1.308	32.227	0.200	−0.586	0.448	−1.499	0.326
社会舆论的积极导向	假定等方差	2.719	0.104	−0.094	96	0.926	−0.038	0.408	−0.852	0.776
	不假定等方差			−0.082	26.052	0.935	−0.038	0.463	−0.990	0.914
家庭、朋友等支持	假定等方差	9.698	0.003	1.292	96	0.201	0.570	0.441	−0.310	1.449
	不假定等方差			1.056	23.589	0.301	0.570	0.539	−0.544	1.684
积极的创业氛围	假定等方差	3.796	0.056	0.907	96	0.367	0.345	0.380	−0.413	1.103
	不假定等方差			0.753	24.047	0.459	0.345	0.458	−0.600	1.289
成熟的创业观念以及创业认知	假定等方差	0.832	0.365	−1.167	96	0.247	−0.431	0.369	−1.169	0.306
	不假定等方差			−1.108	29.339	0.277	−0.431	0.389	−1.227	0.365

(续表)

		F	显著性	t	自由度	Sig.(双尾)	平均值差值	标准误差差值	差值 95%置信区间	
									下限	上限
优秀的个人能力和远见性	假定等方差	1.972	0.165	−1.381	96	0.172	−0.505	0.365	−1.234	0.225
	不假定等方差			−1.357	31.247	0.185	−0.505	0.372	−1.263	0.254
坚持、努力等个人品质	假定等方差	0.238	0.627	−1.105	96	0.273	−0.394	0.357	−1.106	0.318
	不假定等方差			−1.041	28.976	0.307	−0.394	0.379	−1.169	0.380
充足的工作经验和社会经验	假定等方差	0.343	0.560	0.533	96	0.596	0.200	0.376	−0.550	0.950
	不假定等方差			0.486	27.504	0.631	0.200	0.412	−0.644	1.045
人脉支持(创业团队及潜在支持性人脉)	假定等方差	0.098	0.756	−0.501	96	0.618	−0.188	0.375	−0.936	0.560
	不假定等方差			−0.473	29.136	0.639	−0.188	0.397	−0.999	0.623

2. 风险因素的重要性判断量表

风险因素对创业的可能影响程度判断量表,采用 8 个题项,结果发现影响最大的因素是领导者对公司发展方向失控,其次是团队价值观不同,再者是支持性人脉突然损失或者缺失。此外,这些因素标准差都比较大,反映了调研对象对这些问题的认识存在较大差异,如表 3 所列。

表 3　风险因素对创业的可能影响程度描述性统计

	所处行业的急剧变化	政策导向变化	资金(现金流)出现问题	服务流程或工序出现问题导致不能及时交付	支持性人脉突然损失或者缺失	领导者对公司发展方向失控	团队价值观不同	对公司运作不熟悉
平均值	5.114 3	5.042 9	5.114 3	4.871 4	5.142 9	5.357 1	5.342 9	5.114 3
中位数	5.000 0	5.000 0	5.000 0	5.000 0	5.000 0	6.000 0	6.000 0	5.000 0
标准偏差	1.537 39	1.345 26	1.732 41	1.540 95	1.427 33	1.551 40	1.433 41	1.556 13
方差	2.364	1.810	3.001	2.375	2.037	2.407	2.055	2.422

对学生组样本和成功创业者样本组进行独立样本检验,结果如表 4 所列。可以看出,在 5%的显著性水平下,大学生和成功创业者只在对资金(现金流)出现问题这一项的重要程度上意见出现分歧。风险因素对创业的可能影响程度判断量表的 Alpha 系数为 0.882,该量表的信度非常好。

表 4　　独立样本检验(风险因素)

		F	显著性	t	自由度	$Sig.$ (双尾)	平均值差值	标准误差差值	差值 95%置信区间	
									下限	上限
所处行业的急剧变化	假定等方差	1.305	0.257	0.318	96	0.752	0.132 09	0.415 93	−0.697 88	0.962 07
	不假定等方差			0.300	29.183	0.766	0.132 09	0.439 75	−0.767 06	1.031 25
政策导向变化	假定等方差	3.126	0.082	1.656	96	0.102	0.591 33	0.357 09	−0.121 23	1.303 90
	不假定等方差			1.454	25.955	0.158	0.591 33	0.406 69	−0.244 71	1.427 37
资金(现金流)出现问题	假定等方差	0.708	0.403	2.552	96	0.013	1.143 45	0.448 07	0.249 33	2.037 56
	不假定等方差			2.638	34.503	0.012	1.143 45	0.433 49	0.262 97	2.023 93
服务流程或工序出现问题导致不能及时交付	假定等方差	1.783	0.186	0.077	96	0.939	0.031 99	0.417 18	−0.800 49	0.864 47
	不假定等方差			0.069	26.855	0.946	0.031 99	0.464 35	−0.921 02	0.985 00
支持性人脉突然损失或者缺失	假定等方差	0.846	0.361	0.616	96	0.540	0.237 36	0.385 37	−0.531 63	1.006 34
	不假定等方差			0.557	27.117	0.582	0.237 36	0.426 24	−0.637 03	1.111 75
领导者对公司发展方向失控	假定等方差	0.456	0.502	0.209	96	0.835	0.087 72	0.419 90	−0.750 17	0.925 61
	不假定等方差			0.211	32.895	0.834	0.087 72	0.415 96	−0.758 65	0.934 09
团队价值观不同	假定等方差	0.061	0.806	0.463	96	0.645	0.179 57	0.387 47	−0.593 63	0.952 76
	不假定等方差			0.437	29.056	0.665	0.179 57	0.410 72	−0.660 37	1.019 50
对公司运作不熟悉	假定等方差	0.101	0.752	1.722	96	0.090	0.710 01	0.412 42	−0.112 96	1.532 98
	不假定等方差			1.672	30.579	0.105	0.710 01	0.424 64	−0.156 53	1.576 55

四、研究结论及对创业教育的启示

1. 比较研究的结论

由上述统计结果我们发现，有创业想法的大学生和成熟的创业者对于成为一名成功的创业者应当具有的品质有一致的认知，即坚持，有远见和责任心。

在对于创业影响因素的重要性判断上，大学生和成熟创业者出现了较大的意见分歧，但是组别之间的平均认知除了对于政府的优惠政策的重要性有所不同之外，其余的差别不大。说明大学生创业者们对于政府支持的重要性认知可能还稍有欠缺。同时，我们也发现创业影响最重要的因素是坚持、努力等个人品质，其次是优秀的个人能力和远见性，再者是成熟的创业观念以及创业认知。

而在对创业成功影响的风险问题上，我们可以发现两组人员对于可能影响最大的因素的认知是领导者对公司发展方向失控，其次是团队价值观不同，再者是支持性人脉突然损失或者缺失。两组之中都出现了较大的意见分歧，但是在组别之间，大学生与成熟的创业者只对资金流的重要性上产生了分歧，反映出学生在未经过系统的创业实践之前，会对现金流的重要性产生一定的认知偏差。

2. 对创业教育的启示

由上述结论可以看出，大学生创业者对于创业影响因素的认知和真实创业情境确实存在差异。有创业意愿的大学生，可能会对创业过程比较了解，也会有一些素质和心理上的准备，但是对于创业成功关键因素的理解或许会有偏差。更为关键的是，脱离实际的创业教育总归只是纸上谈兵，所以在创业教育中，不仅要帮助学生提升创业理念，还要通过开设创业模拟、创业实践等实战性课程让学生预先体验创业的过程和艰辛，并且鼓励创业学生在学习期间就设计创业项目，并配备专业的创业导师予以辅导，在实际的项目中不断摸索学习，也为真正创业的时候做好更为充足的准备。

参考文献

[1] 常建坤，李时椿.中外成功创业者素质研究[J].山西财经大学学报(高等教育版)，2004(4)：66-69.

[2] 曾照英，王重鸣.关于我国创业者创业动机的调查分析[J].科技管理研究，2009，29(9)：285-287.

[3] 汤勇.关于影响创业家形成创业动机与实现创业成功的若干因素研究[J].西华大学学报(哲学社会科学版)，2012，31(2)：91-96.

[4] 杨玥.浅析我国大学生创业教育的问题及影响因素[J].各界，2017(4)：67-68.

[5] 于涛，陈晓明.大学毕业生创业意向影响因素实证研究[J].扬州大学学报(高教研究版)，2017，21(6)：58-62.

[6] 张红梅.基于时代背景下影响大学生创业意向的因素分析[J].经济研究导刊，2017(36)：132-134.

管理科学与工程学科本科专业设置的思考

张艳霞　段永瑞

（同济大学经济与管理学院）

摘　要：本文讨论了管理科学与工程学科的本科专业设置问题。从管理科学与工程的学科内涵入手分析了本科专业设置与学科发展之间的关系，研究了国内外一流管理科学与工程学科院校的本科专业设置情况，分析得出了本科专业设置的三种思路。
关键词：管理科学与工程；本科；专业

Abstract: This paper researches how to set up undergraduate specialities of the discipline of management science and engineering. The connotation of the discipline is discussed firstly. Then the relationship between undergraduate education and the development of the discipline is analyzed. Based on the research of the situation in top-ranking university, three ideas of naming undergraduate specialities are proposed.
Keywords: Management Science and Engineering; undergraduate; speciality

一、管理科学与工程的学科内涵

（一）管理科学与工程学科的定义

随着生产社会化的发展，管理科学与工程作为一种相对独立的社会职能，已经成为现代世界任何一个国家及任何一个组织发展、进步所不可缺少的科学支柱。管理科学与工程学科是我国发展最早的管理学科之一，教育部在 1998 年发布的《普通高等院校专业目录》中，第一次将管理科学与工程作为管理学科门类的一个一级学科设置[1]，这标志着该学科在我国的正式建立。发展至今，该学科已形成了较为完善和系统的学科体系以及科学理论基础。

梅世强，齐二石等[2]系统梳理了管理科学与工程学科形成与发展的脉络和体系，将管理科学与工程学科的概念定义为：管理科学与工程是为了实现管理目标，应用工程技术科学、数学、系统科学及社会科学知识，对人员、物资、设备、技术、能源和信息等组成的各种系统进行设计、评价、决策、改进、实施和控制的一门学科。汪应洛[3]提出，管理科学与工程是综合运用系统科学、管理科学、数学、经济学和行为科学及工程方法，结合信息技术研究解决社会、经济、工程等方面的管理问题的一门学科，主要从事管理理论的应用研究，其发展趋势是以管理科学为基础，以多学科知识为支撑，利用现代化手段和技术，解决管理中的科学决策及风险研究、管理实践中的理论和方法研究、管理的绩效研究、管理的战略研究等。

（二）管理科学与工程学科的内涵

管理科学与工程学科的研究对象是人类社会组织管理活动客观规律及其应用，是一门跨自然科学、工程科学和社会科学的综合性交叉学科。作为管理学中的重要组成，其所涉及的研究领域主要有管理运筹与优化、信息技术与管理、对策理论及技术、知识管理、供应链管理、决策理论与技术、工业工程、金融工程、管理系统工程、管理复杂性、预测理论与技术、管理科学思想与管理理论、风险管理、评估理论与方法、数量经济理论与方法、服务管理技术、应急管理理论与方法、技术创新管理、电子商务技术等。在研究方法上，管理科学与工程学科主要运用数学建模、数理统计分析、实验、计算仿真、实际调研等方法，研究人类社会管理活动和各种现象的规律，给出管理问题的量化分析结果。如今，管理科学与工程学科成为我国高等教育管理学门类中规模最大的一级学科。

从管理科学与工程学科的产生、发展以及所形成的学科知识体系来看，“管理科学与工程”学科具有以下三项本质特点：①突出管理学科的研究方法、理论和研究工具；②突出技术应用特征，与最新管理领域密切关联，促使其他相关学科领域在新的技术平台上进行变革，并应用于相应的管理领域；③具有较强的应用领域。[3-4]随着科技的不断发展进步和社会经济的不断发展，社会、企业面临的管理问题及外部环境与研究背景在不断变化与发展。管理科学与工程本身研究方法与技术在发展，其他领域尤其是工程科学领域的技术与方法的发展也在不断发展，作为综合性交叉学科的管理科学与工程学科领域具有很大的可拓展性，其研究问题、研究方法与技术随着时代的发展而不断演化、进化，与时俱进是管理科学与工程学科建设与发展的必然要求。

（三）管理科学与工程学科的研究热点演化

科技的发展和进步推动着生活和工作方式改变，日新月异的企业管理实践丰富了管理学科的研究内容。随着理论研究和社会经济发展的需要，新旧领域的交替不断出现，国内外研究的热点问题及出现时间、热点形成的原因也在不断变化。学界也一直在关注着管理科学与工程学科研究热点的更迭。

佘丛国和席酉民[5]回顾了 20 世纪最后 10 年国内外管理科学与工程研究的现状和特征。研究发现，国外管理科学与工程研究的文献较为集中在决策与对策理论、组织理论、运筹与管理；同期国内管理科学与工程研究的主要内容是信息技术与管理和管理系统工程，其次是预测技术、评估技术、运筹与管理。在这段时间国内出现大量信息技术与管理相关研究的原因在于信息技术的深远影响和国家的信息化战略已得到管理科学与工程研究界的重视，并且在企业信息化、决策支持系统和政府信息化等方面已能与实践很好地结合，产生重大的经济效益。张玲玲等为制定管理科学“十一”五发展战略规划研究了管理科学与工程的热点研究领域[6]，所得出的结论与文献[5]有相似之处。周润泽[7]采用关键词分析方法研究管理科学与工程领域的研究热点，以 2008—2017 年国内六种期刊发表的 8 758 篇文章作为数据来源，找出的排前五位的高频关键词是“供应链”“博弈”“影响因素”“企业绩效”和“协调”。研究发现“供应链”以及“博弈”相关研究一直是管理科学的研究热门。

从以上研究可以看出，管理科学与工程学科的研究热点问题大多来自管理实践的需要，以问题为导向，注重技术和可操作性。这点也可以从国内管理学期刊的栏目变化中体现出来。例如《管理世界》杂志在 2019 年开辟“管理科学与工程”栏目，重点关注国之重器(如两弹一星、航母、神舟飞船、C919 大飞机、北斗卫星导航系统、“蛟龙号”载人深潜器)与重大工程(如三峡工程、高铁、港珠澳大桥、青藏铁路、华龙一号)、重大科学装置(如正负电子对撞机、FAST 天眼、散裂中子源、“墨子号”量子科学实验卫星、大洋一号)中的管理学问题。

二、本科专业设置与学科之间的关系

(一) 本科教育的重要性

人才培养是高校发展的第一要务。2016 年，习近平总书记在全国高校思想政治工作会议中强调：“办好我国高校，办出世界一流大学，必须牢牢抓住全面提高人才培养能力这个核心点。”党的十九大报告指出：“要全面贯彻党的教育方针，落实立德树人根本任务，加快一流大学和一流学科建设，实现高等教育内涵式发展。”一流大学与一流学科建设离不开本科教育的质量提升，本科教育是高校的立校之本、兴校强校之基，关系着新时代人才培养体系建设目标，影响着学科的发展走向。

本科阶段是学生世界观、人生观、价值观形成的关键阶段，本科生也高素质专门人才培养的最大群体。2018 年 9 月教育部发布《教育部关于加快建设高水平本科教育全面提高人才培养能力的意见》，指出办好我国高校、办出世界一流大学，人才培养是本，本科教育是根。建设高等教育强国必须坚持“以本为本”，加快建设高水平本科教育，培养大批有理想、有本领、有担当的高素质专门人才，为全面建成小康社会、基本实现社会主义现代化、建成社会主义现代化强国提供强大的人才支撑和智力支持。在此基础上，教育部办公厅发布《关于实施一流本科专业建设“双万计划”》的通知，强调在 2019—2021 年期间，建设 10 000 个左右国家级一流本科专业点和 1 000 个左右省级一流本科专业点。

(二) 专业建设与学科发展之间的关系

学科与专业是共生交互的生命体，两者相互促进，专业建设为学科发展提供育人指向与人才发展需求，学科则是专业的灵魂。学科建设注重科学研究，成果显著性强，建设成效也较容易体现，评价一所高校的科研水平时往往以学科建设为依据。专业建设的着重点在于人才培养，而人才培养质量的体现在时间上具有明显的滞后性，从一名本科生进入大学到走向工作岗位需要至少四年时间，再到培养质量反馈回学校则需要更长时间。评价一所高等院校人才培育水准与质量往往以专业领域建设水平为标杆。随着本科教育重要性的发掘，越来越多的高校开始专业建设和学科发展两手并重。

三、国内外一流高校管理科学与工程学科本科设置与分析

（一）管理科学与工程学科专业目录

教育部1998年发布《普通高等学校本科专业目录》。随着科技的发展和社会经济的不断变化，1998年版本科专业目录已不能很好地适应经济社会发展和社会需求的变化，不能很好地满足高校多类型、人才培养多规格的需要。因此，教育部于2010年启动了高等学校本科专业目录的修订工作，并于2012颁布新版《普通高等学校本科专业目录》。其中，管理学门类下设专业类9个，46种专业。归于管理科学与工程类的专业如表1所列。

表1　　2012版本科专业目录管理科学与工程类专业

1201	管理科学与工程类
120101	管理科学（注：可授管理学或理学学士学位）
120102	信息管理与信息系统（注：可授管理学或工学学士学位）
120103	工程管理（注：可授管理学或工学学士学位）
120104	房地产开发与管理
120105	工程造价（注：可授管理学或工学学士学位）

本文选取教育部第四次学科评估中“管理科学与工程”学科获评A档（包括A+、A、A−）的17所高校作为本科专业设置的研究对象，发现除表1所列的五个专业外，以下专业也会被设置在管理科学与工程类招生，见表2。

表2　　以管理科学与工程学科招生的专业

1206	物流管理与工程类
120601	物流管理
120602	物流工程（注：可授管理学或工学学士学位）
1207	工业工程类
120701	工业工程（注：可授管理学或工学学士学位）
1208	电子商务类
120801	电子商务（注：可授管理学或经济学或工学学士学位）

（二）国内A档管科高校的本科专业设置

本文对2017年教育部第四轮学科评估中获评A档的18所高校进行调查研究，收集了这些高校在官网发布的相关专业设置和招生专业信息。由于国防科技大学没有在官网上放置本科专业设置相关信息，所以表3中没有列出。“管理科学与工程”学科的专业既可以授管理学学位也可以授工学学位，除注明工学学士的专业，表3中其他专业均授管理学学位。华南理工大学在管理科学与工程学科下设置“工业工程2+2直硕”项目，面向全校理工科二年级学生招生，这些学生第三年起进入工商管理学院按照学硕连读方案培养，

对于本科专业设置不具有一般性参考价值，因此在后续的图表中不包含该高校。部分高校会在专业名称中使用括号备注专业方向，比如天津大学的物流工程专业(供应链与运营管理)；东南大学所有本科专业均备注多个专业方向，如信息管理与信息系统专业(专业方向①物流与供应链管理②交通管理③信息系统④金融工程)。但是查询东南大学的本科专业培养方案，发现对专业内的专业方向学习并没有明确的课程或学习要求。

表 3　　　　国内高校 A 类管科高校的本科专业设置

学校	管理科学与工程学科 本科专业设置	学校	管理科学与工程学科 本科专业设置
清华大学	信息管理与信息系统	大连理工大学	信息管理与信息系统
同济大学	工程管理 信息管理与信息系统 物流管理	东南大学	信息管理与信息系统 专业电子商务专业 物流管理专业
北京航空航天大学	工程管理 信息管理与信息系统 工业工程	南京航空航天大学	工业工程 信息管理与信息系统 电子商务
天津大学	工程管理 信息管理与信息系统 电子商务 工业工程 物流工程(供应链与运营管理)	中国科学技术大学	管理科学 信息管理与信息系统
哈尔滨工业大学	信息管理与信息系统 工程管理	中南大学	信息管理与信息系统 电子商务
上海交通大学	信息管理与信息系统	华南理工大学	工业工程(2+2 直硕)
浙江大学	信息管理与信息系统	四川大学	工程管理(工学学士) 管理科学(工学学士)
合肥工业大学	信息管理与信息系统 物流管理 电子商务	西安交通大学	工业工程 大数据管理与应用
北京理工大学	信息管理与信息系统		

从表 3 所列高校(除华南理工大学外)的本科专业设置可以看出，信息管理与信息系统专业是大部分高校在设置管理科学与工程学科本科专业时的首选甚至唯一专业，只设置这一个本科专业的学校有 5 所，分别是清华大学、上海交通大学、浙江大学、北京理工大学和大连理工大学。从管理科学与工程学科下设置本科专业的数量来看，各高校数量差异较大，有 5 所高校仅设置一个本科专业，5 所学校设置 2 个本科专业，5 所学校设置 3 个本科专业，天津大学则设置了 5 个本科专业。如图 1 所示。

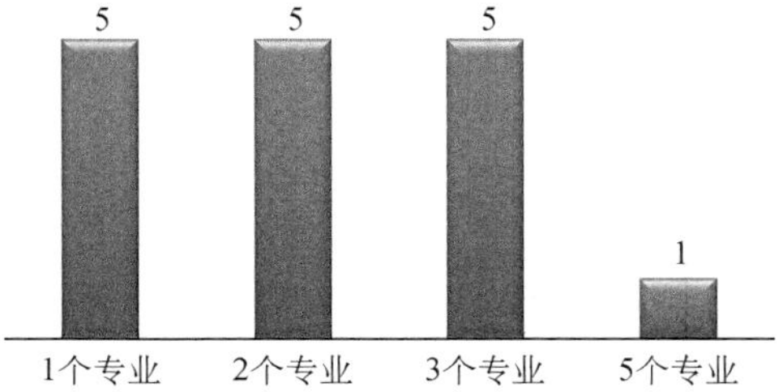

图 1　管理科学与工程学科本科专业设置数量

在这16所高校中,各高校所设置本科专业名称及开设学校数量如图2所示。除西安交通大学和四川大学外的其他14所高校均开设了信息管理与信息系统本科专业。天津大学将物流工程专业放在管理科学与工程学科。四川大学开设了大数据管理与应用专业。

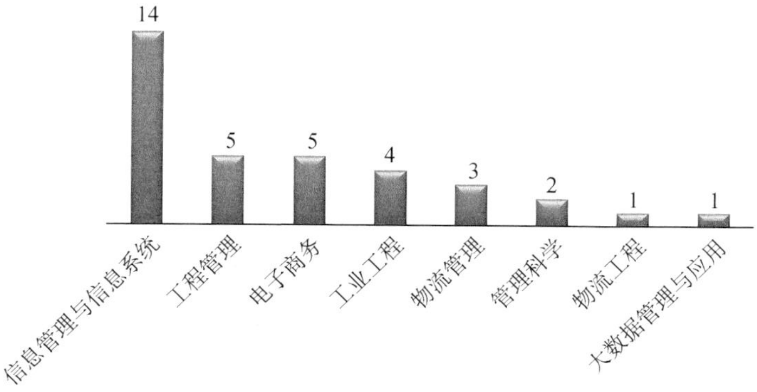

图2 管理科学与工程学科本科专业名称及开设高校数量

(三)国际优秀商学院管理科学与工程本科专业设置

管理科学与工程学科起源于西方工业发达国家,但是对于"管理科学与工程"是否是一个独立的学科,仍未有一致的看法。一般认为,管理科学与工程专业包括工业工程、信息管理与信息系统、运筹与管理、战略管理、工程管理等众多方向。本文在研究国际优秀商学院的本科专业设置时没有针对管理科学与工程学科细分,而是通盘分析,重点讨论与我国管理科学与工程学科内涵有重叠的专业。本文调查研究了UTD 2014—2018年全球商学院排名前10位商学院的本科专业设置,这些全球优秀商学院的专业设置代表了国外本科专业设置的主流构成和趋势。

表4 国际优秀商学院管理科学与工程学科专业设置

学校	专业设置
宾夕法尼亚大学(沃顿商学院) University of Pennsylvania (The Wharton School)	颁发理学学士学位(BS in Economics) 共设有20个专业(concentrations),管科相关专业有电子商务(Managing Electronic Commerce)、营销与运营管理(Marketing & Operations Management)、运筹、信息与决策(Operations, Information & Decisions)、房地产(Real Estate)、统计(Statics)
纽约大学(史登商学院) New York University (NYU) (Leonard N Stern School of Business)	颁发理学学士学位(BS in Business program or the BS in Business and Political Economy program) 共设有9个专业(concentrations),管科相关专业有信息系统(Information Systems)、运营(Operations)和统计科学(Statistics and Actuarial Science)
哈佛大学(哈佛商学院) Harvard University (Harvard Business School)	只有MBA和博士项目,均开设有技术和运营管理学术单元(Technology & Operations Management),研究领域包括运筹学、运营管理、经济、工程和组织行为

（续表）

学校	专业设置
得克萨斯大学达拉斯分校（纳文金达尔管理学院） University of Texas at Dallas (Naveen Jindal School of Management)	颁发理学学士学位 设有 9 个专业，管科相关专业有信息技术和系统(Information Technology and Systems)、供应链管理(Supply Chain Management)
欧洲工商管理学院（商学院） INSEAD (School of Business)	无本科项目 博士项目有 8 个研究领域，与管理相关领域有决策科学(Decision Sciences)、技术和运营管理(Technology & Operations Management)
哥伦比亚大学（哥伦比亚商学院） Columbia University (Columbia Business School)	设有供本科学生选修的商业管理(Business Management)课程包，学生参加该项目可以选修课程。 在博士项目中有 5 个研究方向，与管科相关方向为决策，风险和运筹(Decision, Risk and Operations)
南加利福尼亚大学（马歇尔商学院） University of Southern California (Marshall School of Business)	仅开设 MBA 项目
芝加哥大学（布斯商学院） University of Chicago (Booth School of Business)	颁发理学学士学位 开设三个本科专业商管理(Business Management)，会计(Account)和 World Bachelor in Business(三校合办项目)
密歇根大学安娜堡分校（罗斯商学院） University of Michigan at Ann Arbor (Ross School of Business)	本科设工商管理学士项目
麻省理工学院（斯隆商学院） Massachusetts Institute of Technology (Sloan School of Management)	三个本科专业，分别为管理科学(Bachelor of Science in Management)、商务分析科学(Bachelor of Science in Business Analytics)和财务科学(Bachelor of Science in Finance)

从本文选取的 10 个国际商学院的本科专业设置情况来看，有 3 所商学院没有本科项目。就设置本科项目的商学院来看，在基础教育基础上通过让学生选修相关课程包来实现学生的专业聚焦，这是一个值得借鉴的经验。

四、管理科学与工程本科专业设置思考

（一）教育部关于本科专业设置的相关规定

教育部在《普通高等学校本科专业设置管理规定》中要求高校设置和调整专业，应主动适应国家和区域经济社会发展需要，适应知识创新、科技进步以及学科发展需要，更好地满足人民群众接受高质量高等教育需求；应遵循高等教育规律和人才成长规律，符合学校办学定位和办学条件，优化学科专业结构，促进学校办出特色，提高人才培养质量。对于专业目录列出的专业进行备案管理，不在目录中的专业需要教育部进行审批，批准设置的新专业列为特设专业。随着经济社会的发展，部分专业可能不再适应国家和社会的需

要，当专业调整时被调整的专业按撤销专业处理。撤销专业需由高校主管部门报教育部备案。

（二）管理科学与工程类本科专业设置思考

管理科学与工程是理论研究与应用的结合，是管理学体系的基础学科，与此同时也强调其研究成果与方法的应用性。在本科专业设置上应同时考虑应用性和学生研究能力的培养，还应该将其与学科建设相融合。通过研究国际国内高校的专业设置情况可以看出，在本科专业设置上有几种思路可以参考：①按照专业应用领域设置本科专业；②紧跟研究热点和社会需求设置本科专业；③宽口径本科专业。这几种专业设置思路各有其优劣势，具体分析见表 5。

表 5　　专业设置思路与分析

专业设置思路	优势	劣势
以专业应用领域设置	• 就业对口明显 • 学生和社会单位更易理解专业内容	• 可能会过分细分，不利于宽口径人才培养
跟随研究热点和社会需求	• 中、短期有招生优势	• 热点可能会随着经济社会发展而变化 • 学科发展可能与专业建设不匹配
宽口径本科专业	• 人才培养质量扎实 • 易与学科建设融合	• 学生和用人单位可能对专业内涵理解不深

宽口径的本科专业培养并不是不注重不断变化的研究热点和现实的人才需求特征，可以借鉴国内高校的做法，在专业名称后以括号备注专业方向，使得学生和用人单位更易理解，在学生培养上可以借鉴国外高校作法，除宽口径基础培养之外，针对专业形成不同课程组合，学生可以通过不同课程组合的学习实现专业应用能力的培养。

参考文献

[1] 教育部高等教育司.普通高等学校本科专业目录和专业简介[M].北京：高等教育出版社，1998.
[2] 梅世强，齐二石，王雪青.管理科学与工程学科概念及其体系研究[J].工业工程，2006(2).
[3] 汪应洛.当代中国管理科学与工程的学科发展与创新[J].管理学报，2005，2(1)：1.
[4] 马庆国."管理科学与工程"的学科定位与人才培养[J].高等教育研究，2005(12)：69-78.
[5] 佘丛国，席酉民.国内外管理科学与工程研究热点的比较分析[J].科学学研究，2002，20(4)：406-410.
[6] 张玲玲.管理科学与工程热点研究领域的文献计量分析[J].管理学报，2005，2(4)：379-385.
[7] 周润泽.基于关键词的国内管理科学与工程领域研究热点透析[J].全国流通经济，2019(2)：14-16.

公共政策专业(MPP)设置情况调查及对我国的启示*

臧漫丹　孔嘉婧

（同济大学经济与管理学院）

摘　要：本文以2018年QS世界大学专业排名为依据，选取社会政策与管理（Social Policy & Administration）专业领域下开设公共政策专业（MPP）的排名靠前的22所高校的培养方案等信息进行整理、汇总与分析，同时，对国内开设公共政策相关硕士专业的十多所高校信息也进行了调查，从学位形式、培养模式与课程体系、就业方向三个方面对国内外开设公共政策专业（MPP）的情况进行了分析和介绍；最后，对我国开设MPP专业学位教育提出了对策建议。

关键词：公共政策硕士（MPP）；专业学位教育；情况调查

Abstract: According to the 2018 QS World University Rankings in Scocial Policy & Administration, this paper selects and summarizes relevant information of the top 22 universities that offer master's degree in Public Policy. At the same time, the information of more than ten universities in China is also investigated. The situation of MPP is introduced and analysed from three aspects: degree form, training mode and curriculum system, career path. Finally, suggestions are made for the MPP professional degree education in China.

Keywords: Master of Public Policy; professional degree education; condition survey

一、公共政策专业(MPP)发展历程及我国设置MPP专业学位的必要性

公共政策硕士（Master of Public Policy, MPP）是西方发达国家从20世纪70年代开始增设的一种硕士专业学位。20世纪初期，公共政策只是公共行政（管理）硕士（Master of Public Administration, MPA）教育中的一门核心课程，从20世纪70年代开始，公共政策

* 本文系同济大学2018研究生教育研究与改革项目的研究成果。

在公共行政和公共管理实践中的特殊性和重要性突显，有关公共政策的研究也开始有着专门化和独立化的倾向，从事公共政策研究的学者不仅建立起相对独立的公共政策科学，并逐渐开始单独开设 MPP 专业。[1]到了 20 世纪 90 年代末，MPP 教育已经在大多数国家和地区得到了认可，并被纳入正式的高等职业教育之列，与 MBA、MPA 并称教育领域三大专业硕士学位。有资料显示，全球几乎所有著名大学和相关研究机构，或者将 MPP 教育列为重点发展项目，或者正在引进 MPP 项目，或者将引进 MPP 教育列入议事日程，MPP 教育正在步入一个全球关注的时期。[2]

在我国开展 MPP 专业学位研究生教育具有重要的现实意义和必要性。当前，我国正处于发展的重要战略机遇期，又处于社会矛盾凸显期。由于经济发展模式转换、体制深层次改革和全方位对外开放正在加速转型，我国社会管理的风险和难度加大，新问题不断涌现，这些都需要一支高水平、专业化、具有应对能力和政策创新能力的公务员队伍。MPP 专业学位教育，恰恰可以快速提高公务员素质和政策实践能力，满足加强公务员队伍建设的需要。同时，在我国高校开设 MPP 专业学位教育，有利于我国研究生教育同国外大学相关领域的学术交流。

二、公共政策专业(MPP)设置情况调查

为了进一步了解 MPP 专业在国际上的开设情况，从而对我国开设 MPP 专业提出相应建议，本文以 2018 年 QS 世界大学专业排名为依据，选取社会政策与管理（Social Policy & Administration）专业领域下开设公共政策专业（MPP）的排名靠前的 22 所高校的培养方案等信息进行整理、汇总与分析，同时，本文也收集了国内开设公共政策相关硕士专业的高校信息，分别为北京大学、南开大学、复旦大学、中国人民大学、吉林大学、上海财经大学、厦门大学、福州大学、西南大学、云南大学、云南民族大学。其中，除了中国人民大学的专业名称为公共财政与公共政策、吉林大学的专业名称为公共治理与公共政策之外，其他学校的专业名称均为公共政策。由于国内的公共政策专业仍处于起步阶段，因此下文主要介绍国际上 MPP 专业的设置情况，同时对国内的开设情况进行简要介绍。

(一) 学位形式

MPP 教育最终通过学位授予的方式让合格的毕业生获得正式认可，但 MPP 学位的提供具有多种形式，目前主要有三种基本类型。[2]

第一种是一般的单纯的 MPP 学位，这也是最为常见的一种形式。

第二种可称为混合学位，主要是将公共政策与公共管理、行政管理、公共事务等专业相结合，如 MPPA（Master of Public Policy Administration/Affairs）和 MPPM（Master of Public Policy and Management）。如，伦敦政治经济学院（London School of Economics and Political Science）的专业名称为公共政策与行政管理（Msc Public Policy and Administration[3]）；墨尔本大学（The University of Melbourne）的专业名称为公共政策与管理（Master of Public Policy and Management）；香港城市大学（City University of Hong Kong）的专业名称为（Master of Arts in Public Policy and Management）。此外，由于并行

学位(Concurrent Degree Programs)具有混合学位的特征,考虑将其纳入混合学位类型。

第三种可以称为联合学位,即 MPP 项目与其他学院的专业相结合,联合授予在两个专业领域都已取得合格成绩的毕业生。双学位项目具有以上特征,考虑将其纳入联合学位类型,如 JD/MPP(法律博士与公共政策硕士)就是一种典型的联合学位,以此为期望多元发展的学生提供了更多选择机会。表 1 为部分高校开设的 MPP 培养项目简介。

表 1　部分高校开设的 MPP 培养项目简介

院校	学位项目
哈佛大学肯尼迪学院(Harvard Kennedy School)	联合学位(Joint Degrees)[4] 在哈佛大学肯尼迪学院攻读公共政策硕士的学生,可以同时在哈佛商学院攻读工商管理硕士(MBA),或者在哈佛法学院(Harvard Law School)攻读法律博士(JD),以获得联合学位 并行学位(Concurrent Degrees)[5] 在哈佛大学肯尼迪学院攻读公共政策硕士的学生,可以在哈佛大学的 19 个合作院校机构中,任选商业、法律、医学、设计等领域以获得并行学位
加州大学伯克利分校(University of California, Berkeley)	并行学位(Concurrent Degree Programs)[6] 加州大学伯克利分校的公共政策专业学生可以同时申请加州大学伯克利分校其他学院的学位课程,以获得并行学位。公共政策专业提供的并行学位如下: 公共政策与公共卫生(Public Policy & Public Health) 公共政策与法律(Public Policy & Law) 公共政策与工程(Public Policy & Engineering) 公共政策与全球研究(Public Policy & Global Studies) 公共政策与能源集团(Public Policy & Energy Resources Group) 公共政策与社会福利(Public Policy & Social Welfare)
多伦多大学(University of Toronto)	公共政策硕士/法律博士联合项目(MPP/JD Joint Program)[7] 多伦多大学全球事务与公共政策学院与法学院合作展开该联合项目,为公共政策专业的学生提供机会,帮助他们在公共政策的研究过程中增加法律视角
杜克大学(Duke University)	双学位(Dual Degrees)[8] 杜克大学公共政策学院与其他学院或校外机构合作提供双学位课程。主要包括以下几种类型: 法学/公共政策硕士(JD/MPP) 医学/公共政策硕士(MD/MPP) 工商管理/公共政策硕士(MBA/MPP) 环境管理/公共政策硕士(MEM/MPP)

数据来源:各高校官方网站。

(二)培养模式与课程体系

英国的硕士培养多为一年制,而美国、加拿大、澳大利亚等国家的全日制公共政策硕士基本为两年培养时间。本文主要对两年制 MPP 教育的课程体系设计进行介绍,该课程体系主要包括四类课程:核心必修课程;分方向的选修课程;研讨会与案例学习;实践课程。

1. *核心必修课程*

第一年主要安排核心必修课程,政治学(Politics),经济学(Economics),定量方法

(Quantitative Methods),公共政策(Public Policy)模块下的知识为各高校公共政策专业下较为普遍的基础课程。

政治学主要研究社会公共权力的活动、形式和关系及其发展规律。政治系统内的各主体不仅是政策执行的主导机构,同时日益参与到了政策制定的过程中,因此,公共政策背后的政治与制度架构的学习尤为必要。

经济学包括政策分析微观经济学(Microeconomics for Policy Analysis)与政策分析宏观经济学(Macroeconomics for Policy Analysis)方面的知识,经济学背景能够使学生更好地掌握如何在制定政策的过程中合理运用市场供求关系、成本效益分析等经济手段。

定量方法主要包括计量经济学(Econometrics)与统计学(Statistics)方面的知识,严格的定量研究方法能够帮助学生检验政治和社会现象,制定合理的政策,并评估政策效率。

公共政策相关课程为重中之重,其内容从政策分析、评估、制定到实施均有涉及,比如:政治制度与公共政策(Political Institutions and Public Policy),公共政策变迁与比较(Comparative Public Policy Change),政策实施:公共目标的战略实施(Putting Policy into Action: Strategic Implementation of Public Objectives),公共政策项目评估(Program Evaluation for Public Policy)等课程。

根据各高校的培养方案,还会涉及法律、社会学、伦理学、管理学等方面的知识。由此可见,公共政策专业所涉及的领域十分广泛,在一定程度上,公共政策具有法律的属性,也可以成为一种非正式的法律渊源;而在另一方面,公共政策又相对灵活多变,其与各种社会现象紧密相连。在各高校的实际培养过程中,则会在多个领域合理地选择其侧重点,展开相应必修课程。

2. 分方向的选修课程

第二年的学习多将公共政策专业细分为具体的方向,要求学生在其选择的方向上完成相应的选修课程,具体的专业方向将会显示在学位证书上。

从政策领域的角度进行划分,公共政策专业主要涉及科技教育、卫生健康、法律监管、资源环境等不同的研究方向,并对其政策问题、主体关系与治理方案进行研究。例如,哈佛大学肯尼迪学院开设了社会与城市政策(Social and Urban Policy)方向的选修课程,其重点关注城市地区的政策制定和管理问题,以期改善社会所有成员特别是弱势儿童和老年人的福祉[9];同时,哈佛大学肯尼迪学院还开设了商业与政府政策(Business and Government Policy),政治与经济发展(Political and Economic Development)等研究方向[10]。又如,斯坦福大学(Stanford University)将其公共政策专业细分为教育政策(Education Policy),卫生保健政策(Health Care Policy),法律与监管干预(Legal and Regulatory Intervention),政治与伦理学(Political and Moral Philosophy),科技政策(Science and Technology Policy),资源、环境和能源政策(Resources, Environment, and Energy Policy)等方向[11]。

各研究方向的政策层次涉及从城市和地区到国家和国际各个层面,如哈佛大学肯尼迪学院为了给学生提供职业强化培训,以应对人权、安全、科技等领域下的全球挑战与治理,开设了国际与全球事务(International and Global Affairs)方向下的选修课程。[12]斯坦福大学则提供了城市及区域政策(Urban and Regional Policy)与国际和国家安全政策

(International and National Security Policy)方向下的选修课程[13]。

相比之下,国内的公共政策专业研究方向较为笼统,例如南开大学将该专业细分为公共政策理论、当代中国公共政策、城市政策三个方向;上海财经大学将该专业细分为公共政策、教育经济与管理、社会医学与卫生管理、土地资源管理四个方向;厦门大学将该专业细分为政策分析的理论与方法、经济与社会政策、人口与环境政策、教育与文化政策、区域发展政策五个方向。

3. 研讨会与案例学习

各高校注重培养学生分析实际问题的能力,由于各政策领域都有其独特的动态与历史特征,需要通过案例学习与小组讨论等形式使学生更深刻地认识公共政策,并提出自己对各政策领域的见解与看法。

例如牛津大学(University of Oxford)提出,学生至少需要 300 小时来完成相关的讲座(lectures),案例学习(case studies),研讨会(workshops),专题讨论会(seminars)。[14]剑桥大学(University of Cambridge)通过 8 个案例学习,使学生理解政策问题的演变过程与特定领域的政策改进方法。[15]多伦多大学以公共政策中的法律分析(Legal Analysis in Public Policy),加拿大优先议程:进程、标准、选择(A Canadian Priorities Agenda: Process, Criteria, Choices)等为话题展开集中研讨课程。[16]剑桥大学(University of Cambridge)还向学生系统地传授了政策写作(Writing for policy),提出政策想法(Presenting policy ideas),管理媒体采访(Managing media interviews),谈判政策结果(Negotiating policy outcomes)等个人技能发展方面的知识。[17]

4. 实践课程

(1) 政策分析练习

政策分析练习(Policy Analysis Exercise)一般安排在第二学年,学生将与公共部门、私人部门或非营利部门的客户合作,在指导教师的监督下,应用他们在公共政策专业中学到的知识和技能来定义和分析客户现存的政策问题,评估各项政策方案,并为客户制定具体、可操作的建议。在这一客户驱动的项目中,学生能为客户带来新的观点与见解,而学生则能够利用课堂上学习到的知识与工具,为现实世界中存在政策问题的客户提供服务。

新加坡国立大学(National University of Singapore)在其网站介绍了学生与客户之间的特色研究课题。[18]例如与花旗集团合作研究香港青年的就业机会,与新加坡老年协会合作探讨新加坡未来的长期护理,与新加坡遗产协会共同思考如何实现文物保护与城市更新之间的平衡等。

(2) 暑期实习

在第一学年和第二学年之间的夏季,学校会要求学生去往公共、非营利或私人部门进行政策导向的实习,并通过实习制定未来的职业规划。杜克大学介绍了 MPP 专业学生的一些实习机构,分别为:世界银行(The World Bank),加纳行动援助(Action Aid, Ghana),联邦调查局:反间谍部门(FBI: Counterintelligence Unit),美国参议院财政委员会(US Senate Finance Committee),世界卫生组织(World Health Organization)等。[19]

(三) 就业方向

MPP 教育致力于培养具有扎实的公共政策专业基础知识,适应在公共部门、非营利部门、私人部门从事实际行政管理和政策咨询等工作的应用型人才,以及在高校、科研单位从事教学科研工作的学术型人才。根据各高校发布的毕业生就业去向以及统计数据可以发现 MPP 专业的就业前景十分广泛。下文将从就业部门、职业类型和政策领域三个角度对 MPP 毕业生的就业方向进行分析。

1. 就业部门

从就业部门来看,公共政策专业学生的就业方向遍布各层级的政府部门、非营利部门、私人部门,同时该专业的毕业生有可能去往政策研究机构或者智库工作。

如东京大学(The University of Tokyo)公布了公共政策硕士国际项目学生的就业方向包括:中国审计署(China National Audit Office),新加坡外交部(Ministry of Foreign Affairs of Singapore),泰国国家统计局(National Statistical Office of Thailand),菲律宾发展研究所(Philippine Institute for Development Studies),日本国际发展中心(International Development Center of Japan),亚洲开发银行研究所(Asian Development Bank Institute),斯里兰卡证券交易委员会(Securities & Exchange Commission of Sri Lanka),越南国家银行(State Bank of Vietnam),吉尔吉斯共和国国家银行(National Bank of Kyrgyz Republic),泰国银行(Bank of Thailand),日立咨询有限公司(Hitachi Consulting Co., Ltd.)等。[20]

加州大学洛杉矶分校(University of California, Los Angeles)在官网中详细介绍了其公共政策专业毕业生的就业方向,其中包括:美国行政管理与预算办公室(the U.S. Office of Management and Budget),美国国际开发署(United States Agency for International Development)等联邦机构;美国国土安全(Homeland Security)、交通(Transportation)、教育(Education)等政府管理部门;环境保护基金(Environmental Defense Fund),儿童保护基金(the Children's Defense Fund)等非营利组织;世界宣明会(World Vision),国际救援组织(Relief International)等国际非政府组织;波士顿咨询集团(Boston Consulting Group),耐克(Nike),谷歌(Google),哈里斯民意测验调查所(Harris Poll Interactive)等私人公司;加州公共政策研究所(California Public Policy Institute),城市研究所(the Urban Institute)等政策研究机构。[21]

2. 职业类型

从职业类型来看,英属哥伦比亚大学(University of British Columbia)提到毕业生的潜在职业包括政策制定者(Policymaker),政策顾问(Policy Advisor),政策分析师(Policy Analyst),战略分析师(Strategy Analyst),政府关系指导者(Government Relations Director),政治事务官员(Political Affairs Officer)等。[22]

芝加哥大学(University of Chicago)[23]与多伦多大学[24]的统计数据显示,毕业生主要从事政策方向、管理方向和金融方向的工作,例如政策设计、分析和评估(Policy design, analysis, and evaluation),项目管理(Program Administration),财务(Finance)等。

3. 政策领域

从政策领域来看,经济与金融政策、健康政策、教育政策受到了从事政策相关工作的毕业生的极大关注。例如许多东京大学的公共政策毕业生前往亚洲发展银行(Asian Development Bank Institute),吉尔吉斯共和国国家银行(National Bank of Kyrgyz

Republic)等从事经济分析师等工作[25]。

三、结论与建议

通过以上对社会政策与管理(Social Policy & Administration)专业领域22所国际顶尖大学开设MPP专业情况的调查和国内开设公共政策相关硕士专业的高校的信息进行汇总分析,可以看出,MPP专业学位教育与MPA教育明显不同,是以实践为导向,与职业紧密结合,侧重于培养在专业上受到正规训练的高层次人才,为此,MPP专业还分化出了越来越多的方向。

目前,公共政策专业(MPP)已纳入我国的硕士专业目录,但尚未纳入专业硕士目录[26]。在我国开设公共政策专业(MPP)的高校均为培养学术型硕士,主要将公共政策作为一类学术研究方向,偏重理论教学,侧重于培养研究人员,而非像国外那样将MPP作为一项专业学位教育。为了满足我国转型发展时期对创新型、应用型、综合型政策人才的需要,我国需要尽早将公共政策专业(MPP)的专业学位教育列入日程。为此,提出以下建议。

首先,应将MPP纳入专业硕士目录,与已经成熟的MPA专业硕士教育列入同等重要位置。其次,尽快开放MPP学位授予点申报,鼓励高校,特别是开设MPA专业的高校积极申报。最后,在高校的MPP培养方案设计方面,需要注意以下两点,第一,相较于单一学科教学,MPP教育更推崇多方向联合培养。当前,核心必修模块下的政治学、经济学、管理学等领域的课程已经在许多国内高校得到了广泛开设,定量分析与研究也越来越受到各大高校的重视,为培养公共政策硕士奠定了基础。相对而言,国外高校对选修课程的重视程度高于国内高校,具体的公共政策专业细分方向会显示在学生的学位证书上,而国内相关专业的研究方向则较为笼统。我国可在条件好的综合性大学中优先完善公共政策分方向选修课程体系,合理利用校内的各项资源,通过一定的激励手段加强学生对选修模块的重视程度,从而培养更具针对性的MPP专业人才。第二,相较于书本知识考核,MPP教育更注重实践能力的培养和锻炼。国外高校通过研讨会、案例学习、实践课程等方式培养学生应用知识的能力。现如今,我国大学已愈发重视学生的综合能力培养,专业学位教学案例中心的建设也日渐完善,这为日后MPP专业案例库的开发创造了良好条件,也能帮助学生更深刻地认识公共政策实践。由于MPP专业学位毕业生的就业前景良好,有十分广阔的市场需求,我国高校也应加强与公共部门、非营利部门、私人部门的合作,为MPP专业学位学生提供更为对口的实习。

参考文献

[1] 周树志.对创建中国MPP专业学位教育的政策建议[J].陕西省行政学院.陕西省经济管理干部学院学报,2001(03):30-31.

[2] 张康之,刘柏志.国外MPP学位教育的历史与现状[J].中国行政管理,2004(03):56-59.

[3] MSc Public Policy and Administration[EB/OL].[2018-11-04]. http://www.lse.ac.uk/study-at-lse/

Graduate/Degree-programmes-2019/MSc-Public-Policy-and-Administration.
[4] Harvard Kennedy School. Joint Degrees[EB/OL].[2018-11-04]. https://www.hks.harvard.edu/educational-programs/masters-programs/joint-concurrent-degrees/joint-degrees.
[5] Harvard Kennedy School. Concurrent Degrees[EB/OL].[2018-11-04]. https://www.hks.harvard.edu/educational-programs/masters-programs/joint-concurrent-degrees/concurrent-degrees.
[6] Goldman School of Public Policy. Concurrent Degree Programs[EB/OL].[2018-11-04]. https://gspp.berkeley.edu/programs/masters-of-public-policy-mpp/concurrent-degree-programs.
[7] Munk School of Global Affairs & Public. MPP/JD Joint Program[EB/OL].[2018-11-04]. Policyhttp://publicpolicy.utoronto.ca/programs/master-of-public-policy-program/mpp-jd-joint-program/.
[8] Sanford School of Public Policy. Dual Degrees[EB/OL].[2018-11-04]. http://sanford.duke.edu/academics/master-public-policy/dual-degrees.
[9] Harvard Kennedy School. Social & Urban Policy Concentration[EB/OL].[2018-11-04]. https://www.hks.harvard.edu/educational-programs/masters-programs/master-public-policy/curriculum/areas-focus/social-urban.
[10] Harvard Kennedy School. Areas of Focus[EB/OL].[2018-11-04]. https://www.hks.harvard.edu/educational-programs/masters-programs/master-public-policy/curriculum/areas-focus.
[11] Stanford Bulletin Explore Degrees 2018-19. Public Policy[EB/OL].[2018-11-04]. https://exploredegrees.stanford.edu/schoolofhumanitiesandsciences/publicpolicy/#masterstext.
[12] Harvard Kennedy School. International & Global Affairs Concentration[EB/OL].[2018-11-04]. https://www.hks.harvard.edu/educational-programs/masters-programs/master-public-policy/curriculum/areas-focus/international.
[13] Stanford Bulletin Explore Degrees 2018-19. Public Policy[EB/OL].[2018-11-04]. https://exploredegrees.stanford.edu/schoolofhumanitiesandsciences/publicpolicy/#masterstext.
[14] University of Oxford. Master of Public Policy (MPP)[EB/OL].[2018-11-04]. https://www.ox.ac.uk/admissions/graduate/courses/master-public-policy?wssl=1.
[15] Department of Politics and International Studies (POLIS). Case Studies[EB/OL].[2018-11-04]. https://www.polis.cam.ac.uk/study-at-polis/graduates/MPhilPP/mpp-structure.
[16] Munk School of Global Affairs & Public Policy. MPP Core & Elective Courses[EB/OL].[2018-11-04]. http://publicpolicy.utoronto.ca/programs/master-of-public-policy-program/mpp-courses/.
[17] Department of Politics and International Studies (POLIS). Skills Development[EB/OL].[2018-11-04]. https://www.polis.cam.ac.uk/study-at-polis/graduates/MPhilPP/mpp-structure.
[18] Lee Kuan Yew School of Public Policy. Featured Research Topics[EB/OL].[2018-11-04]. https://lkyspp.nus.edu.sg/graduate-programmes/master-in-public-policy-mpp/policy-analysis-exercise/pae-research-topics.
[19] Sanford School of Public Policy. Internships Around the Globe[EB/OL].[2018-11-04]. http://sanford.duke.edu/academics/master-public-policy/curriculum/practical-experiences.
[20] Master of Public Policy, International Program. Career path[EB/OL].[2018-11-04]. http://www.pp.u-tokyo.ac.jp/en/mppip/why-mppip/career-path/.
[21] Luskin School of Public Affairs. Public Policy Department[EB/OL].[2018-11-04]. https://luskin.ucla.edu/public-policy-2/public-policy/.
[22] Master of Public Policy and Global Affairs. Potential Careers of MPPGA Graduates[EB/OL].[2018-

11-04]. https://mppga.ubc.ca/program/policy-in-practice/.

[23] The University of Chicago Harris Public Policy. Master of Public Policy[EB/OL].[2018-11-04]. https://harris.uchicago.edu/academics/programs-degrees/degrees/master-public-policy-mpp.

[24] Munk School of Global Affairs & Public Policy. MPP Recent Graduates Discover the possibilities [EB/OL].[2018-11-04]. http://publicpolicy.utoronto.ca/mpp-recent-graduates/.

[25] Master of Public Policy, International Program. Career path[EB/OL].[2018-11-04]. http://www.pp.u-tokyo.ac.jp/en/mppip/why-mppip/career-path/.

[26] 2019 年硕士专业目录查询[EB/OL].[2019-08-01]. https://yz.chsi.com.cn/zsml/queryAction.do

大学生课余时间分配与时间管理能力分析

胡　靖　郭荣琛

（同济大学经济与管理学院）

摘　要：大学生课余时间较多，如何有效管理和高效运用课堂以外的时间不仅是提升高等教育水平需要探讨的重要问题，也是发现大学生存在问题的关键突破口。本文从时间管理和自我管理角度，设计问卷进行调查，涉及基本情况、大学生课余时间分配、体育段落时间、自主学习时间以及课余时间自我管理等诸多方面，分析大学生课余时间分配与管理现状及存在的问题，并在此基础上提出相应的政策建议。
关键词：课余；时间分配；时间管理

Abstract: Due to much spare time of undergraduates, how to effectively manage and efficiently use time outside the classroom is not only an important issue of enhancing the level of higher education, but also a key of finding out college students' problems. Based on Time Management Theory and Self-management Theory, this paper designs the questionnaire to investigate, involving the basic information of college students, distribution of spare time, time distribution of physical exercise and learning and self-management of spare time. The paper finds out the present situation and problems of distribution and management of undergraduates' spare time and on this basis, makes a corresponding advice on policy making.
Keywords: spare time; time distribution; time management

一、研究背景

课余时间是指除去学校培养计划中规定的上课、实验等在内的课业时间和除去正常睡眠、饮食等必须生理活动后所剩下的时间，是学生可以自由支配、不受约束的时间。当前，大学在课程设置、教学方式上与中学有显著差别，学生课余时间明显增多。经估计，目前我国大学生课堂学习时间每年约为 195 天，课余时间约为 170 天，课余时间几乎占到了全年天数的 47%。[1]对于高校学生而言，知识的积累和素质的提升仅仅依靠课堂是远远不够的，课余时间的利用就显得尤为重要，能否充分合理地利用课余时间，对大学学业和未来发展产生重大的影响。一般情况下，在传统本科教育中，学校很少正式地教授学生有关时间管理的理论和技巧。[2]大学生在进入大学后，对于大量的课余时间，无从安排，前半学期十分空闲，临近期末考试才开始紧张焦虑的情况时有发生，与此同时，也存在大量学生在课余时间毫无节制地玩游戏、上网等等，逐渐丧失对时间的控制和管理能力，一点点消沉堕落，甚至造成无法弥补的身体和心理问题。[3-4]这些现象与大学生缺乏时间管理的观念、意识以及时间管理的能力不强有关，不仅浪费了宝贵的时间，而且容易滋生一系列问题。因此，提高大学生对时间管理的认识，培养大学生的时间管理能力，是高校教育工作者在人才培养过程中需要重视的关键问题。

二、时间管理与自我管理

（一）时间管理

时间管理是指关于如何节约时间，如何更大效率地利用时间的相关研究。史蒂芬·柯维认为，时间管理理论可分为四代。[5]第一代主要是利用便条或备忘录的形式，通过将待办的事情写在备忘录上，起到一个提醒督促的作用。这种形式的优点是灵活性较强，缺点是没有严格的组织架构，容易出现疏漏。第二代主要是用记事簿的形式制定时间规划表，进行时间的规划与准备。这一代的优点是通过制定详细规划，提高了时间利用率。缺点是缺乏一定的灵活性。第三代以价值为导向，通过制定短期、中期、长期目标，分清事情的紧急先后顺序，然后将目标具体化，制订详细计划。这种理论的优点是提高了效率，缺点是时间安排得太紧，难以达到事业和生活的平衡。第四代强调以原则为重心，兼顾重要性和紧迫性，把重心放在产出与产能的平衡上。

（二）自我管理

自我管理是个体充分发挥主动性、自主发展，把行为规范内化为自觉行动的过程，主要研究个体如何通过自我意识来审察自己言行进行自我教育的行为过程。时间管理本质上是一种自我管理，具有较强自我管理意识的大学生，能够根据自身情况，主动调整自己的心理活动和行为，制定合理计划，提高时间使用效率。

自我管理主要包含自我控制和自我认知两个角度。不少研究者对自我管理进行了深入探讨，如最早的 Thoresen 和 Mahoney 指出，自我管理是个体缺少了外部压力和约束后每个人都会表现出的自我控制的能力，因为他们会为了达成长期的目标而进行自我控制。国内一些学者认为，自我管理是个体主动调整自己的心理活动和行为，控制不当冲动，克服不利情景，积极寻求发展，取得良好的心理素质。这种心理素质的好坏是影响个体社会适应程度和工作绩效的重要因素。

三、大学生时间分配及管理情况的调查分析

（一）大学生课余时间分配总体情况

为全面了解大学生的时间分配情况，从基本情况、大学生课余时间分配使用现状、各

类时间分配详细情况和课余时间自我管理四方面展开调查，通过网络进行问卷调查，收回有效问卷 98 份。基本情况如下：男生 37 人，女生 61 人，各占总人数的 37.76％和 62.24％；大一 43 人，大二 40 人，大三 9 人，大四 3 人，研究生及以上 3 人，各占总人数的 43.88％、40.82％、9.18％、3.06％和 3.06％。

根据样本对于学习、娱乐（含游戏）、人际交往、组织社团工作、体育锻炼、实习兼职和其他七类课余时间使用方式的排序情况，通过以下计算方法计算平均综合得分：

$$选项平均综合得分=(\Sigma 频数\times 权值)/本题填写人次$$

权值由选项被排列的位置决定。例如本题有 7 个选项参与排序，那排在第一个位置的权值为 7，第二个位置权值为 6，以此类推。它反映了选项的综合排名情况，得分越高表示综合排序越靠前，如表 1 所列。

学习时间占据本科生日常时间的绝大部分，且明显超过其他同类活动。数据显示，“学习”选项的平均综合得分为 6.08（满分为 7），高出位列第二的选项“娱乐、打游戏”（综合得分为 4.47）36 个百分点。说明在本科阶段，绝大多数学生确实是把学习作为第一要务。

表 1　　大学生课余时间分配排序情况

选项	平均综合得分
学习	6.08
娱乐、打游戏	4.74
人际交往	4.48
组织、社团工作	4.23
体育锻炼	3.33
实习兼职	2.07
其他	0.48

根据各年级主要选项平均综合得分绘制折线图，如图 1 所示。代表学习的折线在大三时达到 4.56 的最低值，远远低于 6.08 的四年平均水平。分析背后的原因可能为，第一，时至大三，课程量显著减少，且一部分同学选择出国交换，使得学习时间明显减少。第二，大三是本科阶段的过渡时期，学生群体普遍面临就业、读研、出国等一系列较为重要的人生抉择，选择的分化使得学生此时不同于低年级时，继续延续高中惯性将大量时间用于学习，而将时间转而用于实习兼职等其他领域。值得注意的是，同样是高年级，大四“学习”一项的平均综合得分为 6.33，位列四个年级榜首，一方面是因为查时间处于考研前夕，且秋招已经结束，相当一部分学生正准备考研初试及之后的复试，使得大四时学习时间占比最大；另一方面，临近毕业经历过就职面试以及申请读研等过程后，发现自身的不足，有很多知识需要学习，学习意愿逐步增强。

随着年级升高，组织、社团工作时间显著下降，实习兼职占比明显升高，用于娱乐、打游戏时间则相对保持平稳。由第二张图可知，随着年级的升高，“组织、社团工作”一项的综合得分从大一时的 4.91 下降到大四的 3.34，“实习兼职”一项则从 1.74 一路上升至

3.34。这一现象比较容易理解，随年级升高，学生参与组织、社团工作的热情逐渐减淡，除去职务留任外，大部分学生选择在大二、大三逐步退出学生组织；与此同时，就业以及升学压力的增大也迫使学生减少用于学生工作的时间，而将更多精力用于实习兼职等其他方面。代表“娱乐、打游戏”的绿色折线始终保持在 4.8 左右，波动幅度不大，可见这一时间分配比例在本科生人群中较为固定，且不随年级升高而发生剧烈变化。

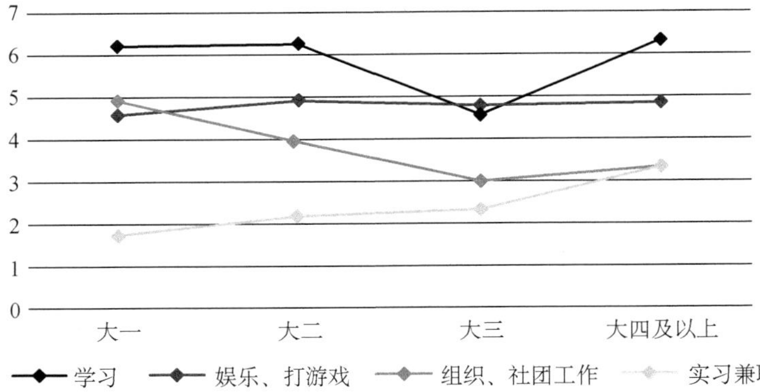

图 1　各年级主要选项平均综合得分

（二）各类时间分配详细情况

1. 体育运动

本研究调查了大学生除去体育课外每周运动时间，如表 2 所列。从表 2 可知，约三分之一的同学缺乏体育锻炼，没有良好的日锻炼计划，部分同学已形成较好运动习惯。由于没有相应的强制约束，出现“刷锻”等欺瞒现象，本可以用来进行锻炼的时间无故浪费。

表 2　除去体育课外每周运动时间

选项	比例
几乎没有	33.67%
半小时	19.39%
一小时	22.45%
两小时以上	24.49%

本研究按性别分类，继续分析男生和女生除去体育课外每周运动时间，如图 2 所示。从图 2 可知，男生平均体育时间明显高于女生。男生多数热爱运动，每周两小时以上占比较大，而女生则不太愿意运动。此类原因有可能是因为男生偏好篮球运动，并且学校篮球场场地较多，鼓励男生积极运动；而女生更偏好于乒乓球、羽毛球等运动，但因场地有限、预定困难以及不对学生免费开放等，造成女生运动较少。

2. 学习时间的分配

本研究调查了在大学生学习时间中占比最大的部分，如表 3 所示。从表 3 可知，绝大多数学生平时主要学习课堂知识并且完成作业，而对于课外知识涉及较少。学生主要学

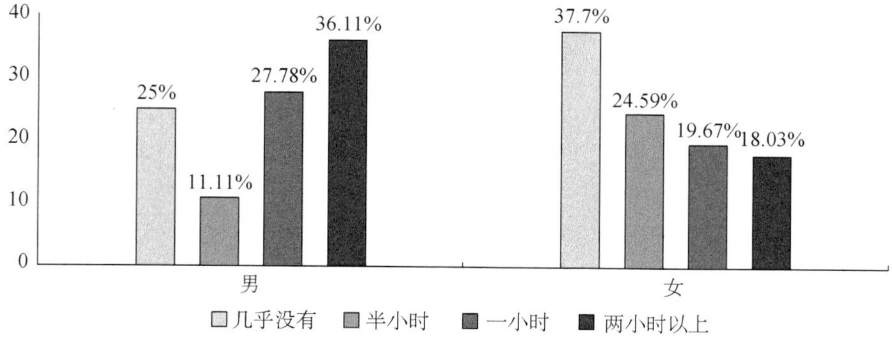

图 2　按性别分类的除去体育课外每周运动时间

习课堂知识，很少进行课外延伸，课内课外知识相互联结的情况就更少见了。

表 3　　学习时间中占比最大的部分

选项	比例
完成课堂作业	80.61%
学习课外知识	19.39%

(三) 课余时间自我管理

本研究调查了大学生提前安排时间的习惯，如表 4 所列。从表 4 可知，大学生普遍存在时间规划意识，但缺乏行动执行能力。可以看出，受访大学生中没有提前安排时间习惯的占比仅 6.12%，尚且不足一成，说明绝大多数大学生在日常学习生活中都有时间规划的意识。但接近半数的同学表示其“不能很好坚持”这一习惯，仅有 21.43% 受访大学生表示“一直在坚持”，以上数据说明大部分大学生的时间规划意识尚且模糊和薄弱，缺乏行动力，难以将其转化为所坚持的长期习惯。

表 4　　大学生提前安排时间的习惯

选项	比例
有，一直在坚持	21.43%
有，但不能很好坚持	46.94%
只会想起来就做一下安排	25.51%
没有	6.12%

将以上结果按年级分类，如图 3 所示。从图 3 可知，时间规划意识随年级升高而逐渐增强，大二至大三为其形成的关键时期。分析可知，占受访大学生主流的“有，但不能很好坚持”一项从大一时的 46.51%增加至大四的 66.67%。说明随年级升高，各种烦冗日常事务的增加使得越来越多同学意识到时间规划的重要性并且付诸行动。其中最大增幅出现在大二至大三这一时间段，说明此时为大学生时间规划意识形成的关键时期，并为之后的学习生活奠定了基础。

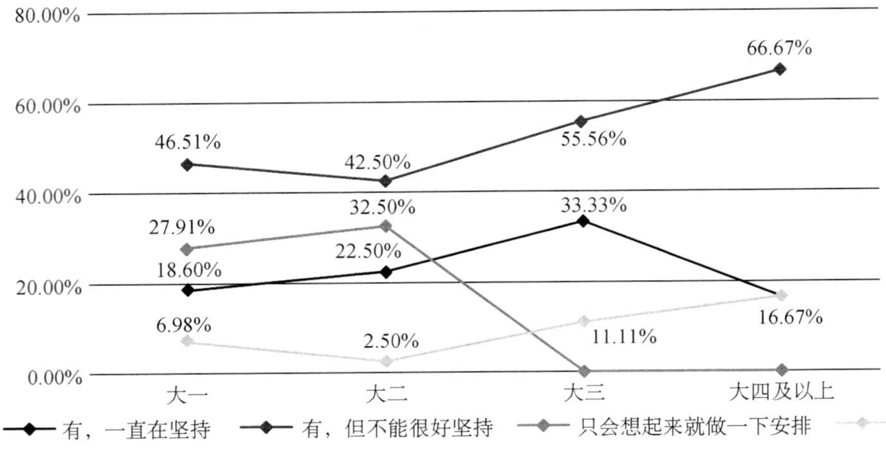

图 3　按年级分类的提前安排时间的习惯

进一步调查大学生对自己的时间分配是否满意，如表 5 所列。从表 5 可知，81.63%受访大学生不满意现阶段时间分配，认为其仍有改进空间。仅有 18.37%的同学对现阶段时间分配表示满意，满意率较低。原因可能在于，尽管大多数同学有时间规划意识，但因为自制力不强等原因，无法坚持安排时间的习惯，也无法做到按计划办事，由此产生某种挫败和焦虑感，这是造成大学生群体对时间分配满意率不高的主要原因。

表 5　大学生对自己时间分配是否满意

选项	比例
满意，使我提高了效率	18.37%
不满意，还有改进空间	81.63%

四、大学生课余时间管理存在的问题

（一）体育锻炼意识很弱

强健的体魄对正常地学习和生活是必不可少的，而体育锻炼是保持身体健康的重要手段。但是，从调查来看，约三分之一的同学除了体育课并不主动进行身体锻炼，约四分之三的同学每周锻炼时间少于一小时，这对于大学生来说是远远不够的。而且从排序情况来看，体育锻炼平均综合得分只有 3.33，排位第 5，远远落后于学习和娱乐，证明大学生体育锻炼十分缺乏。这种情况如果持续下去，虽然短期看似身体没问题，随着年龄增长，很难为工作提供良好的身体素质保证。

（二）自主学习观念不强

虽然从排序情况来看，学习综合得分 6.08，排在第一位，但是具体来看，80.61%的同学以完成课堂作业为主，占据了学习时间的大部分，只有 19.39%的同学以课外学习和拓展为主。实际上，大学学习过程和方法与中学存在很大不同，不仅需要大量查阅文献资料而且需要时刻关注领域发展动态，广泛的课外阅读与知识拓展是课堂学习的根本补充，不仅可以开阔眼界、增长见识，而且对于课本知识的理解和专业素养的提高都有很大帮助，但是从目前调查情况来看，学生普遍缺少自主学习的意愿，更缺乏自主学习的行动。

（三）时间管理能力较弱

时间管理可以从两个角度来说。一是对于时间的计划，计划是时间管理的基础，制定计划是顺利完成目标的前提条件。如果没有计划或者计划不合理，很显然时间管理就是失败的。从调查中发现，68.37%的同学是有计划的，但是仍有接近三分之一的同学偶尔有或者没有对于时间的计划。二是对于计划的执行程度，执行程度直接决定了时间管理的成功与否，如果具有十分周密可行的时间管理计划，却不能有效执行，那么时间管理仍然是失败的。从调查中发现，21.43%的同学可以有效地执行计划，这部分同学可以说具有较强的时间管理能力，然而，78.57%的同学没有计划或者不能有效执行，时间管理能力就相对较弱。时间管理能力不仅在现在的学习中而且在以后的工作和生活中都十分重要，因此，提升时间管理能力是大学生培养面临的迫切问题。

五、大学生时间管理能力培养的对策建议

针对以上大学生时间分配及管理中存在的问题，在教学以及活动的安排中，可以考虑开设专门的关于时间管理方面的课程、相关讲座和主题班会，向学生传授时间管理技巧，引导大学生从大一开始就养成合理规划时间并严格执行的好习惯，学生合理利用课外时间，从而有效保障学生课外时间计划的执行。

其次，不断健全体育设施，让学生在专注学业的同时，抽出更多的时间锻炼身体，扩大社交范围，丰富课余生活；更多地开放体育运动场地，让大学生预约运动场地更加简单与方便，促进大学生主动参与体育锻炼。娱乐性为主的体育活动对于引导大学生体育锻炼也具有一定的作用。

如何鼓励和引导学生自主性学习一直是高等教育的重要环节。自主探究性课程是一种不错的尝试，可以提高学生自主学习的意识，以学生为主体调动学生自主学习的积极性。但这类课程的开设与组织还存在较大的完善空间，学校可以开展专题的问卷调查和研究，广泛收集学生意见，对于学生提出的学校开展自主探究性课程的良好建议给予采纳，以更好地满足学生的发展需求。

最后，发挥高校社团的文化带动作用，积极引导学生合理安排自己的课余时间，形成良好的校园氛围。学生社团在高校十分普遍，很多低年级学生都会参加，而大一大二正是时间管理能力形成的重要时间节点，如果可以通过社团积极地引导学生，将会大大提高他们对于时间管理的重视程度和管理能力。

参考文献

[1] 许崇涛.大学生课余时间分配现状调查与管理对策探悉——以某高校为例[J].广州广播电视大学学

报,2018,18(3):35-39+108-109.

[3] 毕奎奎.大学生时间管理能力培养研究[J].文化创新比较研究,2018,2(29):22-23.

[3] 蒙艳花,韦建琨,陆钰莹,等.大学生课外时间分配管理现状的调查研究——以右江民族医学院为例[J].大学教育,2019(03):186-188.

[4] 张建宇,叶家裕,张秀林,等.新时代大学生时间分配的问题与对策研究——以天津财经大学大二学生为例[C]//AEIC Academic Exchange Information Centre(China): International Conference on Humanities and Scoial Science Research, 2018:511-515.

[5] 刘应春.网络环境下大学生闲暇学习的现状与对策研究[D].淮北:淮北师范大学,2019.

大学生自主学习情况调研分析

——基于经济学类学生的问卷调查

胡　靖　姬永顺

（同济大学经济与管理学院）

摘　要：自主学习能力是大学生必备能力之一。自主性和规划性是衡量自主学习能力强弱的两个重要维度。本文以经济学类学生为例，基于问卷调查结果，针对经济学类低年级本科生学习过程中的自主性和规划性的自主学习现状进行讨论。结合同济大学经济学类课程设置与教学安排，从学校、教师、学生三个层面，针对如何提高大学生的自主学习能力提供可行性建议。

关键词：自主学习；自主性；规划性

Abstract: For college students, self-learning ability is one of the essential abilities. Autonomy and planning are two important dimensions for measuring the strength of autonomous learning. This paper will take the economics students as an example, based on the results of the questionnaire survey, discuss the autonomy and planning of the undergraduate students in economics, and summarize the self-learning status of economics students. Combining the economics curriculum setting and teaching arrangement of Tongji University, it provides feasible suggestions for how to improve the self-learning ability of college students from the three levels of school, teacher and students.

Keywords: self-learning; autonomy; planning

一、研究背景

20世纪80年代，自主学习理论开始兴起，并在国外教育界得到广泛讨论。Henry Hole提出“学习者自主是指学习者愿意并有能力掌握自己的学习”。可以说自主学习包含两个维度：学习的自主性和规划性。二者是一组非常相似的概念，均是由人的主动性推动。区别在于，自主性是指充分发挥主观能动性进行自发性学习，是对短期内学习状态的描述；规划性是对自己在未来一段时间内具有明确的目标和计划，是对长期内学习计划的描述。大学阶段的学习具有明显的差异性，不同的学习目的以及不同的发展规划决定了学生的学习方法以及领域的倾向均有所不同。所以，大学学习不能仅仅局限于课堂，更不能仅仅局限于教材，需要学生具备基本的自主学习能力，以课堂和教材为基础，通过大量的拓展阅读、文献资料查阅以及广泛的专业讨论逐渐培养专业思维，形成专业的积累。

自主学习一方面有利于学生提高学习效率。例如，目前高校课堂大多采用的依然是大班式教学，难以做到因材施教。而自主学习过程中，学生把关注点最大化集中在自身，依据个人需求有的放矢地高效学习。课前的自主学习可以明确知识重难点，课上的自主学习可以保持思维的活跃，课后的学习有利于引发深度思考。其次，自主学习有利于学生提高创新素质。自主学习会让学生的角色不只是知识的接收者，还可以是知识传播的参与者，甚至是知识更新的创造者。学生自主学习过程中对于某个兴趣点的深度研究，往往会激发出创新的灵感。这种灵感会转化成强烈的求真欲，激励着学生进行深度探索，如此形成一个循环往复的正反馈调节机制。另外，学生在开展一些大学生创新项目中的自主学习非常有助于优化创新思维，掌握创新方法，提高创新方案的可行性。最后，自主学习有利于学生培养优秀人格。大学被视为人才高地，肩负着“立德树人”、为社会输送人才的使命。在大学中，学生良好的自主学习习惯可以滋润出优秀的行为和品格，为他们未来进入社会后的独立生活奠定基础。例如，自主学习习惯的养成本身就是时间管理能力提升的过程，而这一能力，又是当下很多企业最为重视的员工品格之一。

二、问卷调查

（一）问卷设计

在本次问卷调查法中，共设置问题 13 个，收回有效问卷 97 份，精选 6 个问题分析。

（1）调查对象学校分布：同济大学学生占 55.67%，复旦大学学生占 34.02%，其他大学学生占比 10.31%。

（2）调查对象年级分布：大一经济学类学生占比 55.67%，大二经济学类学生占比 27.84%，大三经济学类学生占比 4.12%，其他年级和专业学生占比 12.37%。

（二）调查结果

结合问卷结果，从自主性和规划性两个维度对经济学类低年级本科生（下称“经济学类学生”）的自主学习现状进行归纳分析。

1. 普遍具备基本的自主学习意愿

如图 1 所示，被调查者中超过三分之二表示会在课堂外学习经济学知识，表明被调查者中大多数对于经济学类的学习具有基本意愿。这反映出，在刚进大学之初，很多经济学类学生在内心对自己有自主学习的定位，对经济学学习充满兴趣。虽然这种兴趣是建立

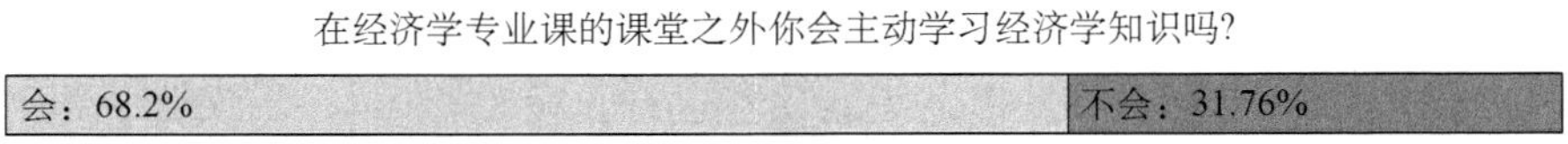

图 1　是否会在经济学专业课课堂之外主动学习经济学知识

在对经济学了解甚少的基础之上，但在一定程度上反映出经济学类学生对经济学知识的探索欲。

2. 获取知识途径以课堂为主，自主学习渠道选择多样化

如图 2 所示，被调查者学习的最主要的途径是相关专业课，表明课堂在获取知识中仍然占据主导作用。讲座、网课、自主阅读均可以被看作是自主学习的途径，其中有高达 74.12% 的经济学类学生曾选择把自主阅读作为获取知识的途径。另外，讲座也是一个重要的知识来源，有超过一半的被调查者表示曾通过听讲座的方式自主学习。还有 29.41% 的被调查者选择利用 MOOC、bilibili 等平台上的网课获取知识。由此可见，伴随网络质量和速度的提升以及自媒体的迅速发展，经济学类学生可以获取知识的渠道也变得更加多样化，其中阅读经济类书籍和公众号、参与讲座是学生目前最为青睐的自主学习方式。

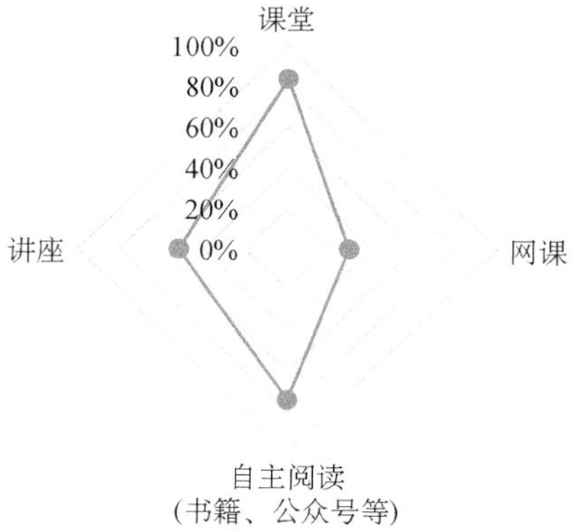

图 2　学习经济学的途径

3. 自主学习时间不足，专业书籍阅读欠缺

图 3 中学生的周均学习时长揭示了经济学学习的境况，仅仅 17.65% 的被调查者每周课外用于经济学学习的时间大于五小时，超过 80% 的经济学类学生平均每天花在经济学上的时间不足一小时，甚至近三分之一的被调查者一周用于学习经济学的时间都不足一小时。由此可见，绝大多数经济学类学生课外学习只是对经济学信息快速地碎片化接受，并没有投入时间自主地进行深入学习。这一结果与图 4 关于经济学书籍阅读量的调查形成前后呼应。接近九成的被调查者经济学相关书籍的年阅读量低于 6 本。这反映出，经济学类学对自主学习投入的时间严重不足，真正将自主学习意愿转化为实际行动的更是少之又少。

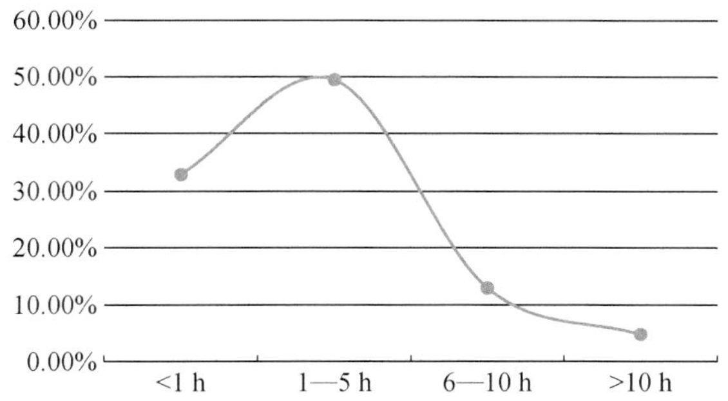

图 3　每周用于学习经济学的时间

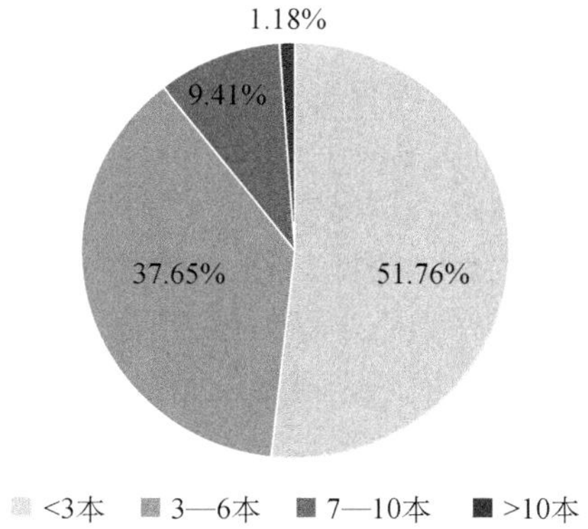

图 4　每年阅读经济学书籍数量

4. 规划模糊导致初心丧失、动力不足

如图 5 所示，被调查者在填报志愿时，超过四分之三是自己做的决定。深究其选择经济学类的目的，发现接近一半的学生依然是把经济专业同其他商科专业一样看待，作为职

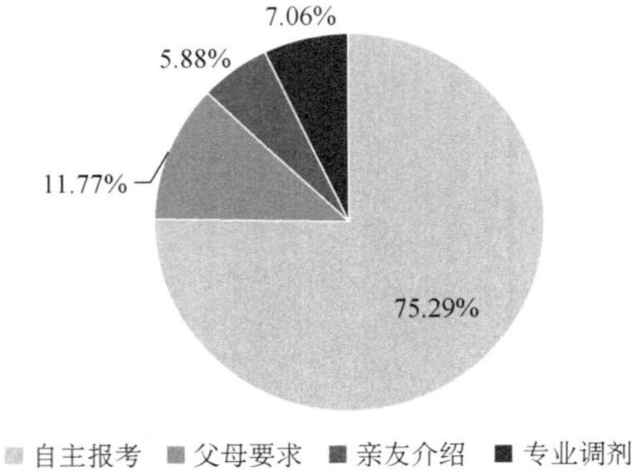

图5 进入经济学的方式

场中的“金饭碗”，争相报考。另外，有超过30%的学生虽然选择了经济学类，但是缺乏一个清晰的学习动机。结合前面关于自主性的讨论，可以看出，很多经济学类学生表面看似为自主报考，实则目标模糊。进入大学后，经济学类学生缺乏对目标的明确规划，加上低年级时接触到的本专业老师较少，使得学生对于对经济学的兴趣大幅降低。目前陆续有学校开始实行本科导师制，或者“班主任＋辅导员＋导师＋其他”制度，在一定程度上可以改善现状。但由于制度机制不够成熟，“班主任＋辅导员＋导师＋其他”制度中各个角色工作内的分工和配合仍需提高。

（三）建议措施

通过以上分析可知，多数经济学类学生虽然是自己选择了本专业，但实际投入时间以及行动严重不足，甚至可以说，没有达到基本的学习要求。基于此，针对如何提高大学生学习的自主性和规划性给出一些建议。

1. 学校层面

完善“班主任＋辅导员＋导师＋”培养制度，加强各个角色的信息对称强度，保证提供给学生的指导连贯有逻辑，促使学生即使在低年级无法接触足量专业课的情况下，养成自主学习专业课的习惯，初步形成本科四年的规划框架。组织专业知识系列讲座，让学生在与学界名师的近距离接触和交流中增加对专业课的学习兴趣，进而促进学生自主学习习惯的养成。另外，学习平台建设可以为学生自主学习提供条件，以同济大学经济与管理学院 Blackboard 平台为例，借助该平台，不仅可以方便分享课堂补充材料，而且可以组织发帖讨论，学生自主学习的积极性以及学习动力和效率都可以得到大大的提升。

2. 教师层面

从调查情况来看，目前学生自主学习的内容、方式以及学习动力等大多还是来自课堂老师的教学安排。因此，教师不仅要丰富课堂教学内容，更需要给学生课外自主学习提供支撑。学生自主学习的意愿、能力和效率在很大程度上也是教师课堂教学效果的体现。教师一方面要强调和鼓励学生课外的自主学习，其次要推荐合适的学习材料和学习途径帮助学生有效地自主学习。作为教师要引导和带领学生们把课堂学习和学生的课外自主学习形成良性互动和互补。

3. 学生层面

学校的制度设计和教师的教学安排均是外部因素，而自主性和规划性本身就是由人的主动性推动的。因此，能否具有良好的自主性和规划性最终还是取决于内部因素。首先，学生应该明确自己“为何而来”，是就业导向型还是研究导向型，明确的定位有利于学生减少之后因与同学对比带来的心理压力。其次，投入更多时间阅读书籍，常读书可以使学生在增长专业知识的同时养成自主学习的习惯。例如阅读经济学家传记有助于学生完善对自己未来目标的规划。再者,学会应用化输出,锻炼使用经济学思维分析问题的能力,学生可以借助个人公众号、班级报纸等形式尝试性将所学经济学知识输出。自主学习和思考能力在撰文的反复推敲过程中得到提高。此外,学会利用学校等环境资源,例如主动寻求导师跟进课题,主动咨询学长学姐经验教训,主动寻找实习将知识场景化应用,等等。

参考文献

[1] HOLEC H. Autonomy and Foreign Learning[M]. Oxford:Pergamon, 1981.
[2] 李永田.大学生自主性学习存在的困难与挑战及应对策略[J].管理观察,2019(16):138-140.
[3] 符娅,王德清.自主课堂对培养学生自主学习的重要性[J].教书育人. 2006(32).
[4] 谷绍娟,宋治,张如旭,等.医学生自主学习能力的影响因素研究[J].中国继续教育,2017(14).
[5] 张中科,成红坤. 基于专业认同的大学生自主学习改进策略研究[J].教育现代化,2017(19).
[6] 刘国有,赵媛媛. 网络环境下大学生自主学习能力的评价及标准[J].课程教育研究 . 2019(17).

教务管理

JIAOWUGUANLI

同济大学教务管理信息系统优化探讨

吴　冰　黄茜茜　李沁芳

（同济大学经济与管理学院）

摘　要：本文以同济大学教务管理信息系统为研究对象，就其现存问题进行讨论与原因剖析。针对所述问题，依据管理信息系统分析与设计的基本原理，在功能整合、流程再造、防作弊机制和提升软硬件结构四个方面给出了解决思路，由此提供开发方式、计划与组织设计，建立了一套针对性的解决方案。

关键词：教务管理系统；系统分析与设计；系统优化

Abstract: Taking Tongji University educational administration information system as the research object, this paper discusses on the existing problems and analyzes the reasons. According to the basic principles of analysis and design of management information system, this paper proposes solutions to the problems in four aspects, including function integration, process reengineering, anti-cheating mechanism and improvement of software and hardware structure, and provides development methods, planning and organizational design, and establishes a set of targeted solutions.

Keywords: educational administration information system; analysis and design of MIS; system optimization

一、引言

教务管理是各高校教学管理中的重要环节，涉及与教学工作相关的一系列任务，包括课程管理、学籍管理、考务管理等，其工作效率的高低将直接影响高校教学质量把控的成效，而传统的教务管理方式已难以满足高数量级信息的现状。因此，各大高校均致力于利用先进的信息技术来开发、优化适合本校的教务管理信息系统，从而有力提升学校的教务管理水平，为校内管理人员和广大师生提供更好的教务服务平台。但目前教务系统的应用还存在一些普遍问题，例如：系统开发与功能优化未能及时跟进、移动设备端兼容性较差、基于平台的数据分析和利用程度不高等，这都对教务系统的办公效率、稳定性与安全问题带来了挑战。因此，以用户为中心，对高校目前拥有的教务管理系统进行针对性的优化改进，建造出更适合当前形势的教务平台，可有力提升教学管理工作的成效，满足高校的发展需求。[1]

本文以同济大学教务管理信息系统为研究对象，从学生用户角度，针对现有系统存在的问题进行分析，并提出相应的解决方案，旨在优化教务管理信息系统，进一步提升教务管理工作的质量。

二、国内外主流教务管理信息系统

（一）国内主流教务管理信息系统

我国教务管理工作的信息化起步相对较晚，但是近几年的发展正在稳步前进。国内的教务管理系统来源[2]主要分为两大类。

一类是自主研发的系统，主要是国内一些综合实力较强的高校结合本校实际情况自主开发的信息系统，这类系统的功能比较贴合学校实际的教务管理工作，但也存在系统维护人员不固定等问题。

另一类是高校外包开发的系统，这类系统已经较为成熟稳定，且可为高校分担部分风险，但具有系统流程与高校自有流程不完全匹配的情况，实际教务管理需求的满足程度可能弱于前者，例如青果教务管理系统和正方教务管理系统。

（二）国外现状

以国外开源社区较为流行的 Centre/SIS 教务管理系统为例，相比国内的教务信息系统，具有如下特点。[3]

（1）具有更加丰富的功能模块。该系统除了基本的学籍管理、学生社会信息管理、志愿活动管理等标准模块外，还同时设置了一些可选模块，如学生账单管理、LMS 等等。

（2）强化了平台信息利用程度。该系统旗下的 Discipline Pro 能为用户提供清晰可见的数据报表与视图，并辅助用户做出基于大数据的信息决策。

（3）提供使用教程。该系统为不同类型的用户配备了对应的系统使用教程，旨在让每一位用户都能轻松掌握该系统。

由于国内外的教育体制与学习制度和管理方式不尽相同，国外的教务管理信息系统并不适合我国高校的教务管理工作，但是对国内系统的设计具有参考价值。

三、同济教务管理信息系统存在的问题与分析

目前，同济大学的教务管理信息系统包括同济大学本研一体化系统（以下简称 4m3）和同济大学选课系统。以下将基于学生用户的使用体验，阐述与分析现有两个系统存在的问题。

（一）两系统间功能交叉冗余，给学生带来不便

4m3 系统和选课网系统的功能分别如图 1 和图 2 所示，可以发现，两个系统之间的功

能存在很多交叉和冗余，例如：学生查看考试安排是在 4m3，而查看考试成绩却是在选课系统中，类似的问题大大降低了用户的使用体验。[4]

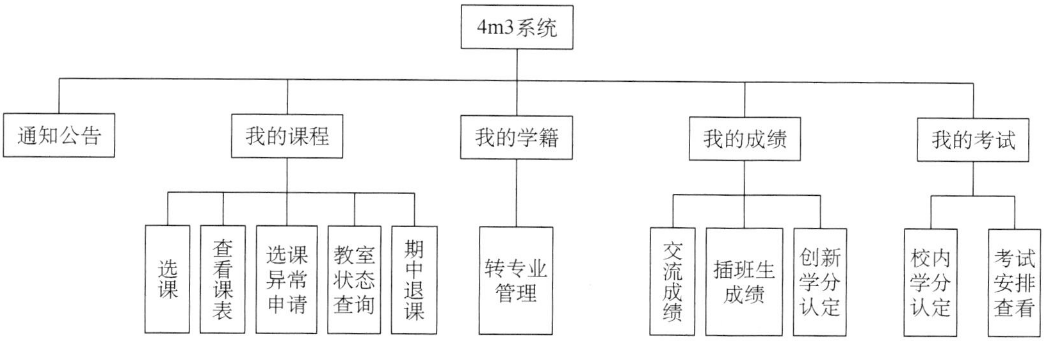

图 1　4m3 系统主要功能

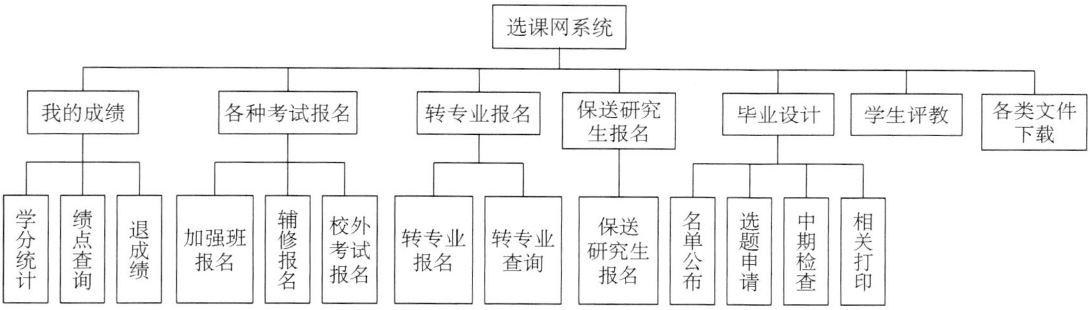

图 2　选课系统主要功能

（二）部分原有功能的流程未能与信息化融合

现有 4m3 系统的许多工作流程有待改进和优化，例如：学生如果通过 4 轮选课仍未选上必修课，就不能在 4m3 上提出选课申请，而必须自行到教务处进行课程申请登记，极大地影响了学生选课完成的进度，降低了选课环节的效率。

（三）系统软硬件结构相对落后，难以承受高峰流量

目前就读的学生人数明显上升，意味着 4m3 系统选课高峰期的并发量大幅上涨，这就对 4m3 系统的承载能力和响应速度提出新的要求。以选课功能为例，每年的前三轮选课，学生经常会遇到系统不能正常工作，导致学生无法进入选课界面，或者是课程信息显示异常，由此影响学生的在线选课。

（四）系统的安全设计仍需大力提升

随着外挂插件技术的发展，网上开始出现一些非正常手段，这对系统部分功能的运维带来了挑战。以 4m3 选课功能为例，少数学生为了成功选到自己心仪的课程，采用了外挂插件技术，由此对选课的公平性造成影响。这种现象的发生反映出 4m3 系统的安全设计

有待完善，需要针对性地根据问题做出改进及预防。

四、解决方案设计

本文根据上文所述的四大问题分别提出有针对性的解决方案，旨在优化同济大学的教务管理信息系统。

(一) 教务管理信息系统目标

优化改进后的教务管理信息系统主要有以下目标：①系统功能简洁完善，清晰明了，方便用户使用；②对某些功能进行流程再造，提高效率，精简成本；③保证教务系统的信息安全和网络安全；④提升系统软硬件条件，有效承受高峰流量。[5]

(二) 教务管理信息系统功能规划

1. 整合 4m3 系统与选课系统的功能

整合原则如下：①功能模块划分：以 4m3 系统现有的类别划分为准；②整合依据：将选课系统功能整合至 4m3 系统[6]。具体的功能整合设计与说明如表 1 所列。

表 1　4m3 系统与选课系统功能整合说明

功能模块	原有功能	整合功能	功能说明
我的课程	选课 查看课表 选课异常申请 教室状态查询 期中退课	学生评教	涵盖了与课程相关的一系列工作，从选课、查课、课后评教到异常状态课程处理等
我的学籍	转专业申请/确认	加强班申请/确认 辅修申请/确认 保送研究生申请	涵盖了各类特殊学籍情况的申请与确认工作
我的成绩	对外交流成绩认定 插班生成绩认定 创新学分认定 校内学分认定	绩点查询 学分统计 毕业生退成绩	涵盖了与绩点相关的工作，包括学分认定、绩点查询、退成绩处理等
我的考试	考试安排查询	校外考试报名	涵盖了校内/校外考试的必须工作
文件下载(新增)		各类文件下载	涵盖了各类官方格式文件的下载，方便学生们自行准备相应的材料

2. 流程再造

目前，学校的四轮选课基本能满足学生的选课需求，但也不乏少数学生在四轮选课后仍然未选上必修课的情况，每当碰到这种情况时，学生往往需要自己到教务处去解决(以下简称“落选添课”功能)。本研究将对“落选添课”功能进行流程再造，使其能在改进后的 4m3 系统中完成。“落选添课”流程再造遵循以下原则：①整体遵从原有的业务逻辑，但容许针对适当的步骤进行调整；②将线下操作与信息系统有效融合，最大限度地利用信息化来提升工作效率。[7]

改进后业务流程图如图 3 所示：①学生在系统上申请“落选添课”需求，选择课程类别；②系统自动展示目前该类课程下课程的可选情况，包括：课程号、课程信息、可选人数、上限人数；③学生就该类课程填写课程志愿，志愿优先级依次递减，即第一志愿优先级最高，以此类推。

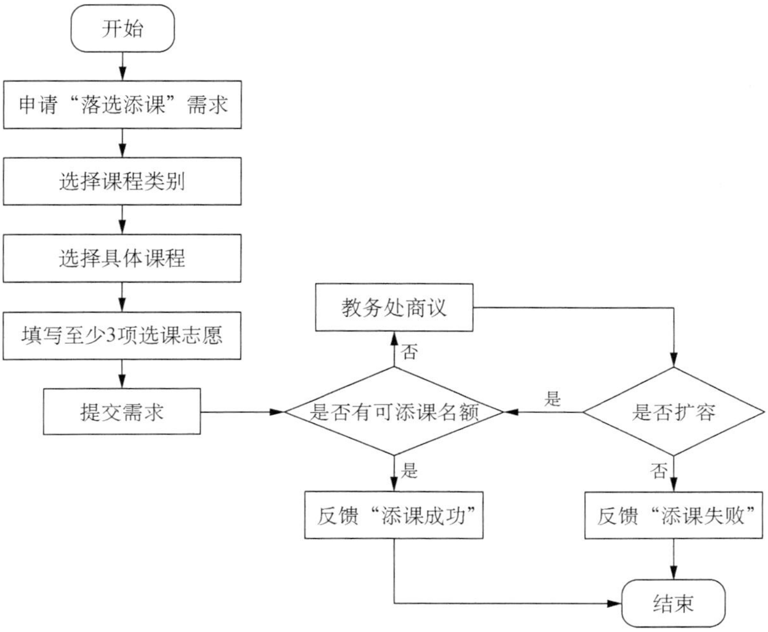

图 3 “落选添课”功能的业务流程

3. 防外挂作弊机制

教务管理信息系统需加强选课高峰期间对用户异常行为的监测，持续优化监测算法，对发现的外挂作弊行为采取多种排查措施，一旦发现违规行为，应立即通知系统管理员。

4. 提升系统软硬件结构设计

在保证系统安全性的情况下，加强对系统软硬件结构的改进优化，使其能担负选课高峰期的系统流量。这要求开发人员应加强系统各环节的容量分析，对潜在的综合接入、互联网带宽容量瓶颈及时进行扩容，尤其在信息系统变更和应急管理方面，进一步优化流程。[8]

五、总结

目前各大高校的教务管理系统应用都存在着一些共性问题，例如：功能繁杂冗余、容量瓶颈受限等，难以满足教务管理工作的需求。本文以同济大学教务管理信息系统为研究对象，探讨现有系统存在的问题及其产生原因，提出了针对性的解决方案，旨在设计一个更符合同济大学教务管理工作实际需求的管理信息系统，提高教务管理工作的效率，提升用户的使用体验与满意度。后续将进一步研究如何提升系统设备兼容性，如基于Android系统的应用；如何加强基于平台的数据分析和利用程度，如用户的使用行为数据，为教务管理提供有价值的管理建议。

参考文献

[1] 王博.基于"互联网+"的高校教务综合管理系统设计与实现[D].北京：北京工业大学，2017.
[2] 尹晓钧.高校教务管理系统应用中的一些问题及建设展望[N].科学导报，2018-06-29(B02).
[3] 刘亚静，訾端.浅谈正方教务管理系统在应用中的问题与对策[J].电脑知识与技术，2018，14(27)：43+46.
[4] 罗淑平.基于WEB的高校教务管理系统设计与实现[D].南昌：南昌大学，2009.
[5] 郭延君.教务管理信息系统设计与实施研究[J].科技创新导报，2016，13(26)：88-89.
[6] 陈晴，鲍日元.对移动互联网云计算模式下高校教务管理信息系统的几点探讨[J].教育现代化，2017，4(46)：87-88.
[7] 胡彧.基于移动互联终端的教务管理信息系统的优化研究[J].学术探讨，2019，(12)：246-247.
[8] 李恩科，黄小强，赖金福.信息系统分析评价综述[J].情报杂志，2000(2)：61-63.

二级学院教务管理现状及政策建议

——基于同济大学经济与管理学院的研究

方宇枫

（同济大学经济与管理学院）

摘　要：为了解与研究二级学院教务管理现状，提升教务管理质量，本文以同济大学经济与管理学院为例，采用问卷调查法对院内本科生进行调查。调查结果显示，同济大学经济与管理学院存在教务工作流程尚不规范、教务工作尚未完全适应学院的国际发展、缺乏学院自身的信息发布平台等问题。基于以上问题，本文针对性提出明确并公示各项教务工作的流程和规章、完善国际交流学生“学分抵充”的相关政策，进一步完善学院二级信息平台，打破校区屏障加强师生互动的政策建议。

关键词：二级学院；问卷调查；政策建议

Abstract: This paper investigates the current situation of academic administration at the level of schools and faculties secondary to a university. In this study, a questionnaire survey was conducted at the School of Economics and Management in Tongji University. The results show that the administrative workflow requires further standardization, and the daily tasks should centre around the internationalized vision of the school. The school has a need for the establishment of an information platform of its own students and staff. This paper proposes to clarify and publicize the procedures and regulations of various educational affairs, to improve the course credit policies for exchange students, to establish the information platform of the school, and to reconsider the management of the two campuses where academic activities take place.

Keywords: secondary college; questionnaire; policy suggestion

一、前言

现有高校一级教务管理需要面向整个学校的师生，不可能进行比较细致的教务管理，同时在信息采集上也存在一定困难，因此，大部分高校实行教务管理的分级管理。[1]二级学院作为学校办学的主体，承担着教学管理职责，包括落实学校教学计划和完成教学任务，组织实施教学和开展教学研究，进行教学运行和管理，执行和落实学校相应的规章制度，负责本学院专业、师资队伍、实践教学设施、教材资料等建设。[2]

做好教务管理的关键在于落实好二级教务管理。但本科院校的二级教务管理中，存在着教务管理模式不完善、教务制度建设滞后、高素质教务管理人员缺乏和教务管理信息化水平不高等问题。[3]本文以同济大学经济与管理学院（以下简称“经管学院”）为实例，通过问卷调查法探索其二级教务管理中存在的问题，并提出相应的教务管理改进意见。

二、调查问卷与样本情况

（一）问卷情况

为研究二级学院教务管理的现状，采用问卷调查法对学院各个年级和专业的学生进行调查。

表 1　二级学院教务管理现状调查问卷表

	题号	题目
基本情况	1	您的性别
	2	您常用的 E-mail
	3	您所在的年级
	4	您的住宿情况
	5	您就读的专业所在的大类
	6	您的专业
现状与评价	7	请您对同济大学经管学院的本科教务工作就以下方面进行评价（4 个方面）
	8	您是否清晰的知晓以下教务事务信息、办事流程及相关的规章制度？（10 项）
	9	现在您是如何了解相关的教务信息？
	13	您在办理教务相关事务的时候，遇到过什么问题？请简述
建议及完善	10	如果要提高本科教务管理的质量，您认为以下这些方面的重要性如何？
	12	您认为较为有效的教务信息发布平台是？
	14	您对经管学院的本科教务工作有怎样的建议或者意见？

（二）样本情况

问卷共回收 165 份，其中有效问卷 164 份。被调查的学生涉及经管学院各个年级和各个专业。此次问卷调查中，被调查者的男女人数分别为 73 人与 91 人，比例约为 0.8，与同济大学经管学院全体学生的男女比例相仿。

由于同济大学经管学院的校区安排具有特殊性（即大一大二安排在四平校区，大三大四安排在嘉定校区），教务管理涉及四平和嘉定两个校区，因此在问卷发放的过程中也兼顾到不同校区的学生。在回收的问卷中，位于四平校区的占 63.41%，嘉定校区的占 35.37%，另外，1.96%的被调查学生平时在外租房或是住在家里，这与学生实际的住宿情况类似。

三、数据分析

(一)学生对教务工作评价尚可

从图 1 可以看出,总体而言,大部分同学对于本科教务管理工作的态度还是基本肯定的,这从"信息的发布与更新""教务人员的服务态度""教务人员表的办事效率"以及"教务事务的办事流程"四项的平均分为 80.22(满分为 100 分)可以看出。

在"请您对同济大学经管学院的本科教务工作就以下方面进行评价"题中,"教务信息的发布与更新"平均分最高,为 82.34 分;"教务人员的服务态度"其次,为 80.73 分;紧接其后的是"教务事务的办事流程",为 79.16 分;平均分最低的是"教务人员的办事效率",为 78.64 分。在对教务信息、教务人员进行评价时,约 16%的人打分在 60 分以下,2%的学生打分在 20 分以下,24%的学生打分为 100 分,不同的学生评分差距较大。究其原因,可能是部分学生在与学院教务管理工作接触过程中遇到过较大困难。对于教务事务的办事流程的看法,分数虽然不高,但意见比较匀称,评分差距较小。

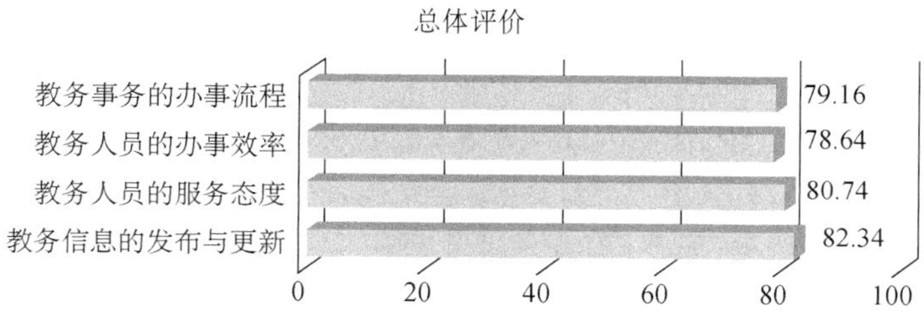

	教务信息的发布与更新	教务人员的服务态度	教务人员的办事效率	教务事务的办事流程
分值(分)	82.34	80.74	78.64	79.16

图 1　学生对经管学院的本科教务工作的评价

(二)教务信息的知晓度尚待提高

学生对于各类教务事务信息、办事流程以及相关规章制度的了解程度如图 2 和表 1 所

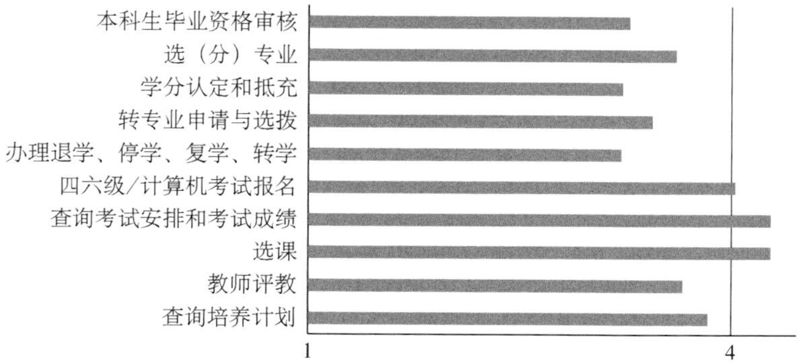

图 2　学生对于教务事务信息、办事流程及相关的规章制度的知晓情况

注:了解程度以 1—5 衡量,"很不了解"为 1 分,"很了解"为 5 分,以上数据经计算得到。

列。可以看出，学生对选课和查询考试安排和考试成绩这两项的了解程度最高，其次是四、六级/计算机考试报名。而查询培养计划、选(分)专业、转专业申请与选拔和教师评教等教务管理内容，学生了解程度较低，选择“一般”的占多数。在本科生毕业资格审核，学分认定和抵充，办理退学、停学、复学、转学等方面，学生的了解程度普遍偏低，仅三成的学生表示“了解”或“很了解”。对所有的教务管理内容表示“很不了解”的比例均在10%以下，其中比例最高的为“学分认定和抵充”类别，有8.54%的人表示对其“很不了解”。

从表2和表3可以看出，对于“选课”“考试安排和考试成绩”这类和学生的日常学习生活联系比较密切的教务事务，学生的了解程度相对较高，而对于学分的认定和抵充、办理学籍转变等非常规项目，知晓率相对较低。此外，我们还可以看到，学生的了解程度和学校的教务系统是否涵盖该项目也有一定的关系。如果学校的教务系统涵盖该项目，那么人们对于它的了解程度相对较高，反之则较低。由此可见，信息化程度的高低和学生对相关流程和规章制度的了解程度具有较大的相关性。

表2　　学生对教务各项事务的信息知晓度

题目/选项	很不了解(1分)	不了解(2分)	一般(3分)	了解(4分)	很了解(5分)
查询培养计划	0(0%)	14(8.54%)	56(34.15%)	55(33.54%)	39(23.78%)
教师评教	2(1.22%)	19(11.59%)	71(43.29%)	50(30.49%)	22(13.41%)
选课	0(0%)	1(0.61%)	10(6.1%)	49(29.88%)	104(63.41%)
查询考试安排和考试成绩	0(0%)	3(1.83%)	7(4.27%)	48(29.27%)	106(64.63%)
四六级/计算机考试报名	1(0.61%)	11(6.71%)	29(17.68%)	59(35.98%)	64(39.02%)
办理退学、停学、复学、转学	14(8.54%)	44(26.83%)	73(44.51%)	27(16.46%)	6(3.66%)
转专业申请与选拔	5(3.05%)	33(20.12%)	75(45.73%)	42(25.61%)	9(5.49%)
学分认定和抵充	14(8.54%)	48(29.27%)	65(39.63%)	29(17.68%)	8(4.88%)
选(分)专业	5(3.05%)	20(12.2%)	69(42.07%)	52(31.71%)	18(10.98%)
本科生毕业资格审核	12(7.32%)	46(28.05%)	64(39.02%)	35(21.34%)	7(4.27%)

表3　　学生对教务各项事务了解度排序情况

题目/选项	均值	学校教务系统是否有此项信息	排序
查询考试安排和考试成绩	4.57	是	1
选课	4.56	是	2
四六级/计算机考试报名	4.06	是	3
查询培养计划	3.73	否	4

（续表）

题目/选项	均值	学校教务系统是否有此项信息	排序
教师评教	3.43	是	5
选(分)专业	3.35	否	6
转专业申请与选拔	3.1	否	7
本科生毕业资格审核	2.87	否	8
学分认定和抵充	2.81	否	9
办理退学、停学、复学、转学	2.8	否	10

（三）教务信息获取渠道单一

在调查学生获取教务信息的途径时，问卷采用排序题。即给出常见的获取教务信息的途径，请学生选出最常使用的三项，并按照使用频率进行排序。问卷收回后，根据结果计算选项平均综合得分，以此反映选项的综合排名情况，得分越高表示综合排序越靠前。计算方法为：

$$选项平均综合得分 = (\sum 频数 \times 权值) / 本题填写人次$$

权值由选项被排列的位置决定，排在第一个位置的权值为 3，第二个位置权值为 2，第三个位置权值为 1。

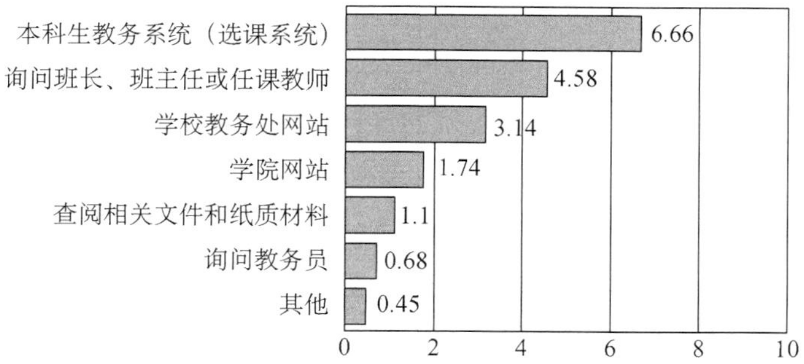

图 3　学生了解教务信息的渠道

由图 3 可知，本科生教务系统作为本科生最常使用的网站，获得最高分，为 6.66 分。其次是“询问班长、班主任或任课老师”，该途径得分为 4.58 分。排名第三的途径为学校教务处网站，得分为 3.14 分。第四为学院网站，分数为 1.74 分。查询相关文件和纸质材料、询问教务员的分数均低于 1.5，分别为 1.14 和 0.73。其他途径为 0.46 分。得分较高的本科生教务系统和学校教务处网站都是一级教务管理的内容，而根据经验一级教务管理由于管理内容繁多复杂，不可避免得效率较低，且对学院针对性较弱，但在本次调查中却受到同学们的青睐，这说明学校一级教务管理已基本受到同学们的认可，可以方便地获取需要的信息。教务员作为教务管理的直接负责人，询问他们应该是获取教务管理内容最直接的途径，得到的评分却最低。由此可见，二级教务管理的沟通存在一定的问题，教务员和学院网站发挥的作用都相对薄弱。

“询问教务员”的信息途径不被广大学生接受的原因从开放题“您在办理教务相关事务的时候，遇到过什么问题?”可见一斑。不少学生提到“不知道找谁”、“老师不在”“老师也不是很了解”等答案。但是如果所有学生不知道如何处理的教务管理内容均找教务员，容易导致教务员需要处理的事情太多，影响处事效率和处事态度。解决这个问题的最佳途径应该是建立一个合理、高效、规范化的办事流程，形成制度化管理，才能更好地提供服务。

在学生眼中较为理想的信息发布渠道是：学院网页、短信平台通知、邮件通知和班长通知。可见，年轻的学生还是更加青睐便捷的发布平台。二级教务的信息平台亟待建立和完善。

选项	小计	比例
网站/学院教务处网页	123	75%
短信平台通知	130	79.27%
发送邮件	81	49.39%
定期开会通知	30	18.29%
班长通知	107	65.24%
其他	6	3.66%
本题有效填写人次	164	

图4　学生青睐的信息发布渠道

(四) 学生建议与意见

在被问及“如果要提高本科教务管理的质量，您认为以下方面的重要性如何?”时，学生认为改善教务人员的服务态度、优化办事流程、优化信息发布渠道、提高办事效率、提高学生参与度(增加学生助管/学生教务员)五项的重要程度不相上下。认为“重要”或“很重要”的学生占八成至九成，甚至九成以上。其中，认为优化信息发布渠道最重要的人数比例最高，为62.80%。与之相差无几的是提高办事效率，为62.20%。认为优化办事流程最重要的人数比例排第三，为57.32%。认为改善教务人员的服务态度和提高学生参与度(增加学生助管/学生教务员)最重要的人数比例相对较低，这显示学生更相信制度化的管理。

表3　　提高本科教务管理的质量，需改善内容的重要性

题目/选项	很不重要	不重要	一般	重要	很重要
改善教务人员的服务态度	4(2.44%)	2(1.22%)	27(16.46%)	67(40.85%)	64(39.02%)
优化信息发布渠道	2(1.22%)	0(0%)	10(6.1%)	49(29.88%)	103(62.8%)
优化办事流程	2(1.22%)	0(0%)	16(9.76%)	52(31.71%)	94(57.32%)

（续表）

题目/选项	很不重要	不重要	一般	重要	很重要
提高办事效率	2(1.22%)	0(0%)	11(6.71%)	49(29.88%)	102(62.2%)
提高学生的参与度(增加学生助管/学生教务员)	3(1.83%)	4(2.44%)	25(15.24%)	62(37.8%)	70(42.68%)

此外，被调查的学生对经管学院的本科教务工作提出了不少建议和意见，涉及教务管理的各个方面。归纳起来可分为以下四个部分。

1. 信息发布和交流。有学生认为，目前大多数的信息内容宽泛，与学生关联不大，久而久之容易造成学生对发布的信息无视化，所以应该增强信息的针对性，并强化重要信息的传递。

2. 专业、课程与成绩。增加专业之间的交流和合作，提供更多的专业选择机会和信息。一些学生希望同济经管学院在走向国际化的同时，多增加一些外教和双语课程。

3. 师生管理。不少学生对教师态度提出要求，希望提高老师的服务态度和办事效率。有学生提出，学生与任课教师之间缺乏一个良好的交流平台，建议老师给每一位同学写上有针对性的评语，增加师生交流。

4. 校区差异。因为嘉定校区没有经管学院的常驻教学楼，教师也只能每周驻扎几天。不少学生提出加强对嘉定校区关怀，增派老师，处理相关工作。如果老师不方便，可以增加学生助管。

四、现状分析

（一）教务工作流程尚不规范

经管学院的教务工作涵盖了制定和落实培养计划、教师评教、排课和选课、考试安排和考试成绩录入等，共计 12 个方面，同时还要为学生解答各个方面的疑问。如此繁杂的工作内容集中在一个教务员的身上，教务员的工作量和工作压力之大可见一斑。此外，每个教务员都需要与学校教务处的各个科室对接，这无疑增加了整个流程的时间，降低了办事效率。面对如此大的工作压力和工作强度，教务员便很难提供优质的服务。在这样的管理模式下，各个教务员容易“各自为政”，大大降低了管理效率。

（二）教务工作尚未完全适应学院的国际发展

近十几年来，经济与管理学院作为同济大学国际教育交流活动最活跃的单位之一，面向本科生的国际交流项目和交流机会不断增加。目前，学院分别与法国、德国的一些著名高校开办了双学位项目，所有进入经济与管理学院的本科生都有机会报名参加。不仅如此，学院每年还有 100 多个期限为一年或半年的短期交流项目向本科生开放，从而使得 50%左右的本科生都有机会在本科学习阶段到欧美等发达国家开拓视野，增加阅历。

学院国际交流项目的快速发展，给学院教务工作带来了很大的挑战。在具体的工作中，“项目在前，规则滞后”的情况屡见不鲜。对于参加国外交流项目的同济经管学院的学生，由于在国外学习的课程专业设置、教学内容的不同，常常需要在回国后进行相关课程的重修，影响学生的正常毕业。对于教务科的教务员来说，也需要“专事专办”，这大大地增加了工作强度。如果沟通不畅，会使得师生之间产生矛盾。

（三）缺乏学院内部有效直观的信息发布平台

虽然在网站的设计上还不尽合理，但是在同济大学教务处的官方网站上，还是可以清晰地看到各个教务事务的工作流程，不但方便学生查询，也作为一种规章制度，方便教务人员科学管理，使得每项教务工作都有章可循。但在“人才培养—本科生”一栏中，只有简单的院系介绍，并没有教务事务的流程和教务员的办公时间和联系方式。教务员一人需对接众多学生，学生却只能通过学校的网站和学校公用的教务信息系统查询相关的信息。两种困境同时存在，对于如今这样一个信息时代，这样单一、传统的信息传播方式已经远远不能满足学生的需求。

（四）跨校区管理制度尚未成熟

目前，经管学院的本科学生分布在本部（位于四平路）和嘉定（位于嘉定嘉松北路）两个校区，教务人员的办公室主要设在本部的同济大厦 A 楼内。由于校区之间并没有学生校车，如果学生要办理一些教务事务的话，就需要往返于两个校区之间，费时费力。虽然，学院在嘉定校区设立了值班的教务人员，但是仅仅起到了咨询的作用，而且，每一个教务员对于其他系的学生和老师的情况也不尽了解。如何保证两个校区的学生都能享受到同样优质的教务服务，也是学院需要完善的重要部分。

五、结论与建议

（一）明确并公示各项教务工作的流程和规章

公示学院教务工作的实际操作流程和规章有助于学生理解学院教务工作和减少不必要的咨询环节，建议学院教务对其进行线上线下两个维度的公示，特别标注出与学院教务相关的环节。

考虑到部分教务工作可能会随着时间产生变化，学院教务还应对变更的工作流程及时做出提醒和标注，防止部分根据经验来办理相关事务的学生需要重新办理，不当占用教务人员的办公时间，从而形成双方矛盾。

对于部分尚未明确流程和规章的教务工作，应加快制定相关流程和规章，初期可以通过操作手册的形式对学生给予指导。

（二）完善国际交流学生“学分抵充”的相关政策

目前，国际交流学生“学分抵充”政策尚不明确，在加快制定相关流程和规章的同时，学院教务应在其职能范围内做好相关工作，加强教务人员与交流学生之间的沟通，跟踪交流学生在国外的课程学习情况，并协助交流学生做好回国后的学习计划。针对国际交流学生“学分抵充”，逐步建立完善且便捷的操作流程。

（三）进一步完善学院二级信息平台

建立学院教务处网页、短信平台、学生邮箱、微信平台等四位一体的新教务信息平台。转变原有的教务人员—（班主任）—班长—学生的单向信息传递途径，利用现代通信工具，由教务人员将信息通过新教务信息平台直接发布，学生可以直接浏览、查询，减少信息传递的环节，加强信息传递的有效性，使学生能够和信息发布者进行直接沟通，逐步完善学院二级信息平台。

（四）打破校区屏障加强师生互动

进一步完善嘉定校区教务人员的值班制度，做好科学轮班并向学生公布办公时间，保证每个系的教务员每周定期前往嘉定校区实时处理相关事务，而不仅仅是做咨询、接电话等，增加师生之间的互动和面对面交流的机会，保证两个校区的学生都能享受到同样的教务服务，逐步实现两校区教务事务的同步处理。

除此之外，还可通过加快建设网上服务平台来打破校区局限，使原先需要奔波于两校区才能办理的一些教务事务能在网上一键实现，如学生在嘉定提交材料，教务人员在本部可以直接签章审核等。

参考文献

[1] 王阳，徐筑燕，魏媛，等.高校二级管理模式下教务工作的思考——以贵州财经大学为例[J].课程教育研究，2019(19)：14+17.

[2] 祝荣华.高校教务管理信息化建设策略[J].科技经济导刊，2019，27(13)：237.

[3] 陆宵宏.高校校院两级教务管理模式下的教务体系运行优化研究[J].湖北函授大学学报，2017，30(14)：22-24.

研究生管理

YANJIUSHENGGUANLI

“三全育人”视阈下我国高校研究生班主任队伍建设模式探索*

周　彬　王丽娜

（同济大学经济与管理学院）

摘　要：基于网络问卷调查数据，本文围绕研究生班主任工作职责、工作开展情况及满意度等内容，探究研究生班主任队伍建设现状与问题，探索我国高校研究生班主任队伍建设模式，以期增强研究生思想政治教育工作实效，提高研究生人才培养水平，从而构建全员全过程全方位育人格局。

关键词：三全育人；研究生班主任；队伍建设

Abstract: Based on the data of online questionnaire survey, this paper focuses on the job responsibilities, operating condition and satisfaction of the postgraduate headteacher, and discusses the status quo and problems of the construction of the team. We explore the construction mode of the postgraduate headteacher in China in order to enhance the effectiveness of postgraduate ideological and political education, improve the level of postgraduate talent training, and build the whole process of all-round education pattern.

Keywords: Three-wide education; the postgraduate headteacher; the construction of the team

一、引言

自我国研究生教育大规模扩招以来，过去精英化的研究生教育模式已不复存在，依靠导师对研究生实行个体管理已逐渐被规模化研究生教育模式下的集体管理所取代。新情况对研究生教育提出了新要求，要积极探索研究生管理与培养的有力办法，努力拓展新形势下研究生思想政治教育的有效途径。此外，研究生群体具有思想多元化、自主意识强、专业能力突出、学业就业压力大等特点，需要针对性的思想引领、业务指导与生活关怀。对研究生实行分

* 基金项目：2018 年度同济大学研究生教育改革与研究重点项目“加强研究生班主任队伍建设，服务以‘立德树人’为核心的全员全过程全方面育人格局”（2018ZD020）。

班管理,以班级为单位面向个体开展思想政治教育、提供个性化的管理与服务便具有其必要性与现实意义。班主任是研究生思想政治教育的骨干力量,是研究生健康成长的指导者和引路人,在研究生教育、管理与培养等方面地位重要、作用突出。因此,如何建设一支政治素质过硬、业务水平精湛、思想品德良好的高水平研究生班主任队伍,进而更好地服务于全员育人、全过程育人、全方位育人格局(即"三全育人")值得深入研究与探索。

二、研究生班主任队伍建设:研究现状回顾

21 世纪初,学者们开始结合研究生群体特点,探究研究生班主任如何在思想政治教育、管理与服务等方面发挥作用,切实加强研究生德育工作队伍建设,增强和巩固研究生思想政治教育工作实效。宋春晖[1]结合自身工作经验,对研究生及其所在班级的特点进行剖析,提出了建立健全研究管理体制,加强政治思想、道德品质教育、专业兴趣培养,充分发挥自我管理等八种研究生班级管理办法。卢昕昕[2]提出,当前研究生教育重抓专业教育,思政教育功能相对弱化,研究生群体呈现出价值取向多元化、选择现实化等特点,亟待加强包括理论课教师、专职辅导员、党务工作者、研究生班主任在内的专兼职政治教师队伍建设。张静[3]同样剖析了研究生群体思想特征,并强调研究生主体地位,认为应遵循研究生思想特点、行为习惯、发展需求和成长规律,探寻符合需要的思想政治教育方式方法,将研究生思政教育落实到人才培养全过程。因此,应以专职辅导员和研究生导师为依托,鼓励青年专业教师兼任班主任或优秀研究生兼任工作助理,以育人合力彰显思政工作实效。李惠清[4]的研究表明,应全面发挥班主任在研究生思想政治教育中的引领作用,通过对研究生开展深度辅导,运用其专业优势进行学业学风指导,发挥研究生在思想政治教育中的主体作用等途径来增强研究生思想政治教育。陈晓梅[5]主张建立导师、班主任、辅导员三方联动的思想政治教育模式,形成合力育人、协同育人长效机制。然而,由于导师、班主任是兼职的思想教育工作者,在三方联动过程中,辅导员需发挥主要作用。

通过梳理相关研究成果发现,大多研究主要围绕研究生思想政治教育、德育工作队伍建设等议题开展,以高校研究生班主任为对象的研究较为鲜见,而关于研究生班主任队伍建设模式的研究基本上处于空白状态。总体而言,目前相关研究成果经验性、理论性分析较多,深层次、实证性研究较少;主要侧重分析当前研究生德育工作普遍存在的问题,并针对问题分析原因提出对策;以研究现象居多,忽略了规律的总结和挖掘。

三、研究生班主任队伍建设现状:一项调查研究

(一) 数据来源与样本基本情况

本研究以上海市高校研究生班主任为测试对象,通过转发问卷链接进行网络问卷调查。回收有效问卷 91 份。其中,男性测试对象占 39.56%,女性占 60.44%;20～29 岁占 21.98%,30～39 岁占 42.86%,40～49 岁占 31.87%;理工科类学院的占 64.84%,人文社科类学院的占 20.88%;曾经担任研究生班主任的占 16.48%,正在担任的占 64.84%,从

未担任的占 18.68%。

为全面了解情况，本研究还采用同种方式面向上海市高校研究生群体发放问卷，共回收有效问卷 593 份。其中，男性占 40.98%，女性占 59.02%；硕士生占 65.26%，博士生占 34.74%；专业类别为理工科的占 49.24%，为人文社科类的占 41.66%；当前学历阶段担任过学生干部的占 40.3%，未担任过的占 59.7%。

（二）研究生班主任工作职责

研究生班主任作为研究生思想政治教育的骨干力量，厘清工作职责对于其开展研究生思想政治教育工作至关重要，影响着人才培养质量与研究生群体的获得感。那么，研究生班主任应履行哪些工作职责呢？通过查阅、研究党中央、教育部等出台的相关政策文件及各高校制定的班主任工作条例，我们认为，研究生班主任工作职责应涵盖学校规章制度传达与解读、思想政治教育、班级建设、奖惩助贷工作、学业指导、职业发展指导、社会实践指导、安全纪律教育、心理健康教育与辅导、生活适应关怀、个人情感与社交辅导、危机事件处理等 12 项内容。为进一步验证职责的合理性与适用性，就研究生班主任与研究生两大群体进行调查，分别询问这 12 项条目是否属于研究生班主任的工作职责。

调查结果显示（表 1），班主任与研究生群体普遍认可班级建设、安全纪律教育和危机事件处理等工作是研究生班主任的工作职责，但二者的认知仍存在一定的差异。比如，97.8%的班主任认为班级建设是班主任的工作职责，90%以上的班主任表示安全纪律教育、生活适应关怀等也应属于其职责范围之内；分别有 94.77%和 90.89%的研究生认为班主任工作职责应包含学校规章制度传达与解读、奖惩助贷工作等。此外，心理健康教育与辅导、职业发展指导和个人情感与社交辅导也是班主任和研究生普遍较为认可的研究生班主任工作职责。这一研究结果为新形势下如何有重点、有针对性地引领和服务研究生群体提供了有效参考。

表 1　研究生班主任工作职责

序号	研究对象 / 工作职责	研究生群体		班主任群体	
		是	频率	是	频率
1	学校规章制度传达与解读	94.77%	562	87.91%	80
2	思想政治教育	84.32%	500	92.31%	84
3	班级建设	92.92%	551	97.80%	89
4	奖惩助贷工作	90.89%	539	80.22%	73
5	学业指导	77.91%	462	72.53%	66
6	职业发展指导	86.51%	513	81.32%	74
7	社会实践指导	84.99%	504	76.92%	70
8	安全纪律教育	91.23%	541	93.41%	85
9	心理健康教育与辅导	88.87%	527	87.91%	80
10	生活适应关怀	87.86%	521	93.41%	85

（续表）

序号	研究对象 / 工作职责	研究生群体		班主任群体	
		是	频率	是	频率
11	个人情感与社交辅导	80.61%	478	83.52%	76
12	危机事件处理	95.78%	568	89.01%	81

注：研究生群体样本数为593；研究生班主任样本数为91。

（三）研究生班主任工作开展情况

为全面了解研究生班主任日常工作开展情况，本研究面向研究生群体了解班主任召开班会的频率与走访宿舍的频率。如表2所列，28.50%的班主任召开班会的频率为一个月一次或以上，53.79%的班主任一学期召开一次班会，仅有7.08%的班主任从未召开过班会。在走访宿舍方面，高达41.99%的班主任从未走访过宿舍，而将近40%的班主任一学期走访一次宿舍，还有大约10%的班主任一年走访一次宿舍，班主任走访宿舍的频率较低。

表2　研究生班主任召开班会与走访宿舍情况

工作开展情况	召开班会		走访宿舍	
	百分比	频率	百分比	频率
一个月一次或以上	28.50%	169	7.93%	47
一学期一次	53.79%	319	39.80%	236
一年一次	10.62%	63	10.29%	61
从未召开/走访过	7.08%	42	41.99%	249

注：研究生群体样本数为593。

研究还发现，5.4%的受访研究生不知晓班主任的名字，而高达20.2%的研究生不知晓辅导员的名字。这大概与班主任和辅导员不同的工作角色与定位有关，即班主任面向“集体”开展工作，班级学生对其接触和了解较多，而辅导员则负责“群体”层面的工作，因此某些研究生个体可能存在不认识辅导员的情况。研究数据还显示，在研究生看来，班主任对班级学生的总体了解程度均值为6.43（满分为10分），表明班主任对学生的了解程度较低，班主任与班级学生之间的交流、沟通与互动还有待加强。此外，受访学生普遍反映班主任应在班级建设、心理健康教育、就业指导、学术引领等工作方面有所改进，以及专业教师担任班主任会产生角色冲突等问题。

（四）研究生班主任工作满意度

受教育者对教育者工作的满意度评价在很大程度上能够反映班主任工作实效与研究生德育工作成效，影响着立德树人根本任务的实现。为此，以研究生为调研对象，初步了解研究生对班主任工作的满意度。① 调查结果显示（表3），研究生群体对班主任工作的满

① 研究生对班主任各项工作的满意度打分，0表示非常不满意，10表示非常满意。

意度现状不容乐观。研究生群体认为班主任在"学校规章制度传达与解读"上表现良好，平均分为 8.08，对其"奖惩助贷工作""班级建设""生活适应关怀"等工作较为满意，均分在 7.82～7.45 之间；对其"个人情感与社交辅导"工作的满意度最低，为 7.25 分。

为进一步了解班主任对自身所承担的各项工作的满意度①，同样就相关工作议题的满意度对班主任群体展开调查。调查结果显示(表 3)，班主任对其自身工作的满意度相对较高，评分均在 8.0 以上。其中，对"职业发展指导"方面的满意度最高，平均分高达 8.67；其次是"学业指导"，得分 8.3；再次是"学校规章制度传达与解读"，得分 8.24；对"奖惩助贷工作"的满意度最低，为 8.0 分。通过对比研究生与班主任两大群体，发现二者在班主任工作满意度上存在较大差异，但二者均对"学校规章制度传达与解读"的满意度评价较高。这也启示我们，分析研究生班主任工作满意度时，要同时兼顾"教育者"与"受教育者"双方对于特定工作内容的主观评价，以期实现班主任与研究生在班主任工作开展中的双赢。

表 3　研究生班主任工作满意度

序号	项目	研究生群体		班主任群体	
		均值	标准差	均值	标准差
1	学校规章制度传达与解读	8.08	2.457	8.24	1.840
2	班级建设	7.68	2.661	8.20	1.905
3	奖、惩、助、贷工作	7.82	2.587	8.00	1.874
4	学业指导	7.37	2.814	8.30	2.179
5	职业发展指导	7.37	2.746	8.67	1.647
6	心理健康教育与辅导	7.34	2.876	/	/
7	生活适应关怀	7.45	2.840	/	/
8	个人情感与社交辅导	7.25	2.944	/	/

注：研究生群体样本数为 593；研究生班主任样本数为 91。

四、研究生班主任队伍建设模式探索

(一) 厘清职责定位，聚焦主责主业

2010 年《教育部关于进一步加强和改进研究生思想政治教育工作的若干意见》(教思政〔2010〕11 号，以下简称"11 号文件")明确提出，"总体上看，大多数研究生的思想政治状况是积极、健康、向上的。但是，在一些研究生身上仍不同程度地存在着理想信念模糊、集体观念淡薄、学术道德失范、知行不够统一等问题。特别是研究生面临学业、就业、经济、婚恋等实际困难及压力，在成长发展过程中需要对其进一步加强教育引导。"因此，要充分发挥课堂教学在研究生思想政治教育中的主导作用，加强研究生学术文化建设，广泛开展

① 班主任对班主任各项工作的满意度打分，0 表示非常不满意，10 表示非常满意。

社会实践和志愿服务活动,加强研究生心理健康教育和咨询工作,努力解决研究生的实际问题等,从而为实现立德树人根本任务、深入推进研究生素质教育、全面增强拔尖创新人才培养、培育德智体美劳全面发展的社会主义建设者和接班人提供有力保障。

结合研究生群体特点与调研结果,班主任应切实履行好学校规章制度传达与解读、思想政治教育、班级建设、奖惩助贷工作、学业指导、职业发展指导、社会实践指导、安全纪律教育、心理健康教育与辅导、生活适应关怀、个人情感与社交辅导、危机事件处理等工作职责。概括地讲,即班主任要针对班集体落实研究生思想政治工作要求,加强班级日常事务管理,对班级学生的思想、学习、生活等方面给予有针对性的指导和帮助。

值得注意的是,班主任需针对工作职责找准切入点、狠抓关键点、加强着力点:一是引导研究生树立注重实践、知行合一的观念,积极参加社会实践与志愿服务活动,鼓励其将个人所学专业知识、学术研究服务于国家经济社会发展实际,在实践中受教育、长才干、做贡献,这要求班主任要为其提供必要的支持与指导;二是积极为研究生搭建学术交流提升平台,培养创新意识,增强创新能力,激发创新潜力,同时将思想政治教育元素有效融入学术文化活动中,促进研究生学术水平与道德素养同步提升,尤其要教育研究生严守学术规范,恪守学术道德,坚守学术诚信;三是聚焦研究生在学术科研、择业就业、婚恋交友等方面可能会遇到的困惑与压力,及时帮助他们解疑释惑、调节情绪、化解矛盾,促进其身心健康发展。

(二)完善沟通机制,凝聚育人合力

研究生实行班集体管理模式后,研究生教育与管理基本上实现了辅导员—班主任—导师三支队伍联动机制。全面深入开展研究生思想政治教育,将思想政治教育贯穿至研究生培养和管理的各环节,离不开辅导员、班主任与导师之间的定期沟通与联络,实现信息共享、互通有无,形成三者联动的研究生思想政治教育育人合力,构建起三支队伍协同育人机制。

导师和专职辅导员是研究生思想政治教育工作队伍中的主体:导师面向学生个体,在研究生培养中发挥“首要责任人”作用,教书和育人是导师的两大基本职责,对学生进行思想政治教育,并一对一地针对学生开展学业指导、个体关怀、人生引导;专职辅导员面向学生群体,按照党委部署有针对性地开展思想政治教育活动。班主任与辅导员一起被定位为大学生思想政治工作的骨干力量,负有在思想、学习和生活等方面指导所带班级学生的职责,是班级的直接管理者,采用召开班会、走访寝室、开展班级活动等方式对班级学生进行关注和指导。通过定期与导师了解学生情况、召开班主任工作例会等方式综合全面了解研究生思想政治学习生活等状况。当遇到突出的思想状况、心理问题、学业困难等难题时,三支队伍需加强联动与合作,就相关案例进行集体研讨与决策。

(三)夯实队伍根基,激发工作活力

目前高校研究生班主任选聘多以专业教师为主,在任用环节上应坚持政治强、业务精、纪律严和作风正的标准,选拔真正德才兼备、乐于奉献、潜心教书育人、热爱大学生思想政治教育事业的人员充实到研究生班主任队伍中来。尤其是应从思想素质好、业务水平高、奉献精神强的教师特别是中青年教师中选聘,原则上应具备相关学科专业背景和较

强的组织管理能力。① 亦即在选聘研究生班主任时应从思想政治素质、道德品质、文化素质、综合能力等方面考虑，把好"入口关"的选人用人导向，真正建立起一支师德高尚、作风优良、业务过硬的研究生班主任队伍。

加强班主任的理论培训与继续教育力度是增强研究生班主任队伍建设的重要途径。加强研究生班主任思想政治教育理论与业务知识培训，譬如马克思主义理论、心理学、教育学等学科知识，以及网络思想政治教育、心理咨询与辅导、职业规划等应用型知识是其开展研究生思想政治教育的理论基础与业务技能，特别是针对非从事上述专业的专业教师，加强相关科学理论与专业知识学习便尤其必要且重要。此次调查显示，高达 69.2%的班主任认为应将"班级建设"作为培训内容，赞成将"心理咨询"纳入培训内容的占 63.7%，将"危机事件应对"培训内容占 58.2%，"研究生职业发展""网络思想政治教育""相关时事普及(如校园贷、电信诈骗)"和"新媒体运用"等纳入培训内容的分别占 38.5%、26.3%、18.7%、11.0%。由此可见，研究生班主任对"班级建设""心理咨询""危机事件应对""研究生职业发展"等方面知识需求较为迫切，可根据上述项目针对性地构建研究生班主任培训体系。

适当的激励是增强研究生班主任工作积极性、加强研究生班主任队伍建设的有力保障。本次调查结果表明，受访班主任认为应从"合理的薪酬福利水平"(83.5%)、"科学的绩效考评机制"(78%)、"清晰的发展与晋升路径"(63.7%)、"荣誉激励"(51.6%)、"学校、学院事务中一定的决策与管理权"(40.7%)、"多方位的培训"(39.6%)等方面对研究生班主任进行适当的政策倾斜。

五、结语

班主任在研究生思想政治教育中扮演着重要角色，为把思想政治教育渗透到研究生培养和管理的各个环节，贯穿研究生培养和管理的全过程提供了有力保障，有利于构建全员全过程全方位思政育人格局。本文基于调查研究，探讨了研究生班主任队伍建设现状及存在的问题，提出要从厘清职责定位，聚焦主责主业；完善沟通机制，凝聚育人合力；夯实队伍根基，激发工作合力三个方面构建"三全育人"视阈下的高校研究生班主任队伍建设模式，从而有效增强研究生思想政治教育工作的针对性与实效性，培养德智体美劳全面发展的社会主义建设者和接班人。

参考文献

[1] 宋春晖.浅议适合研究生特点的管理方法——高校研究生班主任工作的实践和体会[J].兰州大学学报(社会科学版)，2000:221-225.

[2] 卢昕昕.新时期研究生思想政治教育工作探析[J].福建论坛·人文社会科学版，2008(08):73-74.

[3] 张静.积极探索研究生思想政治教育的新机制新方法[J].中国高等教育，2009(01):39-41.

[4] 李惠清.班主任在研究生思想政治教育中的作用研究[J].教育理论与实践，2015(06):31-32.

[5] 陈晓梅.规模化条件下研究生教育管理的思考[J].高等农业教育，2012(05):80-82.

① 参见教育部《关于加强高等学校辅导员班主任队伍建设的意见》(教社政〔2005〕2 号)。

制度领航，“四心”为舵，“修己与立命”为帆，打造研究生班主任工作新格局*

周 彬 蔡艳丽

（同济大学经济与管理学院）

摘 要：本文对同济大学经济与管理学院研究生班主任日常管理和培育实践进行总结，从研究生班主任管理制度、工作原则和培育目标三个方面，探索研究生班主任工作模式。

关键词：研究生班主任；管理制度；工作原则；培育目标

Abstract: This paper summarizes the practice of the management and development of postgraduate class head teachers in School of Economics and Management, Tongji University. Based on regulatory regime, working principle and development goals, a set of working pattern of master class head teachers is established.

Keywords: the postgraduate headteacher; regulatory regime; working principle; development goals

一、引言

随着我国高等教育步入新时代，高层次人力资源供给增长幅度较大。[1]《2018 年全国教育事业发展统计公报》显示，2018 年研究生招生 85.80 万人，其中，全日制 73.93 万人。目前，全国研究生规模达到约 273.13 万人。研究生培养是我国培养高级人才的重要途径，现阶段的研究生教育已经成为规模化的精英教育[2]。在研究生数量不断增加、研究生培养目标定位转变的情况下，加强研究生的思想教育，提高研究生管理水平，是摆在高校研究生教育管理工作者面前的一项紧迫而重要的任务[3]。

二、研究生特点和管理模式

与本科生相比，除了学历层次外，研究生还具有以下四个方面的特征。①学习特征：

* 基金项目：2018 年度同济大学研究生教育改革与研究重点项目“加强研究生班主任队伍建设，服务以‘立德树人’为核心的全员全过程全方面育人格局”（2018ZD020）。

学习专注自觉,研究方向明确;②思想特征:思想开放多元,价值观念复杂;③心理特征:心理趋于成熟,各种压力增大;④生活特征:生活管理自由,校园文化匮乏[4]。

研究生管理相对自由,各学科、专业的研究生研究方向不同,培养方案也各不相同,日常生活较分散,学习和科研工作常以课题组为单位开展。在研究生的思想政治教育中,很多高校过于重视研究生的学术教育而忽视研究生的思想政治教育,为研究生的学术教育提供大量的人力、物力和财力,对研究生思想政治教育却很少关注,研究生思想政治教育工作更是往往流于形式。因此,相对于本科生来说,研究生的思想政治教育工作基础还比较薄弱,缺乏系统的教育模式和经验,亟待寻找新的解决途径[5]。

随着研究生招生规模的扩大,研究生体量庞大,传统模式下的导师和辅导员工作制无法满足对研究生提供一对一全面帮助和指导的要求,为大规范开展研究生思想政治教育工作带来诸多实际困难[6]。研究生班级是规模化条件下研究生日常教育管理的产物,是研究生相互了解与合作的平台,是搭建在学院、导师、辅导员与研究生间的一座桥梁。中共中央、国务院《关于进一步加强和改进大学生思想政治教育的意见》中指出:“班级是大学生的基本组织形式,是大学生自我教育、自我管理、自我服务的主要组织载体。要着力加强班级集体建设,组织开展丰富多彩的主题班会等活动,发挥团结学生、组织学生、教育学生的职能。”这充分体现了班级在研究生自身成长发展和加强思想政治教育中的重要性,研究生班级构成了高等学校研究生教育管理的基本单位,同时也成为思想政治教育工作的重要载体[7]。

班主任作为一个班级的管理者、组织者、教育者,处于学生管理的“神经末梢”,是学生管理的具体执行者,是学校开展学生思想政治教育的骨干力量,是大学生健康成长的指导老师和引路人,更是学校与学生之间的联系桥梁和纽带[8],其性格、心态、管理思维都会对学生产生最直接的影响,对学生的成长和发展的影响举足轻重[9]。

三、研究生班主任工作探索——以同济大学经济与管理学院为例

在全面贯彻党的教育方针,落实立德树人根本任务的今天,如何提升班主任这一班级发展的“主心骨”和立德树人的“排头兵”的工作效能,成为高校实践探索的又一重要主题。同济大学经济与管理学院学生党总支牢牢瞄准围绕立德树人这一靶心,按照学校、学院关于班主任管理的相关要求,结合研究生群体特点,积极探索班主任管理之道,形成了制度领航,“四心”为舵,“修己与立命”为帆的研究生班主任管理思路,提升研究生班主任工作的效果和能力。研究生班主任效能提升探索过程中,力求构建覆盖班主任工作能力和工作效果两维度,学校、学生个体、班主任自身三层次的工作模式,努力践行学校总体管理目标、学生个体发展目标、班主任自身发展目标的“三目标”原则,以提升班主任的教育能力、管理能力、服务能力的“三能力”为抓手,实现全员、全过程、全方位育人的总体目标(图 1)。

(一)制度先行,为研究生班主任管理保驾护航

1. 严把入口关,夯实研究生班主任队伍基础

根据《同济大学班主任工作管理和考核办法》的相关要求,从专业技术岗教师、专职辅导员、管理人员中选聘研究生班主任。通过本人申请及组织推荐,学生党总支谈话及审查,广泛

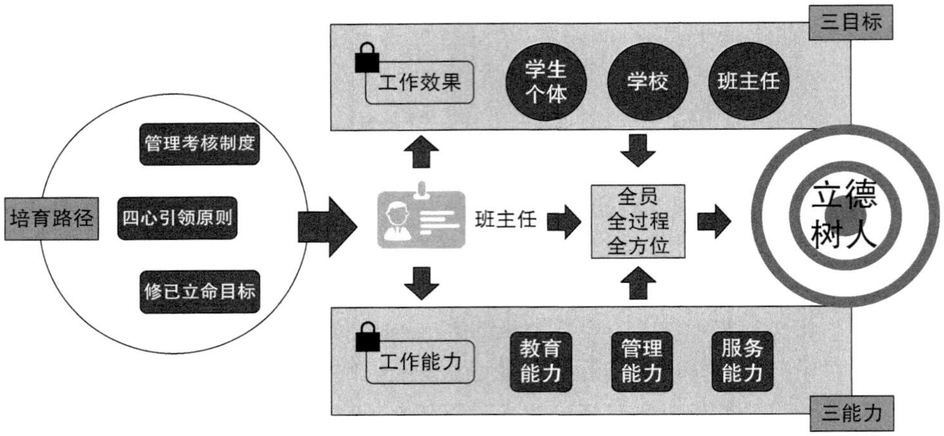

图 1　研究生班主任管理管理培育路径

征求各方面意见后,报学院党委,经学院党委会讨论决定,产生新任辅导员。严格把控新任班主任的“入口关”,优中选优,选聘德才兼备、热爱学生、乐于从事班级管理工作的教师担任班主任,不断壮大、夯实学生管理队伍基础。同时,建立导师、辅导员、班主任三方联动的教育机制,明晰导师是个体、班主任是集体、辅导员是群体的教育、管理与服务模式。

2. 育人发力准,明晰研究生班主任工作职责

根据《同济大学班主任工作管理和考核办法》,结合经管学院研究生的特点,制定《同济大学经济与管理学院研究生班主任岗位工作职责》,明确研究生班主任的工作职责,从制度上规范、约束、管理研究生班主任,促进经管学院研究生班主任队伍建设和班主任工作制度化、规范化。在制度制定过程中,围绕研究生思想多元化、复杂化的特点,将学校总体管理目标、学生个体发展目标、班主任自身发展目标分解到班主任职责之中,构建出国家与社会热点问题的教育与引导、职业规划、学业指导、荣誉评选、突发与特殊事件处置、心理疏导、班级日常事务管理七大块面的工作体系。

3. 培育贯始终,提升研究生班主任工作能力

工作中,我们在加强对学生教育管理的同时,也注重班主任自身的发展,将提升班主任的教育能力、管理能力、服务能力作为班主任管理的重点。新任班主任选聘完成后,组织新任班主任进行岗前培训,创新培训方法,健全培训体系,通过集中思想政治学习、实践素质拓展、新老班主任工作心得交流、案例分析等方式,使新任班主任尽快熟悉、适应班主任工作;定期召开班主任例会,例会上,学生党总支布置近期工作,各班主任汇报班级情况,并分享交流经验,互相学习、借鉴班级管理的秘诀和法宝;每学期开展一次与学生骨干队伍共同参与的素质拓展活动,增强班主任队伍的凝聚力和战斗力。

4. 考核章可循,完善研究生班主任工作激励

完善班主任考核办法,提升班主任工作积极性。以班主任工作手册为依托,量化研究生班主任工作内容,要求班主任制订班级工作计划,对班级学生情况、班会开展、学生活动、奖惩情况等进行记录;同时,针对重点学生,要求各班主任建立一人一册,全面开展班级育人工作;学期末,要求班主任认真完成学期工作总结,结合班主任工作手册和

重点学生一人一册记录情况,班主任自评互评及班级学生评价,全方位、多角度开展班主任工作考核。考核结束后,充分发挥优秀班主任的榜样示范作用,组织优秀班主任进行工作经验交流分享,从而提高全体班主任的思想政治素质、业务水平和教育艺术水平。

(二)“四心”为舵,为研究生班主任工作指引航向

大学是传知育人的沃土,是文化散播的阵地,是思想再造的渊薮。研究生班主任工作探索过程中,逐渐形成以“四心”为基础的工作原则,要求班主任牢记育人初心,不断修炼“四心”,增强工作的艺术性。

于学生,班主任亦师亦友,亦亲亦贤,是老师,是朋友,是亲人,更是榜样。对学生工作更要上心,交心,用心,细心。以“上心”见真,以“交心”见亲,以“用心”见细,以“细心”见诚。上心是基础,须坚持;交心是师德,须提倡;用心是要求,须提升;细心是习惯,须培养。班主任的专业特长,使其容易受到学生的尊重;育人的职业修养,会有助于其达到为人师表的教育效果,达成立德树人的育人初心。

(三)“修己与立命”为帆,为提升研究生班主任效能打造新引擎

目标导向一直是队伍建设和培养的重要手段,班主任队伍的培养也离不开对班主任工作目标的设定与评估。在研究生班主任的培育中,逐渐确立了“修己与立命”的工作目标,并将其作为研究生班主任工作的突破口和着力点,为提升研究生班主任工作效能打造新引擎,为提升研究生班主任工作效能提供源源不断的动力。

1. 修己:修炼“内功”,坚持教育者先受教育

研究生班主任在班级管理过程中,要注重学习积累,不断提高自身“功力”,坚持受教育者先受教育。“大学者,非谓有大楼之谓也,有大师之谓也”。在涵盖教学、管理、服务的全方位、多层次的育人过程中,要求研究生班主任在思想政治教育、党团和班级建设、学业指导、日常事务管理、危机事件应对、职业规划和就业指导等职业技能方面充电,不断加强自身管理能力、教育能力和服务能力。

2. 立命:精准“出拳”,培养育人工作的全局观

班主任要明确自身工作的使命和担当,工作效果要体现在学校、学生个体和自身的发展中。长期以来,班主任这一岗位似乎被单一地理解为班级的管理者,忽视了其管理对象作为“成长中的人”的特性,使得班主任工作往往陷于低效、浅显的境地。一方面,班主任是育人工作的排头兵,要牢记育人初心,班主任应从“保姆式”的工作中抽身出来,聚焦学生个体的全面、协调、可持续发展;另一方面,班主任工作是高校育人工作的重要组成部分,因此,班主任的工作应助力于学校目标的实现和愿景的构筑。在班级管理工作开展过程中,要积极响应学校的号召,精准发力,助推学生个体发展目标实现和学校总体目标实现,培育工作的全局观。同时,班主任工作除了满足学校、学生个体的发展需求外,还要实现自我的发展,只有自身发展,才会有更好的育人动力和能力。通过自身树立专业化、职业化的发展目标,提升班主任工作效果。

四、结语

通过对研究生班主任队伍建设的研究与探索，目前同济大学经济与管理学院研究生班主任队伍中专业教师占比 48%，副高以上职称占比 36%，男班主任占比 48%，队伍平均年龄 38.8 岁，研究生班主任队伍基本实现本学院学科专业全覆盖、男女比例合理、年轻化、专业化。当然，在实践与探索过程中，尚有很多矛盾需要解决。如，如何调动专业教师担任研究生班主任的积极性问题，如何明晰导师、辅导员、班主任三者功能定位与平衡，如何引导非党员的班主任关心、参与班级中的党建活动之中等，这些还有待进一步实践与探索。

参考文献

[1] 赵飞.新时代创新研究生思想政治教育工作的思考[J].吉林化工学院学报，2018，35(08)：1-3.
[2] 陈晓梅.规模化条件下研究生教育管理的思考[J].高等农业教育，2012(05)：80-82.
[3] 程蕾，王平，宋宪亮.新型研究生班级建设的探索与思考[J].高等农业教育，2018(03)：105-107.
[4] 陈广锐，王远露.研究生群体特征与思想政治教育策略研究[J].高教学刊，2016(22)：224-225+227.
[5] 李双阳，张建兴，冯旭东.研究生群体的思想特点和教育策略[J].科教导刊(中旬刊)，2017(08)：34-35.
[6] 赵飞.新时代创新研究生思想政治教育工作的思考[J].吉林化工学院学报，2018，35(08)：1-3.
[7] 仲艳维.研究生班级建设与管理模式研究[J].北京教育(德育)，2019(05)：46-48.
[8] 代智慧，杨尊昊.新时代大学生班主任工作实践与探索[J].管理观察，2018(28)：143-145.
[9] 王燕.关于做好大学生班主任工作的思考[J].西部素质教育，2018，4(24)：177.